RICHARD DAVID PRECHT

Wer bin ich und wenn ja, wie viele?

GOLDMANN

Buch

Was ist Wahrheit? Woher weiß ich, wer ich bin? Warum soll ich gut sein? Bücher über Philosophie gibt es viele. Doch Richard David Prechts Buch »Wer bin ich …?« ist eine Einführung, die Maßstäbe setzt. Niemand zuvor hat den Leser so kenntnisreich und kompetent und zugleich so spielerisch und elegant an die großen philosophischen Fragen des Lebens herangeführt. Ein einzigartiger Pfad durch die schier unüberschaubare Fülle unseres Wissens über den Menschen. Von der Hirnforschung über die Psychologie zur Philosophie bringt Precht uns dabei auf den allerneusten Stand. Wie ein Puzzle setzt sich das erstaunliche Bild zusammen, das die Wissenschaften heute vom Menschen zeichnen. In der vorliegenden Ausgabe beleuchtet Richard David Precht in drei zusätzlichen Kapiteln die großen Herausforderungen der Gegenwart: Die rasant sich entwickelnde künstliche Intelligenz, der Klimawandel und die Zukunft der Arbeit im 21. Jahrhundert. Eine aufregende Entdeckungsreise zu uns selbst: Klug, humorvoll und unterhaltsam!

Außerdem von Richard David Precht im Programm:

Die Instrumente des Herrn Jørgensen (mit Georg Jonathan Precht)

Die Kosmonauten · Liebe. Ein unordentliches Gefühl · Die Kunst, kein Egoist zu sein · Warum gibt es alles und nicht nichts? · Anna, die Schule und der liebe Gott · Lenin kam nur bis Lüdenscheid · Tiere denken · Erkenne die Welt. Geschichte der Philosophie I · Erkenne dich selbst. Geschichte der Philosophie II · Sei du selbst. Geschichte der Philosophie III · Mache die Welt. Geschichte der Philosophie IV · Jäger, Hirten, Kritiker · Künstliche Intelligenz und der Sinn des Lebens · Von der Pflicht · Freiheit für alle · Das Jahrhundert der Toleranz.

Alle auch als E-Book erhältlich.

Richard David Precht

Wer bin ich und wenn ja, wie viele?

Eine philosophische Reise

Erweiterte Neuausgabe

GOLDMANN

Für Oskar und Juliette,
David und Matthieu

MIX
Papier | Fördert gute Waldnutzung
FSC® C014496

Penguin Random House Verlagsgruppe FSC® N001967

2. Auflage
Aktualisierte und erweiterte Taschenbuchausgabe Oktober 2024

Neumarkter Str. 28, 81673 München
produktsicherheit@penguinrandomhouse.de
(Vorstehende Angaben sind zugleich Pflichtinformationen nach GPSR)

Redaktionelle Durchsicht der Neuausgabe: Regina Carstensen
Umschlag: UNO Werbeagentur, München
Umschlagmotiv: Oliver Weiss
Satz: GGP Media GmbH, Pößneck
Druck und Bindung: GGP Media GmbH, Pößneck
Printed in Germany
KF · CB
ISBN 978-3-442-14313-9

www.goldmann-verlag.de

Inhaltsverzeichnis

Vorwort zur erweiterten Neuausgabe 9

Einleitung 13

Was kann ich wissen?

Kluge Tiere im All
Was ist Wahrheit? 25

Lucy in the Sky
Woher kommen wir? 35

Der Kosmos des Geistes
Wie funktioniert mein Gehirn? 46

Ein Winterabend im Dreißigjährigen Krieg
Woher weiß ich, wer ich bin? 58

Die Mach-Erfahrung
Wer ist »Ich«? 70

Mr. Spock liebt
Was sind Gefühle? 82

Kein Herr im eigenen Haus
Was ist mein Unterbewusstsein? 94

Da war doch was?
Was ist das Gedächtnis? 106

Die Fliege im Glas
Was ist Sprache? 118

Was soll ich tun?

Rousseaus Irrtum
Brauchen wir andere Menschen? ... 135

Das Schwert des Drachentöters
Warum helfen wir anderen? ... 142

Das Gesetz in mir
Warum soll ich gut sein? ... 149

Das Libet-Experiment
Kann ich wollen, was ich will? ... 158

Der Fall Gage
Gibt es Moral im Gehirn? ... 171

Ich fühle was, was du auch fühlst
Lohnt es sich, gut zu sein? ... 177

Der Mann auf der Brücke
Ist Moral angeboren? ... 185

Tante Bertha soll leben
Darf man Menschen töten? ... 194

Die Geburt der Würde
Ist Abtreiben moralisch? ... 202

End-Zeit
Soll man Sterbehilfe erlauben? ... 216

Jenseits von Wurst und Käse
Dürfen wir Tiere essen? ... 229

Der Affe im Kulturwald
Wie sollen wir mit Menschenaffen umgehen? ... 242

Die Qual der Wale
Warum sollen wir die Natur schützen? ... 253

Der kollektive Tod
Werden wir die Klimakatastrophe überleben? ... 263

Ansichten eines Klons
Darf man Menschen kopieren? ... 274

Kinder von der Stange
Wohin führt die Reproduktionsmedizin? 285
Die Brücke ins Geisterreich
Was darf die Hirnforschung? 300
Disneyland ohne Kinder
Ersetzt künstliche Intelligenz den Menschen? 313

Was darf ich hoffen?

Die größte aller Vorstellungen
Gibt es Gott? 331
Die Uhr des Erzdiakons
Hat die Natur einen Sinn? 343
Eine ganz normale Unwahrscheinlichkeit
Was ist Liebe? 356
Do be do be do
Was ist Freiheit? 371
Das Paradies-Paradoxon
Müssen Menschen arbeiten? 385
Robinsons Altöl
Brauchen wir Eigentum? 397
Das Rawls-Spiel
Was ist gerecht? 407
Inseln der Seligkeit
Was ist ein glückliches Leben? 420
Der ferne Garten
Ist Glück lernbar? 433
Die Matrix-Maschine
Hat das Leben einen Sinn? 443

Anhang 455

Personenregister 475

Vorwort zur erweiterten Neuausgabe

Achtzehn Jahre, eine ganze Kindheit und Jugendzeit, ist es her, dass ich mir überlegt hatte, diese leicht lesbare philosophische Einführung in die großen Fragen der Menschheit zu schreiben; ein Buch, das den Wissensstand in den Naturwissenschaften mit den Einsichten der Philosophie verband. Und natürlich konnte ich nicht wissen, dass das Buch, das Sie gerade in den Händen halten, das erfolgreichste Buch philosophischen Inhalts eines deutschsprachigen Autors mindestens der letzten fünfzig Jahre werden würde und zugleich eines der populärsten aller Zeiten. Der Titel *Wer bin ich – und wenn ja, wie viele* wurde zu einer stehenden Redewendung. In mehr als vierzig Sprachen übersetzt und millionenfach gelesen, veränderte das Buch mein Leben grundlegend.

Als es geschrieben wurde, war die Welt noch eine weitgehend andere. Angela Merkel war gerade Bundeskanzlerin geworden und Deutschland im Vergleich zu heute nahezu eine Konsensgesellschaft. Das Fußball-Sommermärchen begeisterte die Welt und die Deutschen für sich selbst. Die Verschiebung der geopolitischen Plattentektonik zugunsten des asiatischen Kontinents war gerade mal geahnt, die kommende Klimakatastrophe zwar gewusst, aber nur als Randthema gesehen. Auch die großen Migrationswellen standen noch aus. Und die digitale Revolution hin zum zweiten Maschinenzeitalter künstlicher Intelligenz war zwar schon ausgerufen, aber sie beschäftigte nur die wenigsten Gemüter. Das Smartphone kam gerade auf den

Markt, soziale Netzwerke waren noch unbekannt mit Ausnahme des gerade gegründeten studiVZ, und eine rechtspopulistische Partei in Deutschland erschien ebenso undenkbar wie ein Krieg zwischen Russland und der Ukraine.

In dieser Ruhe vor den Stürmen waren Fragen nach dem eigenen Ich, nach Selbstfindung, Glück und Sinn noch um ein vieles bedeutsamer, als sie es heute sind. In einer Bücherwelt, die bis dahin so oft aus Esoterik, fernöstlichen Weisheiten und simplifizierenden Ratgebern bestand, diese Fragen mit wissenschaftlicher Strenge und philosophischem Ernst anzugehen, stellte sich als spannender Weg heraus. Und so sind es eher Nuancen, die mir bei der Besichtigung des lieb gewonnenen Altbaus ein bisschen renovierungsbedürftig erscheinen und an der einen oder anderen Stelle einen frischen Anstrich erfordern. Die Hirnforschung, die in den Nullerjahren die Diskussionen in der Fachwelt wie in den Feuilletons dominierte, ist heute deutlich zurückgetreten. Mancher allzu vollmundigen Ankündigung über die baldige Enträtselung des Gehirns, zur Willensfreiheit oder zur Handlungsmotivation ist nur wenig Spannendes gefolgt. Überlagert wird die Neurobiologie heute durch die Entwicklung künstlicher Intelligenz, deren ethische Risiken und steilste Prognosen inzwischen ebenso kritisch diskutiert werden müssen. Ein entsprechendes Kapitel dazu habe ich eingefügt.

Ebenso ergänzt wurde ein Kapitel über die moralische Herausforderung der drohenden Klimakatastrophe, dem wohl dringlichsten Thema unserer Zeit. Andere Kapitel zu Fragen der Bioethik wurden behutsam aktualisiert, insbesondere das Kapitel zur Sterbehilfe und jenes zur Optimierbarkeit des Menschen durch die moderne Biomedizin. Im dritten Teil, *Was darf ich hoffen?*, habe ich ein Kapitel über die Arbeit eingefügt. Realisiert das zweite Maschinenzeitalter für Milliarden Menschen den alten Menschheitstraum, irgendwann nur noch das zu arbeiten, was man will? Und zu welchem Glück könnte dies führen?

Auch mit diesen drei neuen Kapiteln ist *Wer bin ich?* das geblieben, als was es gedacht war: ein Problemaufriss zu jenen Erkenntnis-, Moral- und Sinnfragen, die viele Menschen stark beschäftigen. Für mich selbst war die Lektüre nach achtzehn Jahren eine Reise vor allem in die eigene Vergangenheit. Die im Anfang beschriebene Szene am Strand von Agia Anna ist heute fast vierzig Jahre her und keine zwanzig wie damals, als das Buch geschrieben wurde. Und es hat sicher einen Grund, dass ich niemals nach Agia Anna zurückgekehrt bin. Das Reich der Erinnerung ist eines, aus dem man nicht vertrieben werden möchte. Ich vergegenwärtige mir, dass wir damals am Strand auf der Suche nach Bernstein waren. Heute ist diese Suche selbst ein Schatz, konserviert im Bernstein der Erinnerung.

Düsseldorf
Richard David Precht im Juni 2024

Einleitung

Die griechische Insel Naxos ist die größte Insel der Kykladen im Ägäischen Meer. In der Mitte der Insel steigt die Bergkette des Zas bis auf tausend Meter an, und auf den würzig duftenden Feldern grasen Ziegen und Schafe, wachsen Wein und Gemüse. Noch in den Achtzigerjahren besaß Naxos einen legendären Strand bei Agia Anna, kilometerlange Sanddünen, in denen nur wenige Touristen sich Bambushütten geflochten hatten und ihre Zeit damit verbrachten, träge im Schatten herumzudösen. Im Sommer 1985 lagen unter einem Felsvorsprung zwei junge, gerade zwanzigjährige Männer. Der eine hieß Jürgen und kam aus Düsseldorf; der andere war ich. Wir hatten uns erst vor wenigen Tagen am Strand kennengelernt und diskutierten über ein Buch, das ich aus der Bibliothek meines Vaters mit in den Urlaub genommen hatte: ein inzwischen arg ramponiertes Taschenbuch, von der Sonne ausgebleicht, mit einem griechischen Tempel auf dem Umschlag und zwei Männern in griechischem Gewand. Platon: Sokrates im Gespräch.

Die Atmosphäre, in der wir unsere bescheidenen Gedanken leidenschaftlich austauschten, brannte sich mir so tief ein wie die Sonne auf der Haut. Abends, bei Käse, Wein und Melonen, sonderten wir uns ein wenig von den anderen ab und diskutierten weiter unsere Vorstellungen. Vor allem die Verteidigungsrede, die Sokrates laut Platon gehalten haben soll, als man ihn wegen des Verderbens der Jugend zum Tode verurteilte, beschäftigte uns sehr.

Mir nahm sie – für einige Zeit – die Angst vor dem Tod, ein Thema, das mich zutiefst beunruhigte; Jürgen war weniger überzeugt.

Jürgens Gesicht ist mir entfallen. Ich habe ihn nie wieder getroffen, auf der Straße würde ich ihn heute sicher nicht erkennen. Und der Strand von Agia Anna, an den ich nicht zurückgekehrt bin, ist laut zuverlässiger Quelle heute ein Touristen-Paradies mit Hotels, Zäunen, Sonnenschirmen und gebührenpflichtigen Liegestühlen. Ganze Passagen aus der Apologie des Sokrates in meinem Kopf dagegen sind mir geblieben und begleiten mich gewiss bis ins Altenpflegeheim; mal sehen, ob sie dann immer noch die Kraft haben, mich zu beruhigen.

Das leidenschaftliche Interesse für Philosophie habe ich nicht mehr verloren. Es lebt fort seit den Tagen von Agia Anna. Aus Naxos zurückgekehrt, leistete ich zunächst einen unerquicklichen Zivildienst ab. Es war gerade eine sehr moralische Zeit, NATO-Doppelbeschluss und Friedensbewegung erhitzten die Gemüter, dazu Abenteuerlichkeiten wie US-amerikanische Planspiele über einen begrenzten Atomkrieg in Europa, die man sich ohne Kopfschütteln heute kaum noch vorstellen mag. Mein Zivildienst als Gemeindehelfer jedoch regte nicht zu kühnen Gedanken an; seit ich die evangelische Kirche von innen gesehen habe, mag ich den Katholizismus. Was blieb, war die Suche nach dem richtigen Leben und nach überzeugenden Antworten auf die großen Fragen des Lebens. Ich beschloss, Philosophie zu studieren.

Das Studium in Köln begann allerdings mit einer Enttäuschung. Bislang hatte ich mir Philosophen als spannende Persönlichkeiten vorgestellt, die so aufregend und konsequent lebten, wie sie dachten. Faszinierende Menschen wie Theodor W. Adorno, Ernst Bloch oder Jean-Paul Sartre. Doch die Vision von einer Einheit aus kühnen Gedanken und einem kühnen Leben verflüchtigte sich beim Anblick meiner zukünftigen Lehrer sofort: langweilige ältere Herren in braunen oder blauen Busfahreranzügen. Ich dachte an den Dichter Robert Musil, der sich darüber gewundert hatte, dass die modernen und fortschrittlichen Ingenieure der Kaiserzeit, die neue Welten zu Lande, zu Wasser und in der Luft eroberten, gleichzeitig so altmodische Zwirbelbärte, Westen und Taschenuhren trugen. Ebenso, schien es mir, wendeten die Kölner Philosophen ihre innere geistige Freiheit nicht auf ihr Leben an. Immerhin brachte mir einer von ihnen schließlich doch das Denken bei. Er lehrte mich, nach dem »Warum« zu fragen und sich nicht mit schnellen Antworten zu begnügen. Und er paukte mir ein, dass meine Gedankengänge und Argumentationen lückenlos sein sollten, sodass jeder einzelne Schritt möglichst streng auf dem anderen aufbaut.

Ich verbrachte wunderbare Studienjahre. In meiner Erinnerung vermischen sie sich zu einer einzigen Abfolge aus spannender Lektüre, spontanem Kochen, Tischgesprächen beim Nudelessen, schlechtem Rotwein, wilden Diskussionen im Seminar und endlosen Kaffeerunden in der Mensa mit Bewährungsproben unserer philosophischen Lektüre: über Erkenntnis und Irrtum, das richtige Leben, über Fußball und natürlich darüber, warum Mann und Frau – wie Loriot meinte – nicht zusammenpassen. Das Schöne an der Philosophie ist, dass sie kein Fach ist, das man je zu Ende studiert. Genau genommen, ist sie noch nicht einmal ein Fach. Naheliegend wäre es deshalb gewesen, an der Universität zu bleiben. Aber das Leben, das meine Professoren führten, erschien mir, wie gesagt, erschreckend reizlos. Zudem bedrückte mich, wie wirkungslos die Hochschulphilosophie war. Die Aufsätze und Bücher wurden lediglich von Kollegen gelesen, und das zumeist nur, um sich davon abzugrenzen.

Auch die Symposien und Kongresse, die ich als Doktorand besuchte, desillusionierten mich restlos über den Verständigungswillen ihrer Teilnehmer.

Allein die Fragen und die Bücher begleiteten mich weiter durch mein Leben. Vor einem Jahr fiel mir auf, dass es nur sehr wenige befriedigende Einführungen in die Philosophie gibt. Natürlich existieren viele mehr oder weniger witzige Bücher, die von Logeleien und Kniffen des Denkens handeln, aber die meine ich nicht. Auch nicht die klugen nützlichen Bücher, die das Leben und Wirken ausgewählter Philosophen beschreiben oder in ihre Werke einführen. Ich vermisse das systematische Interesse an den großen übergreifenden Fragen. Was sich als systematische Einführung ausgibt, präsentiert zumeist eine Abfolge von Denkströmungen und -ismen, die mir oft zu sehr historisch interessiert sind oder die zu sperrig sind und zu trocken geschrieben.

Der Grund für diese unkulinarische Lektüre liegt nahe: Universitäten fördern nicht unbedingt den eigenen Stil. Noch immer wird in der akademischen Lehre meist mehr Wert auf exakte Wiedergabe gelegt als auf die intellektuelle Kreativität der Studenten. Besonders störend an der Vorstellung von der Philosophie als einem »Fach« sind dabei ihre ganz unnatürlichen Abgrenzungen. Während meine Professoren das menschliche Bewusstsein anhand der Theorien von Kant und Hegel erklärten, machten ihre Kollegen von der medizinischen Fakultät, nur achthundert Meter entfernt, die aufschlussreichsten Versuche mit hirngeschädigten Patienten. Achthundert Meter Raum in einer Universität sind sehr viel. Denn die Professoren lebten auf zwei völlig verschiedenen Planeten und kannten nicht einmal die Namen ihrer Kollegen.

Wie passen die philosophischen, die psychologischen und die neurobiologischen Erkenntnisse über das Bewusstsein zusammen? Stehen sie sich im Weg, oder ergänzen sie sich? Gibt es ein »Ich«? Was sind Gefühle? Was ist das Gedächtnis? Die spannendsten Fragen standen gar nicht auf dem philosophischen Lehrplan, und daran hat sich, soweit ich sehe, bis heute viel zu wenig geändert.

Philosophie ist keine historische Wissenschaft. Selbstverständlich ist es eine Pflicht, das Erbe zu bewahren und auch die Altbauten im Bereich des Geisteslebens immer wieder zu besichtigen und gegebenenfalls zu sanieren. Aber die rückwärtsgewandte Philosophie dominiert im akademischen Betrieb noch immer allzu sehr über die gegenwartsbezogene. Dabei sollte man bedenken, dass die Philosophie gar nicht so sehr auf dem festgegossenen Fundament ihrer Vergangenheit steht, wie manche meinen. Die Geschichte der Philosophie ist weitgehend auch eine Geschichte von Moden und Zeitgeistströmungen, von Wissen, das vergessen oder verdrängt wurde, und von zahlreichen Neuanfängen, die nur deshalb so neu wirkten, weil vieles, was zuvor gedacht wurde, vernachlässigt wurde. Doch das Leben baut selten etwas auf, wofür es die Steine nicht woanders herholt. Die meisten Philosophen haben ihre Gedankengebäude auf den Trümmern ihrer Vorgänger erbaut, nicht aber, wie sie oft meinten, auf der Ruine der ganzen Philosophiegeschichte. Aber nicht nur viele schlaue Einsichten und Betrachtungsweisen gingen immer wieder verschütt, auch viel Seltsames und Weltfremdes wurde immer wieder neu gedacht und wiederbelebt. Und diese Zerrissenheit zwischen Intelligenz und Ressentiment zeigt sich auch an den Philosophen selbst. Der Schotte David Hume im 18. Jahrhundert zum Beispiel war in vielerlei Hinsicht ein unglaublich moderner Denker. Aber seine Sichtweise anderer Völker, vor allem der afrikanischen, war chauvinistisch und rassistisch. Friedrich Nietzsche im 19. Jahrhundert war einer der scharfsinnigsten Kritiker der Philosophie, aber seine eigenen Wunschbilder vom Menschen waren kitschig, anmaßend und albern.

Auch hängt die Wirkung eines Denkers nicht unbedingt davon ab, ob er mit seinen Einsichten tatsächlich richtiglag. Der gerade erwähnte Nietzsche hatte eine ungeheure Wirkung in der Philosophie, obwohl das meiste von dem, was er gesagt hatte, nicht ganz so neu und originell war, wie es klang. Sigmund Freud war mit Fug und Recht ein bedeutender Mann, einer der größten Ideenstifter überhaupt. Dass an der Psychoanalyse im Detail vieles nicht stimmte, ist eine andere Sache. Und auch die enorme philosophische und politische Bedeutung von Georg Wilhelm Friedrich Hegel steht in einem spannenden Missverhältnis zu den vielen Ungereimtheiten seiner Spekulationen.

Wenn man die Geschichte der abendländischen Philosophie im Überblick betrachtet, fällt auf, dass sich die meisten Scharmützel innerhalb weniger recht übersichtlicher Freund-Feind-Linien abspielen: die Fehde zwischen Materialisten und Idealisten (oder im englischen Sprachgebrauch: der Empiristen und Rationalisten). In der Realität treten diese Sichtweisen in allen erdenklichen Kombinationen und in immer neuen Gewändern auf. Aber sie wiederholen sich. Der Materialismus, der Glaube daran, dass es nichts außerhalb der sinnlich erfahrbaren Natur gibt, keinen Gott und auch keine Ideale, kam das erste Mal im 18. Jahrhundert in der französischen Aufklärung in Mode. Ein zweites Mal begegnet er uns in breiter Front als Reaktion auf die Erfolge der Biologie und auf Darwins Evolutionstheorie in der zweiten Hälfte des 19. Jahrhunderts. Und heute feiert er seine inzwischen dritte Hochzeit im Zusammenhang mit den Erkenntnissen der modernen Hirnforschung. Dazwischen aber lagen jeweils Phasen, in denen der Idealismus in allen möglichen Spielarten vorherrschte. Im Gegensatz zu den Materialisten vertraut er der sinnlichen Welterkenntnis nur wenig und beruft sich auf die weitgehend unabhängige Kraft der Vernunft und ihrer Ideen. Natürlich verbergen sich hinter diesen beiden Etiketten der Philosophiegeschichte mitunter ganz verschiedene Beweggründe und Bedeutungsmuster bei den jeweiligen Philosophen. Ein Idealist wie Platon dachte durchaus nicht das Gleiche wie der Idealist Immanuel Kant. Und deshalb lässt sich eine »ehrliche« Geschichte der Philosophie auch gar nicht schreiben: weder als ein logischer Aufbau in der zeitlichen Abfolge der großen Philosophen noch als eine Geschichte der philosophischen Strömungen. Man wäre gezwungen, vieles wegzulassen, das die Wirklichkeit erst wahrhaftig und rund macht.

Die hier vorliegende Einführung in die philosophischen Fragen des Menschseins und der Menschheit geht deshalb auch nicht historisch vor. Sie ist keine Geschichte der Philosophie. Immanuel Kant hat die großen Fragen der Menschheit einmal in die Fragen unterteilt: »Was kann ich wissen? Was soll ich tun? Was darf ich hoffen? Was ist der Mensch?« Sie bilden einen schönen Leitfaden auch für die Gliederung dieses Buchs, wobei letztere Frage durch die ersten drei ganz gut erklärt scheint, sodass ich meine, sie hier getrost weglassen zu können.

Die Frage nach dem, was man über sich selbst wissen kann, die klassische Frage der Erkenntnistheorie also, ist heute nur noch sehr bedingt eine philosophische. Weitreichend ist sie vor allem ein Thema der Hirnforschung, die uns die Grundlagen unseres Erkenntnisapparates und seiner Erkenntnismöglichkeiten erklärt. Die Philosophie erhält hier eher die Rolle eines Beraters, der der Hirnforschung hilft, sich selbst im einen oder anderen Fall besser zu verstehen. Was sie gleichwohl Anregendes zu diesen grundlegenden Fragen beizutragen hatte, führe ich in einer sehr persönlichen Auswahl an der Erfahrung einer Generation vor, die von einem gewaltigen Umbruch geprägt war und die Moderne entscheidend mit vorbereitet hat. Der Physiker Ernst Mach wurde 1838 geboren, der Philosoph Friedrich Nietzsche 1844, der Hirnforscher Santiago Ramón y Cajal 1852 und der Psychoanalytiker Sigmund Freud 1856. Nur sechzehn Jahre trennen diese vier Vorreiter des modernen Denkens, deren Nachwirkung kaum überschätzt werden kann.

Der zweite Teil des Buchs beschäftigt sich mit der Frage: »Was soll ich tun?«, also mit Ethik und Moral. Dabei geht es ebenfalls zunächst darum, die Grundlagen zu klären. Warum können Menschen überhaupt moralisch handeln? Inwieweit entspricht gut oder böse zu sein der menschlichen Natur? Auch hier steht die Philosophie nicht mehr allein am Lehrerpult. Die Hirnforschung, die Psychologie und die Verhaltensforschung haben inzwischen ein gehöriges Wörtchen mitzureden, und das sollen sie auch tun. Ist der Mensch einmal als ein moralfähiges Tier beschrieben und damit auch die Anreize im Gehirn, die sein moralisches Handeln belohnen, treten die naturwissenschaftlichen Disziplinen in den Hintergrund. Denn die vielen praktischen Fragen, die unsere Gesellschaft heute beschäftigen, warten tatsächlich auf eine philosophische Antwort. Bei Abtreibung und Sterbehilfe, Gentechnik und Reproduktionsmedizin, Umwelt und Tierethik: Überall entscheiden Normen und Abwägungen, plausible und weniger plausible Argumente – die ideale Spielwiese für philosophische Diskussionen und Abwägungen.

Im dritten Teil »Was darf ich hoffen« geht es um einige zentrale Fragen, die die meisten Menschen in ihrem Leben beschäftigen. Fragen etwa nach dem Glück, nach Freiheit, Liebe, Gott und dem Sinn des Lebens. Fragen, die nicht einfach zu beantworten sind, aber die uns so wichtig sind, dass es sich durchaus lohnt, konzentriert darüber nachzudenken.

Die Theorien und Ansichten, die in diesem Buch oft mit recht leichter Hand miteinander verbunden werden, befinden sich in der Praxis der Wissenschaften mitunter in ganz verschiedenen Ordnern in weit voneinander entfernten Regalen. Trotzdem meine ich, dass es sinnvoll ist, sie auf diese Weise aufeinander zu beziehen, auch wenn sie im Kleingedruckten oft viele kniffige Streitereien wert sein dürften. Verbunden sind sie zudem in einer kleinen Weltreise an die Orte des Geschehens. Nach Ulm, wo Descartes in einer Bauernstube die neuzeitliche Philosophie begründete, nach Königsberg, wo Immanuel Kant lebte, nach Vanuatu, wo die glücklichsten Menschen leben sollen und so weiter. Einige der im Buch vorgestellten Akteure habe ich dabei persönlich näher kennenlernen dürfen, die Hirnforscher Eric Kandel, Robert White und Benjamin Libet sowie die Philosophen John Rawls und Peter Singer. Den einen habe ich gelauscht, mit den anderen gefochten und viel dazugelernt. Ich glaube, dabei erkannt zu haben, dass sich der Vorzug der einen oder anderen Theorie nicht unbedingt in einem abstrakten Theorievergleich zeigt, sondern an den Früchten, die man von ihnen ernten kann. Fragen stellen zu können, ist eine Fähigkeit, die man nie verlernen sollte. Denn Lernen und Genießen sind das Geheimnis eines erfüllten Lebens. Lernen ohne Genießen verhärmt, Genießen ohne Lernen verblödet. Sollte es diesem Buch gelingen, beim Leser die Lust am Denken zu wecken und zu trainieren, wäre sein Ziel erreicht. Was sollte es für einen schöneren Erfolg geben, als durch fortschreitende Selbsterkenntnis ein bewussteres Leben zu führen, mithin also Regisseur seiner Lebensimpulse zu werden oder, wie Friedrich Nietzsche (für sich selbst vergeblich) hoffte, »Dichter« des eigenen Lebens zu sein: »Es ist eine gute Fähigkeit, seinen Zustand mit einem künstlerischen Auge ansehn zu können, selbst in Leiden und Schmerzen, die uns treffen, in Unbequemlichkeiten und dergleichen.«

Apropos Dichter. Diese Einleitung wäre nicht vollständig, ohne noch ein Wort zum Titel des Buchs zu sagen. Er ist der Ausspruch eines großen Philosophen, genauer gesagt, meines Freundes, des Schriftstellers Guy Helminger. Wir strichen (und streichen) manchmal gerne lange um die Häuser. Eines Nachts, als wir zu viel getrunken hatten, machte ich mir Sorgen um ihn – obwohl er sicherlich mehr verträgt als ich. Als er eine laute Rede schwingend mitten auf der Straße stand, fragte ich ihn, ob es ihm gut gehe. »Wer bin ich? Und wenn ja – wie viele?«, antwortete er mir mit weit aufgerissenen Augen, den Kopf wild drehend und mit heiserer Kehle. Da wusste ich, dass er noch in der Lage war, eine ordentliche Theater-Performance abzuliefern, und es ihm gut genug ging, um allein nach Hause zu finden. In meinem Kopf aber blieb seine Frage, die wie ein Leitspruch über der modernen Philosophie und Hirnforschung im Zeitalter fundamentaler Zweifel am »Ich« und an der Kontinuität des Erlebens liegen könnte. Ich verdanke Guy so viel wie nur wenigen anderen – nicht nur diesen Satz, sondern, ganz besonders, dass ich durch ihn meiner Frau begegnet bin, ohne die mein Leben nicht das glückliche Leben wäre, das es ist.

Ville de Luxembourg
Richard David Precht im März 2007

Was kann ich wissen?

SILS MARIA

Kluge Tiere im All

Was ist Wahrheit?

»In irgendeinem abgelegenen Winkel des in zahllosen Sonnensystemen flimmernd ausgegossenen Weltalls gab es einmal ein Gestirn, auf dem kluge Tiere das Erkennen erfanden. Es war die hochmütigste und verlogenste Minute der ›Weltgeschichte‹: aber doch nur eine Minute. Nach wenigen Atemzügen der Natur erstarrte das Gestirn, und die klugen Tiere mussten sterben. – So könnte jemand eine Fabel erfinden und würde doch nicht genügend illustriert haben, wie kläglich, wie schattenhaft und flüchtig, wie zwecklos und beliebig sich der menschliche Intellekt innerhalb der Natur ausnimmt; es gab Ewigkeiten, in denen er nicht war; wenn es wieder mit ihm vorbei ist, wird sich nichts begeben haben. Denn es gibt für jenen Intellekt keine weitere Mission, die über das Menschenleben hinausführte. Sondern menschlich ist er, und nur sein Besitzer und Erzeuger nimmt ihn so pathetisch, als ob die Angeln der Welt sich in ihm drehten. Könnten wir uns aber mit der Mücke verständigen, so würden wir vernehmen, dass auch sie mit diesem Pathos durch die Luft schwimmt und in sich das fliegende Zentrum dieser Welt fühlt.«

Der Mensch ist ein kluges Tier, das sich doch zugleich selbst völlig überschätzt. Denn sein Verstand ist nicht auf die große Wahrheit, sondern nur auf die kleinen Dinge im Leben ausgerichtet. Kaum ein anderer Text in der Geschichte der Philosophie hat auf so poetische wie schonungslose Weise dem Menschen den Spiegel vorgehalten. Geschrieben wurde dieser vielleicht schönste Anfang eines philosophischen Buchs im Jahr 1873 unter dem Titel: *Über Wahrheit und Lüge im außermoralischen Sinne.* Und sein Verfasser war ein junger, gerade neunundzwanzigjähriger Professor für Altphilologie an der Universität Basel.

Doch Friedrich Nietzsche veröffentlichte seinen Text über die klugen und hochmütigen Tiere nicht. Soeben hatte er schwere Blessuren davongetragen, weil er ein Buch über die Grundlagen der griechischen Kultur geschrieben hatte. Seine Kritiker entlarvten es als unwissenschaftlich und als spekulativen Unsinn, was es wohl weitgehend auch ist. Von einem gescheiterten Wunderkind war die Rede, und sein Ruf als Altphilologe war ziemlich ruiniert.

Dabei hat alles so vielversprechend angefangen. Der kleine Fritz, 1844 im sächsischen Dorf Röcken geboren und aufgewachsen in Naumburg an der Saale, galt als ein hochbegabter und sehr gelehriger Schüler. Sein Vater war ein lutherischer Pfarrer, und auch die Mutter war sehr fromm. Als der Junge vier Jahre alt ist, stirbt der Vater und kurz darauf auch Nietzsches jüngerer Bruder. Die Familie zieht nach Naumburg, und Fritz wächst in einem reinen Frauenhaushalt auf. Auf der Knabenschule und später am Domgymnasium wird man auf sein Talent aufmerksam. Nietzsche besucht das angesehene Internat Schulpforta und schreibt sich 1864 an der Universität Bonn für klassische Philologie ein. Das Theologiestudium, das er ebenfalls beginnt, gibt er schon nach dem ersten Semester wieder auf. Zu gern hätte er der Mutter den Gefallen getan, ein rechter Pfarrer zu werden – allein ihm fehlt der Glaube. Der »kleine Pastor«, als der das fromme Pfarrerskind einst in Naumburg verspottet wurde, ist vom Glauben abgefallen. Die

Mutter, das Pfarrhaus und der Glaube sind ein Gefängnis, aus dem er sich gesprengt hat, doch ein Leben lang wird dieser Wandel an ihm nagen. Nach einem Jahr wechselt Nietzsche mit seinem Professor nach Leipzig. Sein Ziehvater schätzt ihn so sehr, dass er ihn der Universität Basel als Professor empfiehlt. 1869 wird der Fünfundzwanzigjährige außerordentlicher Professor. Seine fehlenden Abschlüsse, Promotion und Habilitation, bekommt er kurzerhand von der Uni verliehen. In der Schweiz lernt Nietzsche die Gelehrten und Künstler der Zeit kennen, darunter Richard Wagner und seine Frau Cosima, denen er zuvor bereits in Leipzig begegnet war. Nietzsches Begeisterung für Wagner ist so groß, dass er sich 1872 von dessen pathetischer Musik zu seinem nicht weniger pathetischen Fehlschlag über *Die Geburt der Tragödie aus dem Geist der Musik* verleiten lässt.

Nietzsches Buch war schnell abgetan. Der Gegensatz vom vermeintlich »Dionysischen« der Musik und dem vermeintlich »Apollinischen« der bildenden Kunst war schon seit der Frühromantik bekannt und gemessen an der historischen Wahrheit eine wilde Spekulation. Außerdem beschäftigte sich die gelehrte Welt in Europa mit der Geburt einer viel wichtigeren Tragödie. Ein Jahr zuvor hat der studierte Theologe und renommierte englische Botaniker Charles Darwin sein Buch über die *Abstammung des Menschen* aus dem Tierreich veröffentlicht. Obwohl der Gedanke, dass sich der Mensch aus primitiveren Vorformen entwickelt haben könnte, seit spätestens zwölf Jahren im Raum stand – Darwin selbst hat in seinem Buch über die *Entstehung der Arten* angekündigt, dass hieraus auch auf den Menschen »ein bezeichnendes Licht« fallen werde –, war das Buch ein Reißer. In den 1860er-Jahren hatten zahlreiche Naturforscher die gleiche Konsequenz gezogen und den Menschen ins Tierreich nahe dem gerade erst entdeckten Gorilla einsortiert.

Die Kirche, vor allem in Deutschland, bekämpfte Darwin und seine Anhänger noch bis zum Ersten Weltkrieg. Doch von Anfang an war klar, dass es nun kein freiwilliges Zurück zur früheren Weltsicht mehr geben konnte. Gott als persönlicher Urheber und Lenker des Menschen war tot. Und die Naturwissenschaften feierten ihren Siegeszug mit einem neuen sehr nüchternen Bild des Menschen: Das Interesse an Affen wurde größer als das an Gott. Und die erhabene Wahrheit vom Menschen als einer gottgleichen Kreatur zerfiel in zwei Teile: das unglaubwürdig gewordene Erhabene und die schlichte Wahrheit vom Menschen als einem intelligenten Tier.

Nietzsches Begeisterung für diese neue Weltsicht ist groß. »Alles, was wir brauchen«, schreibt er später einmal, »ist eine *Chemie* der moralischen, religiösen, ästhetischen Vorstellungen und Empfindungen, ebenso wie all jener Regungen, welche wir im Groß und Kleinverkehr der Kultur und Gesellschaft, ja in der Einsamkeit an uns erleben.« Genau an jener »Chemie« arbeiten im letzten Drittel des 19. Jahrhunderts zahlreiche Wissenschaftler und Philosophen: an einer biologischen Daseinslehre ohne Gott. Doch Nietzsche beteiligt sich selbst keinen Deut daran. Die Frage, die ihn beschäftigt, ist eine ganz andere: Was bedeutet die nüchtern wissenschaftliche Sicht für das Selbstverständnis des Menschen? Macht es den Menschen größer, oder macht es ihn kleiner? Hat er alles verloren, oder gewinnt er etwas dazu, dadurch, dass er sich jetzt selbst klarer sieht? In dieser Lage schrieb er den Aufsatz über *Wahrheit und Lüge,* seinen vielleicht schönsten Text.

Die Frage, ob der Mensch kleiner oder größer geworden war, beantwortete Nietzsche je nach Stimmung und Laune. Wenn es ihm schlecht ging – und es ging ihm oft schlecht –, war er gedrückt und zerknirscht und predigte ein Evangelium des Schmutzes. War er dagegen hochgestimmt, ergriff ihn ein stolzes Pathos und ließ ihn vom Übermenschen träumen. Seine hochfliegenden Fantasien und das donnernde Selbstbewusstsein seiner Bücher standen dabei in einem geradezu haarsträubenden Gegensatz zu seiner Erscheinung: ein kleiner, etwas dicklicher, weicher Mann. Ein trotziger Schnauzbart, eine richtige Bürste, sollte sein weiches Gesicht aufmöbeln und männlicher machen, aber die vielen Krankheiten von Kindertagen an ließen ihn schwach erscheinen und sich schwach fühlen. Er war stark kurzsichtig, litt unter Magenbeschwerden und schweren Migräneanfällen. Mit fünfunddreißig fühlte er sich bereits als ein körperliches Wrack und beendete seine Lehrtätigkeit in Basel. Eine oft vermutete Syphilis-Infektion, so scheint es, gab ihm später den Rest.

Im Sommer 1881, zwei Jahre nach seinem Abschied von der Universität, entdeckte Nietzsche eher zufällig sein ganz persönliches Paradies: den kleinen Ort Sils Maria im schweizerischen Oberengadin. Eine fantastische Landschaft, die ihn sofort begeisterte und inspirierte. Immer wieder fuhr er in den kommenden Jahren dorthin, unternahm lange einsame Spaziergänge und schmiedete neue pathetische Gedanken. Vieles davon brachte er im Winter in Rapallo und an der Mittelmeerküste, in Genua und in Nizza, zu Papier. Das meiste zeigt Nietzsche als einen klugen, literarisch anspruchsvollen und schonungslosen Kritiker, der seine Finger in die Wunden der abendländischen Philosophie legt. Was seine eigenen Vorschläge zu einer neuen Erkenntnistheorie und Moral anbelangt dagegen, begeistert er sich für einen unausgegorenen Sozialdarwinismus und flüchtet sich oft in schwiemeligen Kitsch. Je markiger seine Texte daherkommen, umso mehr sind sie mit großer Geste danebengegriffen. »Gott ist tot« – schreibt er das eine um das andere Mal –, aber das wissen die meisten seiner Zeitgenossen schon von Darwin und anderen.

1887, Nietzsche blickt das vorletzte Mal auf die schneebedeckten Gipfel von Sils Maria, entdeckt er das Thema von seinen klugen Tieren aus dem alten Aufsatz wieder – das Problem von der begrenzten Erkenntnis aller Menschentiere. Seine Streitschrift *Zur Genealogie der Moral* beginnt mit den Worten: »Wir sind uns unbekannt, wir Erkennenden, wir selbst uns selbst: Das hat seinen guten Grund. Wir haben nie nach uns gesucht – wie sollte es geschehen, dass wir uns eines Tages *fänden*?« Wie so oft spricht er von sich selbst im Plural, wie von einer sehr speziellen Tierart, die er als Erster beschreibt: »*Unser* Schatz ist, wo die Bienenkörbe unsrer Erkenntnis stehn. Wir sind immer dazu unterwegs, als geborne Flügelthiere und Honigsammler des Geistes, wir kümmern uns von Herzen eigentlich nur um Eins – Etwas ›heimzubringen‹.« Viel Zeit dafür bleibt ihm nicht mehr. Zwei Jahre später erleidet Nietzsche in Turin einen Zusammenbruch. Seine Mutter holt den vierundvierzigjährigen Sohn in Italien ab und bringt ihn nach Jena in eine Klinik. Später lebt er bei ihr, aber er bringt nichts mehr zu Papier. Acht Jahre darauf stirbt die Mutter, und der geistig schwer umnachtete Sohn kommt in die Wohnung seiner nicht sonderlich geliebten Schwester. Am 25. August 1900 stirbt Nietzsche in Weimar im Alter von fünfundfünfzig Jahren. Nietzsches Selbstbewusstsein, das er sich einredete, indem er es schreibend heraufbeschwor, war groß: »Ich kenne mein Los, es wird sich einmal an meinen Namen die Erinnerung an etwas Ungeheures anknüpfen.« Doch worin besteht Nietzsches Ungeheuerlichkeit, die ihn nach seinem Tod tatsächlich zum wohl einflussreichsten Philosophen des kommenden 20. Jahrhunderts machen sollte?

Nietzsches große Leistung liegt in seiner ebenso schonungslosen wie schwungvoll vorgetragenen Kritik. Leidenschaftlicher als alle anderen Philosophen zuvor hatte er vorgeführt, wie anmaßend und unwissend der Mensch die Welt, in der er lebt, nach der Logik und Wahrheit seiner Art beurteilt: der Logik der menschlichen Spezies. Die »klugen Tiere« glauben, dass sie einen exklusiven Status hätten. Nietzsche dagegen vertrat vehement die Auffassung, dass der Mensch tatsächlich ein Tier ist und dass auch sein Denken dadurch bestimmt wird: durch Triebe und Instinkte, durch seinen primitiven Willen und durch ein eingeschränktes Erkenntnisvermögen. Die meisten Philosophen des Abendlands hatten demnach unrecht, als sie den Menschen als etwas ganz Besonderes betrachtet hatten, als eine Art Hochleistungscomputer der Selbsterkenntnis. Denn kann der Mensch tatsächlich sich selbst und die objektive Realität erkennen? Ist er überhaupt dazu fähig? Die meisten Philosophen hatten nicht daran gezweifelt. Und einige hatten sich noch nicht einmal diese Frage gestellt. Sie hatten ganz selbstverständlich vorausgesetzt, dass das menschliche Denken gleichzeitig so etwas war wie ein universelles Denken. Sie betrachteten den Menschen eben nicht als ein kluges Tier, sondern als ein Wesen auf einer ganz anderen Stufe. Systematisch hatten sie das Erbe aus dem Tierreich geleugnet, das ihnen bei der morgendlichen Rasur vor dem Spiegel ebenso unmissverständlich entgegengrinste wie später, nach Feierabend in den Daunen. Einer nach dem anderen hatten sie an einem großen Graben zwischen Mensch und Tier geschaufelt. Des Menschen Vernunft und Verstand, seine Denk- und Urteilsfähigkeit bildeten den allein selig machenden Maßstab, um die belebte Natur zu bewerten. Und sie verurteilten das »bloß« Körperliche als völlig zweitrangig.

Um sicher zu sein, dass sie mit ihren erlesenen Vorstellungen von sich selbst richtiglagen, mussten die Philosophen annehmen, dass Gott den Menschen mit einem vorzüglichen Erkenntnisapparat ausgestattet habe. Mit seiner Hilfe konnten sie im

»Buch der Natur« die Wahrheit über die Welt lesen. Doch wenn es richtig war, dass Gott tot war, dann konnte es auch mit diesem Apparat nicht allzu weit her sein. Dann musste dieser Apparat ein Produkt der Natur sein und wie alles in der Natur irgendwie unvollkommen. Genau diese Einsicht hatte Nietzsche schon bei Arthur Schopenhauer gelesen: »Wir sind eben bloß zeitliche, endliche, vergängliche, traumartige, wie Schatten vorüber fliegende Wesen.« Und was sollte denen ein »Intellekt, der unendliche, ewige, absolute Verhältnisse fasste?« Das Erkenntnisvermögen des menschlichen Geistes, wie Schopenhauer und Nietzsche vorausahnten, steht in einer direkten Abhängigkeit zu den Erfordernissen der evolutionären Anpassung. Der Mensch vermag nur das zu erkennen, was der im Konkurrenzkampf der Evolution entstandene Erkenntnisapparat ihm an Erkenntnisfähigkeit gestattet. Wie jedes andere Tier, so modelliert der Mensch sich die Welt danach, was seine Sinne und sein Bewusstsein ihm an Einsichten erlauben. Denn eines ist klar: All unser Erkennen hängt zunächst einmal von unseren Sinnen ab. Was wir nicht hören, nicht sehen, nicht fühlen, nicht schmecken und nicht ertasten können, das nehmen wir auch nicht wahr, und es kommt in unserer Welt nicht vor. Selbst die abstraktesten Dinge müssen wir als Zeichen lesen oder sehen können, um sie uns vorstellen zu können. Für eine völlig objektive Weltsicht bräuchte der Mensch also einen wahrhaft übermenschlichen Sinnesapparat, der das ganze Spektrum möglicher Sinneswahrnehmungen ausschöpft: die Superaugen des Adlers, den kilometerweiten Geruchssinn von Bären, das Seitenliniensystem der Fische, die seismografischen Fähigkeiten einer Schlange usw. Doch all das können Menschen nicht, und eine umfassende objektive Sicht der Dinge kann es deshalb auch nicht geben. Unsere Welt ist niemals die Welt, wie sie »an sich« ist, ebenso wenig wie jene von Hund und Katze, Vogel oder Käfer. »Die

Welt, mein Sohn«, erklärt im Aquarium der Vaterfisch seinem Filius, »ist ein großer Kasten voller Wasser!«

Nietzsches schonungsloser Blick auf die Philosophie und die Religion hatte gezeigt, wie überanstrengt die meisten Selbstdefinitionen des Menschen sind. (Dass er selbst neue Überanstrengungen und Verspanntheiten in die Welt gesetzt hat, ist eine ganz andere Sache.) Das menschliche Bewusstsein wurde nicht durch die drängende Frage ausgeformt: »Was ist Wahrheit?« Wichtiger war sicher die Frage: Was ist für mein Überleben und Fortkommen das Beste? Was dazu nichts beitrug, hatte wahrscheinlich eher wenige Chancen, in der Evolution des Menschen eine bedeutende Rolle zu spielen. Nietzsche hatte zwar die vage Hoffnung, dass vielleicht gerade diese Selbsterkenntnis den Menschen schlauer und möglicherweise zu einem »Übermenschen« machen könnte, der tatsächlich seinen Erkenntnissinn vergrößert. Aber auch hier ist Vorsicht sicher das bessere Rezept als Pathos. Denn auch alle Einsicht in das menschliche Bewusstsein und seine »Chemie«, die, wie wir noch sehen werden, seit Nietzsches Tagen enorme Fortschritte gemacht hat, selbst die ausgeklügeltsten Messapparaturen und sensibelsten Beobachtungen ändern nichts an der Tatsache, dass dem Menschen eine schlechthin objektive Erkenntnis verwehrt bleibt.

Aber ist das eigentlich so schlimm? Wäre es nicht vielleicht viel schlimmer, wenn der Mensch alles über sich selbst wüsste? Brauchen wir eine Wahrheit, die frei und unabhängig über unseren Häuptern schwebt, überhaupt? Manchmal ist der Weg auch ein schönes Ziel, vor allem wenn es ein so spannender Pfad ist wie die verschlungenen Wege, die zu uns selbst führen. »Wir haben nie nach uns gesucht – wie sollte es geschehen, dass wir uns eines Tages *fänden?*«, hatte Nietzsche in der *Genealogie der Moral* gefragt. Versuchen wir also, uns so weit, wie es uns gegenwärtig möglich ist, zu finden. Welchen Weg sollen wir nehmen? Welche Methode anwenden? Und wie könnte das aussehen, was man am Ende findet? Wenn all unsere Erkenntnis von unserem Wirbeltiergehirn abhängt und sich darin abspielt, fangen wir doch am besten bei diesem Gehirn an. Und die erste Frage lautet: Wo kommt es her? Und warum ist es so beschaffen, wie es ist?

• *Lucy in the Sky.* Woher kommen wir?

HADAR

Lucy in the Sky
Woher kommen wir?

Dies ist die Geschichte von drei Geschichten. Die erste lautet so: Am 28. Februar 1967 – die USA bombardierten Nordvietnam mit Napalmbomben und Agent Orange, in Berlin gab es die ersten Studentenproteste, die Kommune I richtete sich gerade ein, und Che Guevara begann seinen Guerillakampf im zentralbolivianischen Hochland, an diesem Tag also schlossen sich Paul McCartney, John Lennon, George Harrison und Ringo Starr in den Abbey Road Studios in London ein. Ergebnis ihrer Aufnahmen war das Album *Sgt. Pepper's Lonely Hearts Club Band,* und einer der Songs darauf war »Lucy In The Sky With Diamonds«. Aufgrund des Titels und des surrealen Textes glauben viele Beatles-Fans bis heute, John Lennon hätte das Lied während eines Trips geschrieben und die ganze bunte Traumwelt sei eine Hommage an LSD. Allein, die Wahrheit ist etwas schlichter und anrührender. Denn Lucy ist niemand anders als eine Klassenkameradin von Lennons Sohn Julian, die er seinem Vater auf einem selbst gezeichneten Bild gezeigt hatte, als eben »Lucy In The Sky With Diamonds«.

Und damit beginnt die zweite Geschichte. Donald Carl Johanson war noch keine dreißig, als er 1973 mit einer internationalen Forschergemeinschaft ins staubige und trockene Hochland Äthiopiens unweit der Stadt Hadar kam. Johanson hatte den Ruf, ein Experte für Schimpansenzähne zu sein, ein

Image, das er eher als einen Fluch betrachtete. Schon seit drei Jahren saß er nun an seiner Doktorarbeit über die Zahnreihen der Schimpansen, hatte alle europäischen Museen nach Menschenaffenschädeln durchforstet und hatte eigentlich überhaupt keine Lust mehr auf Schimpansenzähne. Doch ein Mann mit seinen Kenntnissen war einigen seiner renommierteren französischen und US-amerikanischen Kollegen Gold wert. Wer nach menschlichen Fossilien suchte, der brauchte einen Experten für Zähne. Denn Zähne sind häufig die am besten erhaltenen Fundstücke, und Menschenzähne und Schimpansenzähne sind sich sehr ähnlich. Johanson selbst war froh, überhaupt dabei sein zu dürfen, denn eine wissenschaftliche Karriere war dem Sohn schwedischer Auswanderer aus Hartford in Connecticut nicht in die Wiege gelegt worden. Sein Vater starb, als Don gerade zwei Jahre alt war, und Johanson verbrachte eine Kindheit in ärmlichen Verhältnissen. Ein Anthropologe in der Nachbarschaft, der sich des kleinen Don als väterlicher Freund annahm, förderte ihn und weckte sein Interesse an der Ur- und Frühgeschichte. Johanson studierte tatsächlich Anthropologie und trat in die Fußstapfen seines Förderers. Er selbst sollte weitaus größere hinterlassen. Doch davon wusste der dunkelhaarige schlaksige junge Mann mit den langen Koteletten noch nichts, der in dem glühend heißen wüstenhaften Landstrich des sogenannten Afar-Dreiecks im Camp nahe dem Awash-Fluss hockte und zwischen Steinen, Staub und Erde nach Überresten urzeitlicher Wesen suchte. Schon nach kurzer Zeit stolperte er über ein paar seltsame Knochen: den oberen Teil eines Schienbeins und den unteren Teil eines Oberschenkels. Beide passten perfekt zusammen. Johanson bestimmte die Knochen als das Knie eines kleinen, etwa neunzig Zentimeter großen aufrecht gehenden Primaten, der vor mehr als drei Millionen Jahren gelebt haben musste. Eine Sensation!

Denn dass menschenähnliche Wesen schon vor drei Millionen Jahren aufrecht gingen, war bis dahin weder bekannt noch erahnt. Wer würde ihm, dem jungen unbekannten Schimpansenzahn-Experten so etwas glauben? Er hatte nur *eine* Wahl: Er musste ein komplettes Skelett finden! Die Zeit lief ab, aber ein Jahr später kehrte Johanson ins Afar-Dreieck zurück. Am 24. November 1974 begleitete er den US-amerikanischen Studenten Tom Gray zu einer Fundstelle. Bevor er ins Camp zurückkehrte, machte er einen letzten Umweg. Dabei entdeckte er einen Armknochen im Geröll. Ringsum lagen noch mehr Knochen, Stücke einer Hand, Wirbel, Rippen, Schädelbruchstücke: die Teile eines urtümlichen Skeletts.

Und dies ist die Verbindung zu der dritten Geschichte – die Geschichte einer kleinen Frau, die in einer Gegend lebte, die dem heutigen Äthiopien entspricht. Sie ging aufrecht, und ihre Hand war zwar kleiner als die heutige Hand eines Erwachsenen, dennoch war sie ihr verblüffend ähnlich. Die Dame war ziemlich kleinwüchsig, aber ihre männlichen Verwandten waren möglicherweise bis zu 140 Zentimeter groß. Für ihre Größe war sie sehr kräftig. Sie hatte stabile Knochen, und ihre Arme waren ziemlich lang. Ihr Kopf glich dem eines Menschenaffen, nicht dem eines Menschen. Sie hatte einen stark vorgeschobenen Kiefer und eine flache Schädeldecke. Vermutlich war sie dunkel behaart, wie die anderen afrikanischen Menschenaffen, aber sicher weiß man das natürlich nicht. Es ist auch schwer zu sagen, wie schlau sie war. Ihr Gehirn hatte ziemlich genau die Größe eines Schimpansengehirns, aber wer will sagen, was darin vor sich ging? Sie starb im Alter von zwanzig Jahren, ihre Todesursache ist unbekannt. 3,18 Millionen Jahre später ist »AL 288–1« das bei Weitem älteste halbwegs vollständige Skelett eines menschenähnlichen Individuums, das bisher gefunden wurde. Die junge Dame gehörte zur Spezies *Australopithecus afarensis.* Australopithecus heißt »Südaffe«, und »afarensis« bezeichnet den Fundort im Afar-Dreieck.

Die beiden Forscher rasten mit ihrem Geländewagen zurück ins Camp. »Wir haben es«, schrie Gray schon von Weitem, »mein Gott, wir haben es. Wir haben das ganze Ding!« Die Stimmung war euphorisch. »In der ersten Nacht nach der Entdeckung gingen wir nicht zu Bett. Wir redeten unaufhörlich und tranken ein Bier nach dem anderen«, wie Johanson sich erinnert. Sie lachten und tanzten. Und hier verknüpft sich die erste mit der zweiten und dritten Geschichte: Der Kassettenrekorder dröhnte in voller Lautstärke immer und immer wieder »Lucy In The Sky With Diamonds« in den äthiopischen Nachthimmel. Irgendwann war bei dem zu 40 Prozent vollständigen Skelett nur noch von »Lucy« die Rede. Und Lucy O'Donnell, Julian Lennons Klassenkameradin, konnte sich freuen. Das Patenkind ihres Namens wurde der wohl berühmteste Fund der gesamten Ur- und Frühgeschichte.

Don Johansons Lucy bewies, was schon zuvor als überaus wahrscheinlich galt: Die »Wiege der Menschheit« liegt in Afrika. Das Bild von der Stammesgeschichte als persönliche Entwicklungsgeschichte bewahrt den Schöpfungsmythos. Doch weniger bildreich weckt die Rede von der Wiege auch gleichfalls die Hoffnung, die Grenze von Tier und Mensch benennen zu können; nicht nur als Angabe des Ortes, sondern zugleich auch der Zeit, in der der Mensch aus der großen geologischen Vulva der ostafrikanischen Gregory-Spalte entstieg und sich aufrechten Ganges faustkeilbewehrt zum sprechenden Großwildjäger mauserte. Doch war das wirklich die gleiche Spezies, derselbe Mensch, der als erster und einziger Primat den aufrechten Gang wählte, Werkzeuge gebrauchte und damit auf Großwildjagd ging?

Fossilfunde der ersten Vertreter der Hominoidea stammen

aus der Zeit vor ungefähr dreißig Millionen Jahren. Was man von diesen frühen Affen weiß, ist, dass man eigentlich nichts weiß. Ein paar unvollständige, beschädigte Unterkieferhälften und zwei, drei Schädel: das ist so ziemlich das ganze Material, das Wissenschaftlern für ihre Schlussfolgerungen vorliegt. Auch bei der Einordnung späterer Ur-Affen tappt man weitgehend im Dunkeln. Einen besseren Einblick für die Paläoanthropologie gibt es erst, als sich die Wälder lichteten und offenes Grasland entstand. Gewaltige Kräfte hoben vor fast fünfzehn Millionen Jahren im Osten Afrikas die Erdkruste an und türmten sie bis fast 3000 Meter über den Meeresspiegel. Der kontinentale Felsen wölbte sich, riss über 4500 Kilometer hinweg auf und erzeugte die Bedingungen für eine völlig veränderte Vegetation. Wichtiger als jeder andere Umweltfaktor ermöglichte die Bildung der Gregory-Spalte und mit ihr die des Great Rift Valley die Entstehung neuer Primatenformen, mithin des Menschen. »Hätte die Gregory-Spalte sich nicht an diesem Ort und zu dieser Zeit gebildet«, vermutet der berühmte kenianische Paläoanthropologe Richard Leakey, »wäre es durchaus möglich, dass die Spezies Mensch überhaupt nicht entstanden wäre.«

Im Westen des großen Grabens boten nahrungsreiche Urwälder klettertüchtigen Affen einen idealen Lebensraum. In den neuen abwechslungsreichen Lebensräumen im Osten hingegen, wo das Waldsterben Halbwüsten, Savannen, kleine Auwälder und sumpfige Flusslandschaften erzeugte, bevorzugten vor sechs oder sieben Millionen Jahren einige frühe Hominiden aus der erweiterten Verwandtschaft der *Ardipithecinen* und *Australopithecinen* zum ersten Mal den aufrechten Gang. Manche von ihnen starben irgendwann aus, andere entwickelten sich weiter. Vor etwa drei Millionen Jahren entwickelten die *Australopithecinen* verschiedene Gattungen; darunter eine vermutlich vegetarische mit robustem Schädel und sehr großen Backenknochen, die *Paranthropi*, deren Spuren sich vor etwa 1,2 Millionen Jahren verlieren, und eine Gattung mit leichter gebautem Schädel und kleineren Zähnen, die »grazilen« *Australopithecinen.* Aus dieser Linie könnten nach gegenwärtiger Forschungslage *Homo rudolfensis*, *Homo habilis* und *Homo erectus* entstanden sein, die ersten Vertreter der Familie Hominae.

Die Gehirne der *Australopithecinen* waren typische Affengehirne. Wie bei allen Primaten liegen die Augen vorne im Schädel, was bedeutet, dass Affen immer nur in eine Richtung schauen können. Um ihr Gesichtsfeld zu erweitern, müssen sie den Kopf drehen. Eine Folge davon scheint zu sein, dass Primaten immer nur *einen* Bewusstseinszustand auf einmal haben können. Da sie verschiedene Dinge nicht simultan wahrnehmen können, kommen diese immer nur nacheinander ins Bewusstsein. Ein solch eingeschränkter Blickwinkel bei Säugetieren ist selten, gar nicht zu reden von anderen Tierklassen, die zum Teil extrem erweiterte Sehfelder haben, wie etwa Fliegen oder Kraken. Was die Sehstärke anbelangt, befinden sich alle Affen im Mittelfeld. Sie sehen besser als etwa Pferde oder Nashörner, aber sie sehen viel schlechter als zum Beispiel Greifvögel. Wie die meisten Wirbeltiere unterscheiden Primaten eine rechte und eine linke Seite der Wahrnehmung. Die Vorstellung von »rechts« und »links« prägt ihre Welterfahrung und auch ihr Denken. Quallen, Seesterne und Seeigel kennen dies nicht, ihre Wahrnehmung besteht nicht aus zwei Hälften, sondern ist kreisförmig. Primaten haben auch kein Gespür für Schwankungen in der Elektrizität, was viele andere Tiere durchaus haben, insbesondere Haie. Im Riechen sind sie ausgesprochen schlecht, Hunde und Bären, aber auch viele Insekten sind ihnen hier weit überlegen. Ihr Gehör ist ganz ordentlich, aber auch dabei sind Hunde und Bären viel besser.

Der spektakuläre Prozess, der bei einigen wenigen Primaten

vor etwa drei Millionen Jahren einsetzte, ist der Wissenschaft bis heute ein großes Rätsel. In einer vergleichsweise kurzen Zeit nämlich verdreifachte sich die Größe ihres Gehirns. Hatten die *Australopithecinen* ein Gehirnvolumen von 400 bis 550 Gramm, so wies *Homo habilis* vor rund zwei Millionen Jahren schon 500 bis 700 Gramm Gehirnmasse auf. Die vor 1,8 Millionen Jahren auftretenden *Homo heidelbergensis* und *Homo erectus* brachten es dann auf ein Gehirnvolumen von 800 bis 1000 Gramm. Und der moderne Mensch *Homo sapiens*, der vor etwa 400 000 Jahren hervortrat, besitzt ein Gehirn zwischen 1100 und 1800 Gramm.

Wissenschaftler erklärten die starke Zunahme der Gehirnmasse früher gerne mit den neuen Anforderungen an die Vormenschen. Die Savanne des Rift Valley bot andere Lebensbedingungen als vormals der Regenwald, und die *Australopithecinen* und frühen *Homo*-Formen stellten sich darauf ein. So weit, so richtig. Aber ein so schnelles Gehirnwachstum als Folge von veränderten Umweltbedingungen ist keineswegs normal, sondern eine völlige Ausnahme. Dass sich Tierarten anpassen, ist nichts Ungewöhnliches. Sie verändern sich, werden größer oder kleiner, aber dass ihre Gehirne dabei regelrecht explodieren, das kommt nicht vor. Auch sind Affen in der Savanne heute keineswegs intelligenter als die Affen im Regenwald. Bei den frühen Menschenformen aber trat ein ganz außergewöhnlicher Vorgang ein: Ihre Gehirne wuchsen schneller als ihre Körper – ein Prozess, der sich, soweit bekannt, nur bei zwei Tierarten jemals entwickelte: bei Menschen und bei Delfinen.

Den Mechanismus für die besondere Gehirnentwicklung des Menschen fanden in den Zwanzigerjahren der Franzose Émile Devaux und der Niederländer Louis Bolk. Unabhängig voneinander entdeckten sie, dass der Mensch nach seiner Geburt noch nicht ausgereift ist, wogegen Menschenaffen ziemlich fertig auf die Welt kommen. Der Mensch verharrt viel länger in seinem Stadium als Fötus und bleibt in dieser Zeit auch entsprechend lernfähig. Die Hirnforschung kann diese Vermutung heute bestätigen. Während das Gehirn bei allen anderen Säugetieren nach der Geburt langsamer wächst als der Körper, entwickelt es sich beim Menschen noch eine ganze Zeit fast im gleichen Tempo weiter wie im Mutterleib. Auf diese Weise wächst das menschliche Gehirn zu einer Größe heran, die diejenige anderer Menschenaffen erheblich übertrifft. Besonders das Kleinhirn und die Großhirnrinde profitieren von diesem fortgesetzten Wachstum. Und innerhalb der Großhirnrinde sind es vor allem die Regionen, die für die Orientierung im Raum, die Musikalität und die Konzentrationsfähigkeit wichtig sind.

So weit der inzwischen bekannte Prozess des Gehirnwachstums.

Doch warum er vor etwa drei Millionen Jahren auf diese Weise einsetzte, darüber lässt sich nur sehr vage spekulieren. So präzise wir wissen, was abläuft, so wenig verstehen wir den Grund. Denn eine so schwerwiegende Veränderung lässt sich nicht durch Anpassungen an die Umwelt erklären, selbst wenn man meint – was keineswegs unumstritten ist –, dass besonders große Umstellungen und Anpassungen an das Savannenleben notwendig waren. Dass der aufrechte Gang das Fluchtverhalten veränderte, ist sicher richtig. Dass die Familienverbände in der Savanne anders zusammenlebten als im Regenwald, mag auch sein. Dass man sich auf andere Nahrung spezialisierte, ist durchaus naheliegend. Aber eine so grundlegende Umstellung wie die Verdreifachung des Gehirnvolumens lässt sich dadurch mitnichten erklären. Für eine solche von außen erzwungene Veränderung ist das menschliche Gehirn viel zu komplex. »Der Mensch«, schreibt der Bremer Hirnforscher Gerhard Roth, »hat keineswegs einen besonders großen Cortex bzw. präfrontalen Cortex, weil er diesen dringend benötigte. Vielmehr erhielt er ihn ›umsonst‹ geliefert.«

Das menschliche Gehirn ist also nicht allein eine Reaktion auf Anforderungen der Umwelt. Wenn im ersten Kapitel die Rede davon war, dass unser Wirbeltiergehirn die Folge von Anpassungen im Evolutionsprozess ist, so muss man einräumen, dass die genauen Zusammenhänge noch immer sehr unklar sind. Die »Optimierung«, wenn man so will, geschah ohne einen bislang erkennbaren Grund. Dazu passt, dass unsere Vorfahren ersichtlich lange Zeit auch nur sehr wenig Gebrauch von den Hochleistungsmaschinen machten, die in ihren Köpfen heranreiften. Denn dass sich das Gehirn in der Entwicklung von *Australopithecus* zu *Homo habilis* und *Homo erectus* in ungeheurem Tempo vergrößerte, führte, soweit offensichtlich, zunächst kaum zu Kulturleistungen, wie etwa zu einem differenzierten Werkzeuggebrauch. Selbst nach weitgehendem Abschluss des Gehirnwachstums vor etwa einer Million Jahren brachten die Hominiden mit ihren Hochleistungsgehirnen über Hunderttausende von Jahren kaum mehr als einen notdürftigen Faustkeil hervor. Noch die Werkzeuge der Neandertaler, die vor gerade mal 40 000 Jahren ausstarben, waren eher schlicht und wenig ausgefeilt. Und das, obgleich das Volumen ihrer Gehirne das des heutigen Menschen noch etwas übertraf!

Es besteht wenig Zweifel daran, dass die Größe und Beschaffenheit des menschlichen Gehirns den Ausschlag gab bei der Entwicklung des modernen Menschen und seiner unvergleichbaren Kultur. Doch aus welchem Grund machte der Mensch von seiner durch das Gehirn ermöglichten technischen Innovationsfähigkeit erst so erschreckend spät Gebrauch? Die Antwort ist naheliegend: Offensichtlich hatte das Gehirn weitgehend andere Funktionen zu erfüllen als technischen Fortschritt. Auch heutige Menschenaffen, deren Gebrauch von Werkzeugen ebenso primitiv ist wie derjenige der *Australopithecinen*, sind ganz offensichtlich intelligenter, als sie für solch simples Hantieren mit Steinen und Ästen sein müssten. Den weit größeren Teil ihrer Intelligenz nutzen Menschenaffen für ihr kompliziertes Sozialleben, und auch für Menschen sind Artgenossen die größte Herausforderung im Alltag (vgl. *Das Schwert des Drachentöters*). Bei alledem nutzen wir gleichwohl nur einen Bruchteil unserer Kapazität, denn Intelligenz ist das, was man einsetzt, wenn man nicht weiß, was man tun soll. Selbst wenn Primatenforscher Leonardo da Vinci mit dem Fernglas beobachtet hätten, so wie sie heute Affen beobachten, würden sie die meiste Zeit nichts Besonderes zu sehen bekommen haben. In seinem normalen Alltag mit Schlafen, Aufstehen, Anziehen, Essen usw. machte da Vinci nur sehr wenig Gebrauch von seinem Genie, weil geniale Einfälle und Geistesblitze dafür schlichtweg nicht nötig sind.

Das menschliche Gehirn ist beeindruckend. Aber es ist kein Schachcomputer, der ständig auf der höchsten Schwierigkeitsstufe eingestellt ist. Meist läuft er auf einem unteren Niveau, und damit reiht sich der Mensch ein in die Kette seiner Vorfahren. Prägende Instinkte und Verhaltensweisen wie Krieg und Aggression, Triebhaftigkeit, Familien- und Gemeinschaftssinn teilt er mit Affen und insbesondere Menschenaffen. Je mehr wir über das Leben der Tiere lernen, umso stärker erkennen wir uns selbst, das Echo aus den 250 Millionen Jahren der Säugetierentwicklung in unseren Gehirnwindungen.

Nietzsches kluge Tiere sind also tatsächlich Tiere, und ihr beispielloses Erkenntnisvermögen ist und bleibt ein Rätsel. Einige Philosophen des romantischen Zeitalters zu Anfang des 19. Jahrhunderts hatten dem Lauf der Natur einen Sinn unterstellt, an dessen Ende der Mensch steht – jenes Wesen, das dafür geschaffen wurde, den Weltenlauf zu verstehen. Im Menschen, so lautete die stolze Überhöhung, werde die Natur sich ihrer selbst bewusst. In der Realität spricht nichts dafür, dass der Mensch und sein Tun das Ziel der Evolution sind. Doch nicht erst ein solch angenommener Gang der Geschichte, schon der Begriff des »Ziels« ist bereits verdächtig. Ziele sind sehr menschliche Denkkategorien (haben Salamander Ziele?), sie sind an typisch menschliche Zeitvorstellungen gebunden, ebenso wie die Begriffe »Fortschritt« und »Sinn«. Doch die Natur ist eine physikalische, eine chemische und eine biologische Angelegenheit. Und der Begriff »Sinn« hat ganz andere Eigenschaften als etwa Protein.

Die klügeren unter Nietzsches klugen Tieren, die dies verstanden haben, lenken deshalb ihren Forschergeist auch nicht mehr auf das große Ganze, die »objektive« Realität, sondern sie fragen sich: Was kann ich überhaupt wissen? Und wie funktionieren dieses Wissen und dieses Wissen-Können? Philosophen sprechen hier gerne von einer »kognitiven Wende« hin zu den Grundlagen unseres Selbst- und Weltverständnisses. Um dies zu verstehen, möchte ich Sie mitnehmen auf eine Reise zu den Grundlagen unseres Erkennens, die wir in wichtigen Teilen bereits mit Johansons Lucy teilen. Fliegen wir also mit Lucy in einen Kosmos, der aufregender ist als fast alles, was die Philosophen früherer Zeiten bereisen konnten. Entdecken wir unser Fühlen und Denken: Reisen wir ins Innere unseres Gehirns.

• *Der Kosmos des Geistes.* Wie funktioniert mein Gehirn?

MADRID

Der Kosmos des Geistes
Wie funktioniert mein Gehirn?

Was ist die komplizierteste Sache der Welt? Eine schwierige Frage, aber für die Naturwissenschaft ist die Antwort eigentlich klar. Sie lautet: das menschliche Gehirn! Zugegeben, von außen betrachtet ist es nicht besonders spektakulär. Es wiegt knapp drei Pfund, hat die Form einer aufgeblasenen Walnuss und die Konsistenz eines weichen Eis. Aber darin verbirgt sich der wohl komplizierteste Mechanismus im ganzen Universum. 100 000 000 000 (hundert Milliarden) Nervenzellen funken darin herum mit bis zu einer halben Trillion Verbindungen. Ungefähr so viel, lautet ein bekannter Vergleich, wie die Anzahl der Blätter im Amazonas-Regenwald. Bis vor etwa 120 Jahren war das Innenleben des Gehirns nahezu unbekannt. Wer auch immer etwas über das Gehirn geschrieben und spekuliert hatte, hatte allenfalls mit der Taschenlampe in den Nachthimmel geleuchtet. Umso erstaunlicher, dass jener Mensch, der als Erster die allgemeinen Funktionsabläufe des Gehirns zu deuten wusste und seine grundlegenden Mechanismen entschlüsselte, heute ein nahezu unbekannter Mann ist. Gäbe es eine objektive Aufstellung der bedeutendsten Forscher und Denker des 20. Jahrhunderts – der Name Santiago Ramón y Cajal dürfte nicht darin fehlen. Stattdessen aber gibt es nicht einmal eine deutschsprachige Biografie.

Ramón y Cajal wurde 1852 in Petilla de Aragón in der spanischen Provinz Navarra geboren. Er war acht Jahre jünger als Nietzsche, und zur Zeit von Ramón y Cajals Geburt und seiner frühen Kindheit arbeitete Darwin in Down bei London gerade an seinem großen Buch über die *Entstehung der Arten.* Dass er selbst etwas mit Biologie zu tun haben sollte, war nicht abzusehen. Schon früh wollte er Maler werden. Um den menschlichen Körper zu studieren, grub er als junger Mann gemeinsam mit seinem Vater Knochen aus einem ehemaligen Friedhof aus. Ramón y Cajals Vater hatte eine Stelle in der anatomischen Abteilung des Krankenhauses von Saragossa und praktizierte dort als Chirurg. Die Beschäftigung mit den Knochen führte Ramón y Cajal schließlich von der Malerei zur Anatomie. Der große Darwin hatte einst sein Medizinstudium abgebrochen, weil er sich davor ekelte, Leichen zu sezieren. Als Ramón y Cajal hingegen daranging, Leichen zu untersuchen, fing er richtig Feuer. Schon mit einundzwanzig Jahren wurde er Arzt. Weil er besonders fasziniert war von Leichen und Skeletten, ging er zur Armee. In den Jahren 1874 bis 1875 nahm er an einer Expedition nach Kuba teil und infizierte sich dabei mit Malaria und Tuberkulose. Nach seiner Rückkehr wurde er Assistenzarzt an der Medizinischen Fakultät der Universität Saragossa. 1877 promovierte ihn die Universität Complutense in Madrid. Als Professor für Beschreibende und Generelle Anatomie an der Universität Valencia entdeckte er nach und nach den Zauber des Gehirns. Wieso hatte sich noch nie jemand nach allen Regeln der Kunst ganz detailliert mit dem menschlichen Gehirn beschäftigt? Was bislang erforscht war, war vor allem die grundsätzliche anatomische Gliederung von Hirnregionen. Ramón y Cajal fasste einen ehrgeizigen Plan: Er wollte die *Vorgänge* im Gehirn verstehen und eine neue Wissenschaft begründen, die er »rationale Psychologie« nannte. Stück für Stück betrachtete er das Zellgewebe des menschlichen Gehirns unter dem Mikroskop und zeichnete alles, was er dort sah. 1887 wechselte er als Professor für Histologie und Pathologie an die Universität Barcelona und 1892 an die Universität Complutense Madrid, die größte und bedeutendste Universität Spaniens. 1900 wurde er dort überdies Direktor des Nationalen Hygieneinstituts und des *Investigaciones Biológicas.*

Eine Fotografie zeigt Ramón y Cajal in seinem Madrider Arbeitszimmer mit einer völlig überfüllten Bibliothek. Den Kopf in die rechte Hand gelegt, blickt er mit struppigem Bart andächtig auf ein menschliches Skelett. Ein anderes Foto zeigt ihn in ähnlicher Haltung in seinem Labor in einem orientalisch anmutenden Kittel und mit einer maghrebinischen Mütze. Seine Augen sind tief und dunkel. Man würde ihn tatsächlich eher für einen Maler halten als für einen Wissenschaftler. Im Alter bekam sein Gesicht einen beeindruckend finsteren Zug; eine Erscheinung wie die eines zwielichtigen Hollywood-Schurken, ein Wissenschaftler mit dem Teufel im Bunde. Aber Ramón y Cajal war alles andere als ein Finsterling. Seine Zeitgenossen schätzten und mochten ihn sehr. Er war bescheiden und großzügig mit einem warmen Humor und von großer Gelassenheit. Ramón y Cajal untersuchte ausschließlich tote Gehirne von Menschen und Tieren. Für Forschungen an lebenden Gehirnen war die Zeit Ende des 19. Jahrhunderts noch nicht reif. Natürlich war das eine Krux. Denn wie sollte man wissen, wie das Gehirn funktioniert, wenn man diese Vorgänge gar nicht in Aktion beobachten konnte? Doch Ramón y Cajal schaffte Verblüffendes. Das einzig, wenn man so will, Dämonische an ihm war seine enorme Fähigkeit, tote Nervenzellen zum Leben zu erwecken. In seiner Fantasie war er ein sympathischer Frankenstein, denn er beschrieb die Abläufe in den Gehirnzellen, die er unter dem Mikroskop sah, als ob er ihnen tatsächlich bei der Arbeit zusah. In seinen Aufsätzen und Büchern ist in lebhaften Beschreibungen von einem munteren Geschehen die Rede: Die Nervenzellen fühlen, handeln, hoffen und streben. Eine Nervenzelle »tastete« mit ihrer entstehenden Faser umher, »um eine andere zu finden«. Auf diese Weise beschrieb Ramón y Cajal die Feinstruktur und legte das Fundament für die moderne Erforschung des Nervensystems im Gehirn. In seiner langen Forschertätigkeit schrieb er 270 wissenschaftliche Aufsätze und achtzehn Bücher. Sie machten ihn zum bedeutendsten Hirnforscher aller Zeiten. Im Jahr 1906 erhielt er den Nobelpreis für Medizin.

Ramón y Cajals Forschungen waren deshalb so bedeutend, weil Nervenzellen im Gehirn völlig anders aussehen als normale Körperzellen. Ihre seltsamen unregelmäßigen Formen mit den vielen feinen Fortsätzen waren der Wissenschaft zuvor völlig schleierhaft. Ramón y Cajal zeichnete diese Zellen in sehr genauen Bildern, sorgfältige Skizzen mit seltsamen Spinnwebmustern, und die meisten seiner Gebilde sehen wie kleinteilige Algen aus. Obwohl er keinen der wichtigen und bis heute gültigen Begriffe selbst prägte, beschrieb er die Elemente des Nervensystems im Gehirn so präzise wie niemand zuvor. Er zeichnete und erklärte die Nervenzellen, die *Neuronen,* und die mehr oder weniger langen Fäden zu beiden Seiten des Neurons, die *Axone.* Die Verästelungen des Axons, die *Dendriten,* wurden das erste Mal ganz genau beschrieben, und für die Kommunikationsstellen der Nervenzellen am Ende der Dendriten übernahm er ein Wort seines kongenialen englischen Kollegen Charles Scott Sherrington, die *Synapsen.* Mit seinen ungemein sorgfältigen Studien hatte Ramón y Cajal so etwas wie das Alphabet der Nervenzellen im Gehirn entdeckt. Aber die entsprechende Hirngrammatik und noch mehr die gesprochene Sprache seiner Neuronen, die Arbeit der von ihm genannten neuronalen Schaltkreise, musste er sich fantasievoll dazudenken.

Vieles von dem, was Ramón y Cajal vermutete, erwies sich

später als richtig. Die wichtigste dieser Annahmen war, dass die Nervenströme auf ihrem Weg durch das Gehirn und das Rückenmark immer nur in *eine* Richtung fließen. Die Synapsen der einen Nervenzelle kommunizieren mit den Synapsen einer anderen. Aber diese Nervenbahnen sind Einbahnstraßen, und die Richtung eines Nachrichtenflusses ist immer unumkehrbar. Wie die Kommunikation der Synapsen funktioniert, konnte Ramón y Cajal mit seinen toten Gehirnen nicht zeigen: Sie verrieten nichts über die elektrische und die chemische Aktivität. Er wusste aber, dass diese Signalübertragungen stattfanden. Der Physiologe Otto Loewi hatte 1921 das erste Mal nachgewiesen, wie Nervenimpulse von einer Synapse mithilfe eines chemischen Botenstoffs in eine andere wandern. Aber Ramón y Cajal konnte sie nicht sehen.

Ramón y Cajal starb 1934 im Alter von zweiundachtzig Jahren. Während in den drei Jahrzehnten nach seinem Tod Wissenschaftler in Europa, in den USA und in Australien die grundlegenden Mechanismen der elektrochemischen Signalübertragung im Gehirn erforschten, widmeten sich andere der genaueren Interpretation der einzelnen Hirnareale. Was im Gehirn war wofür zuständig und warum? Berühmt wurde dabei vor allem das Modell des US-Amerikaners Paul MacLean aus den Vierzigerjahren, der das Gehirn des Menschen sehr übersichtlich einteilte. Da der Mensch sich aus niederen Tierformen entwickelt hatte, rechnete MacLean die verschiedenen Hirnregionen des Menschen unterschiedlichen Stufen seiner Entwicklung zu. Danach bestand das Hirn eigentlich aus »drei Gehirnen«. Das erste ist ein »stammesgeschichtlich altes Reptiliengehirn«, es besteht hauptsächlich aus dem *Hirnstamm* und dem *Zwischenhirn*. Das Reptiliengehirn ist die »niedrigste« Form des Gehirns. Hier befinden sich angeborene Instinkte, es ist wenig lernfähig und untauglich für alles Soziale. Das zweite Gehirn ist das »frühe Säugerhirn«. Es entspricht dem *limbischen System.* Hier sollen nicht nur Triebe und Emotionen zu Hause sein, sondern es ist, wie MacLean meint, zugleich der erste Versuch der Natur, ein Bewusstsein und ein Gedächtnis zu entwickeln. Das dritte Gehirn ist das »entwickelte Säugerhirn« und entspricht dem *Neocortex* als Sitz von Vernunft, Verstand und Logik. Das entwickelte Säugerhirn arbeitet ungeachtet der stammesgeschichtlich älteren Gehirnbereiche. Denn MacLean meinte, dass diese Dreiteilung sehr strikt sei. So etwa gäbe es zwischen dem limbischen System und dem Neocortex nur wenige Verbindungen. Gefühl und Verstand seien streng geteilt in zwei verschiedene Gehirne; ein Grund, warum wir unsere Gefühle mit dem Verstand so schlecht kontrollieren könnten.

MacLeans Aufräumarbeiten im Gehirn wurden sehr populär. Und sie waren auch leicht verständlich. So wie die Philosophen seit zwei Jahrtausenden tierische Instinkte, höhere Gefühle und die schlaue menschliche Vernunft voneinander unterschieden hatten, so hatte auch MacLean mit relativ leichter Hand das Gehirn dreigeteilt. Allein, MacLeans Theorie, die bis heute in vielen Schulbüchern steht, ist falsch. Es gibt keine drei Gehirne im Gehirn, die weitgehend unabhängig voneinander arbeiten! Und auch die schlichte Vorstellung, dass die drei Gehirne in der Entwicklung vom Reptil zum Menschen nacheinander entstanden sind, ist so nicht richtig. Denn auch Reptilien haben bereits ein limbisches System, das dem des Menschen recht ähnlich ist. Und sie besitzen ebenfalls ein Endhirn, eine – wenngleich schlichtere – Variante dessen, was bei den Säugetieren den Neocortex ausmacht. Das Wichtigste aber ist, dass die Verbindungen zwischen den Komponenten Hirnstamm, Zwischenhirn, Kleinhirn und Großhirn sehr eng sind. Sie sind nicht einfach aufeinander draufgesattelt, wie MacLean nahegelegt hatte. Die intensive und vielseitige Verbindung ist überaus wichtig, denn nur sie erklärt die Art und Weise, wie unsere Instinkte, unser Fühlen, Wollen und Denken tatsächlich funktionieren.

Vieles von dem, was die Hirnforscher in den letzten hundert Jahren über unser Gehirn vermutet haben, hatte nur eine begrenzte Haltbarkeit. Eigentlich hatte schon der französische Physiologe Marie Jean Pierre Flourens (später ein entschiedener Gegner Darwins) in den Zwanzigerjahren des 19. Jahrhunderts festgestellt, dass im Gehirn vieles mit vielem zusammenhängt. Er hatte nach und nach verschiedene Gehirnteile von Versuchstieren, vor allem von Hühnern und Tauben, entfernt, um zu sehen, welche Funktionen anschließend ausfielen. Zu seinem Staunen merkte er, dass nicht einzelne Fähigkeiten nachließen, sondern dass viele auf einmal schlechter wurden. Ungefähr so wie bei dem Computer *HAL 9000* in Stanley Kubricks Film *2001: Odyssee im Weltraum,* der mit jeder ausgeschalteten Stromtaste langsamer und schwerfälliger, aber offensichtlich nicht viel dümmer wird. Flourens erkannte, dass die alte Vorstellung von Hirnarealen, die nur für ganz bestimmte Fähigkeiten wie Rechnen, Sprechen, Denken oder Erinnern da sein sollten, falsch war. Wobei er allerdings umgekehrt übertrieb, als er nun meinte, dass im Gehirn alles für alles zuständig sei. Die Generation nach Flourens und vor Ramón y Cajal war deshalb vor allem damit beschäftigt, die Areale und Zentren des Gehirns wieder nach grundsätzlichen Funktionen abzusuchen und zu sortieren. Wer etwas auf sich hielt, zeichnete einen Hirn-Atlas. Die spektakulärsten Entdeckungen machten dabei der französische Anatom Paul Broca und der Neurologe Carl Wernicke, als sie unabhängig voneinander die beiden verschiedenen Sprachzentren des Menschen fanden: 1861 das *Broca-Areal* für die Lautartikulation und 1874 das *Wernicke-Areal* für das Sprachverstehen.

Das Gehirn wird heute in den Hirnstamm, das Zwischenhirn,

das Kleinhirn und das Großhirn eingeteilt. Der *Hirnstamm* bildet den untersten Gehirnabschnitt in der Mitte des Kopfs und besteht aus dem Mittelhirn, der Brücke und dem Nachhirn (verlängertes Mark). Der Hirnstamm verschaltet Sinneseindrücke und koordiniert unsere automatisierten Bewegungsabläufe wie Herzschlag, Atmung und Stoffwechsel und unsere Reflexe, wie etwa Augenzwinkern, Schlucken und Husten. Das *Zwischenhirn* ist ein ziemlich kleiner Bezirk oberhalb des Hirnstamms. Es besteht aus dem oberen Teil des Thalamus, dem Hypothalamus, dem Subthalamus und dem Epithalamus. Seine Rolle ist weitgehend die eines Vermittlers und eines emotionalen Gutachters. Es nimmt Sinneseindrücke wahr und leitet sie an das Großhirn weiter. Als ein sensibles System aus Nerven und Hormonen steuert das Zwischenhirn unser Schlafen und Wachen, unsere Schmerzempfindungen, die Regulation unserer Körpertemperatur, aber auch die Triebe, wie zum Beispiel unser Sexualverhalten. Das *Kleinhirn* beeinflusst maßgeblich unser Bewegungsvermögen und unser motorisches Lernen. Bei anderen Wirbeltieren ist es weitaus stärker ausgeprägt als beim Mensch, vor allem bei Fischen, deren Bewegungsabläufe in gewisser Weise anspruchsvoller zu sein scheinen als bei Menschen. Bei uns übernimmt das Kleinhirn zusätzlich auch noch Aufgaben bei kognitiven Leistungen, beim Sprechen, bei sozialem Verhalten und beim Erinnern, die allerdings unbewusst ablaufen. Das *Großhirn* liegt oberhalb der drei anderen Regionen, beim Menschen ist es mehr als dreimal so groß wie die anderen Hirnteile zusammen. Es lässt sich in zahlreiche Regionen einteilen, die sich in die »einfacheren« sensorischen Areale und die »höheren« assoziativen Areale gliedern lassen. Alle geistigen Hochleistungen des Menschen hängen zwingend von der Aktivität des *assoziativen Cortex* ab, allerdings niemals von ihm allein.

Die Leistung unseres Gehirns ist abhängig von dem, was wir

erleben. Das wusste schon Immanuel Kant, als er in der Einleitung seines Hauptwerkes, der *Kritik der reinen Vernunft,* als ersten Satz schrieb: »Dass alle unsere Erkenntnis mit der Erfahrung anfange, daran ist gar kein Zweifel; denn wodurch sollte das Erkenntnisvermögen sonst zur Ausübung erweckt werden, geschähe es nicht durch Gegenstände, die unsere Sinne rühren und teils von selbst Vorstellungen bewirken, teils unsere Verstandestätigkeit in Bewegung bringen, diese zu vergleichen, sie zu verknüpfen oder zu trennen, und so den rohen Stoff sinnlicher Eindrücke zu einer Erkenntnis der Gegenstände verarbeiten, die Erfahrung heißt.« Dabei bestimmt unsere Aufmerksamkeit über unser Fühlen und Denken, so wie umgekehrt unser Fühlen und Denken unsere Aufmerksamkeit bestimmt. Menschen können sich immer nur auf eines einlassen, wenn auch mitunter in schneller Abfolge. Auch das Multitasking bedeutet nicht, sich auf mehrere Dinge auf einmal konzentrieren zu können, sondern nur, sehr schnell. Die Reichweite unserer Aufmerksamkeit ist dabei vielfach begrenzt. Und zwar nicht nur durch unsere biologischen Wahrnehmungsmöglichkeiten, sondern auch durch unsere begrenzte Kapazität. So richtig es ist, dass Menschen nur einen Bruchteil ihrer Nervenzellen im Gehirn benutzen – so schwierig ist es doch, diesen Anteil auszuweiten. Unsere Aufmerksamkeit reicht nämlich nur für eine begrenzte Aktivität im Gehirn aus, sodass sich das eine immer auf Kosten eines anderen ausbreitet. Mein damals vier Jahre alter Sohn Oskar interessiert sich in sehr starkem Maße für Tiere und kann ohne Schwierigkeit zahlreiche Dinosaurier aufzählen und Ohrenrobben von Hundsrobben unterscheiden; aber er tut sich noch immer sehr schwer damit, ein T-Shirt anzuziehen. Es ist nicht die Summe unserer Nervenzellen, sondern es ist die Spanne unserer Aufmerksamkeit, die unser Lernvermögen eingrenzt.

Immerhin wissen wir heute skizzenhaft, wie Aufmerksamkeit gebildet wird und was neurochemisch passiert, wenn wir etwas lernen. Dass wir diese und andere elementaren Abläufe im Gehirn heute kennen und auch die Funktion einzelner Hirnareale ganz gut bestimmen können, verdankt die Hirnforschung dem technischen Fortschritt ihrer Messgeräte. Ramón y Cajal hatte noch erleben dürfen, wie der deutsche Psychiater Hans Berger 1929 die Elektroenzephalografie (EEG) erfand. Es wurde endlich möglich, die Spannungen der elektrischen Ströme zu messen, die im Gehirn fließen. In den Fünfzigerjahren verbesserte man dabei die Elektroden. Mithilfe sensibler Mikroelektroden verfeinerte man das Messfeld so stark, dass sich selbst die Aktivität einzelner Neuronen beobachten ließ. Der nächste Schritt war die Erforschung von Magnetfeldern. Wie alle elektrischen Ströme, so bilden auch die Hirnströme ein Magnetfeld. Seit den Sechzigern messen empfindliche Magnetfeldsensoren diese Felder und berechnen die Stromquellen im Gehirn. Auf diese Weise zeigt die Magnetenzephalografie (MEG), wo das Gehirn gerade besonders aktiv ist. In den Siebziger- und Achtzigerjahren kamen weitere Verfahren hinzu, die die gerade entdeckten neurochemischen Vorgänge im Gehirn messbar machten. Seit den Neunzigern schließlich ist die Hirnforschung im Besitz schöner bunter Bilder vom Gehirn. Heute liefern bildgebende Verfahren wie die Computertomografie und die Kernspintomografie fantastische Einsichten in unsere Hirnprozesse. Wo früher allein elektrische oder chemische Vorgänge gezeigt werden konnten, messen die neuen Verfahren den Blutfluss im Gehirn und liefern dazu hochauflösende Bilder. Die Enträtselung des limbischen Systems, des Stammsitzes unserer Emotionen und Gefühle, geriet dadurch überhaupt das erste Mal in den Blick der Forschung.

Nicht wenige Hirnforscher sind so begeistert von ihren neuen

Möglichkeiten, dass sie glauben, ihre Forschung würde die Philosophie und vielleicht auch die Psychologie über kurz oder lang arbeitslos machen. Der Hirnforscher William Calvin von der University of Washington in Seattle hat dafür ein passendes Bild, wenn er vom »Traum des Hausmeisters« spricht. Der Hausmeister, so Calvin, fühlt sich in seinem dunklen Kellergeschoss nicht wohl. Sein sehnlichster Wunsch ist ein Sprung am liebsten hoch bis ins helle Dachgeschoss. So ähnlich geht es jenen Hirnforschern, die von den Zellen und Proteinen des Gehirns mit leichtem Sprung gerne in die Philosophie springen möchten. Doch die Kluft zwischen Proteinen und Sinn ist gewaltig. Selbst wenn sich die Hirnforschung auf einem guten Weg weiß, die Hirnzentren und Hirnfunktionen zu enträtseln – der Mechanismus, der Geist erzeugt, Sinn und Verstand ist noch lange nicht entschlüsselt. Stattdessen wissen wir zurzeit mehr darüber, was wir nicht wissen, als über das, was wir wissen. Je mehr wir über das Gehirn lernen, umso komplizierter erscheint es uns.

Das größte Rätsel geben uns dabei die ganz persönlichen Zutaten des Bewusstseins auf, unsere ganz subjektiven Erlebnisse. Warum sich etwas für uns auf eine ganz bestimmte Weise anfühlt, ist nach wie vor unser großes Geheimnis. Persönliche Gefühle und Leidenschaften lassen sich nicht mit allgemeinen neurochemischen Erkenntnissen erklären. Weder Messapparate noch psychologische Gespräche dringen in diese Erlebnisqualität ein und machen sie sichtbar. Als Louis Armstrong einmal gefragt wurde, was Jazz sei, antwortete er sehr treffend: »Wenn du erst fragen musst, wirst du es nie verstehen!« Subjektive Erlebniszustände sind und bleiben unzugänglich, auch für die Hirnforschung. Denn beim Abspielen eines Jazz-Stücks zeigt der Kernspintomograf zwar, *dass* in bestimmten emotionalen Zentren meines Gehirns eine erhöhte Blutzufuhr stattfindet, aber er zeigt weder, *wie es sich anfühlt*, noch, *warum es sich so anfühlt*.

Gleichwohl gilt heute die Hirnforschung als jene Disziplin, die für die Grundlagen unseres Erkennens und unserer Selbstvergewisserung zuständig ist. Die Gründe dafür liegen auf der Hand. Verglichen mit der Philosophie gehen von der Hirnforschung heute viel mehr spannende Impulse aus. Die Frage ist nur, ob wir ohne Hilfe der Philosophie damit etwas anfangen können. Immerhin ist die Erforschung des Gehirns ein sehr eigentümliches Unterfangen. Denn genau genommen versuchen menschliche Gehirne etwas über menschliche Gehirne herauszufinden, das heißt, ein System versucht sich selbst zu verstehen. Das Gehirn ist dabei sowohl das Subjekt als auch das Objekt der Untersuchung – eine prekäre Situation. Machen Hirnforscher mit einer anderen Methode damit nicht das Gleiche wie die Philosophen, die seit 2000 Jahren versuchen, denkend das eigene Denken zu verstehen? Sich denkend zu ergründen und dabei nach Möglichkeit auch noch beim Denken zu beobachten, war lange die vorherrschende Methode zur Erforschung des menschlichen Geistes. Ihre moderne Zuspitzung fand sie vor knapp 400 Jahren an einem denkwürdigen Winterabend …

• *Ein Winterabend im Dreißigjährigen Krieg.* Woher weiß ich, wer ich bin?

ULM

Ein Winterabend im Dreißigjährigen Krieg
Woher weiß ich, wer ich bin?

Die Szene hat etwas Gemütliches: Ein großer weit ausladender Kachelofen, und daneben sitzt ein dreiundzwanzigjähriger Mann, gekleidet in den Winterrock eines kaiserlichen Soldaten; ein Gesicht, das man sich sehr gut vorstellen kann, weil man es kennt – von einem späteren Gemälde des großen holländischen Porträtmalers Frans Hals: die großen dunklen Augen, das eine ein Triefauge wie bei Karl Dall, der breite Mund mit den schmalen Lippen, dabei der minimale Anflug eines Lächelns, kurze Bartstoppeln, dazu schulterlange dunkle Haare; ein Gesicht, so verschmitzt wie melancholisch, intelligent und etwas entrückt. Doch so bekannt seine Gesichtszüge sind, so unklar bleibt die genaue Szenerie. Denn eigentlich, so schreibt der Mann, sitze er nicht neben, sondern *im* Ofen. Darunter kann man sich viel vorstellen, und in der Tat, das kleine Wörtchen *im* hat zu vielen Diskussionen geführt. Meinte er vielleicht eine Badestube, eine Sauna, deren es zu dieser Zeit sehr viele gab? Aber warum ist er dann vollständig bekleidet? Oder war es möglich, dass der Ofen so groß war, dass man sich in der Feuerstelle auf einem Stuhl niederlassen konnte? Wahrscheinlicher nannte er wohl das ganze Zimmer mit einem monumentalen Feuergerät darin seinen »Ofen«, weil es ihm Schutz vor der Kälte bot. Denn draußen ist es kalt. Es ist ein Wintertag im Jahr 1619, und die Szene spielt in einer bäuerlichen Wohnstube unweit von Ulm. Aber lassen wir den Mann doch einfach selbst erzählen: »Ich befand mich damals in Deutschland, wohin mich die Kriege, die dort noch nicht beendet sind, gerufen hatten, und als ich von der Kaiserkrönung zur Armee zurückkehrte, hielt mich der Winteranfang in einem Quartier fest, wo ich, da ich keine zerstreuende Unterhaltung fand und mich überdies glücklicherweise keine Sorgen oder Leidenschaften störten, den ganzen Tag allein in einer warmen Stube eingeschlossen blieb und hier all die Muße fand, um mich mit meinen Gedanken zu unterhalten.«

Die Unterhaltung mit den eigenen Gedanken hat ein sehr ehrgeiziges Ziel: Während draußen der Dreißigjährige Krieg beginnt, der ganz Mitteleuropa in Schutt und Asche legen wird, möchte der Mann Ruhe, Ordnung und Klarheit. Er will zur absoluten und letzten Gewissheit über sich und die Welt vorstoßen. Zunächst stellt er die Regel auf, nichts für wahr zu halten, was sich nicht klar und deutlich erkennen lässt. Und er zweifelt an allem, an dem es sich zweifeln lässt. Seinen Augen kann man nicht trauen, auch nicht den anderen Sinnen. Man kann sich zu leicht täuschen. Zweifelnd tastet er sich vorwärts. Auch dem Denken darf man nicht ungeprüft vertrauen. Könnte es nicht sein, dass ein böser Dämon auf einen einwirkt und zu falschen Schlüssen verleitet? Doch halt – gibt es nicht etwas, woran ich auf gar keinen Fall zweifeln kann? Denn wenn ich an allem zweifle, so kann ich doch nicht daran zweifeln, dass ich zweifle und dass ich es bin, der zweifelt. Und wenn ich weiß, dass *ich,* während ich zweifle, zweifle, so muss ich *denken,* dass ich zweifle. Es gibt also eine unbezweifelbare Gewissheit, ein erstes, allem anderen vorausgehendes Prinzip: *Cogito ergo sum* – »Ich denke, also bin ich«. Das Feuer im Ofen war noch nicht erloschen, als dieser Satz gedacht und ausgesprochen wurde, aber danach war die Welt der Philosophie nicht mehr das, was sie vorher einmal war.

Wer war dieser Mann, der an einem frühen Winterabend zu Anfang des Dreißigjährigen Krieges die Philosophie revolutionierte? Sein Name ist René Descartes. Er stammte aus einer adeligen Familie, der Vater war Gerichtsrat am Obersten Gerichtshof der Bretagne in Rennes. Seine Mutter stirbt 1597 ein Jahr nach seiner Geburt, und Descartes verlebt die Kindheit bei der Großmutter. Mit acht Jahren besucht er ein Jesuitenkolleg – keine lustige Angelegenheit, aber als er mit sechzehn wieder herauskommt, verfügt er über eine glänzende klassische und mathematische Bildung. Der begabte Schüler studiert Jura in Poitiers. Anschließend bewirbt er sich an einer Pariser Akademie für junge Adelige, um das bisher versäumte Leben nachzuholen. Er lernt Fechten, Tanzen, Reiten, gutes Benehmen und andere unentbehrliche Dinge, aber er hat keinen Schimmer, was er damit werden soll. (Erst zwei Jahrzehnte später wird er eine Gelegenheit haben, von einer dieser Künste Gebrauch zu machen – er ersticht einen Kontrahenten bei einem Duell.) Als Zweiundzwanzigjähriger tritt er abenteuerlustig in die Dienste des niederländischen Feldherrn Moritz von Oranien. Er lernt dabei viel über Naturwissenschaften, vom Soldatenleben dagegen hält er eher wenig. Ziellos reist er bald darauf durch Dänemark und Deutschland, verdingt sich noch einmal bei der Armee, diesmal beim Herzog Maximilian von Bayern. Mit diesem nimmt er an der Eroberung Prags teil und besichtigt dort die Arbeitsstätte des Astronomen Johannes Kepler. Ihm wird klar, was er werden will: ein Aufklärer, der Klarheit ins Dunkel der Wissenschaften bringt. Selbstbewusst träumt er von einer klaren, logischen und »universalen Methode zur Erforschung der Wahrheit«. Und er, Descartes, ist berufen, sie zu finden.

Im April 1620 trifft der Vierundzwanzigjährige in Ulm den Mathematiker Johannes Faulhaber. Im Handumdrehen löst Descartes eine sehr komplizierte mathematische Aufgabe, vor der, so schreibt er es ganz unbescheiden selbst, die klügsten Köpfe der Zeit kapituliert hätten. Die Zeit ist reif für seinen Aufstieg zu einem Mann, der für jedes Problem eine einfache kluge Lösung findet. Ein Jahr nach seiner Meditation in der Ulmer Bauernstube hängt er den ungeliebten Soldatenrock an den Nagel, pilgert nach Loreto und bereist Deutschland, Holland, die Schweiz und Italien.

1625 zieht er nach Paris und findet Anschluss in den intellektuellen Zirkeln der Stadt. Auf den Abendgesellschaften ist er ein häufiger Gast, aber seine Geselligkeit hält sich in Grenzen. Nach fünf Jahren verlässt er Paris und zieht in die aufblühenden Niederlande. Hier herrscht die größte geistige und religiöse Freiheit des Kontinents, und Descartes will Gebrauch davon machen, um das lange vorbereitete große Werk zu schreiben. Sein gesellschaftliches Leben erlahmt, sein einziger Austausch ist eine rege Korrespondenz, besonders gerne mit Damen. Der ganze Ehrgeiz gilt nun seiner »Abhandlung über die Welt« – aber das Buch geht nie in Druck. 1633 erfährt er, wie es seinem italienischen Kollegen Galileo Galilei ergangen ist, der seine neuen naturwissenschaftlichen Vorstellungen vom Kosmos und von der Welt vor der Inquisition widerrufen musste. Die katholische Kirche ist ein gefährlicher Gegner, auch für einen Mann wie Descartes, der an Gott glaubt, aber an einen vergleichsweise abstrakten Gott, den er als höchstes Prinzip zu beweisen sucht. Obwohl es in den Niederlanden toleranter zugeht als in Italien oder in Frankreich, wechselt Descartes vorsichtig und rastlos seinen Wohnsitz. Er verfasst Schriften über Geometrie, Algebra und Physik und schafft sich als Mathematiker einen exzellenten Ruf. Erst 1637 veröffentlicht er jenes Buch über sein inzwischen achtzehn Jahre zurückliegendes Gedankenspiel, das die Welt auf eine Wohnstube mit Ofen schrumpfen lässt und seine berühmte Formel: »Ich denke, also bin ich« enthält. Ein schmales Bändchen zum Gebrauch für jedermann, die *Abhandlung über die Methode des richtigen Vernunftgebrauchs und der wissenschaftlichen Wahrheitsforschung*. Zur Sicherheit erscheint das Werk anonym, der Verfasser spricht sich gleichwohl schnell herum. Descartes erfreut sich großen Ruhmes, doch seine Arroganz und sein tiefes Misstrauen machen ihn empfindlich gegenüber jeder Kritik. Seine nächsten, gedanklich sehr ähnlichen Werke erfahren mancherlei Widerspruch in seiner näheren Umgebung in Leiden und Utrecht. Descartes' Misstrauen wächst sich zur Paranoia aus. Mehrmals denkt er an einen Umzug nach England, macht fluchtartige Reisen nach Frankreich und folgt 1649 einer Einladung seiner Brieffreundin, der schwedischen Königin Christine. Doch der Aufenthalt im winterlichen Stockholm kostet ihn das Leben. Die Königin besteht auf einen frühen Unterricht in einem ungeheizten Zimmer. Im Februar 1650 erliegt der Dreiundfünfzigjährige einer Lungenentzündung.

Was hatte Descartes geleistet? Zunächst einmal hatte er eine Methode eingeführt: nur das als richtig zu akzeptieren, was durch eine schrittweise und lückenlose Beweisführung erwiesen wird. Und er hatte das »Ich« zum Zentrum der Philosophie gemacht. Hatten die Philosophen zuvor versucht herauszufinden, wie die Welt »an sich« ist, so hatte Descartes einen ganz anderen Zugang gewählt. Wie die Welt »an sich« ist, kann ich nur herausfinden, wenn ich ergründe, wie sie sich meinem *Denken* darstellt. Denn alles, was ich über die Welt weiß, weiß ich nicht durch irgendeine objektive Vogelschau, sondern einzig und allein durch das Denken in meinem Kopf. Friedrich Nietzsche nannte Descartes dafür später den »Großvater der Revolution, welche der Vernunft allein die Autorität zuerkannte«.

Descartes hatte eine Antwort auf die Frage gegeben: Woher weiß ich, wer ich bin? – Durch mein Denken! Und diese Antwort war viel besser als alle Antworten zuvor, selbst wenn bereits der Kirchenvater Augustinus im 4. Jahrhundert eine ähnliche Formulierung gefunden hatte. Wie sich später herausstellte, hat die Beweisführung allerdings einige Schwächen. Denn die Formel ist nicht so völlig ohne Voraussetzungen, wie Descartes meint. Um meinen Zweifel an allen Dingen dieser Welt zu formulieren, benötige ich nämlich eine hinlänglich funktionierende *Sprache*. Die Sprache aber wird von Descartes nicht angezweifelt. Er benutzt sie ohne jeden Zweifel daran, dass man sich durch Wörter, Sätze und Grammatik ja vielleicht auch täuschen könnte. Andere Philosophen haben kritisiert, dass Descartes keine Unterscheidung macht zwischen *Verstand* und *Vernunft*. Ist denn das, was verstandesgemäß ist, auch unweigerlich vernünftig? Werden hier nicht zwei Bedeutungen miteinander vermischt? Ein dritter Kritikpunkt ist, dass Descartes sich sehr viel Mühe gibt, das Denken zu ergründen, aber was das »Sein« bedeutet, dazu fällt ihm nicht sehr viel ein.

Und genau dies ist der Punkt, an dem es sich lohnt einzuhaken. Descartes war ein ungeheuer einflussreicher Philosoph, einer der einflussreichsten überhaupt. Auch wenn er zunächst heftig angefeindet wurde, war er eine Galionsfigur für viele neue Ideen über Körper, Gehirn und Geist. Doch so stark er darin war, das Denken zu ergründen, so schwach war er, im Nachhinein betrachtet, bei seiner Vorstellung vom menschlichen Leib. Denn der Körper ist eigentlich nur ein Klotz am Kopf! Mit kalter Lust führt der Mechaniker des Geistes seinen Lesern vor, dass der Leib aller Lebewesen nur eine Gliedermaschine ist, ein Automat oder ein Uhrwerk. Die körperlichen Organe funktionierten wie die Automaten in den Wassergärten des 17. Jahrhunderts: Aus Nerven wurden Wasserleitungen, die Hohlräume im Gehirn erschienen als Vorratsbehälter, die Muskeln glichen mechanischen Federn und die Atmung schließlich den Bewegungen in einer Uhr. Und all dies steuerte ein kleiner Mann im Gehirn: die Zirbeldrüse. Den Körper des Menschen zu einem physikalischen Mechanismus zu erklären, war der letzte Schrei in den Naturwissenschaften, und Descartes war darin sehr beschlagen. Fast über Nacht wurde er zum Chefideologen einer neuen Sicht des Körpers, und gegenüber seinen meist kirchlichen Kritikern konnte er sich sehr nüchtern, modern und fortschrittlich fühlen. Lebte Descartes in der heutigen Zeit, wäre er bestimmt ein Pionier auf dem Gebiet der künstlichen Intelligenz oder ein berühmter Hirnforscher geworden.

Deshalb ist es sehr reizvoll, sich vorzustellen, was Descartes wohl heute über das Verhältnis von Geist und Körper denken würde. Was würde er seinem Alter Ego vor knapp 400 Jahren entgegnen, wenn er sich heute noch einmal zur Meditation zurückziehen und eine klare und nüchterne Suche nach den letzten Gewissheiten über den Menschen und die Welt unternehmen würde?

Frühjahr 2007. Ein weiß gestrichener Holzbungalow mit großem Vorgarten und schönem grünen Rasen unweit von Boston. Hier lebt der Hirnforscher René Descartes junior. Er sitzt in seinem Wohnzimmer unweit des Kamins. Seine Kleidung ist leger. Cordhose, ein kariertes Hemd, darüber ein Strickpullover. Er lehnt sich zurück auf seinem Sofa und erzählt: »Ich befinde mich in den USA, wohin mich die Karriere von Frankreich über die Niederlande geführt hat, und jetzt, wo ich gerade von einer Fachtagung am National Health Institute in New York zurückgekommen bin und das Semester noch nicht wieder begonnen hat, sodass ich glücklicherweise nicht durch Vorlesungen und Fachprüfungen abgehalten werde, finde ich die Muße, um mich mit meinen Gedanken zu unterhalten. Und da ich beschlossen habe, an allem zu zweifeln, was nicht klar und eindeutig ist und sich nicht lückenlos ergründen und darstellen lässt, weil nur dieser Weg zur Wahrheit führt, sehe ich mich als Erstes gezwungen, an jenen falschen Gewissheiten zu zweifeln, die die Philosophie so ungeprüft in die Welt setzt. Fangen wir an mit jener unheilvollen Trennung von Leib und Bewusstsein, die mein Alter Ego vor langer Zeit zwar nicht erfunden, aber doch äußerst radikal in der Philosophie verankert hat. Die einzig wirkliche Wahrheit aber ist: Geist und Körper lassen sich nicht trennen! Denn wer im Gehirn das eine vom anderen zu unterscheiden versucht, kommt auf keinen grünen Zweig. Das Gehirn ist nicht eine Hardware, die mit dem Geist als Software ausgerüstet ist, sondern beides spielt auf eine untrennbare und sehr komplizierte Weise zusammen. Der Satz ›Ich denke, also bin ich‹, so berühmt er auch ist, hat leider einen unangenehmen Beigeschmack. Denn er sagt nicht allein, dass ich nur mithilfe des Denkens von mir und meinem Dasein weiß. Er legt auch nahe, dass Denken und das Bewusstsein vom Denken die eigentlichen Grundlagen des Seins sind. Und da dieses Denken streng losgelöst vom Körper stattfinden soll, unterstreicht der Satz die radikale Trennung von spirituellem Geist und biologischem Körper. Das, was mein Alter Ego damals zu Papier brachte, kann kein Hirnforscher heute noch unterschreiben: ›Ich erkannte, dass ich eine Substanz sei, deren ganze Wesenheit oder Natur bloß im Denken bestehe und die zu ihrem Dasein weder eines Ortes bedürfe noch von einem materiellen Dinge abhänge, sodass dieses *Ich,* das heißt die *Seele,* wodurch ich bin, was ich bin, vom Körper völlig verschieden ist und auch ohne Körper nicht aufhören wird, alles zu sein, was sie ist.‹ Wäre das richtig, dann wäre der Geist ein Gespenst in einer Maschine. Aber es ist falsch. Denn es gibt keinen getrennten und unabhängigen Ort namens ›Geist‹ im Gehirn. Das wäre in etwa so unsinnig, als wenn wir glauben würden, es gäbe einen Ort namens ›Kirche‹ getrennt und unabhängig von Gebäuden, rituellen Handlungen, Gläubigen und Priestern.

Dagegen weiß die Hirnforschung heute, dass sich weder die Gefühle noch die höchsten geistigen Tätigkeiten vom Aufbau und der Arbeitsweise des biologischen Organismus trennen lassen. Wäre das möglich, dann hätten die Hirnforscher nämlich überhaupt keine Arbeit: Sie brauchten keine Hirnareale zu untersuchen, keine elektrischen Verbindungen zu markieren und keine chemischen Stoffe zu benennen, denn all dies hätte mit dem Geist gar nichts zu tun. Natürlich lässt sich der Geist auch nicht einfach umgekehrt erkennen. Es genügt nicht, eine Region im Gehirn anzukreuzen und ein paar Stoffe aufzulisten, um zu sagen: dies ist der menschliche Geist. Das menschliche Bewusstsein ist ein Zusammenspiel des Körpers und seiner Erfahrungen mit der Umwelt. Um unseren Geist zu verstehen, müssen wir ihn nicht nur in unserem Gehirn verankern, statt in einem körperlosen Raum wie bei Descartes, sondern wir müssen auch lernen, ihn aus unserem ganzen Organismus zu verstehen. Unsere Sinne, unsere Nerven und unsere Neuronen handeln alle im Austausch mit unserer Außenwelt, mit dem, was wir sehen, hören, riechen, schmecken und fühlen. Die Frage, woher ich weiß, wer ich bin, lässt sich also in etwa so beantworten: Ich weiß, wer ich bin, weil meine Sinne Signale an Nervenzellen im Gehirn weiterleiten, wo sie sich in komplexen Schaltkreisen ausbreiten, so komplex, dass sich daraus auch etwas so wunderbar Kompliziertes und Abstraktes ergibt wie ein Wissen um mein eigenes Denken und eine Vorstellung von meinem Dasein.«

So weit der moderne Hirnforscher aus Boston. Doch sein nun arg ramponierter Vorgänger aus dem Dreißigjährigen Krieg hat noch ein letztes Ass im Ärmel. Hat der Hirnforscher tatsächlich die Frage beantwortet: Woher weiß ich, wer ich bin? Um festzustellen, wie mein Gehirn funktioniert, und um zu beschreiben, wie meine Sinne und meine Nervenzellen mir ein Bild von mir selbst zuspiegeln, muss ich diese Gedanken denken. Alle diese Dinge, so real sie sein mögen, sind also zunächst einmal Gedanken und Vorstellungen in *meinem* Kopf! So gesehen ist also doch etwas dran an dem Satz: »Ich denke, also bin ich.« Man sollte ihn aber besser nicht so verstehen, dass mein Denken mein Sein ausmacht, dass es also allein aufs Denken und auf nichts anderes ankommt. Das ist falsch. Aber wenn ich sage, dass einzig und allein mein Denken mir eine *Vorstellung* von meinem Sein gibt – dann ist der Satz richtig!

Es gibt also zwei ganz verschiedene Zugänge zu meinem Sein. Ich kann bei meinem Denken anfangen und fragen, woher meine Gewissheiten kommen. Dies ist der Weg des Descartes und mit ihm der Weg der neuzeitlichen Philosophie. Der Weg der Selbstbeobachtung hat sie weit gebracht, er hat sie zu einer sehr reflektierten Betrachtungsweise geführt, die alle Behauptungen über die Welt auf ihre *subjektiven* Ursprünge zurückführt und überprüft. Als wissenschaftliche Erkenntnistheorie allerdings ist dieser Weg an seine Grenzen gestoßen. Aufregendes Neuland lässt sich hier kaum noch erschließen. Der zweite Zugang untersucht den Menschen so, als ob es auf den Betrachter selbst und seine ganz persönlichen Wahrnehmungen und Gedanken dabei gar nicht ankommt. Das ist der Weg der modernen Naturwissenschaften. Er ist weniger reflektiert, aber er gewinnt zurzeit überall spannendes Terrain. Die Art der Erkenntnis, die beide Wege vermitteln, könnte also verschiedener kaum sein.

Für viele Hirnforscher ist ihr Zugang zum Geist der einzig richtige. Was früher Philosophie war, soll heute Neurobiologie werden. Will der Mensch wissen, wer er ist, so muss er sein Gehirn verstehen lernen. Die Hirnforschung ersetzt die bisherigen Spekulationen über menschliches Fühlen, Denken und Handeln durch eine illusionslose naturwissenschaftliche Forschung.

Doch viele Hirnforscher übersehen leicht, dass auch sie nicht auf dem Weg zu einer absoluten Wahrheit sind. Jede Naturwissenschaft ist selbst ein Produkt des menschlichen Geistes, den sie mit seinen eigenen Mitteln erforschen will. Und das Erkenntnisvermögen des menschlichen Geistes steht in einer direkten Abhängigkeit zu den Erfordernissen der Anpassung im Zuge der menschlichen Evolution. Unsere Gehirne sind ja nur deshalb so, wie sie sind, weil sie sich offensichtlich im evolutionären Wettbewerb bewährt haben. Ihre Aufgabe in Regenwald und Savanne aber war niemals die völlig objektive Erkenntnis der Welt. Kein Wunder also, dass sie nicht optimal auf diese Aufgabe ausgerichtet sind.

Wenn das menschliche Bewusstsein nicht nach dem Kriterium einer absoluten Objektivität ausgebildet wurde, so vermag der Mensch, wie gesagt, nur das zu erkennen, was der im Konkurrenzkampf der Evolution entstandene kognitive Apparat ihm an Erkenntnisfähigkeit gestattet. Die Einsichten der Naturwissenschaften unterliegen typisch menschlichen Erkenntnisbedingungen. Wären sie davon unberührt, so gäbe es in den Naturwissenschaften keinen Fortschritt, keinen Widerspruch und keine Korrektur. Auch die Kriterien der Forschung, wie Widerspruchsfreiheit, Wiederholbarkeit und Gültigkeit, sind keine autonomen Kriterien, sondern entsprechen dem menschlichen Erkenntnisvermögen zu einer bestimmten Zeit in einer bestimmten Wissenssituation. Was Naturwissenschaftler noch vor hundert Jahren für völlig unbezweifelbar gehalten haben, darüber schütteln wir heute den Kopf. Und warum sollte dies in den nächsten hundert Jahren anders sein?

Für Philosophen ist es deshalb nach wie vor ein legitimer Ansatz, ihre Gedanken beim denkenden Ich anzufangen, das sich Stück für Stück die Welt entschlüsselt. In dieser Hinsicht ist Descartes heute nicht weniger modern als vor vierhundert Jahren. Aber natürlich sollten sie dabei einsehen, dass sie nicht losgelöst von und auch nicht mithilfe des Gehirns denken. Das Gehirn denkt, und es erzeugt auch mein Ich, das denkt, dass es denkt. Wobei – hatte Descartes eigentlich recht, als er das Wort »Ich« benutzte? Hätte er nicht sagen müssen: Wenn es unbezweifelbar ist, dass im Zweifeln gedacht wird, so muss es das *Denken* geben. Statt »Ich denke, also bin ich« hätte es da nicht heißen müssen: »Da sind Gedanken«? Was soll denn eigentlich dieses »Ich« sein, das da mal eben so unter der Hand mit ins Spiel gebracht wird?

• *Die Mach-Erfahrung.* Wer ist »Ich«?

WIEN

Die Mach-Erfahrung
Wer ist »Ich«?

Jahrhunderterfahrungen verstecken sich manchmal in Fußnoten. Zum Beispiel diese. Im Jahr 1855 macht der damals siebzehnjährige angehende Physikstudent Ernst Mach einen Spaziergang in der Umgebung von Wien, bei dem er ein eindringliches Erlebnis hat: »An einem heiteren Sommertage im Freien erschien mir einmal die Welt samt meinem Ich als *eine* zusammenhängende Masse von Empfindungen, nur im Ich stärker zusammenhängend. Obgleich die eigentliche Reflexion sich erst später hinzugesellte, so ist doch dieser Moment für meine ganze Anschauung bestimmend geworden.« Es war, was der Student nicht wissen konnte, so etwas wie die Erfahrung des Jahrhunderts – fünfzig Jahre später notiert in einer kleinen Anmerkung seines Buchs *Die Analyse der Empfindungen.*

Ernst Mach wurde im Jahr 1838 (sechs Jahre vor Nietzsche) in Chrlice im damaligen Österreich-Ungarn und heutigen Tschechien geboren. Die Familie zählt zur deutschsprachigen Minderheit. Machs Vater ist Bauer, und da er auch als Hauslehrer arbeitet, unterrichtet er seinen Sohn selbst. Parallel dazu absolviert Mach eine Tischlerlehre. Erst mit fünfzehn kommt er auf ein Gymnasium und machte dort ohne Schwierigkeiten sein Abitur. In Wien studiert der hochbegabte Student Mathematik und Naturwissenschaften und promoviert über Elektrizität. Ein Jahr später wird er Professor, wechselt von Graz nach Prag und zuletzt nach Wien. Seine Interessen sind weit gespannt; eigentlich interessiert er sich für fast alles. Er unterrichtet Physik und Mathematik, Philosophie und Psychologie. Als Physiker berechnet er die Schallgeschwindigkeit, die später nach ihm benannt wird, weshalb Überschallflugzeuge mit »Mach 2«-Geschwindigkeit fliegen.

In seiner Zeit in Prag und Wien war Mach ein berühmter Mann. Er experimentierte mit Raketenprojektilen und erforschte die Dynamik von Gasen. Immer wieder kritisierte er dabei die newtonsche Physik und wurde so zum Anreger der Relativitätstheorie. Albert Einstein bezeichnete sich gerne als seinen Schüler, obwohl Mach ihn nie unterrichtet hatte. Politisch war er ein Liberaler, der immer mehr zur Sozialdemokratie, damals noch eine als radikal verschriene Partei, tendierte. Und in seiner Weltanschauung war er ein Agnostiker, der sich gerne mit der Kirche anlegte. Mit Machs Theorien schlugen sich Physiker und Philosophen herum, der junge Lenin schrieb darüber ein dickes Buch, weil Machs Philosophie unter Russlands Intellektuellen stark in Mode war. Die Sinnespsychologie entstand als eine neue Disziplin, und die US-amerikanische Verhaltensforschung wurde dadurch maßgeblich beeinflusst. Doch so viele Wissenschaften er auch inspiriert hatte, Machs Ruhm verblasste schnell nach seinem Tod im Jahr 1916. Der Erste Weltkrieg erschütterte Europa, und die Physik ging jetzt ganz neue Wege. 1970 erinnerte sich die NASA an den fast vergessenen Raketenpionier und benannte einen Mondkrater nach ihm.

Machs philosophische Gedanken waren radikal. Für ihn zählte nur, was sich durch Erfahrung belegen ließ oder was man berechnen konnte. Damit fiel der größte Teil aller bisherigen Philosophie durch. Denn indem er alles daraufhin überprüfte, ob es physikalisch richtig war, verabschiedete Mach fast die gesamte Philosophiegeschichte mit einer Vier minus in die Ferien.

Besonders heftig ging er gegen Descartes' Dualismus vor. Denn für Mach war klar: Das Empfindungsleben des Körpers und das Vorstellungsleben des Geistes bestehen aus ein und demselben Stoff. So wie ihm bei seinem Sommertagserlebnis als jungem Mann alles miteinander zusammenhängend erschienen war, löste er den Dualismus von Ich und Welt in einem *Monismus* auf: Alles, was es in der Welt gibt, besteht aus den gleichen Elementen. Treten sie im Gehirn auf, nennt man sie »Empfindungen«, aber das macht sie nicht zu etwas allzu Besonderem.

Die besondere Pointe an dieser Empfindungstheorie war der Tod des Ichs. Mehr als zwei Jahrtausende lang hatten die Philosophen vom »Ich« gesprochen, und auch jeder normale Mensch sprach von »Ich«, wenn er sich selbst meinte. Aber Mach protestierte. Er spürte eine große Schwierigkeit, zu sich »Ich« zu sagen. Was sollte dieses Ich denn sein? »Das Ich«, meinte er zu erkennen, »ist keine unveränderliche, bestimmte, scharf begrenzte Einheit.« Es gab kein Ich im menschlichen Gehirn, es gab nur einen Wust von Empfindungen im regen Austausch mit den Elementen der Außenwelt. Oder wie Mach sich scherzhaft ausdrückte: Die Empfindungen gehen *»allein* in der Welt spazieren«. Und dann schrieb er der Philosophie seinen berühmtesten Satz ins Stammbuch: *»Das Ich ist unrettbar.* Teils diese Einsicht, teils die Furcht vor derselben führen zu den absonderlichsten pessimistischen und optimistischen, religiösen und philosophischen Verkehrtheiten.«

Mach war nicht der Erste, der auf die Idee kam, das Ich aus der Welt zu streichen oder doch zumindest als etwas sehr Geringfügiges anzusehen. Stolz hatte er geglaubt, dass es dazu eines Physikers bedurfte, aber ein verkrachter Jurist und nachdenklicher Kaufmann tat es auch. Der Schotte David Hume war achtundzwanzig Jahre alt, als er 1739 seinen *Traktat über die menschliche Natur* veröffentlichte. Und schon Hume war bei seiner Suche nach dem Ich erfolglos geblieben. Denn Seele und Ich waren keine erfahrbaren Gegenstände. Um Empfindungen, Begriffe und Gefühle wahrzunehmen, braucht der Mensch gar kein Ich. Das geht auch so, quasi von sich aus. Das Ich war damit gar nichts Reales, sondern eine Vorstellung unter anderen. Das Einzige, was Hume zur Rettung dieses Ich einfiel, war der Gedanke, dass das Ich so etwas sein könnte wie die »Zusammensetzung der Wahrnehmungen«. Eine Illusion zwar, aber möglicherweise eine notwendige Illusion, die dem Menschen das schöne (und unverzichtbare?) Gefühl gibt, einen Supervisor im Gehirn zu besitzen.

Stimmt das? Ist das Ich eine Illusion? Ist das, was jeder normale Mensch zu sein glaubt, nur ein betrügerischer Hokuspokus im Gehirn? Haben sich die Philosophen des Abendlandes zweitausend Jahre lang etwas vorgemacht, als sie mit größter Selbstverständlichkeit von einem Ich ausgingen, das sich mehr oder weniger erfolgreich mit den Dingen der Welt herumschlägt? Ist unser Ich etwa nicht das Oberstübchen, in dem all meine geistigen, emotionalen und willentlichen Akte ein und aus gehen? Die Trutzburg, die alles Auf und Ab des Lebens überdauert? Der ungeschnittene Spielfilm, der garantiert, dass ich mich durch alle Lebensjahrzehnte als ein und derselbe empfinde? Wer um Machs und Humes willen redet denn hier jetzt gerade mit Ihnen, wenn nicht mein Ich? Und wer liest diese Zeilen, wenn nicht Sie, die Sie ebenfalls zu sich Ich sagen?

Befreien wir das Ich also erst einmal wieder aus dem Würgegriff von seltsamen Physikern und verkrachten Juristen und fragen Leute vom Fach, wie die Psychologen, wie es denn mit dem Ich steht. Die Psychologen nicken. Sie legen das Gesicht in Falten. Sie gucken von einem zum anderen und wechseln ein paar Worte. Sie legen wieder das Gesicht in Falten. Sie nicken noch einmal. »Tja, wissen Sie«, sagt einer von ihnen, »also durchstreichen würden wir das Ich wohl nicht. Aber ich und meine Kollegen sind uns doch ziemlich uneinig darüber, was das Ich sein soll. Als ein gesichertes Faktum können wir das Ich nicht betrachten, denn die Psychologie ist, wie Sie vermutlich wissen, eine Naturwissenschaft, und Naturwissenschaften sehen gemeinhin nur das als real an, was sie sehen, hören oder messen können. Und das ist beim Ich nicht der Fall. Wenn es ein Ich gibt, dann ist es also irgendetwas Abgeleitetes, da hat Herr Hume schon recht. Die Frage ist nur: von was? Leiten wir das Ich aus Empfindungen ab – gibt es also ein Ich-Gefühl? –, oder leiten wir es von Vorstellungen ab – von einer Ich-Idee? Also, da sind wir uns auch nicht ganz sicher. Viele meiner Kollegen vermeiden daher den Begriff und reden lieber vom ›Selbst‹. Das Selbst ist so etwas wie unsere Willens- und Beurteilungszentrale. Wir unterscheiden hierbei gerne zwischen Selbstkonzept und Selbstwertgefühl. Das Selbstkonzept sagt uns, wie wir uns selbst wahrnehmen. Um das tun zu können, müssen wir das ›I‹ wieder einführen, aber nur als kleine Konstruktion, um ihm ein ›Me‹ gegenüberzustellen. Die beiden teilen sich ihre Aufgabe: Das ›I‹ handelt, und das ›Me‹ beurteilt. Und das Selbstwertgefühl ist das ganz subjektive Zeugnis, welches das ›Me‹ dem ›I‹ ausstellt. Wir haben Hunderttausende von Menschen bei diesem Selbstgespräch beobachtet und beschrieben. Aber fragen Sie uns um William James, des Urhebers dieser Gedanken willen nicht, wie man das beweisen soll. Es ist halt irgendwie so, weiß der liebe Gott, oder Darwin, oder wer auch immer, warum.«

So weit der Psychologe. Natürlich ist diese Darstellung stark verkürzt, und die Psychologie ist ein weites Feld mit vielen verschiedenen Theorien und Schulen. Aber es ist auch klar, dass die Psychologie die Frage nach dem Ich nicht klar und einfach beantworten kann. Bleibt also nur, die Hirnforscher zu Rate zu ziehen, die sich in den letzten Jahren oft lautstark zu Wort gemeldet und eingemischt haben. Mehr als alle anderen, so scheint es, fühlen sie sich heute berufen, die Frage zu beantworten. Die Antwort vieler (wenn auch nicht aller) Hirnforscher auf die Frage, ob es ein Ich gibt, lautet: »Nein! Es gibt kein Ich. Keiner war oder hatte jemals ein Ich! Es gibt nichts, was den Menschen im Innersten zusammenhält. David Hume und Ernst Mach hatten vollkommen recht: Das Ich ist eine Illusion!«

Um ihre Antwort zu verstehen, muss man allerdings zunächst einmal fragen, wie eigentlich ein Ich aussehen müsste, das einen Hirnforscher zufriedenstellt, sodass er sagt: »Ja, dies ist das Ich!« Wäre ihm damit gedient, wenn er eine Region, ein Areal, ein Zentrum im Gehirn auffinden würde, das das Ich steuert oder erzeugt? Wahrscheinlich nicht ganz, denn nun würde er die Steuerungsmechanismen untersuchen und feststellen, dass dieses Zentrum, wie alle Zentren im Gehirn, nicht unabhängig arbeitet, sondern mit anderen verbunden ist. Und er würde die Nervenzellen untersuchen, die Übertragung der elektrischen Impulse und die chemischen Reaktionen, und dann würde er sagen: Das Ich ist nichts als ein komplizierter elektrochemischer Mechanismus. Etwa so, wie wenn ein Kind seine sprechende Puppe aufschneidet und einen kleinen enttäuschenden Apparat darin findet.

Nun hat der gesunde Menschenverstand Glück. Denn so ein Ich-Zentrum gibt es erfreulicherweise nicht. Das ist eine sehr schöne Nachricht und beileibe nicht enttäuschend, wie mancher Hirnforscher gerne frohlockt. Schon der berühmte Anatom Rudolf Virchow hatte im 19. Jahrhundert seinen Spaß daran gehabt, den Philosophen das Ich auszutreiben, als er sagte: »Ich habe Tausende von Leichen seziert, aber ich habe nirgendwo eine Seele gefunden.« Und da kann man wohl (auch ganz unreligiös) sagen: »Gott sei Dank!« Denn keine Seele oder kein Ich zu finden, ist natürlich viel besser, als ein solches Ich zu finden, um es dann in Einzelteile zu zerlegen und zu entzaubern. Und was für eine Vorstellung, die Hirnchirurgen könnten dieses Ich operativ entfernen!

Nun gut, es gibt also kein Ich-Zentrum. Das ist letztlich auch wenig verwunderlich, denn wer – außer René Descartes mit seiner Zirbeldrüse – hat das auch geglaubt? Kein namhafter Philosoph der letzten 200 Jahre hat je behauptet, dass das Ich eine materielle Substanz im Gehirn sei. Meistens haben sie sich überhaupt nicht festgelegt. Immanuel Kant zum Beispiel spricht ziemlich nebulös davon, dass das Ich ein »Gegenstand des innern Sinnes« ist, im Gegensatz zum »Gegenstand äußerer Sinne«, dem Körper. Das lässt ziemlich viel offen, denn was soll man sich darunter genau vorstellen?

Die Philosophie lässt die Frage nach dem Ich also weitgehend unbestimmt. Ein bisschen nach dem Motto: Über das Ich redet man nicht, man hat es. Dass die Hirnforschung das Ich nicht ohne Weiteres finden kann, verwundert auch nicht. Denn so wie sie das Gehirn untersucht, kann zunächst einmal auch gar kein Ich herauskommen. In ihrer Welt gibt es kein Ich, das man irgendwo auf einer Karte des Gehirns einzeichnen könnte. Und deshalb existiert das Ich nicht. Es gehört nicht zu den eindeutig auffindbaren Grundbestandteilen des Gehirns.

Aber wird das Ich nicht trotzdem irgendwie permanent erlebt? Und können diese Erlebnisse denn täuschen? Gibt es nicht unbestreitbar ein Ichgefühl, und sei es vielleicht noch so schwankend? Wäre es denn nicht möglich, dass sich das Ich über das gesamte Gehirn – möglicherweise auch auf das gesamte Nervensystem – erstreckt oder doch zumindest auf viele entscheidende Teile? Dass also aus dem Konzert der Nervenzellen im Gehirn eine Melodie entsteht, eine Melodie des Selbst sozusagen, die zwar biologisch nicht erfassbar, aber gleichwohl ganz unbestreitbar psychisch vorhanden ist? So wie die Beschreibung aller Instrumente eines Konzertsaals keine Symphonie ergibt, so kann man das Ich mit den Methoden der Hirnanatomie. eben nicht erfassen. Könnte man es nicht so sagen?

Auf gewisse Weise stimmt das vielleicht. Aber die Hirnforschung kennt noch einen zweiten Weg, um der Frage nach dem Ich beizukommen: durch die Untersuchung von Menschen, die aus der Normalität gefallen sind, über Patienten mit Störungen, deren Ich offensichtlich nicht, nur teilweise oder unter veränderten Vorzeichen funktioniert. Vierzig Jahre hat sich der berühmte englische Hirnforscher und Psychologe Oliver Sacks mit solchen Menschen beschäftigt. Sacks selbst ist eine höchst schillernde Persönlichkeit, um die sich viele Geschichten ranken. In seinem Buch *Der Mann, der seine Frau mit einem Hut verwechselte* hat er das Leben und die Welt seiner Patienten beschrieben; Menschen mit Ich-Störungen oder, wie Sacks sie nennt, »Reisende, unterwegs in unvorstellbare Länder – Länder, von deren Existenz wir sonst nichts wüssten«: Ein Musikwissenschaftler erleidet eine winzige Verletzung in der linken Gehirnhälfte und erkrankt dadurch an visueller Agnosie. Er wird »seelenblind« und kann Gegenstände nicht mehr erkennen. Wenn er nach seinem Hut greifen will, greift er nach dem Gesicht seiner Frau. Ein Musikprofessor tätschelt fürsorglich Parkuhren, weil er sie für Kinder hält, eine an Neurosyphilis erkrankte alte Dame bekommt plötzlich einen unstillbaren Appetit auf junge Männer.

Was Sacks vor mehr als zwanzig Jahren nur beschreiben konnte, ist seitdem vielfältig untersucht worden. Viele Hirnforscher neigen dabei der Ansicht zu, dass es nicht *ein* Ich gibt, sondern viele verschiedene Ich-Zustände: mein *Körper-Ich* sorgt dafür, dass ich weiß, dass der Körper, mit dem ich lebe, tatsächlich mein eigener Körper ist; mein *Verortungs-Ich* sagt mir, wo ich gerade bin; mein *perspektivisches Ich* vermittelt mir, dass ich der Mittelpunkt der von mir erfahrenen Welt bin; mein *Ich als Erlebnissubjekt* sagt mir, dass meine Sinneseindrücke und Gefühle tatsächlich meine eigenen sind und nicht etwa die von anderen; mein *Autorschafts- und Kontroll-Ich* macht mir klar, dass ich derjenige bin, der meine Gedanken und meine Handlungen zu verantworten hat, mein *autobiografisches Ich* sorgt dafür, dass ich nicht aus meinem eigenen Film falle, dass ich mich durchgängig als ein und derselbe erlebe; mein *selbstreflexives Ich* ermöglicht mir, über mich selbst nachzudenken und das psychologische Spiel von »I« und »Me« zu spielen; das *moralische Ich* schließlich bildet so etwas wie mein Gewissen, das mir sagt, was gut und was schlecht ist.

Zu all diesen Ich-Zuständen finden sich Störungen, bei denen das eine oder andere Ich nicht richtig funktioniert, wie in Oliver Sacks' Geschichten. Untersucht man solche Patienten mithilfe von bildgebenden Verfahren (vgl. *Der Kosmos des Geistes*), so lassen sich auch die Gehirnareale ausfindig machen, die hier offensichtlich nicht normal funktionieren. Das *Körper-Ich* und das *Verortungs-Ich* zum Beispiel haben etwas mit der Arbeit des Parietallappens zu tun, das *perspektivische Ich* mit dem rechten unteren Temporallappen, das *Ich als Erlebnissubjekt* hängt ebenfalls mit der Arbeit des rechten unteren Temporallappens zusammen, aber auch mit der Amygdala und anderen Zentren des limbischen Systems usw.

Man kann also, wenn man so will, sagen, dass es mehrere Ichs gibt. Aber auch das ist natürlich nur ein Schema. Denn zu wissen, wie einzelne Zutaten schmecken, sagt eben noch nichts über das ganze Menü. Denn so säuberlich diese Ich-Zustände hier geschieden werden, so zusammengekocht sind sie in der Realität unseres Gehirns. Mal drängt sich der Geschmack des einen auf und mal der des anderen. Nahezu ununterscheidbar in unserem Alltagsbewusstsein spielen sie alle zusammen. Manches liegt nur manchmal auf der Zunge, anderes ist immerzu allgegenwärtig. Und auch die Herkunft der Zutaten scheint eine ganz unterschiedliche zu sein. Einiges ist nur gefühlt, anderes ist auf gewisse Weise gewusst. Für mein perspektivisches Ich kann ich wenig, es ist jedem normalen Menschen vorgegeben, ebenso das Körper-Ich. Aber mein autobiografisches Ich ist ohne Zweifel etwas, das ich mir selbst schaffe, und zwar dadurch, dass ich rede. Ich erzähle von mir und erzähle dadurch mir selbst und anderen mein Ich und bilde es gleichzeitig dadurch aus. Das Gleiche gilt auch für mein selbstreflexives Ich und vielleicht auch für mein moralisches Ich (falls es dies wirklich geben sollte, aber dazu kommen wir später noch ausführlich).

Die verschiedenen Ich-Zustände der Hirnforschung sind sinnvolle Einteilungen, aber man darf sich nicht täuschen: Sie sind gleichwohl Konstruktionen, die sich nicht immer mit holzhackerischer Sicherheit aufspalten lassen. Keinesfalls beweisen sie, dass aus alledem nicht eine Gesamtbefindlichkeit entsteht, die man, wie manche Hirnforscher, einen »Strom der Ich-Empfindung« nennen kann – aber warum nicht mit ebenso gutem Gewissen auch schlicht und einfach »Ich«?

Zu den etwas seltsamen Vorgängen in der Hirnforschung gehört, dass manche Neurowissenschaftler zwar das Ich bestreiten, aber gleichzeitig untersuchen, wie es entsteht. Nicht selten ist das Ich der Lieblingsfeind im Labor, den man allerdings erst mal voraussetzen muss, um ihn bekämpfen zu können. So etwa können Hirnforscher genaue Angaben darüber machen, wie sich eine Persönlichkeit – mithin also das Ich – ausbildet. Schon im frühen Embryonalstadium entsteht das limbische System. Nach der Geburt tritt das Gehirn mit der Außenwelt in Kontakt und wird noch einmal völlig revolutioniert. Die Gehirnstrukturen passen sich an, sie verringern die Zahl der Nervenzellen und ummanteln dabei gleichzeitig die Leiterbahnen. Im

Alter von achtzehn bis vierundzwanzig Monaten bildet sich das »Ich-Gefühl« aus. Es ist die Zeit, in der Kleinkinder sich das erste Mal auf Fotos erkennen können. Und noch später entsteht die gesellschaftlich-juristische »Person«: das Ich als mehr oder weniger verantwortlich handelndes Mitglied der Gesellschaft. Manche dieser Fähigkeiten und Eigenschaften entwickeln sich im Gehirn erst während und nach der Pubertät. Alle diese Beschreibungen erklären die Entwicklung der Persönlichkeit und sind damit zugleich untrennbar verbunden mit dem Ich-Gefühl. Denn Personen sagen zu sich selbst »Ich«. Etwa die Hälfte dieser Persönlichkeitsentwicklung, so wird mehrheitlich angenommen, hängt sehr eng mit angeborenen Fähigkeiten zusammen. Etwa 30 bis 40 Prozent ist abhängig von Prägungen und Erlebnissen im Alter zwischen null und fünf Jahren. Und nur 20 bis 30 Prozent werden offensichtlich maßgeblich durch spätere Einflüsse im Elternhaus, in der Schule usw. beeinflusst.

Mit der Entzauberung des Ich ist es also so eine Sache. Als Kopernikus nachwies, dass sich die Erde um die Sonne dreht, entdeckte er eine zuvor unbekannte Tatsache. Die alte Vorstellung von der Erde als Mittelpunkt des Universums war definitiv falsch. Als Darwin nahelegte, dass sich alle Lebewesen aus primitiven Vorfahren entwickelt haben und auch der Mensch keine Ausnahme davon macht, beschrieb er ganz offensichtlich ebenfalls eine Tatsache. Die Annahme, dass der Mensch eine Sonderanfertigung Gottes sei, war definitiv falsch. Aber wenn Hirnforscher heute das Ich durchstreichen möchten, weisen sie nicht unbedingt eine neue Tatsache nach. Die alte Vorstellung, dass der Mensch von einem Supervisor namens Ich geistig zusammengehalten wird, ist nicht widerlegt. Dieses Ich ist eine komplizierte Sache, es lässt sich mitunter in verschiedene Ichs zerlegen, aber es ist gleichwohl so etwas wie eine gefühlte Realität, die sich naturwissenschaftlich nicht einfach erledigen lässt.

Reicht denn nicht schon die Beobachtung aus, dass wir uns als ein Ich fühlen, um festzustellen, dass es ein Ich gibt? »Man ist Individuum«, schreibt der Soziologe Niklas Luhmann, »ganz einfach als der Anspruch, es zu sein. Und das reicht aus.« Den gleichen Satz könnte man wohl auch über das Ich sagen.

»Das Ich ist keine unveränderliche, bestimmte, scharf begrenzte Einheit« – mit diesem Satz hatte Ernst Mach recht. Es sei denn, man erkennt im Gehirn eine Einheit und eine Begrenzung oder, wie mancher Hirnforscher gerne sagt, einen »Rahmen«. Doch dass unsere Empfindungen *»allein* in der Welt spazieren« gehen, ist eher unwahrscheinlich. Das Ich ist ein ziemlich aufmerksamer Kindergärtner, und meistens ist es beobachtend, mitfühlend und mehr oder weniger wachsam bei uns. Menschen haben keinen Kern, kein »wahres Selbst«, das man irgendwo absolut dingfest machen könnte. Aber das wäre, wie gesagt, wohl auch ein bisschen wenig. Denn die wahre Entzauberung wäre doch gewesen, einen Ich-Apparat zu finden, ihn den Philosophen vor die Nase zu legen und zu sagen: Hier, das ist es! Stattdessen haben wir ein schillerndes, vielschichtiges und multi-perspektivisches Ich. Denn die Hirnforschung beweist nicht, dass es kein Ich gibt, sondern dass unser gefühltes Ich ein unglaublich komplizierter Vorgang im Gehirn ist, so faszinierend, dass wir nach wie vor allen Grund haben, darüber zu staunen. Von der umfassenden Ergründung unseres »Ich-Zustandes« ist die Hirnforschung noch Meilen oder genauer: Jahrzehnte entfernt, falls sie es denn überhaupt je schafft. Denn wenn das Beobachten einfacher Emotionen die Mondlandung der Hirnforschung war, so ist die Reise zum Ich eine bemannte Fahrt mindestens zum Jupiter. Eine Reise, von der wir bislang kaum ahnen können, was uns dabei noch alles begegnet …

• *Mr. Spock liebt.* Was sind Gefühle?

OMICRON CETI III

Mr. Spock liebt
Was sind Gefühle?

Das Jahr 2267, Sternzeit 3417,3. Die USS *Enterprise* ist unterwegs in neuer Mission. Omicron Ceti III bereitet viel Grund zur Sorge. Eine intensive Berthold-Strahlung aus dem All löscht alles animalische Leben auf dem Planeten aus, und die Enterprise soll nach dem Verbleib der dort ansässigen Kolonisten fahnden. Doch es gibt kaum Anlass zur Hoffnung. Seit drei Jahren ist Omicron Ceti III der Strahlung ausgesetzt, zu lange, als dass noch jemand hätte überleben können. Als Captain Kirk mit einem Landetrupp auf den Planeten hinunterbeamt, stellt sich heraus, dass alle Kolonisten überraschend lebendig und kerngesund sind. Die Sporen einer rätselhaften Pflanze ließen die Menschen in der Strahlung überleben. Doch nicht nur ihre Widerstandsfähigkeit ist erhöht, auch das Wertesystem der Kolonisten hat sich unter der Wirkung der Sporen verändert. Wer auch immer die Sporen einatmet, wird schlagartig von einer großen Friedfertigkeit beseelt, verbunden mit dem Wunsch, den Planeten nie mehr zu verlassen. In diesem galaktischen Shangri-La verwandelt sich selbst der gefühlskalte Vulkanier Mr. Spock. Gefühle übernehmen die Herrschaft in seinem Gehirn, das bislang ausschließlich zu rationalen Überlegungen fähig war. Spock verfällt der Liebe zu einer jungen Kolonistin, aus dem hoffnungslosen Rationalisten wird ein hoffnungsvoller Romantiker. Die ganze *Enterprise*-Besatzung ergibt sich schließlich ihren Gefühlen, und Captain Kirk kämpft einen einsamen Kampf gegen die Gefühlsanziehung des Planeten. Die Pflicht ruft, aber die Besatzungsmitglieder wollen nicht zurück auf ihren Posten. Kirk erkennt, wie die Wirkung der Sporen neutralisiert werden kann – durch einen erhöhten Adrenalinspiegel. Er lockt Spock unter einem Vorwand zurück ins Raumschiff. Mit viel Mühe provoziert er bei dem Vulkanier einen Wutanfall. Der Adrenalinspiegel steigt, und Spock kehrt auf den vernünftigen Boden der Realität zurück. Kirk und Spock ersinnen eine Methode, um die Wirkung der Sporen zu bekämpfen. Sie senden starke Schallwellen hinunter auf den Planeten und treiben damit die noch verbleibende glücklich lustwandelnde Crew der *Enterprise* zu Wutausbrüchen. Die Therapie gelingt, und alle können wieder nüchtern und geheilt durchs All fliegen.

Die kleine feine Geschichte entstammt der ersten Staffel der TOS-Serie (Abkürzung von: The Original Series) von Raumschiff *Enterprise* und wurde 1967 gedreht. Erst 1988 kam sie ins deutsche Fernsehen, ihr philosophischer englischer Titel *This Side of Paradise* wurde übersetzt mit »Falsche Paradiese«. Doch nicht nur der Titel verrät, dass hier Philosophen am Werk waren. Zunächst einmal ist Mr. Spock geradezu ein Ideal, eine Lieblingsfigur für alle Vernunftapostel seit Descartes. Denn genauso wie den gefühlskalten Vulkanier haben sich Philosophen wie Baruch Spinoza, Gottfried Wilhelm Leibniz, George Berkeley, Immanuel Kant oder Johann Gottlieb Fichte den Menschen vorgestellt – oder zumindest gewünscht. Und auch die Geschichte von der Vertreibung aus dem Wolkenkuckucksheim ist ein schönes aufklärerisches Lehrstück: Gebt euch nicht den Gefühlen hin, den duseligen Illusionen von Frieden, Liebe und Glück, denn all dies ist nur Verblendung! Im wahren Leben aber hat jeder vernünftig auf seinem Posten zu stehen, es besteht aus Auftrag und Pflicht!

Wenn man genauer hinsieht, dürfte einen allerdings so mancher Zweifel beschleichen. Denn wie glaubwürdig ist die Figur des Mr. Spock eigentlich? Im Gegensatz zu irdischen Menschen bringen Vulkanier keine Gefühle zum Ausdruck, und sie können auch nicht von Gefühlen überwältigt werden. Doch zumindest Anlagen dazu müssen unzweifelhaft vorhanden sein. Wenn Spock unter dem Einfluss von Sporen liebesfähig wird, muss er alle Voraussetzungen zur Liebesfähigkeit mitbringen, ansonsten könnten sie nicht aktiviert werden. Aber auch für alle anderen *Enterprise*-Folgen gilt: Spock zeigt immer wieder Gefühle. Sein überwiegender Gefühlszustand ist ein ausgeprägtes Pflicht- und Verantwortungs*gefühl*. Der Vulkanier ist loyal und hilfsbereit, und um Konfliktsituationen abwägen zu können, muss er wissen, was im Zweifelsfall mehr »wert« ist. Er muss Menschenleben gegen Risiken abwägen, Befehle gegen Schicksale. Alle diese Überlegungen geschehen auf der Grundlage von Werten. Und moralische Werte sind niemals gefühlsneutral (worauf wir später noch zurückkommen). Mit anderen Worten: Spock ist vielleicht in seiner Mimik und Gestik oft etwas seltsam, aber er ist ein Mensch wie du und ich. Und er beweist, was zu widerlegen er offensichtlich erfunden wurde: Ein menschliches oder menschenähnliches Wesen, das keine Gefühle hat, ist undenkbar.

Der Grund dafür ist ganz einfach: Gefühl und Verstand bilden keinen Gegensatz! Sie spielen nicht gegeneinander, sondern sie spielen miteinander, bei allem, was wir tun. Sie sind Partner bei der Arbeit des Geistes, mal zuverlässig und manchmal auch heillos miteinander zerstritten, aber sie können nicht voneinander lassen. Im Zweifelsfall kommt noch das Gefühl ohne allzu viel Verstand aus. Aber ohne das Gefühl hat der Verstand ein Problem, denn erst die Gefühle sagen dem Denken, wohin der Hase laufen soll. Ohne emotionalen Anschub keine Gedankenbewegung. Und ohne Pflichtgefühl auch kein strategisch denkender Mr. Spock.

Gefühle sind der Klebstoff, der uns zusammenhält. Sie sind also alles andere als überflüssig. Sie sind auch nicht per se schädlich, lästig, primitiv oder halten vom Eigentlichen und Wesentlichen ab, wie viele Philosophen sich und anderen haben einreden wollen. Natürlich können Gefühle einem »auf den Geist gehen«. Zu starke Gefühle hindern leicht am Denken. Wenn ich mich stark angegriffen fühle, fallen mir oft keine guten Argumente ein, sie kommen mir später in den Sinn, wenn ich mich beruhigt habe und sie mir nichts mehr nützen. Wenn ich in der Schule meine große Liebe angeschmachtet habe, fiel mir gar nichts anderes mehr ein, und gewiss ging mir kein Latein in den Kopf. Aber selbst wenn wir sie uns oft fortwünschen – ein Leben ohne Gefühle wäre eine Katastrophe. Es ist besser, von Freude »ergriffen«, vom Zorn »gepackt« und von Eifersucht »geschüttelt« zu werden, als alle diese verhexenden Elixiere unseres Daseins nicht zu kosten. Denn ohne Emotionen stehen wir sehr, sehr dumm da. Menschen ohne Gefühle wären fürchterlich bedauernswerte Wesen. Sie wären komplett unfähig zu handeln und wüssten gar nicht, was sie denken sollen. Ihre Neuronen hätten keinen Motor mehr und keinen Sprit. Selbst die Entscheidung, ganz vernünftig sein zu wollen und nicht auf seine Gefühle zu hören, ist eine Gefühlsentscheidung. Gedanken sind immer emotional gefärbt. So haben wir lustige Einfälle, beklemmende Vorstellungen, niederschmetternde Einsichten, befremdliche Gedanken, romantische Ideen und nüchterne Konzepte.

Doch was sind Gefühle? Wo kommen sie her? Wo gehen sie hin? Und was machen sie in der Zwischenzeit? Seit der Antike grübeln Philosophen über diese Fragen, auch wenn man zugeben muss, dass Gefühle nicht ihr erklärtes Lieblingsthema sind.

Den Gefühlen nämlich ist auf dem Wege des Nachdenkens nur sehr schwer beizukommen. Und viele Philosophen verfahren gerne nach dem Prinzip, nur das zu Fischen zu erklären, was sie mit ihren Netzen auch fangen können. Was durchs Gedankenraster fällt, wird entweder gar nicht diskutiert, oder es wird abgewertet.

Gleichwohl haben sich schon die alten Griechen und Römer tapfer mit den Gefühlen herumgeschlagen. Ihre Worte für das Gefühl waren *pathos* und *passio,* was sinngemäß so etwas bedeutet wie *Leiden*schaft, weil Gefühle eben auch Leiden schaffen. Das Wort »Emotion« klingt etwas neutraler, aber es kommt von dem lateinischen Wort *movere* – bewegen – und verweist also ebenfalls darauf, dass Gefühle etwas sind, was einen Menschen »bewegt«. Das deutsche Wort »Gefühl« kommt erst im 17. Jahrhundert auf als Übersetzung des französischen *sentiment.* Hier werden komplexes Empfinden und einfache Erregungen übrigens meist sehr sauber getrennt in *sentiment* und *sensation.*

Gefühle sind also zunächst einmal körperliche Erregungen. Und die sind sehr sinnvoll. Im Extremfall nämlich dienen Emotionen schlichtweg unserem Überleben, so zum Beispiel das Gefühl von Angst. Fluchtreflexe sind im normalen Primatenleben unverzichtbar, und sie haben überdauert. Das Gleiche gilt sowohl für stammesgeschichtlich alte als auch etwas neuere Emotionen: Sie alle dienen dem Überleben sowie der Anpassung an die Umwelt und an andere Gruppenmitglieder. Man muss sich nur einen Menschen vorstellen, dem eines der grundlegenden Gefühle fehlt. Wer keine Angst empfindet, geht ein sehr hohes Risiko ein, früh zu sterben. Wer keinen Ekel empfindet, kann sich leichter vergiften oder mit Krankheiten anstecken. Wer keine Zuneigung empfindet, isoliert sich in der Gemeinschaft, und wer kein Mitleid kennt, weckt bei anderen Argwohn und

Befremden. Leidenschaften, Triebe, Instinkte und Affekte haben also eine große biologische Bedeutung. Sie dienen dem Überleben des einzelnen Menschen und dem Zusammenhalt der Gruppe. Ob es sich dabei um Hunger, Schlaf- und Wärmebedürfnis, um Flucht, Angriff oder Sex handelt – stets geht es bei allen elementaren Gefühlen immer nur um zwei Dinge. Entweder *erstrebe* ich etwas, oder ich versuche, etwas zu *vermeiden*. Und das gilt nicht nur für Äußerlichkeiten. Einerseits helfen Emotionen, auf einen äußeren Anreiz entsprechend reagieren zu können, und andererseits sorgen sie dafür, meinen inneren Zustand zu regulieren. Wenn das Gefühlspendel stark ausschlägt, gibt es fast immer die Gegenbewegung, um den Gefühlshaushalt wieder auszugleichen. Kaum jemand schafft es, eine Woche lang von morgens bis abends wütend zu sein oder sexuell erregt, und auch die größte Trauer und der stärkste Liebeskummer sind nach Monaten nicht mehr genau so intensiv wie am ersten Tag.

Das Ärgerliche für viele Menschen an den Gefühlen ist, dass sie so schwer abzustellen oder herbeizurufen sind. Wie oft wünscht sich mancher als leidenschaftslos berüchtigte Mensch, spontaner und impulsiver sein zu können. Und wie viele leicht erregbare Menschen wünschten sich, sie wären cooler und gelassener. Es ist nicht leicht, die Gefühle zu kontrollieren, so sehr kontrollieren sie uns. Genau genommen kontrollieren sie uns nicht nur. So wie wir nicht mit unserem Gehirn denken, als wäre dies ein Hilfsmittel, sondern wir selbst ein Gehirnzustand *sind*, so gilt auch hier: In gewissem Sinne *sind* wir unsere Gefühle. Aber in welchem?

Philosophen können diese Frage kaum beantworten. Kein Wunder, dass sich in den letzten Jahren vor allem die Hirnforschung dieses Themas angenommen hat. Seit Kernspintomografen und Computermonitore es ermöglichen, Erregungszustände im Gehirn sichtbar zu machen und zu beobachten, ist Emotionsforschung der große Renner unter den Neurobiologen. Dabei haben sie sich angewöhnt, zwischen Emotionen und Gefühlen zu unterscheiden, ähnlich wie die Franzosen, wenn sie von *sensation* und *sentiment* sprechen. Unter Emotionen verstehen die Hirnforscher das komplexe Zusammenspiel von chemischen und neuronalen Reaktionen. Sie bilden bestimmte Muster und sehen bei Menschen und Tieren oft sehr ähnlich aus. Emotionen sind ziemlich stereotype und automatische Vorgänge. Gefühle dagegen sind eine viel kompliziertere Sache, bei der immer eine ordentliche Portion Bewusstsein mit ins Spiel kommt. Gefühle kann man zum Beispiel verstecken, man kann versuchen, sie sich nicht anmerken zu lassen. Bei Emotionen geht das schlecht, weil ich keinen kontrollierenden Einfluss auf sie ausübe. Gefühle sind eine spezielle Mixtur aus Emotionen und Vorstellungen. Sie haben etwas sehr Persönliches und finden quasi im inneren privaten Raum statt. Mit den Eidechsen, Elstern und Fledermäusen teilen wir Hunger und Fluchtreflexe, aber unseren Liebeskummer, unsere Nostalgie und unsere Schwermut eher nicht.

Lange vor den Hirnforschern, in der zweiten Hälfte des 19. Jahrhunderts, hat sich die damals neu entstandene Psychologie um die von den Philosophen so arg vernachlässigten Gefühle gekümmert und damit begonnen, sie systematisch zu erforschen. Und sie hat getan, was Psychologen sehr gerne tun: Kataloge aufstellen! Die entscheidende Frage war: Welche Emotionen gibt es? Und wie viele sind es insgesamt? Denn bei Emotionen gibt es ohne Zweifel ein festes Set, ein Grundrepertoire, das allen Menschen in allen Kulturen der Welt gemeinsam ist. Und es sind erstaunlich wenige, denn man kann kaum neue entwickeln oder erfinden.

Trotzdem wurden sich die Psychologen nicht einig. Um die

Jahrhundertwende fand Wilhelm Wundt drei zentrale Gegensatzpaare: Lust-Unlust, Erregung-Hemmung und Spannung-Lösung. Die Frage allerdings war, ob sich diese Paare nicht oft hemmungslos durchkreuzten. Kann man zwischen Lust und Erregung immer unterscheiden? Spätere Psychologen entwickelten lieber Listen mit »grundlegenden Emotionen« als Paare. In den Zwanzigerjahren entstand eine Zwölferliste: Glück – Trauer – Wut – Angst – Ekel – Dankbarkeit – Scham – Liebe – Stolz – Mitleid – Hass – Schreck. Und in den letzten Jahren machte sich der US-amerikanische Anthropologe und Psychologe Paul Ekman von der University of California in San Francisco für eine Fünfzehner-Liste stark. Er ergänzte: Verachtung – Zufriedenheit – Erleichterung – Schuldgefühl und ließ die »Trauer« als ein zu komplexes Gefühl weg. Man kann dieses Spiel auf verschiedene Weise fortsetzen, aber man sollte ihm vielleicht nicht allzu viel Bedeutung beimessen. Denn alle diese Emotionen leiden unter ihrer Übersetzung in Sprache. Nicht jede Sprache hat die genau gleichen Ausdrucksmittel, und ein Chinese oder ein Massai würden möglicherweise andere Listen zusammenstellen, obwohl sie von den gleichen grundlegenden Emotionen bestimmt werden wie Mister Ekman.

Auch Hirnforscher haben diese Übersetzungsprobleme, wenn sie Emotionen und Gefühle deuten und beschreiben. Was ihnen dagegen leichter fällt, ist die Fahndung nach chemischen Stoffen, die unsere Emotionen auslösen. Besonders wichtig sind hier die Botenstoffe, *Neurotransmitter,* die Information von einer Nervenzelle zur anderen weitergeben. Im Fall von Emotionen sind es Transmitter, die für Erregungen sorgen, und zwar vor allem *Acetylcholin, Dopamin, Serotonin* und *Noradrenalin.*

Alle diese Botenstoffe haben erstaunliche und zum Teil noch nicht völlig erforschte Fähigkeiten. *Acetylcholin* ist so etwas wie der Sportler und Trainer unter den Transmittern. Es vermittelt die Erregungen zwischen Nerven und Muskeln und stimuliert zum Beispiel auch die Schweißdrüsen. Es kann aber noch viel mehr. Denn offensichtlich ist es an Lernvorgängen beteiligt und steht somit auch in einem unmittelbaren Zusammenhang zur Alzheimer-Krankheit, bei der das Acetylcholin dramatisch schwindet. *Dopamin* ist ein Einpeitscher und Motivator. Es spielt eine große Rolle bei der Durchblutung und reguliert zudem den Hormonhaushalt. Ein sehr niedriger Blutdruck lässt sich mit Dopamin aufpeppen. Und was die Hormone angeht, steht der Botenstoff in engem Zusammenhang mit Psychosen und anderen Störungen; so etwa wird angenommen, dass für Schizophrenie ein übermäßig hoher Dopaminspiegel verantwortlich ist. *Serotonin* ist ein Diplomat und Vermittler. Es wirkt im Blutkreislauf und reguliert den Blutdruck. In Lunge und Niere wirkt Serotonin gefäßverengend, in der Skelettmuskulatur dagegen gefäßerweiternd. Der Botenstoff reguliert zudem den Schlaf- und Wachrhythmus und sorgt für Ausgleich bei Stress. Gerät der Serotonin-Haushalt durcheinander, hat dies schöne und weniger schöne Folgen. So etwa glaubt man bei Verliebten einen erhöhten Serotonin-Spiegel festzustellen, der Wohlbefinden und Zufriedenheit vermittelt. Fehlfunktionen bei Serotonin dagegen führen zum Beispiel zu Migräne. *Noradrenalin* ist ein Rennfahrer und Beschleuniger. Es wirkt vorwiegend in den Arterien, und wie Dopamin steigert es den Blutdruck. In der Intensivmedizin nutzt man es als Mittel gegen Schocks und zur Blutbeschleunigung bei lähmenden Vergiftungen.

Alle vier Botenstoffe finden sich vielfach im limbischen System, auch wenn sich ihr Einsatz nicht darauf beschränkt. Die drei Großbausteine des Systems, das zentrale Höhlengrau, der Hypothalamus und die Amygdala, sind Zentren für angeborene affektive Zustände und Verhaltensweisen. Das *zentrale Höh-*

lengrau beispielsweise kontrolliert Aspekte unseres Sexualverhaltens, unserer Aggression und Verteidigung sowie unseres Hungergefühls. Allein verantwortlich zeichnet es offensichtlich für Schmerzschreie, für Stöhnen und für Klagen. Auch der *Hypothalamus* kümmert sich um Nahrungs- und Flüssigkeitsaufnahme, um unser Sexualverhalten und um Aggression und Verteidigung. Darüber hinaus ist er beim Rhythmus von Schlafen und Wachen und bei der Regulation des Kreislaufes im Einsatz. Besonders pikant für unsere Sexualität ist, dass ein Kern des Hypothalamus, der *Nucleus praeopticus medialis*, bei Männern stärker ausgebildet ist als bei Frauen, einer der wenigen auffälligen anatomischen Unterschiede zwischen den beiden Geschlechtern im Gehirn. Bezeichnenderweise spielt er eine große Rolle sowohl im Aggressionsverhalten als auch bei der Sexualität, die hier eng miteinander verbunden werden. So klein sie ist, auch die Rolle der *Amygdala* für unseren Gefühlshaushalt kann man gar nicht überschätzen. Gegenwärtig ist sie das Lieblingsobjekt der meisten Hirnforscher, denn trotz vielfältiger Beschäftigung mit ihr ist sie noch immer ziemlich rätselhaft. Hier tummeln sich ordentliche Konzentrationen an Noradrenalin und Serotonin. Besonders hoch aber ist die Konzentration an Acetylcholin. Im Mandelkern verbirgt sich das Angst- und Furchtzentrum des Gehirns. Und man weiß auch, dass die Amygdala eine Rolle bei Lernvorgängen spielt, vor allem dabei, wie Emotionen etwas dazulernen können. Denn Emotionen sind lernfähig: Was mich beim ersten Mal überrascht, überrascht mich nicht beim zehnten Mal.

Alle unsere Gefühle und auch unser Denken und Handeln entstehen mithilfe chemischer Signalsubstanzen. Denn die Qualität aller Gefühle und Erregungen ist neurochemisch bedingt und wird neurochemisch gesteuert. Wenn Mr. Spock durch Ausschüttung von Adrenalin aus seinem Endorphin- und Serotonin-Taumel auf Omicron Ceti III gerissen wird, dann klingt das also durchaus plausibel. Nur eben muss er dafür die gleiche neurochemische Grundausstattung besitzen wie jeder normale Mensch. Und wenn er sie besitzt, so ist sie unweigerlich auch mit seinen höheren Hirnfunktionen, also seinem Denken verbunden – es sei denn, Vulkanier verfügten über eine Dopamin- und Noradrenalin-Sperre. Das aber ist kaum anzunehmen, denn sie würde Spock und Co. ziemlich schlaff, träge und ziellos machen. Sind die Emotionen und Gefühle damit zureichend erklärt? Wohl kaum. Nur ein ziemlich einfältiger Hirnforscher könnte sich hier zurücklehnen und sagen: Das ist es! Denn erklärt ist bislang eigentlich nur die Grammatik der Gefühle, nicht aber der Klang und die Bedeutungsvielfalt der gesprochenen Sprache. Denn so unentbehrlich sie sind: Antreibende *Dopamin*-Moleküle, ausgleichende *Serotonin*-Moleküle (das Spock-Molekül) und aufregende *Noradrenalin*-Moleküle werden nicht von sich aus aktiv. Sie sind Botschafter, die auf die Reise geschickt werden müssen, von einer Nervenzelle zur anderen und von einem Zentrum des Gehirns zu einem anderen. Am Ort ihrer Bestimmung angekommen, lösen sie bestimmte Reaktionen aus. Sie hemmen, beschleunigen, motivieren oder blockieren. Kurz gesagt: Transmitter übermitteln zwar Bedeutungen und lösen bei ihrer Ankunft Bedeutungen aus – aber sie denken nicht selber. Ein komplettes Gefühl dagegen entsteht aus einem komplizierten vielstimmigen Zusammenspiel. Beteiligt sind bestimmte Hirnregionen oder -zentren, beteiligt sind die Sendungs- und Antworteigenschaften der Nervenzellen, beteiligt sind die Transmitter, beteiligt ist das komplexe Verknüpfungsmuster mit anderen Hirnstrukturen und natürlich all die Umweltreize, die über die Sinne auf das System einwirken. Warum versetzt eine bestimmte Musik den einen Menschen in ein Wohlgefühl, ein anderer aber empfindet sie als Krach? Warum lieben manche Menschen den Geschmack von Austern, und andere empfinden ihn als Ekel? Und wie schaffen wir es, einen Menschen, den wir zu lieben glauben, in manchen Momenten zu hassen? Gefühle sind chemisch recht einfach zu erklären, ihr Zustandekommen, ihr Auftauchen und Verschwinden aber ist eine schwer zu ergründende Angelegenheit. Nicht wenige Hirnforscher wünschen sich manchmal, dass die Sache etwas einfacher wäre, sagen wir: vulkanischer. Ihr führender Repräsentant übrigens ist Doktor Pille von der *Enterprise*-Crew. Als Spock unter dem Einfluss der Sporen ganz blumig und gefühlsbetont in den Kommunikator der *Enterprise* spricht, ist Pille ziemlich verwundert:

Pille: Das hört sich gar nicht nach Spock an.
Kirk: Du hast doch gesagt, du magst ihn lieber etwas menschlicher.
Pille: Das habe ich nie gesagt!

Wenn es allerdings richtig ist, dass der Klebstoff, der uns zusammenhält, nicht vulkanisch ist, sondern aus Gefühlen besteht, entscheiden dann die Gefühle nicht letztlich über alles Wesentliche an uns? Regiert uns statt des Bewusstseins das Unterbewusstsein? Und was ist das überhaupt genau – das Unterbewusstsein?

• *Kein Herr im eigenen Haus.* Was ist mein Unterbewusstsein?

WIEN

Kein Herr im eigenen Haus
Was ist mein Unterbewusstsein?

Er war ein schwer zugänglicher Mensch, er nahm Kokain, vernachlässigte seine Kinder, hatte ein fürchterliches Frauenbild, duldete von seinen Anhängern keinen Widerspruch, und seine wissenschaftlichen Studien erwiesen sich im Nachhinein als alles Mögliche, nur nicht als wissenschaftlich. Und doch war er ein bedeutender Mensch, einer der einflussreichsten Denker aller Zeiten.

Sigismund Schlomo Freud wurde 1856 in Freiberg (Příbram) in Mähren geboren, im damaligen Österreich und heutigen Tschechien. Sein Vater war ein jüdischer Wollhändler, der kurz nach der Geburt seines Sohnes bankrottging. Als eines von acht Kindern wächst Sigismund in entsprechend ärmlichen Verhältnissen auf. Die Familie zieht erst nach Leipzig und kurze Zeit später nach Wien. Der älteste Sohn ist der Liebling seiner Mutter, und er zeigt sich als ein hervorragender Schüler. Das Abitur legt er mit Auszeichnung ab. Im Herbst 1873 schreibt er sich an der Wiener Universität für Medizin ein. Freud untersucht die Hoden des Flussaals und wechselt an das Physiologische Institut der Wiener Universität, wo er 1881 zum Doktor der Medizin promoviert, und zwar »Über das Rückenmark niederer Fischarten«. Doch er kann nicht länger an der Universität bleiben, seine Finanzen lassen es nicht zu. Schweren Herzens sucht er sich eine Stelle am Wiener Allgemeinen Krankenhaus, wo er drei Jahre bleibt. Als Sekundararzt des bedeutenden Hirnanatomen Theodor Meynert untersucht er weiterhin die Gehirne von Fischen, vor allem das des Neunauges. In diese Zeit fallen auch seine umfangreichen Selbstexperimente mit Kokain, von dem er annimmt, dass es sich gegen hysterische Nervenleiden einsetzen lässt. Der ehrgeizige Nachwuchswissenschaftler will sich einen Namen machen und veröffentlicht fünf Arbeiten über Kokain, ohne Erfolg. Auch der Versuch, einen morphiumsüchtigen Freund mit Kokain zu heilen, misslingt, was Freud, der sich nun Sigmund nennt, in seinen Schriften sorgsam verschweigt. Voller Selbstbewusstsein bricht er 1885 zu einer Studienreise nach Paris auf. In einem Brief schreibt er: »O wie schön wird das sein. Ich komme dann mit einem großen, großen Nimbus nach Wien zurück, und ich kuriere alle unheilbaren Nervenkrankheiten.« In Paris trifft Freud Jean-Martin Charcot, den »Napoleon der Hysteriker«, den führenden Mann auf dem Gebiet der Nervenkrankheiten. Er öffnet Freud die Augen für die nichtphysiologischen, sondern psychologischen Ursachen vieler geistiger Störungen und weist ihn in die Kunst der Hypnose und der Suggestion ein. Nach seiner Rückkehr lässt sich Freud in der Rathausgasse in Wien als Nervenarzt nieder. Gleichzeitig leitet er die neurologische Abteilung im Ersten Öffentlichen Kinder-Krankeninstitut. Er heiratet Martha Bernays aus einer angesehenen Rabbiner- und Gelehrtenfamilie, die sechs Kinder zur Welt bringt. Doch Freud ist alles andere als ein warmherziger, liebevoller Vater, sondern er zeigt sich den Kindern gegenüber meistens unnahbar. Zu Anfang der Neunzigerjahre beschäftigt sich der Fünfunddreißigjährige noch einmal intensiv mit der Anatomie des Gehirns. Er schreibt einen Aufsatz über Sprachstörungen infolge von Hirnerkrankungen, und er erkennt, welche ungeheure Zukunft die Hirnforschung haben wird, um viele Rätsel des Geistes zu lösen. Doch sein

Entwurf einer Psychologie (1895), der Versuch, den »seelischen Apparat« mithilfe von Ramón y Cajals brandneuer Neuronenlehre zu erklären, bleibt in der Schublade. Für Freuds gewaltigen Anspruch, Nervenkrankheiten zu heilen und psychische Störungen zu beheben, ist die Hirnforschung noch lange nicht weit genug. Zu abstrakt und zu allgemein sind Ramón y Cajals neue Einsichten in die Funktion und das Zusammenwirken der Nervenzellen im Gehirn. Ramón y Cajal legt sich die Gehirne von Leichen in Madrid auf den Seziertisch, um seine »rationale Psychologie« zu begründen; Freud dagegen wählt eine andere Praxis. Er legt sich von nun an seine lebenden Studienobjekte in Wien auf die Couch, um ihre Gehirne zu erforschen, und er begründet eine neue Wissenschaft: die *Psychoanalyse*. 1889 hatte er Hippolyte Bernheim in Nancy besucht, der Versuche mit der sogenannten posthypnotischen Suggestion durchführt. Freud schloss daraus, dass es ein *Unbewusstes* geben müsse, welches verantwortlich für einen Großteil menschlicher Handlungen ist.

Der Begriff des »Unbewussten« war nicht neu. Schon 1869 hatte der junge Philosoph Eduard von Hartmann eine *Philosophie des Unbewussten* geschrieben, ein ziemlich unausgegorenes Buch, das stark von Schopenhauer inspiriert war (vgl. *Kann ich wollen, was ich will?*). Das Werk war ein Bestseller, der vieles zusammengoss, was den materialistischen Philosophen seit der Mitte des 19. Jahrhunderts an der Vernunftphilosophie Kants, Fichtes und Hegels nicht gefiel. Nietzsche, der die gleichen Gegner von ähnlicher Position aus kritisierte, regte sich darüber fürchterlich auf, vor allem deshalb, weil der weit weniger scharfsinnige Hartmann viel mehr Erfolg hatte als er selbst. Aber auch Hartmann hatte das »Unbewusste« nicht erfunden. Bereits der Arzt und Naturforscher Carl Gustav Carus, ein Freund Goethes, hatte 1846 in seinem Buch *Psyche. Zur Entwicklungsgeschichte der Seele* vom »Unbewussten« und auch vom »Unbewusstsein« gesprochen, als Region der ursprünglichsten Seelenregungen.

Was Freud von seinen Vorgängern unterschied, war der sehr ernsthafte Versuch, dieses Unbewusste systematisch zu erforschen. Er hatte eine ungefähre Vorstellung davon, wo es im Gehirn anzusiedeln war: in den subkortikalen Zentren des Endhirns und dem Hirnstamm. So weit war sein Lehrer Meynert mit der Anatomie des Gehirns immerhin gekommen. Aber mit den Mitteln der Hirnforschung ist dem Unbewussten in den Neunzigerjahren des 19. Jahrhunderts nicht beizukommen. 1891 zieht Freud innerhalb Wiens in die Berggasse 19 um, wo er siebenundvierzig Jahre lang arbeitet und wohnt. Von »Psychoanalyse« spricht er erstmals im Jahr 1896. Er übernimmt den Begriff aus dem »subtilen Ausforschungsverfahren« des befreundeten Arztes Josef Breuer, der seine traumatisierte Patientin Bertha Pappenheim dazu motiviert hatte, ihre seelischen Verletzungen offen auszusprechen. Auch Freud erforscht in der Folgezeit sexuelle Gewalterfahrungen seiner Patienten, bevorzugt von Frauen, indem er sie zum Reden bringt. Bei Männern diagnostiziert er ein frühkindliches sexuelles Verhalten gegenüber der Mutter, den von ihm sogenannten Ödipus-Komplex. Später baut er auf dieser und anderen Grundlagen eine häufig veränderte »Trieblehre« auf, die heftig umstritten ist und in ihren pauschalen Formulierungen heute keinen Bestand mehr hat. Zwischen 1899 und 1905 schreibt Freud vier Bücher über die Macht des Unbewussten, die seinen Ruhm begründen werden: über den Traum, über Fehlleistungen im Alltag, über den Witz und über die Sexualität. 1902 wird Freud außerordentlicher Titularprofessor an der Universität Wien und gründet die Psychologische Mittwochsgesellschaft, die Vorform der späteren Wiener Psychoanalytischen Vereinigung.

Obwohl die meisten seiner Bücher sehr kontrovers diskutiert

werden und die wissenschaftliche Anerkennung eher dürftig ausfällt, ist Freuds Selbstbewusstsein erstaunlich. 1917 stellt er seine Entschlüsselung des Unbewussten in eine Reihe mit den Theorien von Kopernikus und Darwin. Alle drei hätten sie die Menschheit gekränkt. Kopernikus hatte die Erde vom Mittelpunkt der Welt an den Rand gerückt. Darwin hatte die göttliche Natur des Menschen gegen eine Affennatur ersetzt. Und Freud habe dem Menschen gezeigt, dass er kein Herr im eigenen Haus ist, weil das Unbewusste viel dominanter sei als das Bewusste. Er legt sich darauf fest, dass etwa 90 Prozent der menschlichen Entscheidungen unbewusst motiviert seien.

Um zu erklären, wie das Unbewusste das Bewusstsein kontrolliert, entwickelt Freud 1923 die Vorstellung von einer dreiteiligen Psyche. Danach bestimmen drei Instanzen das menschliche Seelenleben: das *Es*, das *Ich* und das *Über-Ich*. Freud hält diese Dreiteilung für seine eigene Leistung, obwohl bereits Nietzsche alle drei Begriffe in ähnlicher Funktion benutzt hatte. Das *Es* entspricht dabei dem Unbewussten, dem triebhaften Element der menschlichen Psyche. Hunger, Sexualtrieb, Neid, Hass, Vertrauen, Liebe usw. bestimmen dieses *Es*. Sein Gegenspieler ist das *Über-Ich*. Es verkörpert die Normen, Ideale, Rollen, die Leit- und Weltbilder, die der Mensch durch seine Erziehung beigebracht bekommt. Dazwischen liegt das *Ich,* das eigentlich eine ziemlich arme Sau ist, zerrieben von übermächtigen Gegnern. Als Diener dreier Herren, des *Es,* des *Über-Ich* und der sozialen Umwelt, versucht es, die Konflikte, die aus diesen entgegengesetzten Ansprüchen entspringen, beizulegen und zu harmonisieren. Aber es ist ziemlich schwach. Im Regelfall obsiegt das *Es,* das sich vom *Ich* nicht kontrollieren lässt, weil es sich dem Bewusstsein entzieht. Unbewusste Triebe und Prägungen aus der frühen Kindheit lassen sich nicht einsehen und damit auch nicht mit leichter Hand aufräumen.

Freud hat dieses Modell vergleichsweise spät entwickelt, und er hat es beileibe nicht allen seinen späteren Schriften zugrunde gelegt. Woran er aber in jedem Fall festhielt, war die Ansicht, dass die Hauptmotivation des menschlichen Verhaltens aus dem unbewussten Konflikt zwischen den triebhaften Impulsen und dem damit weitgehend überforderten Verstand entspringt. Eine Beobachtung, die er nicht nur auf den einzelnen Menschen, sondern auch auf die Triebdynamik der menschlichen Gesellschaft im Allgemeinen anwendet.

Seine nachfolgenden kulturkritischen Bücher schreibt er zumeist unter großen körperlichen Schmerzen. In den Zwanzigerjahren ist Freud ein internationaler Star, aber ein hartnäckiger Gaumenkrebs setzt ihm sehr zu und schränkt seine Flexibilität stark ein. Nach der Machtergreifung der Nationalsozialisten werden Freuds Schriften verboten und verbrannt. Der Einmarsch der deutschen Truppen in Österreich im März 1938 zwingt ihn dazu, nach London zu emigrieren. Vier seiner fünf Schwestern bleiben in Wien zurück und werden von den Nationalsozialisten in Konzentrationslagern inhaftiert und ermordet. Am 23. September 1939 nimmt sich der todkranke Freud in London mit einer tödlichen Dosis Morphium das Leben.

Was ist von seinen Theorien geblieben? Zunächst einmal ist es Freuds großes Verdienst, die Bedeutung der Gefühle, der psychischen Konflikte und des Unbewussten in den Mittelpunkt seiner Betrachtung des Menschen gestellt zu haben. Auch die von Breuer übernommene und von Freud ausgefeilte Form der Therapie hat als Methode bis heute weltweit Bestand, selbst wenn die Psychoanalyse mittlerweile in zahlreiche Strömungen und Schulen zerfällt, die sich mal mehr und mal weniger weit von Freud entfernt haben. Was seine wissenschaftliche Leistung zur Erforschung der menschlichen Psyche betrifft, hatte er in vielem einen ganz guten Riecher. Aber eben auch nur das. Er bereiste die Psyche seiner Patienten wie ein Kartograf, der keine Schiffe zur Verfügung hat, um den Kontinent, von dem man ihm erzählt, auch tatsächlich zu sehen und zu vermessen. Und daraus resultierte auch seine Arroganz, denn mit *seinen* Methoden war niemand so weit gekommen wie er. Der Kontinent war das Unbewusste, und er war der führende Mann. Doch seine Tage waren gezählt, was Freud durchaus bewusst war. Die Hirnforschung, die er einst verlassen hatte, weil sie ihm nicht weiterhelfen konnte, setzte ihre Segel, und sie würde ihn überflügeln. Die Frage war nur, wie viele Umrisse, Flüsse, Berge und Inseln, die er in die Karte eingezeichnet hatte, bleiben würden. In seinem Buch über das Lustprinzip schrieb er für seine Verhältnisse überraschend selbstkritisch, dass natürlich erst die Biologie die Rätsel des Geistes endgültig würde lösen können, mit neuen überraschenden Informationen, auch wenn diese »unter Umständen so beschaffen sind, dass sie unser ganzes künstliches Gebäude von Hypothesen zum Einsturz bringen« werden.

Die Psychoanalyse ist keine Wissenschaft, sondern eine Methode. Ihre Annahmen lassen sich nicht wissenschaftlich überprüfen. Noch dreißig Jahre nach Freuds Tod standen sich die Neurowissenschaften und die Psychoanalyse deshalb völlig unversöhnlich gegenüber. Die Psychoanalyse erlebte damals ihre Blüte. Und eine Hirnforschung in ihrer elektrophysiologischen Hochphase, die alles Seelische in Mikrometer und Millivolt übertrug, erschien Freuds Schülern und Enkeln ebenso abwegig wie einem Neurobiologen die naturwissenschaftlich unbedarfte psychoanalytische Kaffeesatzleserei. Erst heute, nach ihrem allgemeinen Triumph, wagen es manche Hirnforscher, Freuds Leistung wieder zu würdigen.

Was Freud nur spekulieren konnte, ist für die Hirnforschung eine ziemlich klare Sache: Wenn man sich das Gehirn anschaut, so gibt es Hirnregionen, die für das Bewusstsein zuständig sind.

Sie liegen, wie bereits erwähnt, im assoziativen Cortex. Und es gibt Regionen, die unbewusste Vorgänge erzeugen und speichern, nämlich der Hirnstamm, das Kleinhirn, der Thalamus und die subkortikalen Zentren des Endhirns. Das Bewusste und das Unbewusste lassen sich also anatomisch recht gut trennen. Trotzdem hat die Hirnforschung sehr lange einen großen Bogen um die Erforschung des Unbewussten gemacht. Auch für Neurobiologen ist das Unbewusste nämlich gar nicht so einfach zu beschreiben und zu erfassen. Unbewusste Vorgänge ereignen sich oft sehr schnell, und sie sind – wie auch Freud wusste – sprachlich nicht mitteilbar, eben weil sie dem Menschen nicht bewusst sind. Also bleibt keine andere Wahl, als dass der Psychotherapeut sie aus den Berichten zwischen den Sätzen herausliest und das Unbewusste enträtselt – oder aber man schiebt einen Patienten in den Computertomografen und beobachtet, welche Reaktionen die für das Unbewusste zuständigen Gehirnregionen bei bestimmten Fragen oder Testaufgaben hervorrufen. Doch so einfach und übersichtlich es ist, die Gehirnregionen zu benennen, die für das Unbewusste zuständig sind, so verschieden kann dieses Unbewusste beschaffen sein. Unbewusst sind zum Beispiel Vorgänge, die unterschwellig erlebt werden, ohne dass wir es merken. Unsere Wahrnehmung ist voll von Eindrücken, deren wir uns gar nicht bewusst sind. Denn unsere Aufmerksamkeit kann sich nur auf einen Bruchteil dessen richten, was wir tatsächlich sehen, hören oder fühlen. Der Rest wandert ins Unterbewusstsein. Manches davon wird quasi heimlich gespeichert, anderes nicht, ohne dass wir dies kontrollieren können. Wir nehmen gezielt das wahr, was unserer aktuellen Aufgabe, unserem Ziel oder unseren Bedürfnissen entspricht. Wer Hunger hat, wird eher alles bemerken, was mit Essen oder Restaurants zu tun hat, und wer sich als Tourist für Sehenswürdigkeiten interessiert, nimmt eine Stadt ganz anders wahr, als wenn er gerade einen Job sucht. Je stärker man sich dabei auf eine bestimmte Sache konzentriert, umso weniger bekommt man von anderen Dingen mit; ein Problem, das man zum Beispiel von Unfällen kennt. Ist man auf der Straße gegen ein Verkehrsschild gerannt, hat man es augenscheinlich nicht gesehen. Und wie viele Menschen, die in einen Verkehrsunfall verwickelt sind, geben an, dass sie das andere Auto gar nicht bemerkt haben.

Ist unsere Aufmerksamkeit auf eine bestimmte Sache konzentriert, kümmert sich unser Gehirn oft gar nicht um andere Dinge, selbst wenn sie mitunter völlig abstrus sind und uns eigentlich auffallen müssten. Ein Beispiel dafür ist ein Film der Psychologen Daniel Simons von der University of Illinois in Urbana-Champaign und Christopher Chabris von der Harvard University: das berühmte Gorilla-Kostüm-Experiment. Zwei Mannschaften von Ballspielern stehen sich gegenüber. Die eine ist weiß gekleidet und die andere schwarz. Beide Mannschaften werfen sich den Ball in den eigenen Reihen zu, wobei der Ball immer einmal auf dem Boden aufspringt. Eine größere Gruppe von Testpersonen sieht sich den Film an. Ihre Aufgabe ist es, mitzuzählen, wie viele Male der Ball innerhalb der weißen Mannschaft aufspringt. Die meisten Testpersonen bewältigen die Aufgabe ohne Schwierigkeit und nennen die richtige Zahl. Der Versuchsleiter möchte aber noch etwas anderes wissen, nämlich, ob den Zuschauern irgendetwas Besonderes aufgefallen ist. Mehr als die Hälfte der Testpersonen hat nichts Besonderes bemerkt. Erst als sie den Film ein zweites Mal sehen, ohne sich auf das Zählen zu konzentrieren, merken sie zu ihrer Verblüffung, dass eine als Gorilla verkleidete Frau mitten durch das Bild schlappt, in der Mitte stehen bleibt und sich auf die Brust trommelt. Die größere Zahl der Zuschauer war so sehr mit dem Zählen befasst gewesen, dass ihnen der Gorilla zuvor überhaupt nicht aufgefallen war! Machten die Psychologen den gleichen Versuch mit der Aufforderung, das Aufspringen des Balls in der schwarz gekleideten Mannschaft zu zählen, war es nur ein Drittel der Testpersonen, die den Gorilla übersahen. Die verkleidete Frau sprang den Zuschauern der schwarzen Mannschaft deshalb eher ins Auge, weil das Gorillakostüm auch schwarz ist. Der Film ist ein sehr plakatives Beispiel dafür, wie unsere Aufmerksamkeit das, was wir wahrnehmen, filtert, ohne dass wir uns dieses Filters in diesem Ausmaß bewusst sind. Unsere Aufmerksamkeit ist ein Scheinwerfer, der nur weniges beleuchtet. Der dunkle Rest wandert ins Unbewusste.

Ein großer Teil unseres Unbewussten speist sich aus solchen unbeleuchteten Wahrnehmungen. Ein anderer sehr bedeutender Teil besteht aus unseren Erlebnissen im Mutterleib und in den ersten drei Lebensjahren. In dieser Zeit nehmen wir vieles sehr intensiv wahr, aber unser assoziativer Cortex ist noch nicht so ausgereift, dass er diese Erlebnisse so speichern kann, dass sie uns als bewusste Erlebnisse zur Verfügung stehen. Etwa zwei Drittel unserer Persönlichkeit reifen auf diese Weise heran, ohne dass wir uns später daran erinnern und die genauen Umstände reflektieren können.

Neben den tagtäglichen unbewussten Wahrnehmungen und dem zu tief verborgenen Unbewussten unserer frühen Kindheit gibt es noch manches andere Unbewusste. Ein Beispiel dafür sind automatisierte Verhaltensweisen. Wie oft habe ich mich schon darüber gewundert, wie ich im volltrunkenen Zustand einen kilometerlangen Heimweg nach Hause gehen konnte und sicher anlangte, obwohl ich mich an keinen Moment dieses Nachhausegehens mehr erinnern kann. Und wie finden meine Finger in ebendiesem Moment, wo ich diesen Satz schreibe, in Zehntelsekundenschnelle die Tasten der Tastatur? Fragte mich jemand, die Tastatur verdeckt zu zeichnen, würde ich wahrscheinlich kaum eine Taste richtig beschriften. Meine Finger wissen ganz augenscheinlich mehr als ich! Nicht zu vergessen sind auch all die Dinge, die ich erlebt habe und anschließend vergessen, die mir aber durch irgendeinen Auslöser nach sehr langer Zeit wieder einfallen können, obwohl sie meinem Bewusstsein in der Zwischenzeit gar nicht zur Hand waren. Ein sehr typisches Beispiel dafür sind unter anderem Gerüche, die die Macht haben, eine ganze Kette von vergessen geglaubten Bildern ins Bewusstsein zurückzubringen.

Trägt man alledem Rechnung, so muss man zugeben, dass Freud sehr weitgehend recht hatte: Das meiste, was in unserem Gehirn abläuft, geschieht unbewusst. Und dieses Unbewusste hat einen gewaltigen Einfluss auf uns. Man kann sogar sagen, dass unbewusste Wahrnehmungen der Regelfall sind und die bewussten – die uns natürlich besonders wichtig sind – die Ausnahme. Denn nur woran der assoziative Cortex beteiligt ist, kann uns bewusst werden. Bezeichnenderweise ist er dabei durchaus auf die Mithilfe des Unbewussten angewiesen. Wie im vorherigen Kapitel gezeigt, sind die Gefühle der Klebstoff, der uns zusammenhält. Ohne die unbewussten Impulse aus dem limbischen System hat der assoziative Cortex gar keinen Stoff, den er aufnehmen, reflektieren, abwägen und ausdrücken kann. Er wäre eine Hochleistungsmaschine, die keinen Strom hätte und nichts zu tun. Das Unbewusste kontrolliert unser Bewusstsein damit sehr viel stärker als umgekehrt. In unserer persönlichen Entwicklung ist es vor dem Bewusstsein entstanden, und es hat uns geprägt, lange bevor unser Bewusstsein nach und nach erwachte. Die Summe unserer unbewussten Erlebnisse und Fähigkeiten – das Unterbewusstsein – ist eine gewaltige Macht, auf die wir nur sehr schwer gezielt einwirken können. Das Geläufigste, was wir dazu benutzen, um an unser Unterbewusstsein heranzukommen, ist fremde Hilfe, mithin also eine Therapie.

Hirnforscher träumen heute von einer neurowissenschaftlich fundierten Psychoanalyse. Im Jahr 1979 hatte der weltberühmte Gedächtnisforscher Eric Kandel das ehrgeizige Programm formuliert: Das Ziel ist eine Fusion beider Disziplinen. Doch für die Psychoanalyse lesen sich Kandels Vorschläge zur neuen Wissenschaftlichkeit wie eine asketische Abmagerungskur: keine Spekulationen mehr, keine waghalsigen Begriffe, keine Illusionen darüber, geistige und körperliche Krankheiten mit psychoanalytischen Mitteln zu heilen. Dagegen setzt er empirische Forschung, Statistik, strenge Erfolgskontrolle und den Einsatz von Hirnscans, um die Leistungen der Therapie anhand einzelner Hirnregionen zu überprüfen.

Die Erforschung des Unbewussten mit experimentellen Methoden der Hirnforschung hat gerade erst begonnen. Das Unbewusste, ein Stiefkind der Philosophie, das erst in der zweiten Hälfte des 19. Jahrhunderts allmählich ernst genommen wurde, ist heute das wohl wichtigste Forschungsfeld auf dem Weg zur wissenschaftlichen Selbsterkenntnis des Menschen. Die biologisch informierte Erkenntnistheorie sieht den Menschen also doppelt begrenzt: durch seine Sinne mit den typischen Fähigkeiten, aber auch ebenso durch die typischen Grenzen des Primatengehirns (Kapitel 1–4). Und zweitens durch die Grenze zwischen Bewusstsein und Unterbewusstsein. Der Einblick ins Unbewusste, das den weitaus größten Teil unserer Erfahrungen und auch unserer Persönlichkeit ausmacht, ist uns weitgehend versperrt. Bevor wir uns im zweiten Teil des Buchs an die Fragen unseres Verhaltens heranwagen, fehlt uns noch ein Aspekt, über den wir uns vergewissern sollten, zumal er bislang immer stillschweigend vorausgesetzt wurde. Es ist das Erinnern. Was ist unsere Erinnerung, und wie funktioniert sie?

• *Da war doch was?* Was ist das Gedächtnis?

NEW YORK

Da war doch was?
Was ist das Gedächtnis?

Eigentlich könnte er sich zurücklehnen und einfach nur stolz auf das Geleistete sein, aber Zurücklehnen ist seine Sache nicht. Kerzengerade steht der filigrane Mann im grauen Nadelstreifenanzug in seinem Arbeitszimmer. Mit den breiten Hosenträgern und der schreiend roten, blau gepunkteten Fliege gleicht der smarte ältere Herr einem Musiker oder einem Entertainer, übrig geblieben aus der großen Zeit der Broadway-Conferenciers in den Fünfzigerjahren. Doch Eric Kandel ist kein Unterhaltungskünstler. Er ist der bedeutendste Gedächtnisforscher der Welt.

2007: Das Zimmer im zwölften Stock ist schlicht, aber nicht ungemütlich. Keine Extravaganzen. Die Fachbücher im Regal werden benutzt, darunter der dicke abgegriffene Foliant *Principles of Neural Science,* das Standardwerk des Fachs, das ihn berühmt machte. Auf der Fensterbank stehen Fotos der Familie und von verstorbenen Kollegen. Durch die getönte Scheibe sieht man den Norden Manhattans, tief unten wälzt sich der Verkehr des Riverside Drive durch diese trostlose Umgebung aus dunklen Wohnsilos, Baracken und Stacheldraht. Im Jahr 2000 erhielt Kandel den »Nobelpreis für Physiologie oder Medizin« für ein Lebenswerk zur Gedächtnisforschung voll sprühender Anregungen und neuer Entdeckungen. Die zweite Hälfte seines langen Wirkens hat er hier verbracht, in diesem Stockwerk. Die überfüllten Labore rechts und links des Flurs sehen aus wie überall auf der Welt. Doch das unauffällige Interieur täuscht. Das Howard Hughes Medical Center der Columbia University ist eine der bedeutendsten Einrichtungen auf dem Gebiet der Hirnforschung weltweit. Und der lebhafte, damals Siebenundsiebzigjährige, der all dies aufgebaut hat, ist kein Fossil, kein Emeritus, der seinen Schrullen frönt. Kandel, der uneingeschränkte Herrscher über eine große Zahl flinker Mitarbeiter, steht noch immer im Zentrum der Forschung. Man kann darüber streiten, ob die Welt aus Atomen aufgebaut ist oder aus Geschichten. Am Anfang von Eric Richard Kandels Geschichte steht Hitlers Einmarsch in Österreich. Zu seinem neunten Geburtstag am 7. November 1938 bekommt der junge Erich ein ferngesteuertes blaues Modellauto. Der Vater ist ein jüdischer Spielwarenhändler in Wien, und das Auto ist Erichs ganzer Stolz. Zwei Tage später hämmert es abends laut an der Wohnungstür. Reichspogromnacht, der Antisemitismus bricht sich in Wien Bahn, brutaler als irgendwo sonst im Großdeutschen Reich. Die Mutter und ihre beiden Söhne müssen die Wohnung verlassen, der Vater wird verschleppt, verhört und gedemütigt und kommt erst zehn Tage später wieder zu seiner Familie zurück. Ein Jahr lang erleben die Kandels die Schikanen des NS-Regimes, werden ausgeraubt, ausquartiert und enteignet, der Vater ist arbeitslos, Erich verliert alle seine Freunde. Die Israelitische Kultusgemeinde der Stadt hilft der Familie zu überleben. Im April 1939 glückt die Ausreise der Söhne in die USA, die Eltern kommen später nach. Das Motto der überlebenden Juden »Niemals Vergessen!« wird Erich stets begleiten. Die Eltern fassen nur notdürftig Fuß in New York. Erich dagegen, der sich von nun an Eric nennt, findet sich schnell zurecht, besucht die Yeshiva im New Yorker Stadtteil Flatbush, eine traditionelle jüdische Eliteschule, und die renommierte Erasmus Hall High

School in Brooklyn. Als einer von zwei Schülern unter 1400 Bewerbern erhält er ein Stipendium für ein Studium in Harvard. Hier lernt er Anna Kris kennen, die aus einer Psychoanalytiker-Familie stammt. Er verliebt sich in Anna, aber noch mehr schwärmt er für die Psychoanalyse, »die faszinierendste Wissenschaft, die es gibt«, »phantasievoll, umfassend und empirisch zugleich«. Kandel vertieft sich in die Lektüre Sigmund Freuds und entdeckt »den einzig Erfolg versprechenden Ansatz zum Verständnis des Geistes«. Um Psychoanalytiker zu werden, muss er Medizin studieren. Er seufzt. »Ein unbeschreiblich langweiliges Fach.« Im Herbst 1955 sitzt er im Sprechzimmer von Harry Grundfest an der Columbia University und erklärt dem verblüfften Neurophysiologen sein zukünftiges Forschungsprogramm: »Ich will herausfinden, wo sich Freuds ›Ich‹, das ›Es‹ und das ›Über-Ich‹ im menschlichen Gehirn auffinden lassen.«

2007 muss er selber lachen. Drei monotone, tief eingezogene Laute, es klingt nicht menschlich, eher wie der Lockruf eines Nashornvogels. Mit seiner einnehmenden Erzählweise, eine Mischung aus Wiener Charme, jüdischem Humor und amerikanischer Nonchalance, erzählt er von seiner Bekehrung vom Träumer zum ernsthaften Wissenschaftler. Immer nur eine einzige Gehirnzelle auf einmal soll sich Kandel nach Grundfests Anweisung vornehmen, dazu ein Tier, das einfach genug gebaut ist, um übersichtliche Versuche durchführen zu können. Immerhin, auch Freud hatte als Neurobiologe begonnen und versucht, seine Theorie des »seelischen Apparates« auf der Grundlage der Neuronenlehre zu entwickeln. Was Freud aufgrund mangelnder Kenntnisse in seiner Zeit nicht leisten konnte, will Kandel nun wagen. Mit der Meeresschnecke *Aplysia,* dem »Seehasen«, wird er in den folgenden beiden Jahrzehnten mehr Zeit verbringen als mit seiner Frau. Schon die ersten Versuche mit Mikroelektroden an der Nervenzelle eines Flusskrebses hatten den angehenden Hirnforscher in Ekstase versetzt. Die Euphorie ist noch heute spürbar. Er breitet die Arme aus, die Stimme wird laut und hoch: »Ich lauschte den tiefen, verborgenen Gedanken meines Flusskrebses!« Doch *Aplysia* erweist sich in vielerlei Hinsicht als spektakulärer. »Sie war groß, stolz, attraktiv und intelligent.« Der Seehase ist ein überschaubares Tier. Nur 20 000 im Vergleich zu hundert Milliarden Nervenzellen beim Menschen funken in seinem Gehirn. Manche dieser Zellen sind fünfzigmal so groß wie bei Säugetieren und mit bloßem Auge zu erkennen. Mit Feuereifer stürzt sich Kandel in die Arbeit.

Strahlend erzählt er von den Erregungen der Pionierzeit: *Eric in wonderland*. Eine Welt, in der es nichts Aufregenderes gibt als Hirnforschung, die Kartierung eines unbekannten Kontinents, der Himmelsphysik des 17. Jahrhunderts und den Entdeckungsfahrten der Renaissance vergleichbar. In den Fünfziger- und Sechzigerjahren ist die Beschäftigung mit dem Gehirn eine Reise in ein weitgehend unbekanntes Land. Und der Weg von den Nervenzellen des Seehasen zur Erklärung menschlichen Fühlens, Denkens und Verhaltens könnte weiter kaum sein. Kandel hingegen ist optimistisch. Meeresschnecke oder Mensch – das Baumaterial der Zellen ist biochemisch weitgehend dasselbe. Könnte es da nicht sein, dass auch die Zellmechanismen, die Lernen und Gedächtnis zugrunde liegen, während der Evolution erhalten geblieben sind und folglich bei allen Lebewesen auf zumindest ähnliche Weise funktionieren? Mit leichten Elektroschocks am Schwanzende der *Aplysia* stimuliert er Kiemenreflexe und beobachtet die Reaktion in ausgewählten Nervenzellen. Er entdeckt, dass sich die Nervenzellen verändern. Bekannte Vorgänge, »Lernerfahrungen« im Kurzzeitgedächtnis des Seehasen, so erkennt er bald, erhöhen die Plastizität der Synapsen: Sie dehnen sich aus. Seine ersten

Aufsätze über lernanaloges Verhalten einer Meeresschnecke bringen die Kollegen zum Stutzen. Er lächelt. Ein strahlendes Kind, das weiß, dass seine Zaubertricks funktioniert haben. »Die Säugetier-Chauvinisten wussten nicht, was sie davon halten sollten. Sie hatten geglaubt, solche Versuche gingen nur bei Säugern.«

Das Terrain, auf das sich Kandel vorgewagt hatte, könnte unübersichtlicher kaum sein: die Erforschung des Gedächtnisses. Doch was sind das: Gedächtnis und Erinnerung? Nicht einfach, auf diese Frage eine Antwort zu geben. Denn ist das Gedächtnis nicht so etwas wie unsere Identität? Was wären wir ohne unsere Erinnerung? Nicht nur hätten wir ohne Erinnerung keine Biografie, wir hätten auch kein Leben, jedenfalls kein bewusstes. Verstehen bedeutet, etwas auf etwas anderes zu beziehen, das wir kennen. Und kennen tun wir nur das, was wir gespeichert haben. Um diesen Satz zu verstehen, den Sie jetzt gerade lesen, müssen Sie einerseits die einzelnen Wörter verstehen, also wiedererkennen, und gleichzeitig die Bedeutung des ganzen Satzes erkennen, also seinen Sinn. Und es ist sehr vorteilhaft, wenn Sie auch die Sätze erinnern, die Sie zuvor gelesen haben, nicht wörtlich, aber zumindest ihre wesentliche *Bedeutung*. Das Wort Bedeutung habe ich mit Absicht kursiv gesetzt, denn es sagt etwas sehr Wichtiges: Wir speichern nämlich (im Regelfall) keine Wörter und keine Sätze in unserem Gehirn, sondern wir speichern so etwas wie persönliche Essenzen, die Bedeutungen, die die Dinge für uns haben. Das gilt nicht nur für Wörter, es gilt für alles. Gesichter, die uns vertraut sind, können die wenigsten aus dem Kopf zeichnen, selbst talentierte Künstler nicht. Denke ich an den von mir als Kind sehr geliebten Großvater, sehe ich ihn in Bildern vor mir und in ausgewählten Szenen, die lediglich kleine sehr emotionale Ausschnitte bilden. Es sind Impressionen, aber kein längerer Film. Und wenn ich mir meine Wohnung vergegenwärtige, sehe ich niemals alle Zimmer darin zugleich vor mir, sondern immer nur einzelne Räume oder deren Teile.

Wie will man diese schlecht belichteten Filmausschnitte erklären? Wie werden aus Informationen Bedeutungen? Und wer bestimmt die Auswahl? Warum weiß ich noch, wie der Hund des Hausmeisters in der Grundschule hieß, vergesse aber, meine Frau am Jubiläumstag unseres Kennenlernens anzurufen? Obwohl ich das Datum natürlich kenne und der Hund mir völlig egal ist und meine Frau ganz und gar nicht. Warum ist mir für dieses Beispiel eigentlich spontan ausgerechnet dieser Hund eingefallen, an den ich seit 32 Jahren keinen einzigen Gedanken verschwendet habe? Erinnerung, so scheint es, ist weitgehend unverfügbar. Sie blitzt auf und steht unversehens vor Augen. Man kann sie nicht nach Gutdünken kontrollieren, ja, man kann das Erinnerte noch nicht einmal mit Absicht vergessen! Was ist das, diese anonyme Macht des Erinnerns, die bestimmte Bilder aus dem schattenhaften Vergessen löst und in mein Bewusstsein zurückbringt? Wie viel von meinem Gedächtnis ist bewusst und wie viel unbewusst? Wer oder was steuert den Transfer vom bewussten Wissen in die große Kiste des Vergessenen? Und wer holt gelegentlich das eine oder andere davon wieder heraus? Zum Beispiel, als ich nach zwölf Jahren Abwesenheit aus Berlin voll Freude diesen so völlig unverwechselbaren Geruch aus den U-Bahn-Schächten wiedererkannt habe, von dem ich gar nicht wusste, dass er mir zuvor überhaupt aufgefallen war – und dass ich ihn wohl irgendwie gemocht haben muss. Bin ich das selbst, der da erinnert, oder führt die Erinnerung ein unverfügbares Eigenleben? Bin ich wirklich das Subjekt des Erinnerns oder nicht vielleicht doch vielmehr das Objekt meiner Erinnerung?

Dass unser Gehirn Bedeutungen speichert und keine Daten wie ein Archiv oder ein Computer, macht die Erforschung des

Gedächtnisses und der Erinnerung sehr schwierig. Gewiss werden sich alle diese Prozesse eines Tages von der Hirnforschung genetisch, chemisch, elektrophysiologisch *beschreiben* lassen – aber lassen sie sich auch *verstehen*? Was weiß man über das menschliche Gedächtnis, wenn man weiß, wie bestimmte Moleküle miteinander interagieren? Es scheint, als ob die Erforschung des Gedächtnisses die Philosophen und Psychologen weit weniger arbeitslos macht als die Erforschung der Gefühle oder des Unterbewusstseins.

Wenn wir uns erinnern, denken wir an *Gedachtes* und *Gefühltes*, das Spuren im Gehirn hinterlassen hat. Wir denken und fühlen es noch einmal, mehr oder weniger ähnlich wie beim ersten Mal. Eine Ausnahme davon bildet lediglich eine kleine Gruppe von sogenannten *Savants,* von »Wissenden«. Es sind Menschen, die auf bestimmten Gebieten zu sehr erstaunlichen Gedächtnisleistungen in der Lage sind, wie etwa Kim Peek. Er war das Vorbild für den Kinofilm *Rain Man*, in dem Dustin Hoffman einen autistischen *Savant* spielt. Kim lebt in Salt Lake City und kann derzeit etwa 12 000 Bücher Wort für Wort auswendig, so wie er zu jedem Kalender-Datum ohne zu überlegen den Wochentag kennt. Doch er zahlt einen hohen Preis. Kim lebt mit über fünfzig noch immer bei seinem Vater und kann sich weder alleine anziehen noch sich ein Spiegelei oder ein Sandwich machen. Manche Gedächtnisforscher sehen in *Savants* ein einmaliges Fenster ins menschliche Gehirn. Leider ist das, was man dadurch sieht, sehr rätselhaft. Weil einige bestimmte Hirnfunktionen bei den meisten *Savants* ausfallen oder reduziert sind, kompensieren sie diese Defizite dadurch, dass sie auf andere Schaltkreise ausweichen, die dadurch mitunter unglaubliche Höchstleistungen vollbringen. Aber warum ein *Savant* wie Stephen Wiltshire nach einem Fünfundvierzig-Minuten-Flug über das ihm unbekannte Rom jedes (!) einzelne Haus mitsamt der richtigen Anzahl Fenster (!) aus dem Kopf zeichnen kann, warum er sich also nicht Bedeutungen, sprich: Impressionen merkt, sondern tatsächlich Informationen, darauf weiß die Wissenschaft bislang keine Antwort.

Dass wir, die wir keine *Savants* sind, so viel von dem, was wir erleben, vergessen, hat natürlich auch sein Gutes. Erinnerungen verschönern das Leben, aber das Vergessen allein macht es erträglich. Doch wie gehen Erinnern und Vergessen vor sich? Hirnforscher teilen das Gedächtnis heute in ein *deklaratives* (ausdrückliches) und ein *nicht-deklaratives* (verborgenes) Gedächtnis. Diese Unterscheidung entspricht dabei genau derjenigen von Bewusstsein und Unterbewusstsein. Ausdrückliche Gedächtnisleistungen rufen bewusst Erlebtes und Durchdachtes ab, und man kann über das Erinnerte reden. Verborgene Gedächtnisleistungen betreffen die Dinge, die wir speichern, ohne es zu merken und zu wissen, wie in meinem Fall die U-Bahn-Gerüche in Berlin. Beide Gedächtnistypen lassen sich noch einmal unterteilen, ähnlich wie etwa die verschiedenen Ich-Typen oder die Typen des Unbewussten. Das ausdrückliche Gedächtnis besteht ganz offensichtlich aus drei verschiedenen Komponenten, einem *episodischen Gedächtnis*, einem *Faktengedächtnis* und einem *Vertrautheitsgedächtnis*. Das *episodische Gedächtnis* begleitet uns durch unseren bewusst erlebten Alltag. Was mir heute an Denkwürdigem zustößt, was mich bewegt und beschäftigt, wandert in dieses episodische Gedächtnis. Von allen Gedächtnistypen bestimmt es am stärksten mein Selbstverständnis und meine Identität. Hier »erfinden« wir, wie der Schriftsteller Max Frisch es nannte, »die Biografie, die wir dann für unser Leben halten«.

Was nicht in meinen Lebensfilm mit mir selbst als Hauptdarsteller und anderen mir wichtigen Menschen als Nebendarstellern passt, wandert ins *Faktengedächtnis*. Was ich hier und jetzt über das Gedächtnis schreibe, stammt aus diesem Faktengedächtnis und geht von hier aus nun möglicherweise auch in Ihres ein. Kochrezepte und Kontonummern, die Zugverbindungen, die ich regelmäßig nehme, mein ganzes Wissen über die Welt ist hier gespeichert. Doch dieses Gedächtnis arbeitet nicht ohne Voraussetzungen. Um die Dinge in meinem Leben erkennen zu können, muss ich wissen, dass ich sie weiß. Diese Aufgabe erledigt das *Vertrautheitsgedächtnis*. Es sagt mir, ob mir etwas bekannt vorkommt oder nicht. Normalerweise bedarf es dafür keiner langen Prüfung. Dieses Gedächtnis arbeitet offensichtlich ziemlich mühelos und automatisch: Ich weiß, ob ich etwas kenne oder nicht, und die Anzahl der Ausnahmen, bei denen ich mir unsicher bin, ist sehr klein. In seinem Automatismus funktioniert das Vertrautheitsgedächtnis sehr ähnlich wie das verborgene Gedächtnis. Hierzu gehört der ganze Rest des intuitiven Erinnerns, bei dem das Bewusstsein keine oder nur eine sehr geringe Rolle spielt. Im vorangegangenen Kapitel war von den »wissenden« Fingern auf der Computertastatur die Rede und von meinen »wissenden« Füßen auf dem Nachhauseweg. Offensichtlich erinnern sie sich erstaunlich gut an die richtigen Tasten und an den richtigen Weg, ohne dass das langsamer arbeitende (oder vom Alkohol getrübte) Bewusstsein allzu viel zu tun braucht. Ein routinierter Autofahrer schaltet »automatisch« und analysiert »intuitiv« die Verkehrslage. Und ein guter Stürmer beim Fußball denkt nicht lange, wenn er in einer halben Sekunde die Entscheidung trifft, wohin er schießen soll, während der Torwart »reflexartig« die Arme hebt. Bei all diesen Vorgängen arbeitet das verborgene Gedächtnis unseres Unterbewusstseins.

Zu den geheimnisvollsten Fragen gehört allerdings noch eine zweite Entscheidung meines Gedächtnisses. Es unterteilt nämlich nicht nur nach dem, was mir bekannt und was mir unbekannt ist. Es unterscheidet auch nach *wichtig* und *unwichtig*. Wir können kaum je alle Gegenstände wahrnehmen, die in einem Zimmer sind. Aber sobald irgendetwas nicht ganz so ist wie gewöhnlich, bemerken wir es meistens sofort. Offensichtlich ist uns das Neue und Ungewöhnliche besonders wichtig. Und nur was als hinreichend wichtig erkannt wird, wird auch mit Absicht gespeichert. Aber wer bestimmt über diese Wichtigkeit? Ganz offensichtlich kann sie sowohl einen bewussten als auch einen unbewussten Ursprung haben. Das ausdrückliche und das verborgene Gedächtnis lassen sich also gar nicht so sauber trennen wie hier geschehen. So einig sich die Hirnforscher bei ihrer Unterteilung sind, so hypothetisch ist diese Konstruktion. Und richtig: Bei näherem Hinsehen fällt auf, dass alle diese handlichen Unterscheidungen sehr vage und spekulativ sind. Genau genommen stammen sie auch gar nicht aus der Hirnforschung selbst, sondern aus der Psychologie. Und ihr Wahrheitsgehalt ist in etwa so hoch wie der von Freuds Es, Ich und Über-Ich. Es sind praktische und mehr oder weniger plausible Unterteilungen, aber sie haben keinen festen Boden unter den Füßen. Der Grund dafür ist leicht benannt: Es gibt nämlich keinen Ort, an dem eine Festplatte namens »Gedächtnis« im Gehirn eingebaut ist, die man beschreiben könnte und bei der einzelne Speicher bestimmte Funktionen übernehmen. Eine Region »Kurzzeitgedächtnis« gibt es genauso wenig wie ein Areal namens »Langzeitgedächtnis«, und auch das ausdrückliche und das verborgene Gedächtnis haben keinen sichtbaren Wohnsitz. Auf physiologischer Ebene tappen die Hirnforscher fast völlig im Dunkeln.

Doch wenn es gar keinen Ort für das Gedächtnis gibt, wie hatte Eric Kandel dann das »Kurzzeitgedächtnis« des Seehasen erforschen und dabei beobachten können, wie sich die Synapsen der Meeresschnecke beim Lernen ausdehnen? Die Antwort ist, dass sich der von Kandel untersuchte biochemische Mechanismus an sehr vielen verschiedenen Nervenzellen zeigen lässt. Man muss nur herausfinden, welche Neuronen für welche körperlichen Funktionen zuständig sind, um die entsprechenden Versuche machen zu können. Die entscheidende Leistung war, zu zeigen, wie die Erfahrung *eine Spur im Gehirn* hinterlässt, nämlich veränderte Synapsen. Die plastische Veränderbarkeit der Synapsen ermöglicht es, Erfahrungen kurzfristig zu speichern. Und in der Tat werden die Synapsen aller Tiere abhängig von ihren Erfahrungen ständig umgestaltet, wenn auch im Rahmen abgesteckter Möglichkeiten. Denn natürlich können Nervenzellen nicht alles lernen, sie sind nur begrenzt flexibel. Zum Nobelpreiskandidaten wurde Kandel, als es ihm gelang zu zeigen, dass sich ähnliche Experimente wie mit *Aplysia* auch mit Ratten machen lassen. In den Achtzigerjahren entdeckte er hierbei das Protein CREB. Wird CREB in einer Nervenzelle des Gehirns ausgestoßen, vergrößert sich die Anzahl der synaptischen Verbindungen. Kandel erkannte, dass die Synapsen beim Kurzzeitgedächtnis *effizienter* werden. Das Langzeitgedächtnis dagegen entsteht nicht durch qualitative Verbesserung innerhalb der Synapsen, sondern dadurch, *dass die Zahl der synaptischen Verbindungen wächst,* ausgelöst durch CREB. Diese Entdeckung brachte Kandel den endgültigen Durchbruch – die erste diskussionswürdige Theorie für die Entstehung von Langzeiterinnerungen überhaupt. Den Preis bekam er im Jahr 2000 zusammen mit dem Schweden Arvid Carlsson und dem US-Amerikaner Paul Greengard. Carlsson hatte wichtige Grundlagen zur Erkenntnis und Eindämmung der Parkinson-Krankheit geleistet. Greengard entdeckte, wie Proteine als Botenstoffe Zellreaktionen im Gehirn verändern können, eine wichtige Grundlage gerade auch für Kandels Arbeit zum Langzeitgedächtnis.

Kandel weiß, dass er im Grunde »nur an der Oberfläche« des

Langzeitgedächtnisses gekratzt hat, als Erster immerhin, aber gewiss nicht als Letzter. Denn natürlich bleiben sehr viele ungeklärte Fragen. Er hatte sich bei seinen Versuchen auf den Hippocampus der Ratten konzentriert, der unter anderem für die räumliche Orientierung zuständig ist. Während die Ratte lernte, den richtigen Weg durch ein Labyrinth zu finden, kam es zu dem beschriebenen Ausstoß an CREB im Hippocampus. Den gleichen biochemischen Ablauf findet man allerdings auch in anderen Gehirnregionen, die, soweit bekannt, gar nichts mit Lernen und Erinnern zu tun haben. Der durch CREB ausgelöste Vorgang in den Nervenzellen ist zwar eine *notwendige,* aber offensichtlich keine *hinreichende* Erklärung dafür, dass Langzeiterinnerungen entstehen können. Vergleicht man das Gedächtnis mit dem System der höheren Mathematik, so sind die Hirnforscher also gerade erst dabei zu verstehen, was eine Zahl ist.

Die Art und Weise, wie unser Gehirn Eindrücke speichert, wie es dabei Wichtiges von Unwichtigem trennt und warum, ist also nach wie vor ein Rätsel. Klar dagegen scheint zu sein, dass ich, um etwas *ganz bewusst erinnern* zu können und es selbstständig aus einer Schublade des Gedächtnisses ziehen zu können, dieses Erlebnis sprachlich erfasst haben muss. Es muss dafür nicht in Worten vorliegen wie ein auswendig gelerntes Gedicht, aber es muss, wie auch immer, reflektiert sein. Und eine Reflexion völlig ohne Sprache ist, soweit wir wissen, dem menschlichen Gehirn nicht möglich. Doch wenn alles, was wir wissen oder zu wissen glauben, an die Sprache gebunden ist, was hat es dann eigentlich mit diesem so ausgezeichneten Erkenntnismittel *Sprache* auf sich? Sichert sie uns einen privilegierten Zugang zur Wirklichkeit? Vermittelt sie uns ein objektives Wissen der Welt?

• *Die Fliege im Glas.* Was ist Sprache?

CAMBRIDGE

Die Fliege im Glas
Was ist Sprache?

Im Herbst 1914 sitzt ein junger Flugzeugingenieur auf einem Wachtboot auf der Weichsel. Seit Juli befindet sich Österreich-Ungarn in einem Krieg, der später als der Erste Weltkrieg in die Geschichtsbücher eingehen wird. Doch der fünfundzwanzigjährige Ingenieur an der österreichischen Ostfront interessiert sich nicht für den Krieg, für den er sich immerhin freiwillig gemeldet hat. Er hat einen Artikel in einer Zeitschrift entdeckt, der ihn viel mehr fesselt als alles andere um ihn herum. Es geht um die Klärung eines Verkehrsunfalls vor einem Pariser Gericht. Der Unfall liegt bereits ein Jahr zurück, und komplizierte Verkehrsunfälle mit Automobilen sind in Europas Großstädten noch etwas Besonderes. Um den genauen Verlauf des Geschehens zu rekonstruieren, stellt das Gericht den Unfall in Form eines Miniaturmodells nach. Spielzeughäuser, ein Spielzeuglastwagen, Spielzeugmenschen und ein Miniaturkinderwagen werden postiert und verschoben. Der Ingenieur ist fasziniert. Wie kann es sein, dass ein Modell stellvertretend die Realität abbildet? Nun, erstens dadurch, dass die Figuren den realen Objekten möglichst genau entsprechen. Und zweitens, indem die Beziehung der Figuren zueinander mit der tatsächlichen Beziehung der realen Objekte exakt übereinstimmt. Doch wenn man die Realität durch Figuren abbilden kann, lässt sie sich dann nicht auf die gleiche Weise mit den Figuren des Denkens, den Wörtern, abbilden? »Im Satz«, notiert er in sein Tagebuch, »wird eine Welt probeweise zusammengestellt.«

Wie Descartes zu Beginn des Dreißigjährigen Krieges der Philosophie einen kräftigen Stoß in eine neue Richtung versetzt hatte, so veränderte auch der Flugzeugingenieur zu Beginn des Ersten Weltkriegs die Richtung der Philosophie. Radikaler als jeder andere vor ihm stellte er die Logik der *Sprache* in den Mittelpunkt des Denkens. Und diese Wende machte ihn zu einem der einflussreichsten Philosophen des 20. Jahrhunderts. Sein Name ist Ludwig Wittgenstein.

Wittgenstein wurde 1889 in Wien geboren, in der Stadt Sigmund Freuds, Ernst Machs, Gustav Mahlers und Robert Musils. Er war das jüngste von neun Kindern des Großindustriellen Karl Wittgenstein, einem der mächtigsten Stahlmagnaten seiner Zeit. Wittgensteins Mutter war Pianistin, und die Mischung aus kaufmännischem Geldadel und musischer Sensibilität in der Familie Wittgenstein erinnert nicht wenig an Thomas Manns *Buddenbrooks*. Verglichen mit dem Schicksal der neun Wittgenstein-Kinder allerdings waren Thomas, Christian und Toni Buddenbrook fast normal. Ein Sohn wurde ein berühmter Pianist, doch gleich drei der Kinder begingen später Selbstmord. Auch Ludwig war ein auffallend überspannter Charakter, mal unsicher und stark depressiv, ein anderes Mal arrogant und rechthaberisch. Wie alle Wittgenstein-Kinder wurde Ludwig privat unterrichtet. Anders als die anderen Philosophen, von denen bisher die Rede war, war er kein guter Schüler. Doch das Abitur, das er mit Ach und Krach erwarb, ermöglichte ihm ein Studium der Ingenieurswissenschaften. Wittgenstein hatte ein ausgeprägtes Faible für Technik und Maschinen, nicht ungewöhnlich in einer Zeit, in der Ingenieure mit Automobilen, Flugzeugen, Fahrstühlen, Wolkenkratzern und Telefonen das Leben revolutionierten und die Moderne einläuteten.

1906 schrieb er sich an der Technischen Hochschule in Berlin-Charlottenburg ein, einer Universität von Weltrang. 1908 wechselte er nach Manchester und arbeitete dort mit wechselhaftem Geschick an Flugzeugmotoren und Propellern. Besonders fasziniert jedoch war er von Logik und Mathematik. Er besuchte den Mathematiker Gottlob Frege in Jena, der relativ unbeachtet von der Außenwelt die allgemeinen logischen Gesetze nicht nur der Mathematik zu enträtseln versuchte. Frege erkannte Wittgensteins Talent und verwies ihn auf die philosophischen Kapazitäten der Zeit, Alfred North Whitehead und Bertrand Russell an der University of Cambridge. Wittgenstein schrieb sich im Trinity College in Cambridge für Philosophie ein, aber der verehrte Russell hielt den überdrehten Jung-Ingenieur zunächst für einen Schwätzer. »Nach der Vorlesung kam ein hitziger Deutscher, um mit mir zu streiten … Eigentlich ist es reine Zeitverschwendung, mit ihm zu reden.« Doch Russells Bild sollte sich wandeln. Schon nach wenigen Wochen hielt er Wittgenstein für ein Genie und stellte die Brillanz seiner Gedanken sogar über die eigenen. Er ließ zu, dass Wittgenstein seine *Prinzipien der Mathematik* kritisierte und zu verbessern suchte, und er hoffte, viel von dem siebzehn Jahre jüngeren Österreicher zu lernen. Wittgenstein machte sich mit großem Furor ans Werk, unterbrochen nur von ausgiebigen Reisen, vor allem nach Norwegen, wo er sich eine Hütte am Fjord bauen ließ und mit einem Freund aus Cambridge seine Homosexualität auslebte. Doch er wollte viel mehr als nur eine Verbesserung der russellschen Logik. Seine Bemühungen galten einem eigenen »ultimativen« Werk, der *Logisch-philosophischen Abhandlung*. Im Krieg führte er die Studien fort, und der Anspruch wurde immer größer: »Ja, meine Arbeit hat sich ausgedehnt von den Grundlagen der Logik zum Wesen der Welt.« Noch vor Kriegsende, im Sommer 1918, war das Buch fertig. Erschienen ist es erst 1921 in einer Zeitschrift. 1922 wurde eine zweisprachige Ausgabe unter dem heute bekannten Titel der englischen Übersetzung veröffentlicht: *Tractatus Logico-Philosophicus*; ein Bändchen von nicht einmal hundert Seiten, durchnummeriert in Sätzen und Absätzen mit einem auffälligen Zahlensystem, das Wittgensteins Sätze wie Bibel-Verse zitierbar macht. Die Reaktion in Cambridge und in der philosophischen Welt Westeuropas war enthusiastisch.

Was machte den schlechten Schüler zu einem Kometen am Firmament der Philosophie? Und worin lag seine allseits gefeierte »Genialität«? Wie sich an der Geschichte mit dem Modell des Pariser Verkehrsunfalls sehen lässt, bestand Wittgensteins bahnbrechender Gedanke darin, die Sprache in den Mittelpunkt der Philosophie zu rücken. So erstaunlich es klingt, bis dahin war die Sprache ein Stiefkind der Philosophie gewesen. Natürlich war allen Philosophen klar, dass sie ihre Gedanken in Worten und Sätzen ausdrückten, aber die *Abhängigkeit* ihrer Gedanken und ihrer Schlussfolgerungen von den Mitteln der Sprache wurde ihnen nur sehr selten zum Thema. Selbst Kant, der (wie wir im 2. Teil noch sehen werden) die Spielregeln unserer Erfahrung und unseres Denkens in den Mittelpunkt seiner Philosophie gerückt hatte, hatte sich dabei kaum mit den Nöten und Notwendigkeiten der Sprache befasst. Das gleiche Versäumnis fand Wittgenstein bei Whitehead und Russell vor. Wie wollte man die Logik in der menschlichen Erfahrung und der menschlichen Erkenntnis der Welt aufschlüsseln, wenn man die Logik vernachlässigte, in der diese Logik *formuliert* wird? »Alle Philosophie«, setzte Wittgenstein dagegen, »ist Sprachkritik.«

So weit, so berechtigt. Doch wie sollte die Korrektur oder der Gegenentwurf aussehen? Wittgenstein dachte an den Verkehrsunfall, bei dem die Figuren und ihre Beziehung zueinander die Realität *abbildeten*. Das Gleiche geschieht in einem Satz: Seine

Wörter und dessen Satzbau bilden die Realität ab. Die Substantive (»Namen«) entsprechen den »Dingen« der Welt. Und ihre Bedeutung erhalten sie durch ihr Zusammenstehen im Satz. Stimmen Namen und Satzbau mit den Dingen und der Anordnung der Dinge in der Realität überein, ist ein Satz *wahr*. So jedenfalls das Prinzip. Denn damit ein solcher Spiegel die Wirklichkeit auch tatsächlich spiegelt, müssen alle Konstruktionsfehler behoben werden. Im Falle der Sprache bedeutet dies, dass sie gegenüber ihrem tagtäglichen Gebrauch optimiert werden muss. Abgeschafft werden müssen alle *sinnlosen* Sätze und alle *unsinnigen* Sätze. Sinnlose Sätze sind solche, die – um auf wahr und falsch überprüft zu werden – gar keine Realität brauchen, zum Beispiel: »Grün ist grün.« Und unsinnige Sätze sind die, die gar nicht daraufhin überprüft werden können, ob sie wahr oder falsch sind, weil ihnen in der Wirklichkeit gar nichts entspricht, zum Beispiel: »Der Satz, den ich hiermit ausspreche, ist falsch.« Wittgenstein war dabei so konsequent, dass er selbst alle moralischen Aussagen aus der Sprache verbannen wollte, weil »Gut« und »Schlecht« ja gar keine Dinge abbilden, die es in der Realität gibt. Moral könne deshalb allein in einer Zeichensprache, einer Geste oder einem Blick zum Ausdruck kommen. Denn: »Was sich überhaupt sagen lässt, lässt sich klar sagen, und wovon man nicht sprechen kann, darüber muss man schweigen.«

Wittgensteins Traum war eine *Präzisionssprache*, die es ermöglicht, die Realität in allen Lebensbereichen objektiv zu erfassen und zu beschreiben. Zunächst inspirierte er damit die »Ernst-Mach-Gesellschaft«, eine Gruppe von Wissenschaftstheoretikern und Philosophen in Wien, die sich 1922 zum »Wiener Kreis« zusammenschlossen und versuchten, Wittgensteins Programm auszuarbeiten. Obwohl der Kreis vierzehn Jahre daran arbeitete, scheiterte das Projekt auf der ganzen Linie. Und man darf wohl sagen: zum Glück! Denn was hätte dabei herauskommen sollen? Was für eine autoritäre Sprache wäre dies gewesen, und wie totalitär wäre eine Gesellschaft, die ihren Bürgern eine Präzisionssprache vorschriebe? Wie viel ginge verloren, wenn Lehrer in der Schule ihren Schülern einbläuten, keine zweideutigen Sätze mehr zu schreiben, keine Ironie zu verwenden, keine Metaphern zu gebrauchen? Und selbst wenn Wittgensteins Reform nur die Philosophie erneuert hätte: Wie langweilig wäre sie geworden!

Der Grund für das Scheitern der Präzisionssprache aber liegt nicht an der schlechten Arbeit des Wiener Kreises. Er liegt viel tiefer. Denn eine Präzisionssprache ist im Wortsinne unmenschlich: ein tiefgreifendes Missverständnis der menschlichen Evolution und der grundsätzlichen Funktion der Sprache. Denn der Motor in der Entwicklung der Sprache war ganz offensichtlich nicht die Sehnsucht nach Wahrheit und Selbsterkenntnis. Vielmehr dürfte der Antrieb aus den *sozialen* Bedürfnissen der Verständigung entstanden sein. Wittgenstein dagegen betrachtete die Sprache wie ein alleiniges Erkenntnisinstrument. Er sah sie wie ein Techniker und Ingenieur und bewertete ihre Tauglichkeit ausschließlich nach der Logik. Diese Überbewertung teilte er mit Whitehead und Russell, die die Logik für so etwas wie die Weltformel des Denkens hielten, was sie nicht ist. Sie ist *ein* Mittel des Denkens unter anderen, und sie ist *ein* Element der Sprache. Alles nach den Gesetzen der Logik zu bewerten, führt in der praktischen Lebenswelt ins Absurde!

Um zu verstehen, wie hochintelligente Menschen wie Russell und Wittgenstein dazu kamen, die Welt allein nach den Regeln der Logik erklären zu wollen, muss man sich die Atmosphäre in Cambridge in jener Zeit vergegenwärtigen. Eine sehr pathetische Atmosphäre. Der Aufbruchsgeist der Techniker und Ingenieure hatte die in den Jahrzehnten zuvor eher inspirationslose Philosophie erfasst und erlebte in Cambridge eine Blüte.

Zwar wussten Russell und Wittgenstein nicht recht, ob sie die Philosophie auf ihre Weise zu einem Höhepunkt führen oder ob sie sie am Ende vielleicht sogar abschaffen würden. Aber sie waren so erregt von ihren Ideen, dass sie glaubten, auf alles verzichten zu können, was das Leben erst rund macht. Gegenüber den anderen Wissenschaften vom Menschen zeigten sie sich dabei erschreckend arrogant. Wittgenstein hatte Freud gelesen, aber da er ihn nach seiner Brauchbarkeit für die Logik begutachtete, fand er die Psychoanalyse ebenso unfruchtbar wie die Psychologie. Die Hirnforschung kannte er nicht, was man ihm in seiner Zeit auch nicht übel nehmen kann. Ramón y Cajal oder Sherrington waren den meisten Denkern der Zeit völlig unbekannt.

Wittgensteins philosophische Bildung war überschaubar, ganz anders als etwa diejenige Russells. Deshalb machte er sich auch kaum Gedanken über die Frage, ob der Mensch die objektive Realität überhaupt adäquat erfassen kann, die allerspätestens seit Kant die Philosophie bewegte. Er fragte auch nicht nach der Psychologie der Wahrnehmung, die viele seiner Zeitgenossen beschäftigte. Und er kümmerte sich in seinem *Tractatus* nicht im Mindesten um den sozialen Kontext der Sprache und des Sprechens. Nur so erklärt sich, dass Wittgensteins idealer Mensch die Sprache etwa so benutzen sollte wie der elfjährige Joseph, von dem Oliver Sacks in seinem Buch *Stumme Stimmen* berichtet: »Joseph sah, unterschied, kategorisierte, benutzte; er hatte keine Schwierigkeiten mit perzeptueller (auf Wahrnehmung beruhender) Kategorisierung und Generalisierung, konnte aber, wie es schien, nicht sehr weit darüber hinausgehen ... Er machte den Eindruck, als nehme er alles wörtlich, als sei er nicht in der Lage, mit Bildern, mit Hypothesen, mit Möglichkeiten zu spielen oder das Reich der Fantasie oder der Metaphern zu betreten. Wie ein Tier oder ein Kleinkind schien er in der Gegenwart verhaftet und auf die konkrete und unmittelbare Erfahrung beschränkt, nur wurde ihm dies durch ein Bewusstsein, das ein Kleinkind nicht haben kann, ständig vor Augen geführt.«

Die Pointe an Josephs Geschichte ist, dass Joseph kein Schüler ist, der mit Wittgensteins Präzisionssprache traktiert wurde, sondern ein gehörloser Junge, der während der ersten zehn Jahre seines Lebens ohne Gebärdensprache aufwuchs. Josephs Erfahrung der Sprache kennt keine Schattierungen, die durch ihren Gebrauch entstehen. Denn den Sprachgebrauch hat er nie erfahren, weder als Lautsprache noch als Gebärdensprache. Gleichwohl aber verfügt Joseph über ein Wortverständnis und ebenso über ein unmittelbares Gespür für Syntax. Sein Sprachverständnis ist damit im elementaren Sinne logisch, aber es ist nicht sozial.

Die Erklärung dafür ist bekannt. Seit der entsprechenden Theorie des US-amerikanischen Linguisten Noam Chomsky aus den Sechzigerjahren gilt als sehr wahrscheinlich, dass Menschen mit einem angeborenen Sinn für Sprache und Grammatik zur Welt kommen. Kleinkinder lernen ihre erste Sprache dadurch nahezu automatisch. Sie wächst in ihnen auf ähnliche Weise wie die körperlichen Gliedmaßen. Eine wichtige Voraussetzung dafür ist allerdings, dass Kleinkinder die Sprache, die sie hören, nachahmen können. Wie wilde Schimpansen verwenden Menschen nur etwa drei Dutzend verschiedene Lautäußerungen, aber sie können aus ihnen komplizierte Sätze formen. Bei Schimpansen, so scheint es, hat jede Lautäußerung eine bestimmte Bedeutung. In der menschlichen Entwicklung dagegen haben Laute wie »Ba« oder »Do« ihre Bedeutung nach und nach verloren. Sie wurden zu Silben. Das heißt: Menschen verbinden bedeutungslose Laute zu bedeutungsvollen Wörtern.

Warum dieser Prozess beim Menschen – anders als bei anderen Menschenaffen – einsetzte, ist umstritten. Ein Grund mag sein, dass sich der Kehlkopf in der Entwicklung des Menschen allmählich absenkte, was die Möglichkeiten der Lautsprache stark erweiterte. Doch auch dafür fehlt bis heute eine gute Erklärung. Bekannt dagegen ist die Gehirnregion, die unsere Grammatik ermöglicht. Die Leistung, aus einer Abfolge von Lauten mithilfe einer Gliederung Bedeutungen zu formen, erbringt das Broca-Areal. Es liegt etwas oberhalb unseres linken Ohrs. Bis zum Alter von etwa drei Jahren bilden Kinder ihre Sprache fast überwiegend hier aus. Hat Chomsky mit seinem angeborenen Sinn für die Grammatik der ersten erlernten Sprache recht, dann sitzt dieser Sinn im Broca-Areal. Denn später erlernte Zweitsprachen werden offensichtlich mithilfe benachbarter Hirnareale erlernt. Das Broca-Areal ermöglicht die Sprachmotorik, die Lautbildung, die Lautanalyse, die Artikulation und die Bildung abstrakter Wörter; wogegen das Verstehen und möglicherweise auch das Nachahmen von Sprache einer anderen Region, dem Wernicke-Areal, zugesprochen werden. Diese im 19. Jahrhundert entdeckte Zweiteilung ist heute immer noch gültig, wobei das detaillierte Bild der Sprachverarbeitung durchaus komplizierter ist und Hirnforscher neuerdings auch andere Gehirnareale mit einbeziehen.

Zumindest die erste Sprache wird also zunächst unbewusst gelernt, und sie wird dabei sozial »nachgeäfft«. Ihre wichtigste Funktion besteht darin, zu verstehen und verstanden zu werden. Ob etwas verständlich ist oder nicht, bestimmen sowohl die Grammatik als auch der Kontext. So kann der Satz »Ich sehe schwarz« meinen, dass ich vor einem schwarzen Bild stehe und seine Farbe beschreibe. Ebenso gut aber kann er bedeuten, dass ich in einer Sache pessimistisch bin. Dem jungen Wittgenstein waren solche Sätze ein Gräuel, aber die Sprache wimmelt nur so von Mehrdeutigkeiten. Die schlichte Wahrheit, die jede

Idee einer Präzisionssprache zum Scheitern verurteilt, ist, dass die Bedeutung eines Satzes durch den *Gebrauch* der Wörter geformt wird.

Von möglichen Einwänden gegen den *Tractatus* wollte Wittgenstein zunächst gar nichts wissen. Mit seinem Buch, so meinte er auf seine unnachahmliche Art, habe er seinen Beitrag geleistet und das Letztgültige über die Dinge gesagt. Deshalb machte es für ihn auch keinen Sinn mehr, der Philosophie, der er eine so folgenreiche Stippvisite beschert hatte, weiter zu dienen. Sein riesiges Vermögen verteilt er an seine Geschwister und spendet erhebliche Summen an junge Dichter, Maler und Architekten. Die nächste Etappe ist ein Ausflug in die praktische Pädagogik. Der zumindest in England hoch gefeierte Philosoph besucht die Lehrerbildungsanstalt in Wien und verdingt sich, gleichsam inkognito, mehrere Jahre als Volksschullehrer in der österreichischen Provinz. Die Früchte seiner Arbeit sind katastrophal. Für die meisten Landkinder war er vermutlich eine Plage. 1926 quittiert er völlig entnervt den Schuldienst und arbeitet einige Monate als Gärtnergehilfe in einem Kloster. Im Anschluss daran findet er ein neues Projekt, auf das er sich mit Feuereifer stürzt. Gemeinsam mit einem Architekten entwirft und baut er seiner Schwester Margarete in Wien eine kubistische Villa, wobei er sich vor allem um die Gestaltung der Innenarchitektur kümmert. Das Haus wird ein Zentrum des gebildeten Wien, und auch der »Wiener Kreis« trifft sich hier oft. 1929 kehrt Wittgenstein nach fünfzehn Jahren Abwesenheit nach Cambridge zurück. Den noch ausstehenden Doktortitel erhält er für den *Tractatus,* aber seine nachfolgenden Arbeiten sind in vielem das genaue Gegenteil dessen, was er in seinem Jugendwerk behauptet hatte. Er schreibt und arbeitet wie ein Besessener, aber nichts davon hält er reif für eine Veröffentlichung. Als einfacher Dozent lebt er von wenig Geld und von Stipendien, und erst mit fünfzig wird er schließlich doch noch Professor. In all dieser Zeit war er ein »Eremit, ein Asket, ein Guru und ein ›Führer‹«, wie einer seiner Schüler sich erinnert; eine Romanfigur, die vom Luxus in die Armut gefallen und schon zu Lebzeiten die Legende seiner selbst war.

Dass seine Theorie von der Sprache als Abbild der Realität nicht stimmte, dämmerte irgendwann auch Wittgenstein. Den Rest gab ihm ein Kollege in Cambridge, der italienische Wirtschaftswissenschaftler Piero Sraffa. Als Wittgenstein betonte, dass die Sprache die logische Struktur der Wirklichkeit spiegele, strich sich Sraffa mit den Fingerspitzen der nach außen gekehrten Hand über die Unterseite des Kinns und fragte: »Was ist die logische Form *davon?*« Wittgenstein gab seine Abbildtheorie auf. Sein Alterswerk, die *Philosophischen Untersuchungen*, das er nach zahlreichen zuvor verworfenen Versuchen 1936 begann, widmete er Sraffa. Das Buch, das erst 1953, zwei Jahre nach Wittgensteins Tod erschien, gibt nicht nur die Abbildtheorie auf, sondern auch den Gedanken, dass man Sprache allein mit den Mitteln der Logik begreifen könne. Der malerischste Satz darin, der später die Dichterin Ingeborg Bachmann begeisterte, lautet: »Unsere Sprache kann man ansehen als eine alte Stadt: Ein Gewinkel von Gässchen und Plätzen, alten und neuen Häusern mit Zubauten aus verschiedenen Zeiten: und dies umgeben von einer Menge Vororte mit geraden und regelmäßigen Straßen und mit einförmigen Häusern.« Wittgenstein erkannte, dass »die Bedeutung eines Wortes« sein »Gebrauch in der Sprache« ist. Statt Bedeutungen und Satzbau logisch festzunageln, müssten sich die Philosophen darum bemühen, die Regeln des Sprachgebrauchs verständlich zu machen, die verschiedenen »Sprachspiele«. In diesem Zusammenhang entdeckte er schließlich die Bedeutung der Psychologie, die er zuvor leichtfertig abgetan hatte. Da Sprachspiele nicht im luftleeren Raum existieren, sondern in menschlichen Gemeinschaften, müssten sie nicht logisch, sondern besser psycho-logisch erklärt werden. Nicht Seelenexperimente zu machen, sondern Sprachspiele in ihrem sozialen Kontext zu erklären, sei das eigentliche Metier, für das die Welt Psychologen braucht. Denn die »Hauptquelle unseres Unverständnisses« ist es, »dass wir den Gebrauch unserer Wörter nicht übersehen«. Schöner formuliert lautet der Satz: »Was ist dein Ziel in der Philosophie? Der Fliege den Ausweg aus dem Fliegenglas zeigen.«

Wie schon im Ersten, so meldete sich Wittgenstein auch im Zweiten Weltkrieg freiwillig, diesmal allerdings auf englischer Seite. Als Assistent in einem Krankenhaus knüpfte er an seine Erfahrungen beim Flugzeugbau an und entwickelte Laborgeräte und Apparaturen, um Puls, Blutdruck, Atemfrequenz und -volumen zu messen. Vier Jahre lehrte er noch in Cambridge, bis er sich mit achtundfünfzig frühpensionieren ließ. Die letzten Jahre verbrachte er in Irland und in Oxford. 1951 starb er an Krebs. Seine letzten überlieferten Worte sind ein Gruß an seine Freunde: »Sagen Sie ihnen, dass ich ein wundervolles Leben gehabt habe.«

War Wittgensteins *Tractatus* eine Sackgasse gewesen, so wurden die *Philosophischen Untersuchungen* zu einem sehr fruchtbaren Anreger sowohl für die Philosophie als auch für die gerade erst entstandene Sprachwissenschaft. Eine neue Disziplin entstand, die *analytische Philosophie,* die wohl wichtigste philosophische Strömung in der zweiten Hälfte des 20. Jahrhunderts. Philosophische Probleme, so der von Wittgenstein inspirierte Ansatz, müssen immer auch als Probleme des sprachlichen Ausdrucks verstanden und analysiert werden. Denn die Art und Weise, wie Menschen die Welt erfahren, ist immer durch ihre Sprache beeinflusst. Es gäbe keine »reinen« Sinneserfahrungen, die nicht durch (sprachliches) Denken getrübt seien. Ebenso aber gebe es keine klare Bedeutung, denn Sprache ist immer mehrdeutig. In diesem Urwald der wechselseitigen Durchdringung von Sinneswahrnehmungen und Sprache schlägt die analytische Philosophie ihre Pfade.

Die Sprachwissenschaft griff Wittgensteins Theorie der »Sprachspiele« auf und wendete sich der Bedeutung des Sprechens im jeweiligen Kontext zu. Der Engländer John Langshaw Austin und der US-Amerikaner John Rogers Searle entwickelten daraus in den Fünfziger- und Sechzigerjahren eine Theorie der *Sprechakte*. Denn wer etwas sagt, hatte Austin erkannt, der »tut etwas«. Und die entscheidende Frage beim Verständnis von Sätzen ist nicht, ob etwas wahr ist oder falsch, sondern ob die Verständigung im beabsichtigten Sinne *gelingt* oder nicht gelingt. Aus einer Wahrheitstheorie der Sprache wurde eine Theorie der sozialen Kommunikation.

Die menschliche Sprache ist ein ausgezeichnetes Kommunikationsmittel. Mit Wittgenstein aber hatte die Philosophie erkennen müssen, dass Sprache kein exklusiver Zugang zur Wahrheit ist. Erst wenn man reflektiert, dass die Ordnungsmittel des Geistes, das Denken und die Sprache, nicht die Wirklichkeit »an sich« aufräumen, sondern Modelle sind, um die Welt nach Maßgabe der eigenen Spielregeln zu erklären, kommt man dem Menschen näher. Wer unterschiedliche Dinge wahrnimmt, der erlebt auch anders. Und wer anders erlebt, der denkt auch anders. Und wer anders denkt, der benutzt auch eine andere Sprache. Was unter verschiedenen Individuen zu unterschiedlichen Denk- und Sprechweisen führt, unterscheidet den Menschen erst recht von den anderen Tieren. Die Grenzen des sinnlichen Wahrnehmungsapparates und die Grenzen der Sprache sind die Grenzen unserer Welt. Denn die Auswahl der Wortkleider unseres Denkens stammt aus dem übersichtlichen Kleiderschrank der menschlichen Spezies. So ist es gleichsam der ungeschriebene Verfassungsauftrag der Sprache, dass sie uns über den Realitätscharakter ihrer Aussagen »täuscht«. Sie wurde dazu »gemacht«, Wirklichkeit und Welt nach dem Bedürfnis der Spezies Mensch zu »konstruieren«. Benötigte die Schlange zu ihrer Orientierung eine Sprache, was sie nicht tut, weil ihre Verknüpfung der Sinneswahrnehmungen auch ohne Sprache auskommt, so wäre es eine »Schlangensprache«, die für den Menschen überhaupt nichts taugte, wie umgekehrt die »Menschensprache« nichts für die Schlange. »Wenn ein Löwe sprechen könnte«, meinte der späte Wittgenstein einmal sehr klug, »könnten wir ihn nicht verstehen!«

Die philosophisch-psychologisch-biologische Reise zu den Möglichkeiten und Grenzen unseres Erkennens kommt hiermit zu einem vorläufigen Abschluss. Wir haben einiges über das Gehirn gelernt, seine Herkunft und seine Funktion. Wir haben seine Möglichkeiten gesehen, aber auch seine Begrenztheit. Wir haben erkannt, dass in unserem Gehirn Gefühle und Verstand oft untrennbar zusammenspielen, und dabei gestreift, wie sich Ich-Gefühle und ein Selbstverständnis ausprägen. Es wurde klar, wie sich Bewusstes und Unbewusstes mischt und dass wir noch sehr wenig darüber wissen, wie das Gehirn Bedeutungen speichert und vergisst. Wir haben gelernt, dass das Gehirn ein sehr kompliziertes und ausgetüfteltes Organ der Selbstverständigung ist, allerdings eines, das nicht zum Zweck einer objektiven Welterkenntnis konstruiert worden ist. Wir haben gesehen, wozu unsere Sprache taugt und welche Schwierigkeiten sie damit hat, »objektiv« sein zu können. Über uns selbst und die Welt nachzudenken, bedeutet deshalb immer, mit einem Auto durch einen Fluss zu schwimmen oder mit einem Dreirad durch die Sahara zu fahren. Es geht, aber es geht doch recht mühselig. Immerhin kennen wir jetzt einige wichtige Teile unsere Ausrüstung, um unserem Tun und Lassen damit näher auf die Spur zu kommen. Die Reise zu uns selbst soll uns damit in eine andere Dimension vorstoßen lassen: zu der Frage, wie wir unser *Handeln bewerten.* Die Hirnforschung, die bislang so viele nützliche Dienste geleistet hat, tritt jetzt etwas zurück und gibt der Philosophie mehr Raum, allerdings ohne deshalb völlig zu verschwinden. Wir werden sie also gelegentlich weiterhin zu Rate ziehen, auch bei der Frage nach Gut und Böse. Doch was immer uns die Biologie dazu erzählen kann, die Frage der Moral ist und bleibt eine philosophische und vielleicht eine psychologische Frage: Woher kommen unsere Maßstäbe für richtig und falsch? Wonach bewerten wir unser Verhalten? Und wieso tun wir das überhaupt?

Was soll ich tun?

PARIS

Rousseaus Irrtum
Brauchen wir andere Menschen?

In einem Sender, für den ich manchmal tätig bin, arbeitet eine Pförtnerin, eine verhärmte ältere Dame, die berühmt ist für ihre pampige Unfreundlichkeit. Sicher ist sie im Grunde ihres Herzens ein sehr einsamer Mensch. Statt kontaktfreudig und hilfsbereit zu sein, verärgert sie die meisten Menschen in ihrem Umfeld durch ihre kratzbürstige Art. Doch wenn sie meinen kleinen Sohn Oskar sieht, wirkt sie mit einem Mal wie verwandelt. Ihre Augen glänzen, sie strahlt über das ganze Gesicht und überzieht Oskar mit Liebkosungen. Es scheint ihr nicht einmal etwas auszumachen, dass ihre Begeisterung von meinem Sohn in keiner Weise erwidert wird. Wenn wir aus der Tür gehen, bleibt sie selig zurück.

Ich weiß nichts über das Privatleben dieser Frau. Aber sicher hat sie nicht viele gute Freunde und Freundinnen. Wahrscheinlich ist sie trotz ihres Berufs sehr einsam. Keine angenehme Situation, möchte man meinen, sondern ein ziemlich bedrückender Zustand. Der Einzige, der mir einfällt, der dem widersprechen würde, ist der Philosoph Jean-Jacques Rousseau.

Er war ein seltsamer Querkopf. Rousseau wurde 1712 in Genf geboren und ging bei einem Graveur in die Lehre. Schon nach kurzer Zeit riss er aus und ging auf Wanderschaft. Er wollte unbedingt Musiker werden, aber er konnte noch nicht einmal ein Instrument spielen. Alles, was aus seinen Träumen wurde, war ein seltsames neues Notensystem, das niemanden interessierte. Ziellos wanderte er umher. Meist lebte er von Frauen, die sein Leben finanzierten. Denn so verrückt er auch war, mit seinen dunklen Locken und seinen großen braunen Augen sah er ziemlich gut aus. Doch Rousseau blieb nie lange an einem Ort. In Paris lernte er die führenden Köpfe der Aufklärung kennen, doch besonders beliebt machte er sich auch bei ihnen nicht.

An einem Oktobertag des Jahres 1749, Rousseau war siebenunddreißig, änderte sich sein Leben indes so sehr, dass er den Tag später zu einem wahren Erleuchtungserlebnis verklärte. Die »Illumination« geschah auf einer Landstraße. Der unstete Musikkritiker wanderte von Paris zum Schloss von Vincennes südöstlich von Paris. Das Schloss war in diesen Jahren ein Staatsgefängnis mit einigen sehr berühmten Gefangenen, wie dem Grafen Mirabeau, dem Marquis de Sade und dem Aufklärer Diderot. Letzteren wollte Rousseau besuchen, da er für ihn kurze Artikel in dessen berühmtem Universallexikon, der *Encyclopédie* schrieb. Irgendwo auf dem Weg nach Vincennes kam er an ein Exemplar des *Mercure de France,* der einflussreichsten Pariser Zeitung. Darin fand er eine Preisfrage, gestellt von der Akademie Dijon. Die Frage hieß: »Hat die Wiederherstellung der Wissenschaften und Künste dazu beigetragen, die Sitten zu reinigen?« Seine Reaktion auf diese Frage beschreibt Rousseau später in seiner pathetischen und sendungsbewussten Sprache in einem Brief. Bescheidenheit und Zurückhaltung waren nicht seine starke Seite:

»Da fiel mir die Frage der Akademie zu Dijon in die Augen, die den Anlass zu meiner ersten Schrift gab. Wenn jemals etwas einer plötzlichen Inspiration glich, so war es die Bewegung, die dadurch in mir entstand. Mit einem Schlage fühlte ich meinen Geist durch tausend Lichter geblendet; zahllose lebensvolle

Ideen strömten auf mich ein mit einer Kraft und Fülle, die mich in unaussprechliche Verwirrung brachte. Mein Kopf ist berauscht, als sei ich betrunken. Heftiges Herzklopfen droht mich zu ersticken; ich kann nicht mehr atmen und werfe mich unter einen der Bäume an der Landstraße. Eine halbe Stunde bringe ich dort in einer solchen Aufregung zu, dass ich beim Aufstehen meine Weste von Tränen benetzt finde. Oh, mein Herr, hätte ich damals den vierten Teil dessen niederschreiben können, was ich unter jenem Baum empfand, mit welcher Klarheit hätte ich dann die Widersprüche der gesellschaftlichen Ordnung darlegen können, mit welcher Gradlinigkeit hätte ich bewiesen, dass der Mensch von Natur aus gut ist und dass die Menschen allein durch unsere Einrichtungen böse werden. Das wenige, was ich von der Fülle der großen Wahrheiten festhalten konnte, die mich in jener Viertelstunde unter dem Baume erleuchteten, findet sich, in abgeschwächter Form, zerstreut in meinen Hauptschriften. Auf diese Art bin ich, ohne daran zu denken, fast wider meinen Willen zum Schriftsteller geworden.«

Rousseaus unreligiöse Erleuchtung wurde sehr berühmt, aber noch berühmter wurde seine überraschende Antwort auf die Preisfrage, die sicher ganz anders ausfiel, als die Preisrichter vermutet hatten. Seine Antwort entsprach vollkommen seinem streitsüchtigen Temperament. Er verneinte die Frage und meinte, dass die Kultur und die Gesellschaft den Menschen nicht besser, sondern schlechter machten: »Die Menschen sind böse; eine traurige und fortdauernde Erfahrung erübrigt den Beweis; jedoch, der Mensch ist von Natur aus gut, ich glaube, es nachgewiesen zu haben. Man bewundere die menschliche Gesellschaft so viel man will, es wird deshalb nicht weniger wahr sein, dass sie die Menschen notwendigerweise dazu bringt, sich in dem Maße zu hassen, in dem ihre Interessen sich kreuzen.«

Rousseaus Schrift über den schlechten Einfluss der Zivilisation auf den Menschen sorgte für Furore. Er gewann den ersten Preis. Über Nacht wurde er zum Star. Was hatte ihn berühmt gemacht? Seiner Meinung nach waren die Menschen »von Natur aus« eigentlich brav, friedlich und gut. Doch wohin man auch schaute, überall gab es gleichwohl Lug und Trug, Mord und Totschlag. Also stellte sich die Frage: Woher kommt das Böse? Rousseau beantwortete sie sehr plakativ. Er hielt den Menschen von Natur aus für ungesellig. Wie die anderen Tiere, so will auch der naturgemäß lebende Mensch keinen Streit. Konflikten geht er am liebsten aus dem Weg, und das einzige starke Gefühl neben seinem Selbsttrieb ist das Mitleid mit den anderen. Doch leider können die Menschen gar nicht brav und friedlich alleine leben. Die äußeren Umstände, wie zum Beispiel Naturkatastrophen, zwingen sie dazu, sich mit anderen Menschen zusammenzutun. Das Zusammenleben aber setzt die Menschen miteinander in Konkurrenz. Sie werden misstrauisch und missgünstig. Im direkten Vergleich der einzelnen Menschen schlägt jedermanns Selbstliebe in übertriebene Eigenliebe um. Und die natürlichen Instinkte wie die »angeborene Liebe zum Guten« versagen.

Das Buch war ein Skandal! Die meisten Aufklärer teilten Rousseaus Kritik an der damaligen Feudalgesellschaft in Westeuropa. In der Mitte des 18. Jahrhunderts lebte der Adel in Saus und Braus, und die Bauern darbten auf den Feldern. Aber kaum jemand mochte sich mit dem Gedanken anfreunden, dass Gesellschaft und Kultur der Grund dafür sein sollten, dass die Menschen schlecht waren. Die Schriftsteller der Aufklärung liebten die Künste und die Geselligkeit, und sie priesen und förderten den Fortschritt in den Wissenschaften. Gerade die Wissenschaft sollte das Bürgertum von der Vorherrschaft des Adels befreien. Statt von der fast überall bestehenden Feudalgesellschaft träumten viele Aufklärer von einer diskussionsfreudigen Wissensgesellschaft.

Rousseau verteidigte sich wütend und heftig. Er war ein sehr begabter Schriftsteller, und mehrere seiner Bücher erlangten höchste Popularität. Er war der am meisten diskutierte Philosoph des gebildeten Europa seiner Zeit. Mit Kritik konnte er allerdings überhaupt nicht umgehen. Er wurde immer schwieriger, reiste kreuz und quer durch Westeuropa, doch wo immer er auftauchte, provozierte er in kurzer Zeit Streit. Auch als Vater war er ein kompletter Ausfall, seine zahlreichen Kinder landeten im Findelheim, wo sie vermutlich starben. In seinen letzten Lebensjahren wurde Rousseau so asozial, als versuchte er, seine Theorie durch sein eigenes Leben zu beweisen. Er verschanzte sich sehr einsam auf Schloss Ermenonville bei Paris und beschäftigte sich nur noch mit dem Sammeln und Bestimmen von Pflanzen.

Was von dem, was er zeit seines Lebens behauptet hatte, war richtig? War der Mensch von Natur aus gut? Und braucht man im Grunde gar keine anderen Menschen, um glücklich zu sein? Die Frage, ob Menschen in Gesellschaft glücklicher sind oder allein, ist eigentlich gar keine philosophische Frage. Es ist eine Frage der Psychologie. Und sie war lange sehr schlecht erforscht. Erst Anfang der Siebzigerjahre wurde eine Disziplin etabliert, die sich »Einsamkeitsforschung« nannte. Ihr Begründer war Robert Weiss, Professor an der University of Massachusetts in Boston. Er meinte, dass Einsamkeit eines der größten Probleme in der Gesellschaft ist, gerade in den großen Städten. Waren die Menschen dort glücklich, weil sie nichts mit anderen Menschen zu tun haben mussten?

Weiss war sich sicher, dass das nicht stimmte und dass Rousseau völlig irrte. Einsame Menschen leiden darunter, dass keiner oder nur sehr wenige Menschen sich für sie interessieren.

Am meisten leiden sie darunter, dass niemand mit ihnen mitfühlt. Diese Tatsache war auch schon vorher bekannt, und irgendwie kann sich das auch jeder denken. Aber Weiss stellte noch etwas anderes fest, das viel spannender ist. Denn frustrierender als der Mangel an Mitgefühl, das andere einem geben, ist *der Mangel an Mitgefühl, das man selbst geben kann.* Nicht geliebt zu werden ist schlimm, niemanden zu haben, den man lieben kann, ist noch schlimmer! Weiss erklärte damit, warum vielen vereinsamten alten Menschen ein Hund oder eine Katze, die kein vollwertiges Gegenüber sind, trotzdem so wichtig sind und an die Stelle des Liebespartners treten.

Und genau an diesem Punkt fällt mir natürlich wieder unsere Pförtnerin vom Anfang ein. Sie war glücklich mit meinem Sohn, obwohl dieser ihr gar keine Aufmerksamkeit, geschweige denn Liebe schenkte. Es schien ihr zu reichen, dass sie es mit ihm tun konnte: ihn anzustrahlen, ihn zu berühren und ihn mit Komplimenten zu umschmeicheln. Jemanden zu lieben oder einem anderen Menschen starke Aufmerksamkeit zu schenken, ist eine sehr schöne Möglichkeit, sich selbst indirekt etwas Gutes zu tun. Rousseaus Theorie, wonach Menschen eigentlich nur in der Einsamkeit richtig glücklich sein können, ist damit gründlich widerlegt.

Menschen sind von Natur aus gesellig, wie übrigens ausnahmslos alle anderen Primaten auch. Unter den mehr als 200 Affenarten findet sich nicht eine einzige Art, die streng einzelgängerisch lebt. Natürlich sind manche Menschen geselliger als andere, aber wer völlig ungesellig ist, hat ganz offensichtlich eine Verhaltensstörung. Frust und Enttäuschung mögen ihn verbittert haben. Er benimmt sich dadurch nicht mehr wie ein »normaler« Mensch. Normale Menschen gehen auf andere Menschen ein, weil sie ein Interesse an ihnen haben (mal mehr und mal weniger). Sie tun es, weil dieses Interesse an anderen

Menschen ihnen selbst guttut. Denn das Leben eines Menschen, der nur in seiner eigenen kleinen Welt gefangen ist, führt unweigerlich zu psychischen Verkümmerungen. Viele einsame Menschen haben so etwas wie Platzangst im eigenen Dasein. Sie richten sich ihre kleine Welt sehr eng ein, werden ungeschmeidig und unflexibel und können mit Einflüssen von außen nur noch sehr schlecht umgehen. Weil ihnen die Vergleichsmöglichkeit mit den Empfindungen anderer fehlt, schätzen sie vieles an anderen, aber auch an sich selbst, falsch ein.

Die Bereitschaft, sich mit anderen Menschen auszutauschen, und die Sorge um andere ist ein Ausweg aus der eigenen Beschränktheit. Etwas für andere zu tun, ist wichtig für die eigene Psyche. Wer zum Beispiel ein schönes Geschenk ausgesucht hat und sieht, wie sich der Beschenkte freut, beschenkt sich damit zugleich selbst. Diese Freude am Geben und auch die Freude daran, Gutes zu tun, sind sehr alt. Sie reichen bis an die Wurzeln der Menschheit. Doch woher kommt diese Lust am Sozialen, die Hilfsbereitschaft und die Freude daran, Gutes zu tun? Und bedeutet dies gleichzeitig, dass der Mensch »gut« ist, wie Rousseau gemeint hatte? Hatte er zumindest damit recht?

• *Das Schwert des Drachentöters.* Warum helfen wir anderen?

MADISON

Das Schwert des Drachentöters
Warum helfen wir anderen?

Die Situation war gespenstisch. Als die drei Typen auftauchten und Fawn angriffen, blieben alle anderen wie erstarrt stehen. Keiner rührte sich vor Schreck. Die drei schlugen Fawn und bissen sie sogar. Fawn war ein zartes Mädchen, und ihre Angreifer waren ihr körperlich weit überlegen. Aber keiner der Umstehenden griff ein. Der Kampf war ungleich und heftig. Regelmäßig blickten sich die Angreifer um und nahmen Fawns Mutter und Schwestern ins Visier, sie drohten ihnen, um ihnen Furcht einzuflößen. Fawn selbst war völlig außer sich vor Angst. Irgendwann verloren ihre Angreifer die Lust an der Quälerei und verzogen sich. Sie ließen Fawn einfach auf dem Boden liegen. Eine ganze Weile lag sie auf dem Bauch und schrie laut; dann sprang sie plötzlich auf und rannte davon. Später saß sie zusammengekauert da und machte einen elenden, erschöpften Eindruck. Ihre ältere Schwester kam jetzt zu ihr und legte den Arm um sie. Als Fawn, benommen wie sie war, nicht reagierte, zog und zupfte ihre Schwester sie sanft, als versuche sie, Fawn aufzuwecken, und umarmte sie dann erneut. Schließlich kuschelten die beiden Schwestern sich aneinander.

Diese dramatische Szene ist eine reale Geschichte. Sie ereignete sich so in den Achtzigerjahren in Madison, im US-Bundesstaat Wisconsin, aber keine Polizei griff ein, und keine Zeitung berichtete davon. Allein der Niederländer Frans de Waal war

Zeuge und erzählte später von dem Überfall. Der Grund dafür ist leicht benannt. De Waal ist Verhaltensforscher, der Angriff auf Fawn ereignete sich im »Wisconsin National Primate Research Center«, und Fawn, ihre Familie und ihre Angreifer sind Rhesusaffen.

Seit dreißig Jahren beschäftigt sich de Waal mit Affen. Zunächst studierte er die Schimpansen im Zoo von Arnheim und entdeckte bei ihnen erstaunliche Verhaltensweisen. Schimpansen sind sehr soziale Tiere, die ein Leben in der Gemeinschaft brauchen. Das weiß heute fast jedes Kind, aber als de Waal mit seinen Studien begann, war darüber noch sehr wenig bekannt. Er fand heraus, dass Schimpansen tricksen, lügen und einander betrügen. Aber sie sind auch zärtlich und anhänglich und bauen sehr komplizierte soziale Beziehungen zueinander auf. Das Buch, das de Waal über die Schimpansen von Arnheim schrieb, trägt den bezeichnenden Titel *Wilde Diplomaten.*

Doch nicht nur Schimpansen, sondern auch andere Affen sind zu Gefühlen wie Mitleid oder Zuneigung fähig. Die Schwester des Rhesusaffenweibchens Fawn hatte sie umarmt und sich an sie gekuschelt. Offenbar konnte sie die Verletztheit ihrer Schwester spüren und wollte ihr etwas Gutes tun. Obwohl der genetische Unterschied zwischen Rhesusaffen und Menschen bei etwa drei Prozent liegt, finden sich bereits bei diesen Affen Fähigkeiten, die etwas mit Einfühlungsvermögen und mit »moralischem« Verhalten zu tun haben. Doch wo kommen diese Gefühle her, und warum gibt es sie?

Die Frage ist schwieriger, als es zunächst aussieht. Als Charles Darwin in der Mitte des 19. Jahrhunderts bewies, dass Menschen nahe Verwandte der Menschenaffen und damit Tiere sind, war auf einmal sehr überzeugend erklärt, woher das »Böse« im Menschen kommt: Es ist sein tierisches Erbe! Darwin erklärte den Prozess der Evolution mit Wörtern wie dem

»Kampf ums Dasein« und dem »Überleben der Tauglichsten«. Zwar hatte er diese Begriffe nicht selbst erfunden, aber er hatte sie als Erster dafür benutzt, um zu beschreiben, wie alle Lebewesen, vom Grashalm über die Ameise bis zum Menschen miteinander und untereinander konkurrieren. Einfach betrachtet bedeutet dies: Milliarden und Abermilliarden Organismen sausen durch die Welt mit einem einzigen Auftrag: »Meine Erbsubstanz ist die wichtigste Substanz auf der ganzen Erde. Damit sie überleben kann, ist es gerechtfertigt, dass die anderen zu kurz kommen, leiden oder, wenn nötig, sterben.« Und jeder einzelne Mensch, Sie und ich, gehören dazu und spielen in diesem bösen und unmoralischen Spiel mit.

Doch Darwin war ein sehr vorsichtiger Mann. Das Prinzip, das er erkannt hatte, war ihm selbst nicht ganz geheuer. Zumindest weigerte er sich, aus seinen Einsichten in die Biologie Schlussfolgerungen über das Zusammenleben der Menschen zu ziehen. Andere allerdings haben es getan und fürchterliche Dinge behauptet, etwa dass auch unter den Menschen nur die Besten und Stärksten überleben sollten und dass man Kranke und Schwache einfach töten dürfe. Darwins Belege dafür, dass der Mensch ein Tier sei, stifteten unter den Philosophen große Unruhe. Was ist die wirkliche menschliche Natur? Als Rousseau von der »Natur« sprach, dachte er sich die Natur als einen Idealzustand von ungetrübtem Glück. Aber war die Natur tatsächlich gut? War sie nicht auch barbarisch, rücksichtslos und grausam?

Der Hörsaal in Oxford ist brechend voll, als Thomas Henry Huxley, ein enger Freund Darwins, im Jahr 1893 einen Vortrag hält. »Evolution und Ethik« lautet das anspruchsvolle Thema, und die Menge lauscht andächtig den Worten des großen Naturforschers. Die Natur, so verkündet Huxley, sei nicht gut, sondern grausam, tückisch und dem Menschen gegenüber völlig gleichgültig. Der Mensch ist definitiv ein Tier, und er verdankt seine Existenz dem Zufall. Nicht einer klugen Vernunft, einem »Masterplan« hat die Menschheit ihre Existenz zu verdanken, sondern einer Abfolge von affenähnlichen Tierarten. Wenn es also nur Chaos und keinen Masterplan gab, so folgerte Huxley, dann konnte auch der Wille zum Guten oder zur Vernunft keine Eigenschaft der Natur sein.

Für Huxley war Rousseaus »angeborene Liebe zum Guten« völliger Unsinn. Tiere und Menschen waren nicht von Natur aus gut, sondern sie waren völlig unmoralisch. Doch auch Huxley konnte nicht daran vorbeisehen, dass Menschen in der Lage waren, sich moralisch zu verhalten. In England, dem Land, in dem er lebte, gab es Gesetze, das Töten und Bestehlen von Menschen war verboten, der Staat war geregelt, und die Bürger konnten auf die Straße gehen, ohne jederzeit um ihr Leben fürchten zu müssen.

Wo aber kam diese Ordnung her? Nun, die Zivilisation und die Kultur bändigen das Zusammenleben der menschlichen Bestien, meinte Huxley. Es war das genaue Gegenteil dessen, was Rousseau gesagt hatte. Für Rousseau war der Mensch gut, aber die Zivilisation schlecht. Für Huxley war der Mensch schlecht, aber die Zivilisation hielt ihn im Griff. Die Moral, schrieb Huxley in seiner schönen blumigen Sprache, ist keine natürliche Eigenschaft des Menschen, sondern »ein scharf geschmiedetes Schwert mit dem Auftrag, den Drachen seiner tierischen Herkunft zu schlachten«.

Wer, wie Rousseau, davon überzeugt war, dass der Mensch von Natur aus gut war, der musste erklären, woher das Böse unter den Menschen kam. Im Fall von Huxley aber war es genau umgekehrt. Wenn der Mensch von Natur aus schlecht ist, woher kommt dann das Gute, jenes »scharf geschmiedete Schwert«, um den »Drachen seiner tierischen Herkunft« zu schlachten? Da Huxley nicht religiös war, konnte das Schwert für ihn nicht in Gott seinen Ursprung haben. Aber woher kam es dann? Wie war es möglich, dass das Zusammenleben von lauter Menschenbestien zu einer ziemlich gut geregelten Gesellschaft geführt hatte, wenn von Natur aus nichts Gutes im Menschen da ist? Wo kommt die Moral her – wenn sie nicht der menschlichen Natur entsprechen soll? Kurz gesagt: Warum ist der Mensch *moralfähig*?

Die Frage ist also, ob nicht doch etwas von Natur aus im Menschen angelegt ist, das ihn dazu bringt, sich gut zu den anderen Menschen zu verhalten. Hätten Darwin und Huxley so viel über Affen und Menschenaffen gewusst wie Frans de Waal, wäre ihnen die Erklärung leichter gefallen, und manches schreckliche Missverständnis wäre vielleicht nie entstanden. Moral, erklärt der Primatologe, widerspricht nämlich durchaus nicht der Evolution. Was manchen wie ein blödsinniger Fehler von Mutter Natur erscheint, die sonst nur das Recht des Stärkeren kennt, ist eine biologisch ausgeklügelte Fähigkeit. Dreißig Jahre Beobachtungen von Affen haben ihn davon überzeugt, dass »Gutsein« und Helfen Verhaltensweisen sind, die sowohl dem einzelnen Affen als auch der ganzen Gruppe große Vorteile bringen können. Je mehr sich die Affen untereinander helfen und füreinander sorgen, umso besser ist es für die ganze Gemeinschaft. Die Art der sozialen Hilfe kann dabei sehr unterschiedlich sein. Bereits die vier großen Menschenaffen Orang-Utans, Schimpansen, Bonobos und Gorillas unterscheiden sich stark. Während Sex bei Schimpansen fast immer etwas mit Macht, Dominanz und Unterwerfung zu tun hat, nutzen Bonobos ihren sehr häufigen Sex, um jede Art von Spannungen so schnell wie möglich abzubauen. Bonobos vergnügen sich nahezu den ganzen Tag miteinander, besonders gerne übrigens in der »Missionarsstellung«, bei der man sich in die Augen guckt. (Genau genommen müsste sie also »Bonobo-Stellung« heißen, denn die Bonobos kannten sie schon lange vor den Missionaren.)

Der »Kampf ums Dasein« findet nicht unter isolierten Tieren statt – das waren Darwins und Huxleys Gedankenfehler. Menschen sind keine gnadenlosen Einzelkämpfer (oder wenn, dann nur in seltenen Ausnahmefällen). Die meisten von uns sind zugleich Mitglieder einer Familie und bewegen sich in größeren sozialen Gruppen. Hier gibt es nicht nur Verdrängungskämpfe, sondern wir sorgen uns zugleich auch um andere Gruppenmitglieder. Die Fähigkeit, im Sinne eines anderen zu denken und zu handeln, nennt man *Altruismus.* Auch Menschenaffen kennen altruistisches Verhalten. Es hat viele Facetten. So unterscheidet de Waal einen auf *Gesamteignung abzielenden* Altruismus, wie die instinktive Liebe einer Mutter zu ihrem Kind, von einem *wechselseitigen* Altruismus. Gerade der wechselseitige Altruismus könnte sehr gut der Ursprung der menschlichen Moral gewesen sein. Ein Menschenaffe hilft einem anderen, damit dieser ein anderes Mal vielleicht ihm hilft. Er unterlässt bestimmte Gemeinheiten, damit die anderen nicht auch gemein zu ihm sind.

»Was du nicht willst, dass man dir tu, das füg auch keinem anderen zu« – diese wichtige Regel gilt ganz offensichtlich auch für Menschenaffen.

Nicht nur die menschlichen Schwächen, Aggressionen, Hinterlist und Selbstsucht sind Überbleibsel aus unserer Vorzeit als affenähnliche Wesen, sondern auch unsere »edlen« Charakterzüge. Auch sie sind ein Teil unserer ursprünglichen biologischen Natur. Schon Rousseau war ja davon ausgegangen, dass die Fähigkeit zum Guten ein alter urweltlicher Instinkt sein muss. Nichts anderes als unsere urwüchsige Selbstliebe zwinge uns dazu, im Einklang mit dem Instinkt gut zu sein. Für Rousseau war das Gutsein die einzige natürliche Verhaltensweise des

Menschen. Für de Waal dagegen sind Zuneigung, Rücksicht und Fürsorge typische Affeninstinkte unter anderen. Es gibt sie, aber sie stehen nicht allein, sondern befinden sich in steter Konkurrenz zu Aggressionen, Misstrauen und Egoismus. Menschen und Affen sind also weder »gut« noch »schlecht«. Sie sind zu beidem fähig, und das eine ist so natürlich wie das andere. Die Antwort heißt also: sowohl als auch. Doch wenn die Fähigkeit zum Gutsein nur ein Instinkt unter anderen ist, wer oder was sorgt dann dafür, dass sie angewendet wird? Was macht sie zu einem verbindlichen Grundsatz in der menschlichen Gesellschaft?

• *Das Gesetz in mir.* Warum soll ich gut sein?

KÖNIGSBERG

Das Gesetz in mir
Warum soll ich gut sein?

Das Jahr 1730. Vor den Toren Königsbergs, einer weltoffenen Kleinstadt an der Ostsee, spazieren zu später Stunde eine Mutter und ihr sechsjähriger Sohn. Liebevoll und ausführlich erklärt sie ihm, was sie über die Natur weiß, über Pflanzen und Kräuter, über Tiere und Steine. Die Straßen der Stadt sind nur schwach beleuchtet, es ist dunkel. Da zeigt die Mutter ihrem aufmerksamen Sohn den großen fernen Sternenhimmel. Andächtig schauen sie nach oben in die unendliche Ferne. Der Junge ist fasziniert. »Zwei Dinge«, wird er später schreiben, »erfüllen das Gemüt mit immer neuer und zunehmender Bewunderung und Ehrfurcht, je öfter und anhaltender sich das Nachdenken damit beschäftigt: der bestirnte Himmel über mir und das moralische Gesetz in mir. Ich sehe sie vor mir und verknüpfe sie unmittelbar mit dem Bewusstsein meiner Existenz.« Und tatsächlich: Auf beiden Gebieten wird er es später weit bringen, in der Astronomie und in der Moralphilosophie.

Der Name des Jungen ist Immanuel Kant, und die glückliche Kindheit unter der Fürsorge seiner religiösen und gebildeten Mutter endet bereits mit dreizehn Jahren. Die Mutter stirbt, und der zarte Junge mit den wasserblauen Augen wird tief und lange um sie trauern. Sein Vater, ein Handwerksmeister für Lederwaren, tut alles, um den sensiblen Sohn weiter zu fördern. Er schickt ihn aufs Friedrichskollegium, das beste Gymnasium der

Stadt. Und hier wie auch später an der Königsberger Universität zeigt sich der junge schmalbrüstige Mann als sehr begabter Schüler. Begeistert ist er vor allem vom »Observatorium« auf dem Dach des Schulgebäudes, wo er nachts oft und lange in die Sterne schaut. Mit sechzehn besteht er die Aufnahmeprüfung an der Königsberger Universität. Obwohl er Theologie studieren soll, beschäftigt er sich vor allem mit Mathematik, Philosophie und Physik. In seiner Freizeit glänzt er als Koch und als Zocker. Er ist ein hervorragender Billardspieler, und obwohl er nur leise spricht und etwas nuschelt, ist er ein gern gesehener Gast auf Königsbergs Partys. Die große Leidenschaft allerdings gehört noch immer den Sternen und dem Kosmos. Sein Professor für Logik und Metaphysik, Martin Knutzen, unterstützt ihn hierin nach Kräften. Das private Spiegelteleskop – das gleiche, das schon der große Physiker Isaac Newton verwendet hatte – zieht Kant magisch an. Er liest Newtons Grundlagenwerk über den Bau des Weltalls, versenkt sich in Zahlen, Tabellen und Berechnungen und folgert daraus ein ganz eigenes Modell der physikalischen Welt. Das Buch, das er darüber schreibt, ist ein schmaler Band mit einem ungeheuren Anspruch und gewaltigem Titel: *Allgemeine Naturgeschichte und Theorie des Himmels*. Ohne mathematische Berechnungen anzustellen, versucht er, den Bau der Welt allein durch seine eigenen Schlussfolgerungen zu ergründen. Ein Projekt, so seltsam wie ehrgeizig. Obwohl die Naturwissenschaftler das Buch kaum zur Kenntnis nehmen, wertet Kant seine Methode als Erfolg. Er wird sie für alle Gebiete beibehalten. Immerhin glaubt er zu wissen, dass viele seiner Einsichten richtig sind, was sich auch lange nach seinem Tod bestätigt. Das heutige Sonnensystem, so vermutet er, ist allein durch einen Prozess der Anziehung und Abstoßung der Elemente entstanden – der erste Versuch, die Entstehung des Planetensystems ohne die Mithilfe Gottes zu erklären.

So forsch und fortschrittlich seine Ansichten sind, so wenig weiß Kant seine Karriere zu planen. Sein Weg nach dem Studium verläuft alles andere als gradlinig. Neun Jahre seines Lebens vertrödelt er als Hauslehrer. Erst mit einunddreißig Jahren – für die damalige Zeit sehr spät – schreibt er seine Doktorarbeit über das Feuer. Er wird Privatdozent an der Universität, aber mit einem sehr bescheidenen Einkommen, und bis zu seinem vierzigsten Lebensjahr ist sein Berufsweg eigentlich eine mittlere Katastrophe. Er ist hochbegabt, sehr intelligent und interessiert sich für fast alles: für Theologie und Pädagogik, für Naturrecht und Geografie, für Anthropologie und Logik, für Metaphysik und Mathematik, für Mechanik und Physik. Nach langer Zeit bietet ihm die Universität eine Professur an, ausgerechnet für Dichtkunst. Als Aufgabe sind schmucke Festreden vorgesehen, gespickt mit selbst gefertigten Gedichten. Kant lehnt ab. Erst nach insgesamt fünfzehn Jahren Unterricht bekommt er endlich die langersehnte Professur für Logik und Metaphysik.

Kant rechnet aus, dass ihm bei seiner etwas angeschlagenen Gesundheit nicht mehr allzu viel Zeit bleiben könnte, um einen markanten Fußabdruck in der Philosophie zu hinterlassen. Er erschrickt sehr darüber, und fast über Nacht ändert er nahezu alles. Sein Leben wird der Inbegriff der Langeweile. Der Dichter Heinrich Heine wird sich später darüber lustig machen und sagen, von Kant könne niemand eine Lebensgeschichte schreiben – denn Kant hätte weder ein Leben noch eine Geschichte gehabt. Um fünf Uhr morgens lässt er sich von seinem Hausdiener wecken. Er macht jeden Tag zur gleichen Zeit einen Spaziergang und geht abends um zehn ins Bett. Auf diese Weise wurde er sehr alt, fast achtzig Jahre. Sein Alltag mutet an wie ein Protestsong gegen das Leben. Aber die Bücher, die er in den nächsten vierunddreißig Jahren schrieb, waren alles andere als langweilig. Für viele sind sie das bedeutendste Werk der deutschsprachigen Philosophie überhaupt.

Kant betrachtete den menschlichen Geist nicht wie ein Naturforscher oder in Hinsicht auf Gott, wie viele Philosophen vor ihm, sondern er studierte ihn wie ein Jurist. Er suchte nach »Gesetzen«. Als junger Mann hatte er versucht, die »systematische Verfassung« des Kosmos zu enträtseln. Jetzt bemüht er sich darum, im Bewusstsein des Menschen Regeln und Gesetzmäßigkeiten zu finden, um daraus verbindliche Gesetze abzuleiten. Um diese Aufgabe zu bewältigen, musste er zunächst die vielleicht wichtigste Frage der Philosophie klären, die uns ja bereits im ersten Teil dieses Buchs beschäftigt hat: Was kann ich wissen? Und woher nehme ich dabei meine Sicherheit? Wie Descartes 150 Jahre zuvor, so entschied sich auch Kant, die Gewissheit der Erkenntnis nicht in den Dingen der Welt, sondern im menschlichen Denken zu suchen. Diese Philosophie, die die Voraussetzungen unserer Erkenntnis erforscht, nannte Kant *Transzendentalphilosophie*. Aber er war viel vorsichtiger als Descartes, was den Status seiner Erkenntnisse anbelangte. Descartes hatte geglaubt, dass das menschliche Denken die »wahre« Natur der Dinge erkennen könnte. Kant dagegen meinte, dass diese »wahre« Natur dem Menschen gar nicht zugänglich sei. Warum sollte er sie erkennen können? Wie auch immer uns die Ordnung der Natur erscheint, geordnet wird sie im menschlichen Gehirn. So wie Farben nicht von der Natur erzeugt werden, sondern von unserem Auge und unseren Sehnerven, so erschafft sich der menschliche Geist eine Ordnung, die er der Natur überstülpt. Der Mensch besitzt also einen Wahrnehmungsapparat und einen Verstand, die die Welt strukturieren. »Der Verstand«, schrieb er in seiner *Kritik der reinen Vernunft*, »schöpft seine Gesetze nicht aus der Natur, sondern schreibt sie dieser vor.« Von diesem sehr fruchtbaren und modernen Gedanken aus wagte er sich schließlich an die Frage der Moral.

Zunächst einmal ging er sehr behutsam vor. Er hielt wenig von Instinkten, an die Rousseau geglaubt hatte. Und er hütete sich auch vor anderen einfachen Wesensbestimmungen des Menschen. Ob der Mensch »von Natur aus« gut oder schlecht war, wollte er nicht festlegen. In jedem Fall war er mit bestimmten Schablonen ausgestattet, um die Welt zu erfassen, und ganz offensichtlich gab es dabei auch eine Schablone, die ihn zu moralischem Verhalten fähig machte. In genau dieser *Fähigkeit,* das war Kants wichtigster Gedanke, musste ein moralisches Gesetz versteckt sein, das festlegte, wie die Menschen miteinander umgehen *sollten.*

Die Fähigkeit des Menschen zum Gutsein imponierte Kant so sehr, dass er dem Menschen eine ganz besondere Auszeichnung, die *Menschenwürde* verlieh. Wer die Freiheit besitzt, moralisch handeln zu können, ist ein solch besonderes Wesen, dass es nichts gibt, was über ihm steht. So gesehen gibt es nichts Größeres als den Menschen. Denn alle anderen Lebewesen, so meinte Kant, könnten nicht frei entscheiden und handeln. Und weil der Mensch das Großartigste aller Wesen ist, gibt es auch nichts, das mehr zählt als ein Menschenleben. Diese »Menschenwürde« war nichts, was Kant erfunden hatte. Der Erste, der davon sprach, lebte schon dreihundert Jahre vor Kant. Es war der italienische Philosoph Giovanni Pico della Mirandola, einer der großen Philosophen der Renaissance. Der Mensch, sagt Pico della Mirandola, ist ein sehr selbstständiges Wesen. Da er die Würde besitzt, frei zu denken und frei zu handeln, liegt es allein an ihm selbst, wofür er sich entscheidet und ob er etwas aus sich macht.

Kant sah das sehr ähnlich. Die Frage war nicht, ob der Mensch von Natur aus gut war, sondern, inwiefern sein Menschsein ihn dazu *verpflichtete,* gut zu sein. Nicht das Gutsein, sondern das Gut-Sein-Sollen war Kants Thema. Er durchforschte die menschliche Vernunft danach, ob sie von Natur aus ein Prinzip besitzt, das Moral möglich macht. Er überlegte, dass weder die Begabung oder der Charakter noch günstige Lebensumstände eines Menschen das Gutsein sicherten, sondern allein der Wille. Das einzig Gute am Menschen ist sein guter Wille. Wollen die Menschen gut miteinander zurechtkommen, so müssen sie diesen *guten Willen* befolgen, und zwar so, als ob er nicht nur eine Motivation, sondern ein unverrückbares Gesetz sei. Diese Aufforderung zum grundsätzlichen Gutsein nannte Kant den *kategorischen* (grundsätzlichen) *Imperativ* (Aufforderung). In seiner bekanntesten Formulierung in der *Kritik der praktischen Vernunft* lautet der kategorische Imperativ: »Handle stets so, dass die Maxime deines Willens jederzeit zugleich als Prinzip einer allgemeinen Gesetzgebung gelten könne.«

Da der Mensch in der Lage ist, gut sein zu *wollen,* soll er auch gut sein *sollen.* Für Kant war diese Schlussfolgerung nicht eine von ihm aufgestellte Moral, sondern die Art und Weise, wie die menschliche Vernunft ganz grundsätzlich logisch funktionierte. Das moralische Gesetz war da, es war im Menschen. Und Kant hatte in seinen eigenen Augen nichts anderes gemacht, als es zu analysieren, so wie er früher den Kosmos analysiert hatte. Für ihn hatte die Verpflichtung zum Gutsein also etwas von einem Naturphänomen, ähnlich wie der Himmel und die Sterne. Deshalb, so glaubte er, gelte der kategorische Imperativ absolut und überall. Jeder Mensch auf der Welt kann und soll ihn anwenden. Ein Mensch, der auf das moralische Gesetz in sich selbst hört, ist ein guter Mensch, der gute Handlungen vollbringt, selbst dann, wenn seine gute Absicht möglicherweise zu schlechten Folgen führt. Denn wenn der Wille gut ist, so meinte Kant, dann ist auch die Handlung moralisch gerechtfertigt.

Kant war recht zufrieden mit seinem Gedankengebäude, auch wenn ihn in den letzten Jahren ein Unbehagen beschlich, ob sein so sorgsam gearbeitetes System einer späteren Überprüfung durch die Biologie standhalten würde. Schließlich beruhigte er sich damit, dass der »Schematismus des Verstandes« vermutlich doch »eine auf immer verborgene Kunst in den Tiefen unseres Gehirns« sein werde, deren »Wahre Kunstgriffe wir der Natur schwerlich jemals abraten und unverdeckt vor Augen legen werden«. Sein übersichtliches Leben bot ihm vor seinen insgesamt doch ziemlich milden Ängsten Zuflucht. Mit sechzig konnte er sich ein eigenes Haus leisten, einen Hausdiener und eine Köchin. Im Alter erkrankte sein kluges Gehirn überraschenderweise ausgerechnet an Alzheimer, er wurde immer vergesslicher und schließlich gänzlich orientierungslos. Im Februar 1804 starb er morgens um elf in einem Zustand weitgehender Umnachtung.

Zum Zeitpunkt von Kants Tod war sein Ruhm bereits beträchtlich. Und er sollte noch weitaus größer werden. Nicht wenige Philosophen vergleichen seine Leistung in der Philosophie mit der des Kopernikus, als er der Menschheit zeigte, dass die Erde eine Kugel ist, die sich um die Sonne dreht. Doch was hat Kant gezeigt, was hat er bewiesen? Was von dem, was er mit großer Akrobatik dargelegt hatte, stimmt tatsächlich? Nun, er hatte mit beeindruckender Sorgfalt vorgeführt, wie unser Verstand die Welt nach eigenen vorgegebenen Strukturen rastert. Und er war noch weiter gegangen, als er behauptete, jeder Mensch trage in sich zudem ein logisches Schema, das ihn zum Gutsein verpflichtet. Doch wie sieht es damit aus? Gibt es tatsächlich ein solches logisches Schema, ein »moralisches Gesetz« in uns? Und wenn ja, wie ist es dorthin gekommen, und wo befindet es sich?

Um herauszufinden, warum der Mensch gut sein soll, muss

man zunächst einmal wissen, warum er gut sein will. Doch darüber konnte Kant nichts sagen. Zeit seines Lebens blieb er zwar sehr an den Naturwissenschaften interessiert, und zu gerne hätte er natürlich naturwissenschaftlich überprüft, wie der »Schematismus des menschlichen Verstandes« funktioniert, und seine »wahren Handgriffe offen vor Augen gelegt«. Aber zu Kants Zeit beschäftigte sich noch niemand mit Menschenaffen, und auch die Hirnforschung steckte noch in den kleinsten Kinderschuhen. Der Arzt Franz Joseph Gall hatte gerade damit begonnen, das Gehirn zu vermessen, aber seine Hirnkarten waren so unsinnig wie die Seekarten des Atlantiks vor Kolumbus. Und auch über das, was im Gehirn vorging, konnte er nur sehr vage spekulieren.

Als junger Mann hatte Kant sich für den Kosmos interessiert und die Sterne. Er hatte einige Anstrengungen unternommen, den Himmel zu berechnen. Später hatte er versucht, den menschlichen Verstand und seine Gesetze zu verstehen. Aber es war wie der Versuch eines Physikers, die Planeten und die Gesetze des Weltalls zu berechnen, ohne auch nur das kleinste Fernrohr zur Hand zu haben. Kant konnte über das Gehirn des Menschen spekulieren, aber er konnte nicht ins Gehirn *hineinschauen*. Heute dagegen haben die Wissenschaftler ein solches Fernrohr. Sie messen mit Elektroden, und sie durchleuchten das menschliche Gehirn mithilfe von Kernspintomografen. Und deshalb können wir heute erneut die Frage stellen, die Kant nicht beantworten konnte: Gibt es ein Zentrum für Moral im Gehirn? Wenn ja, wie ist es aufgebaut, und wie funktioniert es? Und was steuert unsere Fähigkeit, von der Moral Gebrauch zu machen?

Bevor wir uns diesen spannenden Fragen zuwenden, müssen wir jedoch etwas sehr Grundlegendes klären, von dem alle weiteren Überlegungen abhängen. Kant hatte die Vernunft zum

Herrn und Meister des Gehirns erklärt. Er hatte keinen Zweifel daran, dass es die Vernunft ist, die uns sagt, was wir zu tun haben. Doch wie wir im ersten Teil des Buchs gesehen haben, bestimmt uns das Unbewusste weit mehr als das Bewusste. Die Frage ist also, wie viel von dem, was Kant über das moralische Gesetz in uns gesagt hat, noch bleibt, wenn man diese Bedeutung des Unbewussten für unser Fühlen, Denken und Wollen ernst nimmt und anerkennt. Wie sieht es dann mit unserem moralischen Willen aus?

- *Das Libet-Experiment.* Kann ich wollen, was ich will?

FRANKFURT AM MAIN

Das Libet-Experiment
Kann ich wollen, was ich will?

Dies wird wieder ein etwas längeres Kapitel. Und dafür gibt es zwei gute Gründe. Zum einen lernen wir einen Mann kennen, der es wirklich in sich hat und der sicher zu den originellsten Figuren gehört, die in der Philosophie eine Rolle gespielt haben. Er selbst hat es einmal so gesagt: »Die Zeit wird kommen, wo, wer nicht weiß, was ich über eine Sache gesagt habe, sich als Nichtswisser bloßstellt.« Bescheidenheit war seine Angelegenheit nicht. Und zum anderen wird es um ein sehr wichtiges Problem gehen, eine der zurzeit am heftigsten diskutierten philosophischen Fragen überhaupt.

Beginnen wir mit unserem Philosophen. Arthur Schopenhauer ist der Sohn eines erfolgreichen Kaufmanns aus der Stadt Danzig. 1793 – der kleine Schopenhauer ist fünf Jahre alt – zieht die Familie nach Hamburg. Sein ehrgeiziger Vater hat Großes vor mit dem Sohn. Als Fünfzehnjährigen schickt er ihn auf Schulen und Internate in Holland, Frankreich, der Schweiz, Österreich, Schlesien, Preußen und England. Kaum hat Schopenhauer sich irgendwo eingelebt, muss er schon wieder weg. Die Folgen sind für ihn verheerend. Schopenhauer spricht fließend Englisch und Französisch, aber er ist zurückgezogen und traut niemandem. Ein Außenseiter. Mit siebzehn nötigt ihn sein Vater zu einer Lehre als Kaufmann. Und dann der Schlag! Der Vater stirbt völlig überraschend. Die Leute erzählen sich: Es war Selbstmord! Schopenhauer leidet sehr unter dem Tod seines Vaters. Er hat ihn gefürchtet, aber er hat ihn auch respektiert und bewundert. Schopenhauers Mutter dagegen blüht jetzt erst richtig auf. Endlich kann sie sein, was sie ohnehin am liebsten sein will: eine Salondame. Sie ziehen nach Weimar, und der literarische Salon der Mutter wird ein voller Erfolg. Weimar ist zwar nur eine Kleinstadt in Thüringen, aber mit Goethe, Schiller, Wieland und Herder leben und arbeiten hier die wichtigsten Männer des Literaturbetriebs.

Wenn der junge Schopenhauer sieht, wie sich Goethe und die anderen selbstherrlichen Stars der Literaturszene im Salon seiner Mutter auf den Stühlen und Sofas seines Vaters spreizen, läuft es ihm kalt den Rücken herunter. Die verzückte Miene seiner Mutter kontert er mit ironischen Sprüchen. Aber er ist nicht halb so gelassen, wie er nach außen hin tut. Er ist zwar sehr intelligent und sieht auch nicht schlecht aus, doch er fühlt sich von niemandem verstanden. Mit einundzwanzig setzt seine Mutter ihn vor die Tür. Er bekommt einen Teil seines Erbes ausbezahlt, zieht nach Göttingen und später nach Berlin und Jena, um Medizin, Naturwissenschaften und Philosophie zu studieren.

Mit fünfundzwanzig schreibt er seine Doktorarbeit, ein sehr skeptisches Buch, kompromisslos und radikal. Schopenhauer erklärt, dass der Mensch gar nicht in der Lage ist, die Welt objektiv zu erkennen. Was wir sehen und erkennen können, ist nur das, was unser Säugetiergehirn uns zu sehen erlaubt. Er geht dabei weit über Kant hinaus, der immerhin angenommen hatte, dass der menschliche Erkenntnisapparat ein sehr feines und sehr brauchbares Instrument sei. Doch Schopenhauer traut dem Bewusstsein kaum etwas Kluges zu. Seine Mutter findet das Buch unelegant und langweilig. Sie meint, es wäre »was für Apotheker«. Zum Glück hält ausgerechnet der von Schopenhauer nicht besonders geschätzte Goethe einiges von den schlauen Überlegungen des jungen Mannes. Er erkennt das Genie und prophezeit ihm öffentlich eine tolle literarische Laufbahn. Zum Ausgleich schickt er Schopenhauer seine »Farbenlehre«, auf die er sehr stolz ist. Der naturwissenschaftlich beschlagene Schopenhauer liest Goethes Untersuchung über das Zustandekommen und Wirken der Farben, runzelt die Stirn und hält sie für wertloses Geschwätz. Zu den weniger netten Charakterzügen gehört, dass er dies überall herumerzählt. Kurzerhand schreibt er seine eigene Farbenlehre. Goethe zieht sich sofort zurück. Von nun an begeht niemand mehr den Fehler, sich für den arroganten Schnösel einzusetzen. 1820 beginnt Schopenhauer mit Philosophie-Vorlesungen an der Universität Berlin. Um dem großen Star der Uni, Georg Wilhelm Friedrich Hegel, die Schau zu stehlen, legte er seine Vorlesungen auf die gleiche Zeit wie die Hegels. Der Wettkampf gerät zum Desaster. Zu Hegel gehen Hunderte von Studenten, bei Schopenhauer sind es vier oder fünf. Er selbst hält sich noch immer für ein Genie, die anderen halten ihn eher für einen Selbstüberschätzer. Die Uni mahnt das Fehlen von Studenten an. Beleidigt gibt Schopenhauer seine Vorlesungen auf und zieht nach Frankfurt am Main, wo er auch bleibt. Er schreibt viele Bücher und amüsiert die Leute in seinem Viertel durch seine Selbstgespräche auf der Straße, seine unfreundliche Art, seine tiefe Liebe zu seinen Pudeln und seine ständige Angst, er könnte sich an irgendetwas vergiften. Im Alter kommt er dann tatsächlich doch noch zu einiger Berühmtheit, aber er kostet sie kaum aus. Sein Menschenbild ist sehr düster geworden. Immerhin bleibt ihm die Genugtuung: »Die Welt hat einiges von mir gelernt, was sie nie wieder vergessen wird.«

Das Wichtigste, was Schopenhauer geleistet hat, entdeckte er bereits sehr früh. Schon mit dreißig Jahren veröffentlichte er sein Hauptwerk *Die Welt als Wille und Vorstellung*, von dem aber zunächst kaum jemand Notiz nahm. Doch er hatte etwas gefunden, das bei Kant, bei Hegel und auch sehr vielen anderen Philosophen unberücksichtigt geblieben war. Fast alle gingen sie davon aus, dass der Verstand oder die Vernunft dem Menschen sagen, was er zu tun hat. Und dass die ganze Aufgabe des Menschen nur darin bestehe, sich möglichst nach dem zu richten, was die Vernunft diktiert. Doch Schopenhauer misstraute dem zutiefst. Und er stellte eine der spektakulärsten Fragen der Philosophie. Sie hieß: »Kann ich wollen, was ich will?«

Die Frage war eine große Provokation, denn es hing sehr viel daran. Wenn es so sein sollte, dass ich *nicht* wollen kann, was ich will, dann war eigentlich alles im Eimer! Dann war der Wille des Menschen nicht frei. Und wenn es keinen freien Willen gab, dann spielte die Vernunft eigentlich gar keine Rolle mehr. Und was war dann mit dem kategorischen Imperativ, dem »moralischen Gesetz« meines Verstandes? Er würde völlig belanglos, denn die Gesetze meines Handels bestimmte ja gar nicht die Vernunft, sondern der unvernünftige Wille! Und Schopenhauer zog seine Behauptung gnadenlos durch: Die Kommandozentrale im Gehirn ist nicht die Vernunft, sondern der Wille. Er ist das Unbewusste, das unser Dasein und unseren Charakter bestimmt. Der Wille ist der Herr, und der Verstand ist sein Knecht. Von den eigentlichen Entscheidungen und geheimen Beschlüssen des Willens bleibt der Verstand ausgeschlossen, er hat gar keine Ahnung von dem, was längst ohne ihn abläuft. Nur der Wille sagt mir, was zu tun ist, und der Verstand folgt ihm. Denn »was dem Herzen widerstrebt, das lässt der Kopf nicht rein« – das ist der springende Punkt. Alles andere ist Geschwätz!

Stimmt das? Versuchen wir es mit einem Beispiel. Erinnern Sie sich an Ihre Schulzeit. Sie hatten keine Lust, in die sechste

Stunde in den Mathe-Unterricht zu gehen, und überlegten, ob Sie nicht lieber blaumachen sollten. Natürlich hatten Sie Skrupel, Sie waren schlecht in Mathe, deswegen hatten Sie ja auch keine Lust hinzugehen. Wenn Sie nicht hingingen, könnten Sie noch stärker den Anschluss verpassen. Aber die Vorstellung, gleich im Klassenzimmer zu sein, machte Ihnen ziemlich schlechte Laune. Sie zögerten also. Eigentlich wussten Sie noch gar nicht genau, wie sehr Sie sich schon auf die Absicht blauzumachen eingelassen haben und wie sehr Sie, trotz Ihrer Skrupel, nicht hingehen wollten. Das heißt: Ihr Verstand wusste es noch nicht. Aber da erfuhren Sie, dass ein paar Kameraden ebenfalls nicht in die sechste Stunde gehen wollten. Das war natürlich kein echtes Argument gegen Ihre Skrupel, das einer Abwägung standgehalten hätte. Ob Ihre Kameraden auch blaumachten oder nicht, änderte nichts daran, dass Sie noch schlechter hätten werden können, wenn Sie nicht hingingen. Doch als Sie hörten, dass Ihre Kameraden ebenfalls nicht hingehen wollten, stieg in Ihrem Innern eine unaufhaltsame Freude auf, fast zu Ihrem eigenen Erstaunen. Sie wollten auf keinen Fall mehr in den Mathe-Unterricht gehen! Und erst da merkte Ihr Verstand, wie fest bereits Ihr Wille diesen Plan ergriffen hatte, während der Verstand noch unsicher war und sich mit dem Skrupel herumschlug. Hatten Sie also eine freie Willensentscheidung getroffen? Eher nicht. Ihr Wille wusste schon vorher, was er wollte, und hat es mit einem Scheinargument durchgedrückt, um Ihren Verstand zu beruhigen. Sie sagten sich: Die anderen gehen auch nicht hin; obwohl das, wie gesagt, eigentlich kein vernünftiges Argument war. Ihr Wille hatte getan, was er wollte, und Ihr Verstand lieferte ihm nur die passende Rechtfertigung.

Mit seiner Betonung des Willens setzte Schopenhauer der Philosophie einen Dorn ins Fleisch, was ihm, nebenbei gesagt, sehr gefiel. Nach seiner eigenen Ansicht hatte er nach »Jahrtausenden des Philosophierens« endlich mit dem Gerücht aufgeräumt, der Mensch würde durch seine Vernunft geführt und geleitet. Dabei war er in Wahrheit nicht der Erste, der den freien Willen des Menschen bezweifelt hatte. Die Überlegungen dazu reichen zurück bis in die Antike, der Italiener Pietro Pomponazzi hatte sich damit in der Renaissance unbeliebt gemacht, und auch David Hume hatte im frühen 18. Jahrhundert die Willensfreiheit angezweifelt. Doch Schopenhauer behauptete ungerührt, nur er hätte den »Grundirrtum aller Philosophen« erkannt und mit ihm die, wie er meinte, »größte aller Illusionen«: dass es nämlich ausreiche zu wissen, was das Gute ist, um es auch tun zu können. Hatte nicht Immanuel Kant genau das gedacht: Wie die Vernunft, so der Wille? Und war es in Wahrheit nicht genau andersherum: Wie der Wille es will, so urteilt auch die Vernunft?

Der Zweifel an der Kommandozentrale der Vernunft war in der Welt. Und er sollte noch größer werden. Wechseln wir dafür die Szene und springen ins Jahr 1964, rund hundert Jahre nach Schopenhauers Tod: Papst Paul VI. betritt die große Halle, festlich gewandet zur offiziellen Audienz. Die Kardinäle knien in ihren roten Roben nieder und küssen seinen Ring. Nur die Biologen, Physiker und Hirnforscher bleiben stehen und schütteln dem Stellvertreter Christi die Hand. Die päpstliche Akademie der Wissenschaften hat in den hochherrschaftlichen Renaissancebau, das Wohnhaus Pauls VI., geladen, um mit den führenden Experten der Zeit über ein Thema nachzudenken, das alle Naturwissenschaftler der Zeit fasziniert: die Erforschung des Gehirns. Besonders eine spezielle neue Erkenntnis beschäftigte die Forscher und Bischöfe sehr. Ein zuvor noch ziemlich unbekannter Hirnforscher aus San Francisco hatte einen bahnbrechenden Versuch gemacht. Und die führenden Gehirnforscher der Zeit, darunter drei Nobelpreisträger, waren sehr beeindruckt.

Benjamin Libet wurde 1916 in Chicago geboren und studierte Physiologie. Seiner Ausbildung nach war er eigentlich gar kein richtiger Hirnforscher, aber das war normal, denn Neurobiologie zu studieren, war in den Dreißigerjahren kaum irgendwo möglich. Schon als junger Mann interessierte sich Libet für die Frage, ob man Vorgänge im Bewusstsein wissenschaftlich messen kann. In den späten Fünfzigern wagte er sich an einige nur lokal betäubte Patienten auf der neurochirurgischen Station des Mount-Zion-Krankenhauses in San Francisco. Die Patienten lagen im Operationssaal, und ihre Gehirne lagen teilweise frei. Libet schloss Kabel an die Gehirne an und reizte sie mit schwachen elektrischen Impulsen. Dabei beobachtete er genau, wie und wann die Patienten reagierten. Das Ergebnis war spektakulär: Von der Reizung des Cortex bis zum Zucken der Patienten verstrich mehr als eine halbe Sekunde. Als Libets Versuche 1964 Aufsehen im Vatikan erregten, kannte er noch nicht die Ergebnisse zweier Kollegen. Auch sie hatten eine Zeitverzögerung festgestellt. Der Weg von der Absicht, eine Handbewegung auszuführen, bis zur tatsächlichen Handlung dauerte fast eine Sekunde. Diese Messungen brachten Libet nun richtig in Erregung. *Eine Sekunde Unterschied zwischen Absicht und Tun* – das widersprach völlig dem gesunden Menschenverstand. Wer nach einer Tasse Tee greifen will, tut es sofort; wo bleibt da die gemessene Differenz von einer Sekunde?

Die Sekunde, so folgerte Libet weiter, merkt man selber nicht. Im Jahr 1979 begann er mit einem neuen Experiment, das als *Libet-Experiment* bekannt wurde und seinem Urheber Weltruhm einbrachte. Libet setzte eine Patientin in einen Lehnstuhl und ließ sie auf eine große Uhr gucken. Es war keine normale Uhr, sondern ein grüner Punkt, der im Eiltempo eine runde

Scheibe umkreiste. Dann befestigte er zwei Kabel. Das eine Kabel schloss er am Handgelenk der Patientin an und befestigte es an einem elektrischen Messgerät. Das andere Kabel befestigte er mit einem Helm am Kopf der Frau und führte es zu einem anderen Messgerät. Er gab der Patientin folgenden Auftrag: Schauen Sie den grünen Punkt auf der Uhr an. Zu einem bestimmten Zeitpunkt, den Sie sich frei aussuchen, beschließen Sie, das Handgelenk zu bewegen. Merken Sie sich, wo der grüne Punkt ist, wenn Sie den Beschluss fassen! Die Patientin tat, was Libet ihr gesagt hatte. Sie beschloss, das Handgelenk zu bewegen, und merkte sich dabei die Stellung des grünen Punkts. Libet fragte sie, wo der grüne Punkt stand, als sie ihren Entschluss gefasst hatte, und schrieb es auf. Dann schaute er aufgeregt auf seine beiden Messgeräte. Die Spannungsänderung der Elektrode am Handgelenk zeigte ihm den genauen Zeitpunkt der Bewegung. Die Bereitschaft zum Handeln im Gehirn zeigten ihm die Elektroden am Kopf. Wie war die zeitliche Reihenfolge? Zuerst meldete sich die Elektrode am *Kopf,* eine halbe Sekunde später liegt der Zeitpunkt, den die Patientin mit Blick auf die Uhr als *Moment ihres Entschlusses* angab, und etwa 0,2 Sekunden später erfolgte die Handbewegung. Libet war in höchster Aufregung: Die Patientin hatte sich entschieden zu handeln, eine halbe Sekunde bevor sie um diese Entscheidung wusste! Der vorbewusste Reflex, etwas zu wollen oder zu tun, ist schneller als die bewusste Handlung. Stimmt es also, dass das Gehirn Willensprozesse einleitet, *bevor* der Mensch sich dieses Willens überhaupt bewusst wird? Und bedeutet dies nicht zugleich das Ende der philosophischen Idee von der menschlichen Willensfreiheit?

Machen wir eine Zeitreise und lassen wir Arthur Schopenhauer und Benjamin Libet die Frage miteinander klären. Gehen wir ins Jahr, sagen wir, 1850. Und gehen wir in Schopenhauers Wohnung in der Schönen Aussicht Nr. 17 in Frankfurt am Main. Es ist früher Morgen. Halt! Er ist noch nicht ansprechbar. Wir müssen erst warten: Zwischen sieben und acht Uhr ist er aufgestanden und hat sich mit einem kolossalen Schwamm den ganzen Oberkörper kalt gewaschen. Seine Augen, das wertvollste Sinnesorgan, hat er gebadet, indem er sie mehrmals offen untergetaucht hat. Er meint, dass er damit den Sehnerv vorzüglich stärkt. Dann hat er sich zum Kaffee gesetzt. Selbst aufgebrüht. Seine Haushälterin darf sich am frühen Morgen noch nicht blicken lassen. Er hält große Stücke darauf, seine Gedanken morgens vollkommen konzentriert zu halten. Das Gehirn, sagt Schopenhauer, gleicht dann noch einem frisch gestimmten Instrument. So, jetzt noch eine Stunde warten, dann können wir klingeln. Die Begrüßung ist einigermaßen freundlich, jedenfalls für Schopenhauers Verhältnisse. Immerhin kommt ja auch jemand zu Besuch, der seine Erkenntnis zu würdigen weiß. Libet bekommt sogar eine Tasse Kaffee. Schopenhauer hasst Small Talk, also kommen die Herren schnell zur Sache:

»Nun, also, Herr Libet, wie sieht es aus? Kann ich wollen, was ich will?«

»Nun, wenn Sie so direkt fragen, nein. Ich kann *nicht* wollen, was ich will.«

»Also, so wie ich sagte? Der Wille ist der Herr, und der Verstand ist sein Knecht?«

»Mehr oder weniger jedenfalls.«

»Hm?«

»Na ja, wie ich sage, ›mehr oder weniger‹.«

»Was meinen Sie? Was heißt hier ›mehr oder weniger‹?«

»›Mehr oder weniger‹ heißt, dass man sich nie so ganz sicher sein kann.«

»Wieso? Der Fall ist doch sonnenklar. Der Wille geht, Sie haben das erklärt, dem bewussten Verstand zeitlich voraus. Um …?«

»… etwa eine halbe Sekunde.«

»Genau, Herr Libet, um eine halbe Sekunde. Und das bedeutet, dass der Wille diktiert und der bewusste Verstand hinterherhinkt. Ist es nicht so? Und wenn der Verstand hinterherhinkt, gibt es auch keine Willensfreiheit, denn der Wille wird nicht beeinflusst, sondern nur zur Kenntnis genommen und kommentiert. Und alle Moralphilosophie ist zum Teufel.«

»Na, ja …«

»Die bewusste oder vernünftige Sicht der Dinge ist nicht das Wesen des Menschen, sondern nur ein schmückendes Beiwerk im Nachhinein, eine rhetorische Rechtfertigung oder ein verspäteter Kommentar.«

»Darf ich auch etwas sagen …?«

»Bitte.«

»Vom Impuls des Willens bis zur bewussten Entscheidung vergeht eine halbe Sekunde, richtig. Aber es vergeht noch mal eine halbe Sekunde, bis der Patient das Handgelenk bewegt, also bis er handelt …«

»Na, und?«

»… das heißt, es bleibt ihm noch immer die Chance, die Aktion abzubrechen …«

»Und?«

»… das heißt, dass es zwar keinen freien Willen gibt, aber immerhin so etwas wie einen *freien Unwillen,* mit dem ich das Schlimmste ja immer noch verhüten kann.«

»Ein freier Unwille? Sie haben seltsame Ideen.«

»Mag sein, dass es seltsam klingt, aber ich glaube, dass es so ist. Der Wille ist unfrei, aber der Unwille ist frei. Was auch immer uns antreibt, etwas zu tun, wir haben immer noch die Chance, ›Stopp!‹ zu sagen.«

»Und das glauben Sie mit der Uhr bewiesen zu haben? Dass es eine unbewusste Unfreiheit und eine bewusste Freiheit gibt?«

»Na ja, ›bewiesen‹ ist ein großes Wort. Aber ich glaube daran.«

»Und das alles aufgrund der einfachen Versuche, die Sie gemacht haben?«

»Nun, Herr Schopenhauer, ich gebe gerne zu, dass meine Versuche recht einfach waren. Aber ich glaube doch, dass sie aussagekräftig sind. Außerdem ist es gut, daran zu glauben, dass es etwas gibt, das unseren Willen kontrolliert, also, wie ich meine, der freie Unwille. Haben Sie mal daran gedacht, was es eigentlich für die Gesellschaft bedeutet, wenn wir akzeptieren, dass niemand für seinen Willen verantwortlich ist und deshalb auch nicht zur Verantwortung gezogen werden kann? Was mache ich dann mit einem Mörder? Der muss ja nur sagen: Ich wusste nicht, was ich tat, mein unbewusster Wille hat mich dazu gebracht, und ich konnte ihn nicht kontrollieren. Lesen Sie das nach bei Schopenhauer oder bei Libet!«

»Die Menschheit ist so oder so des Teufels. Mit Strafprozessen oder ohne, mit Gefängnissen oder nicht.«

»Das ist Ihre Meinung, Herr Schopenhauer. Aber so kommen wir nicht weiter.«

An diesem etwas unangenehmen Punkt sollten wir das Gespräch lieber verlassen. Viel wird sowieso nicht mehr passieren. Die Positionen sind klar, und ein Kompromiss ist nicht in Sicht. Benjamin Libet hat sicher recht, wenn er die Verantwortung des Menschen für seine Taten nicht einfach so über den Haufen wirft. Und hat Arthur Schopenhauer nicht recht damit, wenn er anzweifelt, dass Libets Messungen tatsächlich ausreichen, um damit große Theorien über Willen, Unwillen und Bewusstsein aufzustellen? Die Hirnforschung ist noch weit entfernt davon, das komplizierte Zusammenspiel des menschlichen Bewusstseins, einschließlich der Gefühle von Spiritualität, Kreativität, des bewussten Willens und der Vorstellungskraft genau zu verstehen, geschweige denn messen zu können. Und noch hat wohl jeder Hirnforscher seine eigene Theorie über das Verhältnis des Materiellen zum Geistigen. Das eigentliche Problem an Libets Messungen ist, dass er die Messergebnisse von Elektroden am Gehirn notwendigerweise in Sprache übersetzen muss, zum Beispiel indem er sie dem »Unterbewusstsein« oder »Vorbewusstsein« zurechnet und für das Markieren des Punktes auf der Uhr »Bewusstheit« oder »Unbewusstheit« in Anspruch nimmt. Doch was genau ist ein »Vorbewusstsein«? Einen Willen, der ein Handgelenk zum Beugen bringt, mag ich vielleicht »vorbewusst« nennen dürfen. Aber was ist mit dem Willen, der in zahlreichen und immer wieder neuen Impulsen eine komplizierte mathematische Aufgabe löst oder eine philosophische Argumentation entwirft? So aufschlussreich Libets Messergebnisse erscheinen, sie führen nicht zu einfachen Antworten, sondern zu neuen Fragen. Das große Problem von der Freiheit des Willens lässt sich wohl kaum durch die Frage ersetzen, wie viel oder wie wenig Zeit zwischen einem Gehirnimpuls und dem Gewahrwerden dieses Impulses vergeht. Außerdem gibt es ja auch sehr unterschiedliche Willensimpulse. Manche sind einfach und oft sehr stark, wie Hunger, Durst, Müdigkeit und Sexualtrieb. Andere sind dagegen sehr vielschichtig. Der Wille, Abitur machen zu wollen, Jura zu studieren oder seinen Geburtstag mit einer großen Party zu feiern, ist viel komplizierter als etwa ein Hungergefühl, das mich dazu bringt, etwas essen zu wollen.

Was bedeutet das alles für die Moral? Heute beschäftigen sich Zehntausende von Hirnforschern an Hunderten von Instituten in aller Welt mit der Erforschung des Gehirns. Nicht wenige von ihnen interessieren sich auch für die Instinkte und Antriebskräfte, die den Menschen dazu bewegen, moralisch zu handeln. Wenn alles Gut-sein-Sollen letzten Endes auf dem Gut-sein-Wollen beruht, dann muss etwas im menschlichen Gehirn vorhanden sein, das diesen Willen zum Gutsein auslöst. Was aber könnte dies sein?

• *Der Fall Gage.* Gibt es Moral im Gehirn?

CAVEN DISH

Der Fall Gage
Gibt es Moral im Gehirn?

Der 13. September 1848 ist ein schöner Tag. Die Nachmittagssonne brennt hell und heiß, und Phineas Gage ist seit den Morgenstunden bei der Arbeit. Gage ist Fachmann für Sprengstoff, »der tüchtigste und fähigste Mann« der Rutland & Burlington Railroad Company, wie man ihm später bescheinigen wird. Sein Auftrag besteht darin, ein felsiges Stück Land einzuebnen für die neue Eisenbahnlinie. Die Arbeiter in Vermont sind kurz vor der Stadt Cavendish, und bald schon werden die Schienen durch die Neuenglandstaaten verlegt sein und Passagiere voller Erwartung über 200 Meilen hinweg von Rutland nach Boston reisen. Phineas Gage steht vor einem der neuen Bohrlöcher. Darin befinden sich das Schwarzpulver und die Zündschnur. Jetzt fehlt nur noch die Sandschicht, die sein Helfer darüber schütten muss. Gage greift nach der zwei Meter langen Eisenstange, mit der er den Sand über dem Sprengstoff gleich feststampfen will. Da spricht ihn jemand von hinten an. Gage dreht sich um und wechselt ein paar Worte. Routiniert stößt er zugleich die Eisenstange in die Grube. Was er nicht sieht, ist, dass sein Helfer noch keinen Sand eingefüllt hat. Gage redet und lacht und schlägt dabei unversehens Funken aus dem felsigen Gestein.

In diesem Augenblick explodiert der Sprengstoff. Die Eisenstange fährt Gage durch die linke Wange ins Gehirn, durchbohrt den Kopf und fliegt durch das Schädeldach wieder heraus. Dreißig Meter weiter knallt die Stange zu Boden, mit Blut und Hirngewebe verschmiert. Gage liegt am Boden. Die Nachmittagssonne scheint über die Felsen; die Eisenbahnarbeiter stehen gebannt und starr vor Entsetzen. Nur wenige trauen sich näher heran und sehen das Unfassbare: Phineas Gage lebt! Mit einem Loch quer durch den Schädel erlangt er das Bewusstsein zurück. Obwohl unablässig Blut aus der offenen Wunde rinnt, ist er in der Lage, seinen Kollegen den Unfall zu erklären. Die Arbeiter heben ihn auf einen Ochsenkarren. Aufrecht sitzend fährt er über einen Kilometer zu einem benachbarten Hotel. Er ist ein verdammt harter Bursche. Die anderen Eisenbahnarbeiter staunen nicht schlecht, als Gage selbstständig vom Wagen herunterklettert. Er setzt sich auf einen Stuhl im Hotel und wartet. Als der Arzt eintrifft, begrüßt er ihn mit den Worten: »Hier gibt es reichlich für Sie zu tun, Doktor.«

Heute liegt Gages Schädel im Museum der ehrwürdigen Harvard University und bereitet der Wissenschaft Kopfzerbrechen. Phineas Gage, bei seinem Unfall fünfundzwanzig Jahre alt, lebte noch dreizehn Jahre mit seiner fürchterlichen Kopfverletzung. Ein merkwürdiges Leben! Denn Gages wundersame Heilung war von einer dunklen Wolke überschattet. Zwar erschien der versehrte Vorarbeiter auf den ersten Blick normal. Er konnte hören, sehen und sprechen. Allein das linke Auge war ihm genommen, dafür aber tat alles andere seinen Dienst. Sein Gang war sicher, die Hände waren geschickt wie eh und je, und er konnte genauso unbeeinträchtigt reden wie zuvor. Als Sprengstoff-Experte allerdings wurde er nicht mehr eingesetzt. Gage fand Arbeit auf Pferdefarmen, aber schon nach kurzer Zeit flog er wieder raus. In seiner Hilflosigkeit trat er auf Jahrmärkten auf, dann als Attraktion in einem Museum, wo er sich mitsamt seiner Eisenstange zur Schau stellte. Schließlich wanderte er aus nach Chile und blieb dort bis kurz vor seinem Tod.

Er arbeitete auf Pferdegütern und als Postkutscher. 1860 ging er nach San Francisco und strandete in den dunklen Gassen und Trinkerquartieren der Stadt. Er bekam epileptische Anfälle und starb im Alter von achtunddreißig Jahren. Man beerdigte ihn gemeinsam mit seiner Eisenstange, von der er sich nie getrennt hatte. Die Zeitungen, die einst seinen Unfall in großen Lettern publik gemacht hatten, berichteten von seinem Tod mit keiner Zeile.

Warum war Gages Leben so schiefgelaufen? Nach Ansicht der portugiesischen Hirnforscher Hanna und António Damásio, die seinen Fall untersuchten, lernte und sprach er zeit seines weiteren Lebens völlig normal – mit einer einzigen Ausnahme: Gage, so berichten es mehrere Zeitzeugen, hatte jegliche Achtung vor den Spielregeln des Zusammenlebens verloren. Er log und betrog hemmungslos, neigte zu unkontrollierten Wutausbrüchen und Schlägereien und zeigte keine Spur von Verantwortungsgefühl mehr. Was war passiert? War es möglich, dass die Verletzung im Gehirn einen aufrechten Bürger in einen Mann mit schwerwiegenden Charaktermängeln verwandelt hatte? Allem Anschein nach war der moralische Kompass des Eisenbahnarbeiters entmagnetisiert worden. Wenn das stimmte, bedeutete es dann nicht zugleich, dass es ein biologisches Zentrum für Moral im menschlichen Gehirn gibt? Und wenn es ein solches Zentrum gibt – bestimmt dann dieses Zentrum in meinem Gehirn darüber, ob ich mich gut oder schlecht benehme?

Die Hirnforscher Hanna und António Damásio untersuchten Gages Schädel nach allen Regeln der Kunst. Sie sind sich sicher, dass Teile in seinem Gehirn zerstört wurden, die für wichtige menschliche Eigenschaften zuständig sind, zum Beispiel für die Fähigkeit, die Zukunft vorwegzunehmen und sie in einem sozialen Umfeld angemessen zu planen. Sie glauben, dass Gage sowohl das Verantwortungsgefühl für sich selbst als auch anderen gegenüber verloren hatte und dass er sein Leben nicht mehr frei organisieren konnte. Ein bestimmtes Hirnareal, die *ventromediale Region* des Stirnlappens, die für all dies zuständig sei, sollte ausgefallen sein, während alle anderen Gehirnfunktionen weiterhin tadellos arbeiteten. Haben die Damásios recht, so war Gages Bewusstsein nach dem Unfall gestört. Das Verhältnis von Denken und Fühlen, Entscheiden und Empfinden war nicht mehr normal. Es sollte gesagt werden, dass nicht jeder, der sich mit Gages Geschichte befasst, diese Interpretation teilt. Manche, die sein Schicksal untersuchten, zweifeln an dem medizinischen Gutachten des Arztes, der Gage behandelt hatte. Sie meinen, Gages Charakter habe sich gar nicht so sehr verändert, wie die Damásios annehmen. Man muss auch berücksichtigen, dass Gage immerhin den Job verlor, den er erlernt hatte. Er hatte keine berufliche Perspektive mehr. Am wichtigsten aber ist, dass die Menschen auf einen smarten Vorarbeiter ganz anders reagieren als auf einen Mann mit einem völlig entstellten Gesicht. Könnte manches seltsame Verhalten nicht ganz einfach darauf zurückzuführen sein? Und reicht es nicht aus zu sagen, dass der Unfall Gage möglicherweise traumatisiert hat?

Alle diese Einwände sind berechtigt, aber sie ändern wenig am neurobiologischen Befund. Die Damásios bestätigten ihre Ergebnisse in zahlreichen Tierversuchen. Sie fanden heraus, dass die ventromediale Region ein sehr entscheidender Bereich des Gehirns ist. Hier werden Gefühle verarbeitet, aber auch Pläne geschmiedet und Entscheidungen getroffen. Doch es wäre zu schön – und leider auch falsch – anzunehmen, wir könnten mit der ventromedialen Region ein kleines Rechenzentrum ausfindig machen, das auf Kommando unsere moralischen Urteile ausdruckt.

In einem der Mumin-Bücher der finnischen Kinderbuchautorin Tove Jansson, die ich meinem Sohn Oskar abends im Bett vorlese, wünscht sich der Snork, eines der Trollwesen, vom Zauberer eine Rechenmaschine, damit er immer weiß, was gerecht und was ungerecht ist. Tja, und da muss selbst der große Zauberer passen. Nicht anders ist es mit dem moralischen Rechner im Gehirn. Er ist kein abgeschlossenes System in einer bestimmten Gehirnregion, vielmehr handelt es sich um ein sehr kompliziertes Netzwerk verschiedener Areale. Die Frage, ob es für Moral zuständige Regionen im Gehirn gibt, lässt sich mit Ja beantworten. Die Antwort auf die Frage, ob *eine* bestimmte Gehirnregion für moralisches Empfinden und Entscheiden zuständig ist, lautet: Nein.

Mit Bedacht habe ich im letzten Satz Empfinden und Entscheiden voneinander getrennt, denn sie sind nicht das Gleiche. Im vorigen Kapitel hatte der Hirnforscher Benjamin Libet beides eng zusammengefasst, als er meinte, unsere Empfindungen diktierten unsere Entscheidungen. Das ist sicher nicht ganz falsch, aber heute weiß die Hirnforschung, dass so viele verschiedene Gehirnregionen an unserem Empfinden und Entscheiden beteiligt sind, dass es sehr schwerfällt, mit holzhackerischer Sicherheit zu sagen, wie dieser Prozess ganz genau abläuft. Gefühle, abstraktes Denken und Bereiche, die für zwischenmenschliche Beziehungen zuständig sind, sind immer gleichzeitig am Werk. Wer hier über was bestimmt, ist kaum zu sagen, und möglicherweise ist es ja auch gar nicht immer gleich. Gefühle und Vernunft durchkreuzen sich offensichtlich ständig, und Menschen reagieren auf vorgegebene Situationen oft sehr unterschiedlich. Es gibt *moralische Gefühle* – zum Beispiel Mitleid mit einem Bedürftigen. Ich sehe einen Bettler auf der Straße, und er tut mir unmittelbar leid. Das Gefühl kommt in mir hoch, es entsteht ohne Absicht. *Moralische Einsichten* sind etwas ganz anderes. Ich will dem Mann Geld geben und überlege, ob dies richtig ist. Ich denke: Wenn alle ihm etwas geben, wird er sich nie Arbeit suchen. Oder: Der versäuft das Geld, statt sich etwas zu essen dafür zu kaufen. Ich kann aber auch denken: Soll er damit machen, was er will. Hauptsache, er kriegt das Geld, das er offensichtlich braucht. Gefühle und Einsichten lassen sich oft nicht trennen. Aber: *Warum wir handeln,* unterscheidet sich durchaus davon, wie wir eine Handlung moralisch *beurteilen.* Gefühle spielen – neben Absichten, Denken, Gewohnheit und anderen Dingen – bei Handlungen eine große Rolle, aber wenn wir moralisch urteilen, scheint ihr Einfluss schon geringer auszufallen. Bevor wir den letzten großen Berg in unserem Moralgebirge besteigen, die *moralische Intuition,* werfen wir aber noch einmal einen letzten Blick in die Werkstatt der Hirnforscher.

• *Ich fühle was, was du auch fühlst.* Lohnt es sich, gut zu sein?

PARMA

Ich fühle was, was du auch fühlst
Lohnt es sich, gut zu sein?

Für die einen ist es Winnetous Tod in der *Karl-May*-Verfilmung, für die anderen ist es der Tod von Ruth in *Grüne Tomaten,* und wieder andere weinen bei Professor Dumbledores Ermordung in *Harry Potter.* Wir weinen bei traurigen Filmen oder Büchern, weil wir uns in die Gefühle der Helden hineinversetzen, und empfinden ihr Leid tatsächlich wie unser eigenes. Wir lachen mit, und wir fürchten uns vor Film-Monstern und Psychoschockern, so als wären wir selbst unmittelbar bedroht. Jeder von uns kennt diese Erfahrung. Aber wie kommt sie zustande? Warum können wir andere Menschen in ihren Gefühlen verstehen? Warum bekommen wir eine Gänsehaut im Kino, wo wir doch völlig außerhalb jeder Gefahr sind? Warum übertragen sich die Gefühle anderer Menschen auf uns?

Die Antwort ist einfach: Wir fühlen mit, weil die (echten oder im Kino simulierten) Gefühle anderer die gleichen Gefühle in uns hervorrufen. Und dies gilt höchstwahrscheinlich nicht nur für Menschen. Auch die Schwester des Rhesusaffenweibchens Fawn, das Frans de Waal im Forschungszentrum von Madison beobachtet hatte, fühlte das Leiden und die Angst von Fawn ganz offensichtlich mit. Doch so selbstverständlich das Mitfühlen mit anderen und das Nachvollziehen von Gefühlen auch sind – für die Wissenschaft war dies bis vor wenigen Jahren ein völlig ungelöstes Rätsel. Und der Mensch, der als Erster eine überzeugende wissenschaftliche Antwort darauf gab, ist außerhalb der Fachwelt noch immer ein erstaunlich unbekannter Mann.

Giacomo Rizzolatti wird oft und gerne mit Albert Einstein verglichen: wild abstehendes weißes Haar, ein ebenso weißer Schnurrbart und ein verschmitztes Lächeln. Doch die Ähnlichkeiten sind nicht nur äußerlich. Für viele Hirnforscher ist der quicklebendige Italiener einer der größten ihres Fachs, ein Mann, der in neue Dimensionen vorstieß. Dabei galt sein Forschungsfeld für viele Kollegen lange nur als zweite Wahl. Seit über zwanzig Jahren kümmert sich Rizzolatti um die Funktion von Nervenzellen, die Handlungen steuern, sogenannten *Handlungsneuronen.* Ein eher langweiliges Gebiet, so schien es, denn der motorische Cortex, der Handlungen auslöst, galt als eine vergleichsweise dumpfe Gehirnregion. Was interessieren uns einfache Bewegungen, wenn wir so komplexe Bereiche wie Sprache, Intelligenz oder die Gefühlswelt erforschen können, so dachten die meisten Forscher.

Es schien so. Doch im Jahr 1992 kam die Wende. Und sie kam vollkommen überraschend. Rizzolatti arbeitet in Parma an der ältesten Universität Europas. Doch die Gebäude der medizinischen Fakultät sind ein hochmoderner schneeweißer Komplex am Rande der Stadt. Anfang der Neunzigerjahre beschäftigten sich die Hirnforscher um Rizzolatti mit einem ungewöhnlichen Projekt. Sie wussten, dass bestimmtes Verhalten »ansteckend« wirken kann. Lachen, Gähnen oder auch die Körperhaltung des Gesprächspartners können dazu führen, dass sie sofort von anderen mitgemacht werden. Das Gleiche gibt es bei einigen Affen. Manche Arten sind geradezu berühmt dafür, dass sie alles »nachäffen«. Doch die Forscher entschieden sich ausgerechnet für Schweinsaffen, eine Makaken-Art, die normalerweise das Verhalten von Artgenossen gerade nicht nachahmt. Rizzolatti und seine jüngeren Mitarbeiter Gallese,

Fogassi und di Pellegrino legten Elektroden an das Gehirn eines Schweinsaffen. Dann legten sie ihm eine Nuss auf den Boden und beobachteten, wie ein bestimmtes Handlungsneuron feuerte, wenn der Affe mit seiner Hand eilig nach der Nuss griff. So weit, so normal. Doch dann kam die Sensation: Die Forscher setzten den gleichen Affen nun hinter eine Scheibe. Diesmal konnte er nicht nach der Nuss greifen. Stattdessen musste er zuschauen, wie einer von Rizzolattis Mitarbeitern sich die Nuss griff. Und was passierte im Gehirn des Affen? Während er zuschaute, wie jemand anders seine Nuss griff, feuerte dasselbe Handlungsneuron wie in der Situation, als er selbst nach der Nuss gegriffen hatte. Obwohl sich seine Hand nicht rührte, vollzog der Affe die Handlung geistig nach. Die Wissenschaftler trauten ihren Augen nicht. Ob der Affe bestimmte Bewegungen *eigenhändig ausführte* oder ob er die Bewegungen seiner Trainer *nur geistig nachvollzog* – in beiden Fällen arbeiteten die Nervenzellen genau gleich.

Noch nie zuvor hatte jemand beobachtet, wie das Gehirn bestimmte Bewegungen simuliert, die in Wirklichkeit gar nicht stattfinden. Der Erste, der begriff, was vor sich gegangen war, war Leonardo Fogassi. Doch der Ruhm gebührte dem ganzen Team. Rizzolatti erfand einen neuen Begriff. Er nannte die Nervenzellen, die beim passiven Nachvollziehen die gleichen Reaktionen im Gehirn auslösen wie beim tatsächlichen Handeln, *Spiegelneuronen.* Ein neues Zauberwort war geboren. Sofort stürzten sich viele Hirnforscher erst in Italien und dann an den Universitäten und Forschungsinstituten in aller Welt auf die Erforschung der Spiegelneuronen. Wenn es richtig ist, dass auch das menschliche Gehirn keinen Unterschied macht zwischen dem, was wir selbst erleben, und dem, was wir nur intensiv beobachten und mitfühlen – liegt dann hier nicht der Schlüssel zum Verständnis unseres Sozialverhaltens?

Zumindest sind sie ein wichtiger Baustein. Spiegelneuronen liegen im präfrontalen Cortex des Stirnlappens, in einem Bereich, der *Insel* genannt wird. Diese Insel allerdings ist etwas anderes als das »Sozialzentrum«, die ventromediale Region, von der bislang die Rede war. Das ist auch klar, denn Spiegelneuronen haben zwar etwas mit unbewusster Einfühlung, aber nichts mit umfangreicherem Planen, Entscheiden oder Wollen zu tun. Wie diese Gehirnregionen zusammenspielen, ist noch immer weitgehend unbekannt. Besonders elektrisiert war die Fachwelt, als Rizzolatti mithilfe bildgebender Verfahren zeigen konnte, dass Spiegelneuronen beim Menschen ganz offensichtlich auch in der Nähe des Broca-Zentrums liegen, einer der beiden Gehirnregionen, die für die Sprache zuständig sind. Und Hirnforscher der Universität Groningen in den Niederlanden entdeckten auch einen spannenden Zusammenhang zwischen dem Hören von Geräuschen und dem Funken von Spiegelneuronen. Menschen, die eine Getränkedose zischen hören, reagieren im Gehirn genauso, als ob sie selbst die Dose öffnen würden. Schon ein Geräusch allein reicht aus, um die ganze Situation zu erleben. Diejenigen Testpersonen, deren Gehirn sich dabei besonders aktiv zeigte, waren zugleich dieselben, die meinten, dass sie sich besonders gut in andere Menschen hineinversetzen können. Gleich mehrere Forscher in den USA untersuchten Kinder, die nur eingeschränkt auf Ansprache durch ihre Mitmenschen reagieren. Sie stellten fest, dass Kinder mit *autistischen* Störungen ganz offensichtlich ein Problem mit ihren Spiegelneuronen haben. Sie werden nur schwach oder gar nicht aktiviert.

Ob sich die Erwartungen an die Spiegelneuronen als Regisseure unserer Gefühle in weiteren Experimenten bestätigen, ist noch offen. Die Forschung steht hier erst am Anfang. Doch die Hoffnung ist groß, dass das Verständnis der Spiegelneuronen ein wichtiger Baustein für das Verständnis unseres Mitgefühls, unserer Sprache und wohl auch für unser Sozialverhalten und unsere Moral sind. Wenn die Spiegelneuronen sowohl bei eigenen als auch beim Beobachten fremder Handlungen funken, darf man vermuten, dass das Nachvollziehen der Gefühle anderer Menschen abhängig ist von der eigenen Empfindungsfähigkeit. Wer sensibel gegenüber sich selbst ist, hat bessere Voraussetzungen, auch sensibel gegenüber anderen zu sein. Wie gesagt: Voraussetzungen – ob er davon Gebrauch macht oder nicht, ist noch eine ganz andere Frage. Spiegelneuronen erklären möglicherweise die »technische« Seite unserer allgemeinen Moral*fähigkeit*. Ihre Erforschung könnte zeigen, wie unser Mitfühlen funktioniert; ein Prozess, den Kant noch für völlig unbeschreibbar gehalten hatte. Was aber noch immer fehlt, ist die Antwort auf die Frage, warum sich das Mitfühlen so sehr lohnen soll, dass man daraus allgemeine Verhaltensempfehlungen oder sogar verbindliche Handlungsregeln aufstellen kann.

In unserer Stammesgeschichte diente die Moral, wie gesagt, dem Zweck, das soziale Leben einer Gruppe zu regeln. Damit das funktionierte, mussten die Gruppenmitglieder in der Lage sein, sich auf andere einzustellen und ihre Gefühle und vielleicht auch ihre Gedanken nachzuvollziehen. Ganz offensichtlich halfen die Spiegelneuronen ihnen dabei, altruistisch sein zu können. Die Wurzeln altruistischen Verhaltens reichen so tief, dass Menschen nicht nur anderen helfen, sondern dies darüber hinaus noch als lohnend empfinden. Es erfüllt uns mit Freude, wenn wir ein weinendes Kind beruhigen, es umarmen und streicheln und es vielleicht sogar wieder zum Lachen bringen können. Mitgefühl ist ein in jedem gesunden Menschen vorhandener Instinkt. Allem Anschein nach entstanden solche moralischen Empfindungen zuerst; die moralischen Prinzipien folgten später.

Aber woher kommt das Gefühl des Lohns? Was macht glücklich am Glücklichmachen? Und was befriedigt daran, wenn man sich moralisch gut verhält? Fragt man einen Hirnforscher, so verweist er zumeist auf eine sehr kleine, aber sehr besondere Region im Gehirn, von der schon im Kapitel über unsere Gefühle die Rede war: die Amygdala. Sie ist das Lust- und Frustzentrum im Gehirn, und sie ist viel besser erforscht als die Spiegelneuronen. Freundliche Gesichter, so fanden mehrere Forschergruppen heraus, führen zu starken Reaktionen in der linken Amygdala. Sie erzeugen gute Laune und Lust. Finstere oder drohende Gesichter reizen besonders die rechte Amygdala, sie erzeugen Furcht und Unlust. Ergebnisse wie diese werden im Kernspintomografen sichtbar, und sie sind sehr aufschlussreich. Natürlich erzeugt die Kernspintomografie nur Momentaufnahmen und keinen Film. Doch dass es uns gute Laune macht, anderen eine Freude zu machen, scheint offensichtlich zu sein. Das Lächeln und Strahlen der anderen belohnt uns für unsere gute Tat. Gutes zu tun, macht also oft gute Laune, vor allem dann, wenn man das Ergebnis seiner Handlung auf dem Gesicht seiner Mitmenschen sehen – oder sich zumindest gut vorstellen – kann.

Altruistisches Verhalten beruht also weitgehend auf Selbstbelohnung. Es lohnt sich für mich, gut zu sein, und es lohnt sich für die Gemeinschaft, wenn es sich für die Einzelnen lohnt. Vielleicht ist dies der Punkt, den Kant weitgehend unterschätzt hat. Denn er meinte, dass Freundlichkeit aus einem Pflichtgefühl heraus moralischer sei als Freundlichkeit aus Neigung oder aus Veranlagung. Auf Lustgefühle, meinte Kant, könnte man sich nicht verlassen. Das ist auch nicht ganz falsch. Doch kann man sich auf das Pflichtgefühl verlassen? Im Zweifelsfall geht das wohl noch schlechter. Denn eine erfüllte Pflicht ist ein eher schwaches Lustgefühl, verglichen mit der Lust daran, Freude zu schenken.

Vor Kant hatten viele Philosophen die Moral begründet als eine Verpflichtung gegenüber Gott. Wer gottgefällig lebte und handelte, war moralisch, sein Leben war richtig. Kant aber hatte die Moral aus der Verpflichtung des Menschen gegenüber Gott befreit. Statt Gott verpflichtet zu sein, sollte der Mensch sich selbst verpflichtet sein. Das war die Pointe an seiner Vorstellung vom »moralischen Gesetz in mir«. Psychologisch betrachtet bedeutet dies: Ob ich mich moralisch verhalten will oder nicht, ist eine Frage der *Selbstachtung*. Und in diesem Punkt hat Kant ohne Zweifel recht. Zwar ist, wie mir scheint, die Lust am Guten menschlicher als die Pflicht zum Guten. Aber eine Moral wird es erst dann, wenn ich diese Erfahrungen von Lust zur Grundlage allgemeiner freundlicher Verhaltensregeln mache, aus Gründen der Selbstachtung. Wobei man allerdings auch einräumen sollte: Wie sehr es sich lohnt, gut zu sein, hängt auch von der Gesellschaft ab, in der man sich befindet. Mit dem kategorischen Imperativ kommt man im Gefängnis nicht immer weiter und in der Bronx auch nicht. Die Selbstachtung kreuzt sich hier mit den Nöten und Notwendigkeiten der *Selbstbehauptung*. Doch grundsätzlich gilt, dass die Moralfähigkeit ein wichtiger Bestandteil des Menschen ist. Eine Gesellschaft, die keinerlei Begriff von »richtig« oder »falsch« hat, ist so ungefähr das Schlimmste, was wir uns vorstellen können – wenn es denn überhaupt vorstellbar ist.

»Menschlichkeit« – es ist das christlich-abendländische Erbe, das dazu verführt, Moralität als das entscheidende Wesensmerkmal unserer Spezies zu sehen. Von Natur aus, so scheint es, ist der Mensch weder durch und durch brutal noch von Grund auf edel – er ist beides. Das Loch im Schädel des Phineas Gage verrät heute einiges über die Kontrollzentren der Moral im Gehirn. Und die Spiegelneuronen zeigen, wie unser Mitfühlen auf der Ebene von Nervenzellen zu funktionieren scheint.

Doch kein chemischer Prozess organisiert aus sich selbst heraus Zuneigung, Liebe und Verantwortung. Das müssen wir selber tun – nicht zuletzt deshalb, weil es sich für uns lohnt. Die einzige große Frage, die wir jetzt noch klären müssen, ist: Haben wir das Wissen, dass sich Gutsein lohnt, durch Lebenserfahrung erworben? Oder ist dieses Wissen bereits angeboren? Kommen wir tatsächlich mit einer Art »moralischem Gesetz« auf die Welt, wie Kant meinte? Immerhin können die meisten von uns oft ohne lange zu überlegen sagen, ob eine Handlung gut ist oder schlecht. Ganz offensichtlich fühlen wir hier ganz intuitiv. Doch was hat es mit dieser »intuitiven Moral« auf sich?

• *Der Mann auf der Brücke.* Ist Moral angeboren?

BOSTON

Der Mann auf der Brücke
Ist Moral angeboren?

Versetzen wir uns in folgende Lage: Ein Waggon rast völlig außer Kontrolle über das Gleis direkt auf fünf Gleisarbeiter zu. Sie, lieber Leser, stehen an der Weiche und sehen den führerlosen Wagen heransausen. Wenn Sie die Weiche nach rechts umstellen, können Sie das Leben der fünf Männer in letzter Sekunde retten. Der einzige Haken dabei ist: Wenn der Waggon nach rechts abbiegt, überfährt er ebenfalls einen Gleisarbeiter – allerdings nur einen einzigen. Was würden Sie tun?

Doch halt! Bevor Sie antworten, sollten Sie noch eine zweite Frage durchdenken. Wieder haben wir es mit dem führerlosen Waggon zu tun, und wieder rast er auf die Weiche und die fünf Gleisarbeiter zu. Diesmal aber stehen Sie nicht an der Weiche, sondern auf einer Brücke über dem Gleis. Sie suchen nach etwas, was Sie von oben auf die Bahngleise runterwerfen können, um den Waggon aufzuhalten. Das Einzige, was Sie sehen, ist ein großer dicker Mann, der neben Ihnen auf der Brücke steht. Das Geländer ist nicht hoch. Alles, was Sie tun müssten, wäre, den Mann kräftig von hinten zu schubsen. Sein schwerer Körper würde den heranrasenden Eisenbahnwagen aufhalten, die fünf Gleisarbeiter wären gerettet. Würden Sie es tun?

Ausgedacht hat sich das »Trolley-Problem« der Rechtsphilosoph Hans Welzel zu Anfang der Fünfzigerjahre. Nach und nach kamen Varianten hinzu, wie ebenjene, den dicken Mann von der Brücke zu schubsen. Inzwischen haben sich mehr als 300 000 Menschen diese beiden Fragen gestellt: Den Hebel umlegen und/oder den dicken Mann von der Brücke stoßen? Befragt hat sie der Psychologe Marc Hauser von der Harvard University in Boston. Er stellte seinen Test ins Internet und ließ Menschen online darüber entscheiden, was sie im Fall des herrenlosen Waggons tun würden. Und John Mikhail von der Georgetown University in Washington D. C. stellte seine Testfragen in den USA und in China und testete sogar Nomadenvölker. Er fragte Kinder und Erwachsene, Atheisten und Gläubige, Frauen und Männer, Arbeiter und Akademiker. Das überraschende Ergebnis war: Die Antworten waren fast immer gleich – unabhängig von Religion, Alter, Geschlecht, Ausbildung und Herkunftsland.

Wie lauteten die Antworten? Frage 1: Fast jeder der Befragten würde die Weiche umstellen. Er würde den Tod von einem einzigen Mann in Kauf nehmen, um das Leben von fünf Männern zu retten. Frage 2: Nur jeder Sechste würde den dicken Mann von der Brücke schubsen, um das Leben der fünf Männer zu retten. Die große Mehrheit würde es nicht tun.

Ist das nicht ein seltsames Ergebnis? Ob ich die Weiche umstelle oder den Mann von der Brücke stoße – das Resultat ist doch in beiden Fällen das gleiche! Ein Mann stirbt, und fünf werden dadurch gerettet. Von der Bilanz der Toten und Überlebenden her gesehen gibt es keinen Unterschied. Und doch scheint es einer zu sein. Ob ich den Tod eines Menschen in Kauf nehme oder ob ich ihn selbst herbeiführe, ist ganz offensichtlich nicht dasselbe. Psychologisch macht es einen erheblichen Unterschied, ob ich aktiv oder passiv für den Tod von Menschen verantwortlich bin. Im ersten Fall habe ich das Gefühl, einen Mord zu begehen, selbst wenn ich damit das Leben anderer Menschen rette. Im zweiten Fall ist es eher das Gefühl, Schicksal zu spielen. Zwischen aktivem Tun und passivem Unterlassen liegen gefühlte Welten. Und bezeichnenderweise unterscheiden auch die Strafgesetzbücher nahezu aller Länder sehr genau zwischen mutwilligen und unterlassenen Handlungen.

Aktives Tun ist moralisch betrachtet etwas anderes, als etwa einen Befehl oder eine Anordnung zu geben. Die Soldaten, die die Bomben von Hiroshima und Nagasaki abwarfen, wurden damit seelisch nicht fertig; ihre Vorgesetzten bis hin zu Präsident Truman, der den Beschluss dazu gefasst hatte, hatten offensichtlich weniger Probleme damit. Wir unterscheiden beabsichtigten und vorhergesehenen Schaden. Wir unterscheiden direktes und indirektes Tun. Und die meisten Menschen halten Schaden, der durch Körperkontakt entsteht, für verwerflicher als den, bei dem es zu keiner Berührung kommt. Es fällt leichter, einen Knopf zu drücken, um jemanden zu töten, als jemandem ein Messer ins Herz zu stoßen. Je abstrakter eine brutale Tat ist, umso leichter scheint sie zu fallen.

Erinnern wir uns an den Ursprung unserer Moral aus dem Sozialverhalten von Primaten. Hier gibt es zwar keine abstrakten Handlungen, aber sehr wohl den Unterschied zwischen Tun und Unterlassen. Wenn jemand eine Handlung unterlässt, können wir nicht sicher sein, ob er es absichtlich getan hat. Deshalb zögern wir auch, sie moralisch eindeutig zu bewerten. Ein aktives Tun dagegen scheint als Verhalten zweifelsfrei zu sein.

Marc Hauser und John Mikhail allerdings erkennen darin noch viel mehr. Wenn die meisten Menschen in derselben Situation die Lage moralisch sehr ähnlich einschätzen und sich gleich verhalten – ist das nicht ein Beweis dafür, dass es einen kulturübergreifenden, allgemeinen moralischen Bodensatz in jedem von uns gibt? Verfügen wir nicht über dasselbe Regelwerk? Orientieren wir uns nicht alle irgendwie an den gleichen Grundsätzen, wie: »Sei fair!«, »Richte keinen Schaden an!«

oder »Verhalte dich friedlich!«? Mikhail und Hauser sind überzeugt, dass es moralische Regeln in jedem von uns gibt. Da sich die Menschen dieser Regeln normalerweise gar nicht bewusst sind, werden diese Regeln auch nicht durch Erziehung weitergegeben. Sie sollen in unseren Genen verankert sein und werden in den ersten Lebensjahren verinnerlicht. Hauser vermutet, dass wir moralischen Sinn ähnlich wie Sprache erwerben. Wie Noam Chomsky gezeigt hatte, steht am Anfang eine im Gehirn verankerte Universalgrammatik, aus der Kinder je nach Umwelteinfluss ihre Muttersprache entwickeln. Wir erlernen die erste Sprache nicht, wir erwerben sie vielmehr, wie uns ein Arm wächst. Bei der Moral, so Hauser, ist es ähnlich. Auch hier gäbe es eine Art Tiefengrammatik, die hilft, uns die jeweilige Moral unseres Umfeldes strukturiert anzueignen. Jeder Mensch wird demnach mit einem Sinn für Gut und Böse geboren, mit einem »Moralinstinkt«. Nicht allein Religionen und Rechtssysteme, nicht allein Eltern und Lehrer bringen einem Menschen demnach Sitte und Anstand bei – er kommt schon mit einem Gespür dafür aus dem Geburtskanal. Eben deshalb könnten wir, meist ohne groß zu überlegen, sagen, ob eine Handlung gut oder schlecht ist. Und selbst ein Verbrecher weiß in seinem Innern zumeist sehr wohl, was moralisch richtig ist und was falsch.

Hat Hauser recht? Finden die Psychologen mit ihren Tests den Schlüssel zur intuitiven Moral, den die Philosophen mit ihren abstrakten Imperativen und Gesetzen nicht greifen, die Hirnforscher mit ihren Kernspintomografen nicht sehen können? Für Gefühle hatte Kant nur Verachtung übrig gehabt. Denn sein Anspruch war ja gerade umgekehrt eine Moral, die nach Möglichkeit gerade ohne solche Gefühle auskommt. Gefühle, so meinte er, sind keine Partner der Vernunft, sondern ihre Gegner; sie trüben unser moralisches Urteil, statt es zu ermöglichen. Genau dagegen setzen Hauser und Mikhail ihre

Theorien der moralischen Gefühle. Emotionen seien eben nicht zwangsläufig niedere Instinkte, sondern führten durchaus auch zu edlen Gefühlen. Um ganz sicherzugehen, dass es einen solchen *Moralsinn* in jedem gesunden und normalen Menschen gibt, holte sich Hauser Hilfe bei einem guten alten Bekannten. Gemeinsam mit António Damásio untersucht er Patienten mit Schäden in der ventromedialen Region des Stirnlappens; also Menschen, die ähnliche Schäden aufweisen wie Phineas Gage. Auch diese wurden nach dem Waggon-Beispiel befragt. Das Ergebnis war klar und eindeutig: Wie die meisten gesunden Menschen, so betätigten auch die hirnverletzten Patienten den Weichenhebel, um die fünf Gleisarbeiter zu retten. Doch anders als bei den anderen Befragten musste auch der dicke Mann in jedem Fall daran glauben. Die Soziopathen mit Phineas-Gage-Symptom waren ohne Zögern bereit, ihn von der Brücke zu stoßen. Wo andere Menschen durch ihren intuitiven Moralinstinkt gehemmt werden, fehlt ihnen offensichtlich das moralische Gefühl. Sie beurteilen die Lage nur mit dem Verstand.

Vertraut man diesem Test, dann liegt der intuitive Moralsinn im menschlichen Stirnlappen. Hier läge, verborgen in der ventromedialen Region, eine angeborene Universalgrammatik der Moral. Doch bevor wir das unterschreiben, sollten ein paar wichtige Einwände nicht unerwähnt bleiben: Die Testfrage nach dem Waggon und der Weiche ist eine klare und eindeutige Frage; die Frage nach dem Mann auf der Brücke hingegen ist es nicht. Versetzen wir uns noch einmal allen Ernstes in die Situation, einen Menschen von der Brücke zu stoßen, um einen Waggon aufzuhalten. Dreht uns der Mann den Rücken zu, fällt uns das Herunterschubsen leichter. Guckt er uns an, ist es schon gleich viel schwieriger. Ist uns der Mann unsympathisch? Nun gut, wir könnten ihn opfern. Ist er sympathisch und nett, lächelt er freundlich? Dann werden wir ihn wohl nicht schubsen. All dies spricht nicht gegen Hausers und Mikhails Theorien vom Moralinstinkt. Aber es macht ihn komplizierter. Denn all unsere sehr persönlichen Gefühle von Sympathie und Antipathie haben eben auch etwas mit unserer intuitiven Moral zu tun.

Für das Beispiel mit der Weiche gilt das Gleiche. Fünf von sechs Befragten sagen, sie würden einen Gleisarbeiter überfahren lassen, um fünf andere zu retten. So weit, so gut. Was aber ist, wenn ich den einen Gleisarbeiter kenne, wenn er ein guter Freund von mir ist? Stelle ich dann auch den Hebel um? Was ist, wenn auf dem Gleis kein Arbeiter, sondern die eigene Mutter, der Bruder, der Sohn oder die Tochter steht? Wer würde dann noch die Weiche betätigen? Wer würde die Weiche umstellen, wenn er zwischen fünf erwachsenen Gleisarbeitern auf der einen Seite wählen müsste und einem spielenden Kind auf der anderen? Im anderen Beispiel würde mancher Schüler gewiss seinen verhassten Mathe-Lehrer von der Brücke stürzen, um damit das Leben der Gleisarbeiter zu retten.

Im zweiten Fall kommen überdies noch Aspekte ins Spiel, die gar nichts mit Instinkten zu tun haben. Wenn ich den dicken Mann jetzt schubse, durchzuckt es mein Gehirn, wer sagt mir, dass er ganz genau aufs Gleis fällt? Und wenn: Kann ich mir sicher sein, dass er den Waggon aufhält? Was ist, wenn nicht? Dann sterben nicht nur die fünf Gleisarbeiter, dann habe ich auch noch einen Mord begangen. Wer wird mir glauben, dass ich dabei nur beste Absichten hatte? Alle diese Fragen sind wichtig für mein Handeln. Und sie sind nicht das Ergebnis langer Abwägungen, sondern sie kommen blitzschnell. Sie sind durch Lebenserfahrung entstanden und damit so etwas wie soziale und kulturelle Reflexe.

Genetische Veranlagungen und kulturelles Wissen lassen sich gar nicht so leicht unterscheiden. Beide spielen unzertrennlich ineinander. Dass bestimmte Entscheidungen, wie in Hausers und Mikhails Testfragen, in vielen verschiedenen Kulturen gleich gefällt werden, beweist nicht, dass die moralischen Vorstellungen angeboren sind. Es kann auch sein, dass sich die Moralvorstellungen in den Kulturen sehr ähnlich entwickelt haben, weil sie sich überall als gut oder zumindest als lohnend herausgestellt haben. Die richtige Antwort auf die Frage »Angeboren oder anerzogen?« lautet wohl: Man kann es nicht wirklich unterscheiden! Manche Kinder und Jugendliche, die zum Beispiel in der Hitlerzeit erzogen wurden, hatten später keine Skrupel, als Offiziere der SS andere Menschen zu töten, darunter auch wehrlose Frauen und kleine Kinder. Wie beim Erlernen der Sprache sind auch unsere moralischen Empfindungen wohl nicht im vollen Umfang angeboren. Wir sind nicht von Geburt an mit Werten ausgestattet, sondern eben nur mit einem Lehrplan, welche Informationen wir aufnehmen können, und einigen Vorbedingungen, wie wir sie organisieren können.

Wie unterschiedlich diese Fähigkeit zur Moral ausgenutzt werden kann, zeigt die Verschiedenheit menschlicher Moralvorstellungen. Eigentumsrechte, Sexualmoral, religiöse Vorschriften und Umgangsformen mit Aggressivität wurden und werden so unterschiedlich gehandhabt, dass es schon schwierig ist, zu sagen, was typisch »menschlich« ist. Auch in unserer Gesellschaft bestehen viele Abschattungen. Es gibt Alltagsmoral, Gesinnungsmoral, Verantwortungsmoral, Klassenmoral, Vertragsmoral, Maximal- und Minimalmoral, Initialmoral, Kontrollmoral, weibliche und männliche Moral, Betriebsmoral, Moral für Manager, für Feministinnen und für Theologen. Wann immer die Gesellschaft erkennt, dass sie ein neues Problem hat, entsteht postwendend eine neue Moral. Immerhin aber beruft sich eine jede neue Moral auf die immer gleichen alten Werte: Sie appelliert an das Gewissen, schreit nach

Verantwortung, fordert ein Mehr an Gleichheit und Demokratie, an Brüderlichkeit und Schwesterlichkeit.

Wer moralisch denkt, teilt die Welt in zwei Bereiche: in das, was er achtet, und das, was er ächtet. Mehr als zwei Jahrtausende haben sich Philosophen damit herumgeplagt, unwiderlegbare Beweise dafür zu finden, wie sie diese Achtungs- und Ächtungskriterien endgültig zementieren können. Mit einem denkwürdigen Ergebnis: Denn einerseits entstand unter philosophischem Einfluss über Jahrhunderte hinweg ein modernes Moralsystem wie der bürgerliche Rechtsstaat; andererseits blieb die ganze Konstruktion (zumindest in Deutschland) so brüchig, dass sie sich, wie gesagt, im Nationalsozialismus ohne größeres moralisches Aufbegehren im Handstreich aus den Angeln heben ließ. Allem Anschein nach entsteht moralischer Fortschritt in einer Gesellschaft weniger durch die Vernunft als dadurch, breite Schichten der Bevölkerung für bestimmte Probleme zu sensibilisieren. Der Motor auch des sozialen Geschehens ist der Affekt. Oder, wie es der US-amerikanische Philosoph Richard Rorty einmal treffend formuliert hat: »Der moralische Fortschritt ist ... nicht davon abhängig, dass man sich über die Empfindsamkeit erhebt und zur Vernunft vordringt. Ebenso wenig beruht er darauf, dass man, statt sich weiterhin auf niedrige und korrupte Provinzinstanzen zu berufen, an einen höheren Gerichtshof appelliert, der sich bei seinen Urteilen nach einem ahistorischen, an keinen Ort und keine Kulturgrenzen gebundenen moralischen Gesetz richtet.«

Das Fazit nach sieben Kapiteln über die Moral müsste also lauten: Der Mensch ist ein moralbegabtes Tier. Die Fähigkeit zur Moral ist angeboren, aber wie weit, lässt sich nur schwer sagen. Das Primatengehirn stellt Möglichkeiten bereit, sich in andere hineinzuversetzen, und es kennt (neurochemische) Belohnungen für »gute« Taten. Ethisches Verhalten ist ein komplexer Altruismus. Er besteht sowohl aus Gefühlen als auch aus Abwägungen. Es gibt kein »moralisches Gesetz« im Menschen, wie Kant meinte, das ihn zum Gutsein verpflichtet. Aber moralisches Handeln ist entstanden, weil es sich oft für den Einzelnen und für seine Gruppe lohnt. Wie stark er davon Gebrauch macht, ist sehr weitgehend eine Frage der Selbstachtung und diese wiederum eine Frage der Erziehung.

So, und mit diesem Handwerkszeug sollten wir nun reif sein für die Praxis. Wagen wir uns also an konkrete moralische Probleme in unserer Gesellschaft. Es gibt, wie gesehen, das gefühlte moralische *Recht,* unter ganz bestimmten Umständen töten zu dürfen, wie etwa bei dem Mann auf der Brücke. Aber gibt es auch eine moralische *Pflicht,* töten zu müssen?

• *Tante Bertha soll leben.* Darf man Menschen töten?

LONDON

Tante Bertha soll leben
Darf man Menschen töten?

Oh, meine Tante Bertha! Ihr ganzes Leben lang hat sie die Familie tyrannisiert mit ihrer ekelhaften Art. Kinder hat sie keine, Gott sei Dank, stattdessen hat sie dann ihren Bruder fertiggemacht, meinen Vater. Auch ihre Nachbarn kriegten sie zu spüren, ein jahrzehntelanges Theater um die Grundstücksgrenze und um ihren Hund, der überall in den Nachbarsgarten kackte. Überhaupt, der Hund! Ein kleiner bissiger Kläffer, den sie immer auf den Briefträger losgelassen hat. Ja, die widerliche Bertha.

Was ich noch vergessen habe: Sie ist reich. Steinreich sogar. Albert, ihr früh verstorbener Ehemann, hat ihr ein stattliches Vermögen hinterlassen. Und sie hat es gut angelegt: Immobilien, Wertpapiere, Aktien. Tante Bertha verfügt über Millionen. Und was das Beste daran ist: Ich bin ihr Erbe. Leider hat die alte Bertha eine Pferdenatur, sie ist gerade erst siebzig und kerngesund. Sie trinkt nicht und raucht nicht und macht sich noch nicht einmal was aus Torte. Tante Bertha macht sich aus gar nichts etwas, außer aus Geld. Die wird gut und gerne neunzig oder hundert. Doch wenn sie tatsächlich hundert wird, bin ich über siebzig. Wer weiß, was ich dann treibe und ob ich ihr Geld überhaupt noch brauchen kann. Manchmal wünsche ich mir, die olle Bertha würde morgen sterben. Oder noch besser: schon heute.

Lassen sich nicht Gründe finden, die es erlauben, einen widerlichen Menschen zu töten, um damit etwas Gutes zu tun? Vielleicht gibt es ja eine plausible Theorie, die Tante Berthas vorzeitiges Ableben rechtfertigt? Und tatsächlich fällt mir eine ein: der philosophische *Utilitarismus*.

Jeremy Bentham wurde 1748 in Spitalfields bei London geboren. Er stammte aus einer reichen, politisch konservativen Familie und besuchte die renommierte Westminster School für die Sprösslinge aus den feinsten Familien der Stadt. Schon der Philosoph John Locke, der Architekt Christopher Wren und der Komponist Henri Purcell waren hier zur Schule gegangen. 1760, mit zwölf Jahren, schrieben seine Eltern den hochbegabten Jeremy im Queen's College in Oxford ein, und schon mit fünfzehn legte er seinen Bachelor in Jura ab. Mit vierundzwanzig ließ er sich in London als Anwalt nieder, aber seine weitere Karriere verlief völlig anders, als seine Familie gehofft hatte. Bentham beklagte sich bitter über die Zustände des englischen Rechts und der englischen Gerichte in der Mitte des 18. Jahrhunderts. Statt als Anwalt zu praktizieren, wollte er das Recht reformieren und es vernünftiger und demokratischer machen. Seine Lage war dabei sehr privilegiert, denn das Erbe, das er 1792 nach dem Tod seines Vaters erhielt, ließ ihn sorglos leben. Die weiteren vierzig Jahre arbeitete er ausschließlich an seinen Schriften, wobei er Tag für Tag zehn bis zwanzig Seiten zu Papier brachte. Weil ihn der juristische Kleinkram zu langweilen begann, überließ er es einem Schüler, seine Vorschläge für ein verändertes Zivilrecht auszuformulieren und in die respektable Form eines Gesetzbuchs zu übersetzen. Bentham war ein ebenso bemerkenswerter wie sympathischer Mann. Wie die Franzosen mit ihrer Revolution soeben die alten Standesprivilegien von Kirche und Adel abschafften, so setzte er sich dafür ein, dass auch die englische Gesellschaft liberaler und toleranter werden sollte. Er dachte sich Sozialreformen aus, engagierte sich für die Meinungsfreiheit, entwarf ein Konzept für ein humaneres Gefängnis und unterstützte die ersten Anfänge der Frauenbewegung.

Sein Ausgangspunkt war so einfach wie bestechend: Glück ist gut, und Leiden ist schlecht! Wenn das richtig war, dann sollten sich auch die Philosophie und der Staat danach richten. Das Ziel der Gesellschaft soll sein, die Zahl des Leidens in ihr so weit wie möglich zu verringern und das Glück aller, oder doch zumindest der meisten, zu fördern. Je mehr Glück durch eine Maßnahme in die Welt kommt, umso nützlicher und besser ist sie. Diesen Grundsatz nannte Bentham *Utilitarismus.* Als er im Jahr 1832 hochbetagt starb, war er ein berühmter Mann. Obwohl er sich selbst als liberal betrachtete, fanden die französischen Revolutionäre und später auch die französischen Kommunisten großes Gefallen an seiner Philosophie. Und in den USA übernahmen gleich drei Staaten, New York, South Carolina und Louisiana, das von Bentham begonnene Gesetzbuch.

Der Grundsatz, dass Glück gut und Leiden schlecht ist, erscheint sehr überzeugend. Warum sollte man ihn nicht auch auf Tante Bertha anwenden? Zunächst einmal lässt sich feststellen, dass meine Tante überhaupt kein Glück in die Welt bringt. Sie stiftet, wenn überhaupt, nur Leiden, zum Beispiel bei den Nachbarn und bei dem armen Briefträger. Das Geld, das sie auf der Bank hat, tut auch nichts Gutes. Aber das kann man natürlich ändern. Hätte ich so viel Geld, wie viel Gutes könnte ich nicht nur mir selbst damit tun! Ein Bekannter von mir zum Beispiel ist Arzt und leitet ein Krankenhaus für leukämiekranke Kinder. Und eine Freundin engagiert sich für Not leidende Straßenkinder in Brasilien. Hätte ich Tante Berthas Geld, ich könnte beiden mehr als eine Million Euro überweisen. Wie viel Glück käme dadurch mit einem Schlag in die Welt! Ich denke an bestens umsorgte Kinder im Krankenhaus und sehe vor mir das glückliche Lächeln der brasilianischen Kinder, denen ich auf diese Weise eine Ausbildung finanziere.

Alles, was man tun muss, um diesen Traum wahr zu machen, ist ... Nein, ich darf nicht nur – ich *muss* Tante Bertha umbringen! Denn hat Bentham recht, so bin ich geradezu dazu verpflichtet, die alte Schachtel zu beseitigen. Das Einzige, was ich dabei zu bedenken habe, ist, dass ich das Tantchen so nett wie möglich ins Jenseits befördere: schmerzlos und ohne dass sie es mitbekommt. Meinem Bekannten, dem Arzt, wird da sicher etwas einfallen, das sie sanft entschlummern lässt. Wer weiß, vielleicht erspart ihr dies sogar einen viel schlimmeren schmerzhaften Tod. Niemand weint ihr eine Träne hinterher. Und das ist noch viel zu freundlich gesagt. Wer würde sich nicht alles freuen, wenn die widerwärtige Knusperguste erst mal nicht mehr da ist? Die Nachbarn haben endlich ihre Ruhe und ihren sauberen Garten, und der Briefträger darf hoffen, dass nun nettere Menschen in das Haus einziehen. Mein Bekannter, der Arzt, müsste sie nur zufällig finden und ihr den Totenschein ausstellen, sodass alles ganz natürlich aussieht und keiner den Fall untersucht. Ist die Sache damit nicht klar und eindeutig? Habe ich in diesem Fall nicht eine moralische Verpflichtung, einen Menschen zu töten?

Gehen wir die Argumentation noch einmal sorgfältig durch: Wenn ich Tante Bertha töte, um damit das Leben von Not leidenden Kindern zu retten, schaffe ich ohne Zweifel den besten Ausgleich zwischen dem Glück und dem Leid für alle Betroffenen. Es bedeutete zugleich: Ein guter Ausgang für die Allgemeinheit entschuldigt ein böses Mittel gegen eine Einzelperson. So weit, so klar. Aber was würde Bentham wohl dazu sagen, wenn ich mit seiner Hilfe einen Mord rechtfertigte? Merkwürdigerweise hat er über diese doch sehr naheliegende Konsequenz aus seiner Philosophie kein Wort geschrieben. Alles, was ich weiß, ist, dass er (soweit bekannt) keine Erbtanten vergiftet hat, aber das hatte er ja auch nicht nötig. Und er hat auch keine Mordaufrufe gegen Tyrannen, unbarmherzige Großgrundbesitzer und andere Ausbeuter verfasst. Er war ein liberaler Geist, und er war es auch in der Wahl seiner Mittel.

Aber das genügte mir nicht. Ich überlegte, was Bentham wohl davon abgehalten haben könnte, den einfachen Schluss zu ziehen, dass das Abwägen von Leid und Glück mitunter durchaus einen Mord rechtfertigt. Denn der Gedanke war doch einfach zu naheliegend.

Ich muss etwa zwölf Jahre alt gewesen sein, als meine Eltern mir das erste Mal von den Konzentrationslagern der Nazis erzählten und von den acht Millionen Menschen, die dort brutal ermordet worden waren. Schon bei diesem allerersten Mal habe ich mich gefragt, warum eigentlich so wenige Menschen es für ihre Pflicht gehalten hatten, Hitler zu töten, um dieses fürchterliche Leid zu verhindern. Mit Bentham argumentiert ist der Fall sonnenklar: Ein Tyrann, der Vernichtungslager betreibt oder der den Weltfrieden zerstört, darf deshalb getötet werden, weil die Summe des drohenden Unglücks schwerer wiegt als das persönliche Unglück des Aggressors zu sterben.

Gilt die gleiche Abwägung nicht auch im Fall von Tante Bertha? Das Glück, das ihr Tod in die Welt bringt, ist viel größer als das Unglück, das ihr geschieht. Doch Jeremy Bentham hätte darüber vielleicht trotzdem nur verschmitzt gelächelt. Er würde fragen, ob ich einmal darüber nachgedacht hätte, was in der Gesellschaft passiert, wenn mein Beispiel mit Tante Bertha Schule machen würde?

Millionen von Menschen: Erbtanten, Widerlinge, Politiker, Wirtschaftsbosse und auch viele Strafgefangene oder geistig Behinderte ohne Angehörige müssten damit rechnen, jederzeit schmerzlos im Schlaf getötet zu werden. Was für eine Panik bräche damit in der Gesellschaft aus? Und wie viel Unruhe und Unheil stiftete diese Panik unter den Menschen?

Gut, vielleicht hätte ich Glück und mein Mord an Tante Bertha flöge tatsächlich nicht auf. Aber wenn ich mein Handeln als gerecht empfinden würde, dann müsste es *prinzipiell* in Ordnung sein. Und wenn es prinzipiell in Ordnung wäre, dann gälte das auch für jedermann. Und wer weiß, ob es nicht eines Tages auch mich selbst treffen könnte, und meine Neffen dächten das Gleiche über mich wie ich über Tante Bertha. Auch ich selbst könnte meines Lebens nicht mehr sicher sein. Um den Grundsatz vom guten Glück und vom schlechten Leiden sinnvoll anwenden zu können, muss, nach Bentham, zunächst einmal klar sein: Leid und Freud ganz simpel wie bei einer Rechenaufgabe zu addieren, um danach Entscheidungen über Leben und Tod von Personen zu fällen, geht nicht an. Ansonsten nämlich bricht jede Zivilgesellschaft über kurz oder lang zusammen.

Das lässt sich nachvollziehen. Doch passen die beiden Grundprinzipien in Benthams Philosophie gut zusammen? Einerseits entscheidet die beabsichtigte Summe an Glück über das gute Handeln. Und andererseits macht Bentham beim Töten von Menschen eine Ausnahme. Eine völlig überzeugende moralische Begründung für diese Ausnahme lässt sich in seinen Schriften aber nicht finden. Was gegen den tausendfachen Mord an unliebsamen Personen spricht – und übrigens auch gegen Folter –, ist also allenfalls die Aufrechterhaltung der öffentlichen Ordnung, nicht aber die individuelle Moral. Im Gegensatz dazu hatte Immanuel Kant jedem einzelnen Menschen einen grundsätzlichen unüberbietbaren Wert, die *Menschenwürde,* zugesprochen. Er hätte die Hände über den Kopf geschlagen über die Rechenspiele mit Tante Bertha: »Ein Menschenleben kann nicht durch andere Menschenleben aufgewogen werden.«

Benthams Rechnung von Glück und Leiden und Kants Vorstellung, das Menschenleben sei das höchste Gut, sind unvereinbare Gegensätze. Doch was von beidem ist überzeugender? Ist es nicht noch immer richtig, dass man Hitler aus moralischen Gründen hätte töten müssen, um sehr viel Leiden und Unheil zu verhindern? Gilt hier Kants Dogma von der Menschenwürde als einem unantastbaren Gut? In harmloseren Fällen wie bei Tante Bertha zumindest liegt die Sache anders. Man könnte sagen: Immerhin richtet sie *aktiv* nicht allzu viel Schaden an. Und dieser Unterschied zwischen aktivem Tun und passiver Gemeinheit ist keine Bagatelle, wie das Kapitel zuvor gezeigt hat. Und zwar sowohl in der Bewertung des Opfers als auch in der Bewertung des Täters. Für Bentham aber gibt es diesen Unterschied nicht – zumindest nicht auf der Seite des Täters. Er würde sicher beides tun: Er würde nicht nur das Gleis umstellen, sondern auch den dicken Mann von der Brücke stoßen. Denn sein Utilitarismus fragt eben nur nach der moralischen Nützlichkeit einer Handlung. Und da besteht, wie gesehen, zwischen aktivem Töten und In-Kauf-Nehmen kein Unterschied. Doch so logisch Benthams Gleichung ist, der Mensch ist offensichtlich nicht nur ein logisches Tier. Es gibt wichtigere moralische Grundsätze als die Gerechtigkeit – zumal der Utilitarismus sich damit herumschlagen muss, dass nicht jeder die Gerechtigkeit nach seinen eigenen (gefühlten) Vorstellungen interpretiert. In jedem Fall aber verfügen Menschen über Intuitionen, die man nicht leichter Hand abtun und aus der Moral herauskürzen kann. Moral und Recht lassen sich zwar nicht auf Intuitionen aufbauen – aber sie kommen auch nicht völlig ohne Intuitionen aus, ohne unmenschlich zu sein.

Tante Bertha soll also am Leben bleiben. Und man sollte sich hüten, den Wert eines Menschenlebens an seiner Nützlichkeit zu messen. Die Frage aber, die weiterhin noch nicht richtig geklärt ist, ist diese kniffelige Sache, wie sich der Wert des Lebens anderweitig begründen lässt. Wo kommt dieser Wert eigentlich her? Und wo beginnt er?

• *Die Geburt der Würde.* Ist Abtreiben moralisch?

IM UTERUS

Die Geburt der Würde

Ist Abtreiben moralisch?

Versetzen wir uns in folgende Lage: Sie gehen in ein Krankenhaus, um dort eine Freundin zu besuchen. Sie durchqueren die Eingangshalle und betreten den Fahrstuhl. Da Sie nicht mehr ganz sicher sind, in welchem Stockwerk Ihre Freundin liegt, drücken Sie den falschen Knopf. Als Sie aussteigen, landen Sie in einer Abteilung, auf der freiwillige Spender an Patienten angeschlossen werden, die ohne fremde Hilfe nicht überleben können. Sie aber durchschauen die Situation nicht. Nachdem Sie eine Weile im Wartezimmer waren, werden Sie hineingerufen, und ein Arzt gibt Ihnen eine Betäubungsspritze. Als Sie aufwachen, liegen Sie in einem Krankenhausbett, und im Bett neben Ihnen liegt ein bewusstloser Mann, an den sie mittels komplizierter Gerätschaften angeschlossen sind. Sie rufen nach dem Arzt, und man erzählt Ihnen, dieser Mann sei ein berühmter Geiger mit einem Nierenleiden. Er könne nur überleben, wenn sein Kreislauf an das Kreislaufsystem eines anderen Menschen mit derselben Blutgruppe angeschlossen werde, und Sie sind tatsächlich die einzige Person, deren Blut geeignet ist. Da es sich um ein renommiertes Krankenhaus handelt, bedauert man das Missverständnis natürlich zutiefst. Man hatte gedacht, dass Sie sich freiwillig zur Verfügung gestellt hätten. Man bietet Ihnen an, sich von dem Geiger wieder abkoppeln zu lassen, allerdings auf dessen Kosten, weil der Geiger dann sterben muss.

Doch wenn Sie sich bereit erklären, für neun Monate mit dem Mann verbunden zu bleiben, wird er genesen. Und man wird Sie anschließend von ihm abkoppeln, ohne sein Leben zu gefährden. Was würden Sie tun?

Eine ziemlich haarsträubende Geschichte, werden Sie jetzt sagen, eher ein Albtraum und nicht gerade aus dem Leben gegriffen. Welcher Krankenhausbesucher lässt sich schon einfach so eine Betäubungsspritze verpassen? Natürlich haben Sie recht, aber wie immer bei solchen moralischen Dilemmata aus der Werkstatt von Philosophen oder Psychologen geht es auch hier nicht ums Detail, sondern ums Prinzip. Die Geschichte stammt in leicht abgewandelter Form von Judith Jarvis Thomson, einer Philosophie-Professorin am berühmten Massachusetts Institute of Technology. Und die Antwort, auf die es ihr ankommt, lautet: Es ist nett von Ihnen, wenn Sie die neun Monate im Dienst des Geigers Ihre Nieren zur Mitbenutzung bereitstellen und im Krankenbett ausharren – aber Sie sind in keiner Weise moralisch dazu verpflichtet! Wie Sie sich nach dem Lesen der Überschrift dieses Kapitels gedacht haben werden, geht es bei diesem Beispiel natürlich nicht um fiktive Geiger, sondern um etwas Allgemeines: Sie sind unerwünscht, ungeplant und vielleicht sogar gewaltsam in eine Situation gebracht worden, für ein anderes menschliches Lebewesen körperlich unmittelbar verantwortlich zu sein. Und der häufigste Fall, in dem so eine Situation auftritt, ist nicht die Verdrahtung mit nierenkranken Geigern – sondern eine unbeabsichtigte Schwangerschaft.

Eine Frau, die ungewollt schwanger wird, so Thomson, ist in einer sehr ähnlichen Situation wie bei dem unfreiwilligen Verbund mit dem Geiger. Und so, wie Sie nicht dazu gezwungen sind, Verantwortung für das Leben des Geigers zu übernehmen, so ist auch die Frau es nicht gegenüber dem Embryo, der ungewollt in ihr heranreift. Das Selbstbestimmungsrecht der Frau, meint Thomson, wiegt schwerer als die unfreiwillig eingegangene Verpflichtung gegenüber anderem Leben. Dieses Argument wurde sehr populär. Es inspirierte den Feminismus zu dem Slogan »Mein Bauch gehört mir!«. Doch selbst wenn man diesen Satz gerne unterschreibt, Thomsons Begründung erscheint doch ziemlich fragwürdig. Stellen wir uns einen verhungernden Menschen vor unserer Haustür vor, der mit letzter Kraft anklopft und um Essen bettelt. Mit Thomson könnten wir sagen: Es ist sehr nett von uns, ihm etwas zu geben. Aber wir sind in keiner Weise dazu verpflichtet, in dieser von uns nicht gesuchten Situation Verantwortung für den Verhungernden zu übernehmen. Diesen Satz würde gewiss nicht jeder unterschreiben. Und das Strafgesetzbuch kennt mit Recht einen Paragrafen über »unterlassene Hilfeleistung«. Dass eine Situation von uns nicht gewollt wurde und dass wir uns ihr nicht stellen wollen, ist kein *prinzipieller* Einwand dagegen, Verpflichtung zu übernehmen. Vielmehr kommt es auf ein Abwägen von Fall zu Fall an. Das Dilemma mit dem Geiger führt also in eine Sackgasse, denn es verdeutlicht kein wirklich überzeugendes Prinzip. Das größte Manko des Beispiels aber ist ein entscheidender Kunstfehler: Der Geiger ist ein erwachsener Mensch mit allen entsprechenden psychischen und geistigen Fähigkeiten. Doch wie sieht es mit dem Embryo und dem Fötus aus? Haben sie im vergleichbaren Sinne ein unbedingtes unantastbares Lebensrecht? Um diese Frage zu beantworten, stehen uns nach dem bisherigen Stand der Dinge drei Wege zur Verfügung. Kants Begriff der »Menschenwürde«, Benthams »Utilitarismus« und Hausers und Mikhails intuitiver »Moralsinn«. Beginnen wir mit Kant. Nur an einer einzigen Stelle seines umfangreichen Werkes findet sich ein Satz über Embryonen. Bezeichnenderweise geht es dabei ums Eherecht. Auch der Embryo, schreibt Kant, sei bereits ein mit aller Menschenwürde ausgestattetes Wesen. Wäre er das nicht, so stünde man vor dem Problem, den Zeitpunkt anzugeben, an dem die Freiheit und die Würde des Menschen im Mutterleib beginnen. Diese Frage ist sehr verzwickt. Denn die Natur, so Kant, kennt kein Selbstbewusstsein und somit auch keine Freiheit. Wie und wann aber kommt die Freiheit und mit ihr die Würde in den Menschen? Kants Antwort lässt sich heute nur noch aus der Zeit heraus verstehen: Die Freiheit des Embryos beruht auf der Freiheit der Eltern. Denn diese haben ihn freiwillig gezeugt, und zwar in einem freien Verbund – der Ehe! Die Frucht dieser freien Vereinigung ist ein freier Embryo. Anders gewendet bedeutet dies zugleich: Nur jene Embryonen sind freie und mit voller Menschenwürde ausgestattete Menschen, die freiwillig und ehelich gezeugt wurden. Die anderen sind es nicht. Mit dieser aus heutiger Sicht etwas seltsamen Definition reagierte Kant auf ein Problem seiner Zeit. Im Jahr 1780 hatte der Mannheimer Regierungsrat Adrian von Lamezan die mit hundert Dukaten ausgelobte Preisfrage gestellt: »Welches sind die besten ausführbaren Mittel, dem Kindermorde Einhalt zu tun?« Die Resonanz von 400 Zuschriften war überwältigend, denn Abtreibung und mehr noch Kindesmord an Neugeborenen waren im 18. Jahrhundert gängige Praxis. Grund dafür waren in den allermeisten Fällen sexuelle Vergehen von Dienstherren an ihren Mägden. Das Problem war dringlich, denn die Tötung von unehelichen Neugeborenen war ein zwar tabuisiertes, aber doch allseits bekanntes Problem. An einer anderen Stelle seiner Rechtslehre bringt Kant diesem Kindsmord ein gewisses Verständnis entgegen. Da das uneheliche Neugeborene nicht im vollen Umfang frei ist, sondern in den Mutterleib »eingeschlichen (wie verbotene Ware)«, setzt er den Kindsmord anderen Kavaliersdelikten, wie etwa einem Mord im Duell, gleich und plädiert für mildernde Umstände.

Mit Kant zu argumentieren, ist heute also überaus problematisch. Nicht nur, weil es auch unfreiwillig ehelich gezeugte Embryonen gibt und freiwillig unehelich gezeugte Embryonen. Das Problem ist: Da Kant ohne die Ehe nicht beweisen kann, woher die Menschenwürde des Embryos im Mutterleib kommt, kann er umgekehrt die Tötung von außerehelich gezeugten Kindern nicht verdammen. Ja, in gewisser Weise nicht einmal den Mord an außerehelich gezeugten Erwachsenen! Kants Begründung von der unbedingten Schutzbedürftigkeit des (ehelich gezeugten) Embryos ist aus heutiger Sicht also an den Haaren herbeigezogen. Und wohl niemand, der sich in der gegenwärtigen Abtreibungs-Diskussion auf Kant beruft, teilt dessen Konsequenz, uneheliche Embryonen und Neugeborene anders zu betrachten als ehelich gezeugte. Doch wenn man diese Konsequenz nicht ziehen möchte, warum sollte man dann Kants Begründung von der (ehelich erzeugten) Menschenwürde des Embryos heute noch eine Bedeutung beimessen? Sie ist schlichtweg veraltet und nur noch aus der Zeit heraus verständlich.

Kommen wir damit zum zweiten Weg, dem Utilitarismus. Als Utilitarist stelle ich mir zwei Fragen. Erstens: Wie glücks- bzw. leidensfähig ist ein Embryo oder ein Fötus? Und zweitens: Was wiegt schwerer: das Glück und das Leiden des Kindes im Mutterleib oder das Glück und das Leiden der Mutter?

Um diese Fragen zu beantworten, müssen wir uns zunächst darüber verständigen, was ein Embryo wert ist. Kein Utilitarist teilt dabei Kants Ansicht, dass der Lebenswert des Embryos von der freien Eheschließung seiner Eltern abhängt. Ist der Embryo dann noch eine unbedingt schützenswerte Person? Nein, lautet die Antwort. Der Embryo ist ein menschliches Wesen insofern, als er der Spezies *Homo sapiens* angehört. Aber er ist kein Mensch im vollen moralischen Sinne, also keine *Person*. Aber was sind denn Personen? Woran kann ich sie erkennen? Die Vorstellung, was unter einer Person zu verstehen ist, stammt nicht von Bentham selbst. Für ihn war jene Handlung die moralisch beste, die das größtmögliche Glück für die größtmögliche Anzahl Menschen erzielt. Von Personen ist nicht die Rede. Seine Nachfolger haben darin zwei Schwachpunkte entdeckt und versucht, sie zu beheben. Es begann mit der Frage, was ich eigentlich unter Glück verstehen soll? Für Bentham war Glück das Erleben von Lust im weitesten Sinne. Aber sein berühmtester Schüler, der Philosoph und liberale Politiker John Stuart Mill, war damit sehr unzufrieden. Er wollte den Utilitarismus von dem Verdacht befreien, dass seine Vorstellung vom Glück geistlos und stumpf war. Deshalb bewertete er die geistigen Freuden höher als die körperlichen: »Lieber ein unzufriedener Sokrates als ein glückliches Schwein.« Doch wenn Geist höher zu bewerten ist als rein körperliche Freude, dann ist der mit reichlich Geist begabte erwachsene Mensch eine wertvollere Sache als etwa ein Neugeborener oder ein Pferd. Und nur ein komplexer Mensch wäre dann eine »Person«. Eine spätere Generation von Utilitaristen baute dies in ihre Theorie ein. Sie berücksichtigte nicht nur die elementaren Wünsche von Lebewesen, sondern sie bewertete die komplexen *menschlichen* Wunschvorstellungen viel höher; so hoch, dass sie *unbedingt* berücksichtigt werden müssen. Diese Richtung nennt sich *Präferenz-Utilitarismus*. Und nahezu alle modernen Nachfolger Benthams rechnen sich ihr zu. Für Utilitaristen, die hoch entwickelte Präferenzen (Wünsche und Absichten) berücksichtigen, darf niemand eine Person (auch nicht Tante Bertha!) töten – jedenfalls nicht, solange sie den dringenden Wunsch hat, am Leben zu bleiben.

Embryonen dagegen haben keine komplexen Absichten und Wünsche. Vermutlich haben sie einen Instinkt, am Leben bleiben zu wollen, aber das unterscheidet sie nicht von Salamandern. Für Präferenz-Utilitaristen gibt es bei einem Embryo oder

Fötus deshalb nichts, das seine Tötung unter allen Umständen verbietet. Gewiss haben Föten ab einer bestimmten Entwicklungsstufe ein Bewusstsein, aber das haben in ähnlicher Form auch Schweine und Rinder, die wir gleichwohl töten, um sie zu verspeisen. Ein Selbstbewusstsein im Sinne komplexer Absichten und Wünsche aber liegt bei Föten unseres Wissens nicht vor. Daher gelte der Grundsatz: Ein Fötus darf prinzipiell auf jeder Stufe seiner Entwicklung getötet werden – jedenfalls dann, wenn es das Leiden der Mutter entscheidend mindert oder ihr Glück erheblich vermehrt.

So weit der Utilitarismus. Ohne Zweifel ist diese Argumentation klarer als der Verweis auf Kants unbedingte Menschenwürde für ehelich gezeugte Föten. Gleichwohl hat auch diese Position Schwächen. Man könnte einwenden, dass der Embryo sich geistig vielleicht nur auf der Ebene eines Salamanders bewegt. Aber in ihm steckt das Potenzial eines Albert Einstein. Würde er nicht abgetrieben, so wäre er eines Tages ein mit Wünschen und Absichten ausgestatteter Mensch. Ist er damit nicht immerhin eine *potenzielle* Person? Das ist richtig. Aber das Argument ist nicht ganz so überzeugend, wie es auf den ersten Blick scheint. Denn Potenzialität ist allgemein kein maßgebliches moralisches Kriterium. Wer das potenzielle menschliche Leben heiligt, der muss bereits Selbstbefriedigung und Empfängnisverhütung verurteilen, wie es die katholische Kirche (wenn auch erst seit hundertvierzig Jahren) tut. Noch klarer wird der Unterschied an einem Beispiel: Halten Sie es wirklich für das Gleiche, ob Sie ein lebendes Huhn in kochendes Wasser werfen oder ein Ei? Potenzialität sagt eben nichts über ein aktuelles Glücks- oder Schmerzempfinden aus, und sie erzeugt auch keinen Bewusstseinszustand. Insofern ist sie im Zusammenhang mit Fragen der Moral kein wirkliches Kriterium.

Aber es gibt auch andere Einwände. Ein großes Manko des

Utilitarismus ist seine Folgenabschätzung. Denn um eine sinnvolle Abwägung zwischen Glück und Leiden vorzunehmen, muss ich die Konsequenzen meiner Entscheidung *überschauen* und berücksichtigen. Doch das ist gar nicht so leicht. Schon bei einfachen privaten Fragen fällt es mir oft schwer zu wissen, was (für mich) besser ist: Gehe ich heute Abend auf die Geburtstagsparty eines Freundes oder zu der Lesung meines Lieblingsschriftstellers, der heute als seltener Gast im Literaturhaus liest? Wie soll ich wissen, was mir am Ende mehr Glück bereitet haben wird? Und um wie viel schwerer ist es, komplexe moralische Situationen und ihre Kette von Folgen zu überschauen! Wer weiß, ob eine Frau, die abtreibt, diesen Schritt nicht bereuen wird? Vielleicht setzt es ihr psychisch stärker zu, als sie zuvor gedacht hat? Und was denkt der männliche Erzeuger darüber? Belastet der Schritt nicht unter Umständen die Beziehung schwerer als zuvor gedacht? Das ist das Risiko im Leben, würde ein Utilitarist antworten. In keinem Falle jedoch ist es ein Argument für ein generelles Abtreibungsverbot.

Der mit Abstand stärkste Einwand gegen die utilitaristische Argumentation ist deshalb ein anderer: Wenn es richtig ist, dass einem Fötus kein absoluter Schutz zugesprochen werden kann, weil er keine komplexen Absichten und Wünsche hat und damit auch keine Person ist – gilt das Gleiche dann nicht auch für einen neugeborenen Säugling? Eine selbstbewusste freie Person wird ein Kleinkind doch erst irgendwann zwischen zwei und drei Jahren. Kippt der Präferenz-Utilitarismus damit nicht das Kind mit dem Bade aus und erlaubt neben der Abtreibung auch Kindestötungen bis ins dritte Lebensjahr?

Dieser Einwand ist sehr gewichtig. Und in der Tat gibt es Präferenz-Utilitaristen, für die der unbedingte Lebenswert eines Kleinkindes erst ab dem zweiten Lebensjahr einsetzt. Selbstredend befürworten sie damit nicht, dass Kleinkinder bis zu dieser Grenze ohne schwerwiegendes Motiv getötet werden dürfen. Aber die Gründe dafür liegen nicht in einem Wert, den die Person für sich selbst darstellt. Sie liegen in den sozialen Folgen. Kleinkinder stellen fast immer einen sehr großen Wert für ihre Eltern und Angehörigen dar. Und auch Kleinkinder, die dies nicht tun, zum Beispiel weil sie als Findelkinder in Waisenhäusern leben, haben als Hilfsbedürftige zumindest ein Anrecht auf den *Schutz* der Gesellschaft. Es ist aber nicht leicht für einen Präferenz-Utilitaristen zu sagen, warum dieser Schutz größer sein soll als etwa der Tierschutz. In beiden Bereichen kann man sagen, dass eine Gesellschaft, die nicht fürsorglich, sondern leichtfertig mit Lebewesen umgeht, auf gefährliche Weise *verroht*. Eine starke Begründung für das Lebensrecht von Kleinkindern ist das aber nicht. Der Präferenz-Utilitarismus hat hier seine Achillesferse.

An dieser Stelle kommen wir zum dritten Pfad und greifen Hausers und Mikhails Ansicht auf, es gäbe in jedem normalen Menschen so etwas wie einen Moralsinn, also eine »intuitive« Moral. Wie wir gesehen haben, hat der Utilitarismus in der Abtreibungsfrage eine klare Position. Aber sie erzeugt Konsequenzen, die viele Menschen intuitiv als bedenklich einstufen würden, nämlich einen Mangel an unbedingtem Lebensschutz für Kleinkinder. Wenn Moralphilosophen das Wort »Intuition« hören, sträuben sich im Regelfall ihre Nackenhaare. Aus Kantianern und Utilitaristen werden in Sekundenschnelle Verbündete, wenn es darum geht, den Verweis auf Intuitionen abzuwehren: Gefühle sind unzuverlässig, von Mensch zu Mensch verschieden, von Stimmungen abhängig und auch kulturell nicht in jedem Fall und jeder Frage gleich. Demgegenüber steht der Versuch der abendländischen Philosophie, ihre Argumente rational – also mithilfe der Vernunft – zu begründen und für jeden nachvollziehbar zu machen.

Diese starke Ablehnung des Gefühls in der Moralphilosophie ist ein Erbe aus der Schlacht zwischen Philosophie und Kirche. Um sich von der Religion frei zu machen, suchten die meisten Philosophen nach rationalen und möglichst gefühlsfreien Begründungen und definierten den Menschen über den Verstand und über die Vernunft. Dieses Menschenbild ist, wie wir im ersten Teil des Buchs gesehen haben, falsch. Körper und Geist lassen sich nicht voneinander trennen, ebenso wenig wie Unterbewusstsein und Bewusstsein. Wenn unsere Moral immer auch etwas mit unseren Gefühlen zu tun hat, dann können wir diese nicht einfach wegkürzen. Natürlich sind Gefühle kein allein selig machender Maßstab. Doch eine Moral, die auf ihre Verträglichkeit mit unserer Intuition und damit auf die biologischen Grundlagen unseres Moralgefühls verzichtet, ist sicher schlechter als eine, die diese Intuition mit einbezieht.

Ist es tatsächlich sinnvoll, wie im Fall der utilitaristischen Antwort auf die Kleinkinderfrage, Gefühle unberücksichtigt zu lassen, weil sie nicht ins Begründungsschema passen? Und noch weiter gefragt: Ist es sinnvoll, so wie es der Utilitarismus tut, das *Gefühl der Gerechtigkeit* an die oberste Richterstelle zu setzen? Entspricht dies unserer Natur? Wenn eine Frau vor einem brennenden Haus steht, in dem sich ihr Säugling und ihr Schäferhund befinden, und sie kann nur einen von beiden retten, soll sie dann – gegen jeden Instinkt und gegen jedes Liebesgefühl – aus Gründen der Fairness den Schäferhund retten, weil der die mutmaßlich stärker entwickelten Präferenzen hat?

Wenn man keine widersinnigen Verhaltensregeln aufstellen will, kommt man an der Intuition nicht vorbei. Das gilt auch für alle noch so vernünftige und nüchterne Moralphilosophie. Keine kommt ohne Werte aus. Und Werte sind ihrer Natur nach nicht von der Vernunft erdacht, sondern gefühlt. Wenn ich, wie der Utilitarismus, das Gemeinwohl zu einem wichtigen Gut erkläre, so ist das sicher gut nachvollziehbar. Aber es ist nicht die Folge einer logischen Überlegung. Vielmehr ist es ein Wert. Das wird spätestens dann deutlich, wenn jemand sagt, er sei Egoist und das Gemeinwohl interessiere ihn überhaupt nicht. Mein Interesse an anderen Menschen kann ich nicht allein logisch begründen. Und mein Wille, Gutes zu tun, ist und bleibt eine persönliche Wertentscheidung. Die letzte Basis für jede moralische Regel ist ein Wünschen und Wollen und nicht ein Erkennen oder Wissen!

Sich auf einen intuitiven Moralsinn zu berufen, wird heute von vielen Philosophen vor allem deshalb abgelehnt, weil dieser Verweis sehr religiös anmutet. Wenn die katholische Kirche heute alle Angehörigen der Spezies *Homo sapiens,* von der Verschmelzung von Ei und Samenzelle an, unter unbedingtem ausnahmslosem Schutz sehen möchte, dann beruft sie sich dabei nicht auf rationale Argumente. Sie beruft sich auf etwas Gefühltes, nämlich auf den Willen Gottes. Kurioserweise aber ist dieser Wille wandelbar. Dass Embryonen von ihrer Zeugung an in vollem Umfang beseelt seien, ist eine Festlegung von Papst Pius IX. aus dem Jahr 1869. Zuvor galten die ersten Bewegungen des Fötus, das erste spürbare Lebenszeichen, als Beginn der Beseelung. Das ist als intuitive Empfindung auch viel naheliegender. Denn das gefühlte Leben hat einen anderen intuitiven Stellenwert als das nur biologisch vorhandene, das oft genug nicht einmal bemerkt wurde und wird. Viele Frauen wussten und wissen auch heute gar nicht, dass sie im Frühstadium schwanger sind. Papst Pius aber reagierte mit seiner Verfügung auf die neuen medizinischen Möglichkeiten der Zeit. In den 1860er-Jahren war es gerade möglich geworden, die Schwangerschaft von Anfang an zuverlässig zu diagnostizieren. Unerschrocken und unvorsichtig weitete der Papst den Machtbereich der Kirche kurzerhand auf *alle* Frucht des mütterlichen Leibes aus.

Ihrem Ursprung nach ist Religion die Übersetzung von Intuitionen in Bilder und Gebote. Weitergehend ist sie eine Regelung der sozialen Ordnung. Das religiöse Dogma der Frühbeseelung widerspricht aber aller Intuition. Sie ist kontra-intuitiv. Zur sozialen Ordnung trägt sie nichts Positives bei. Die gefühlte Bedeutung des frühen menschlichen Lebens ist abhängig vom Wert, den ihm die Mutter und in schwächerer Form der Vater und andere Angehörige beimessen. Je weiter der Fötus sich entwickelt, umso stärker wird diese Bindung im Regelfall. Ein besonderer Sprung ist dabei noch einmal die Geburt. Für den Fötus ist es der Sprung in eine neue Dimension. Er ist das erste Mal biologisch eigenständig, seine Lebensumwelt ist vollständig verändert, und in seinem Gehirn ereignet sich eine Revolution. Auch für Mutter und Vater und andere Angehörige wie Geschwister oder Großeltern eröffnet sich mit dem Sehen, Hören und Anfühlen des Säuglings normalerweise eine neue Gefühlsdimension. So eng die Bindung an den Fötus im Mutterleib auch ist, nur sehr wenige Frauen würden wohl sagen, dass die Bindung nach der Geburt die genau *gleiche* Dimension hat wie zuvor. Unsere moralische Sensibilität ist also weitgehend eine Frage der sinnlichen Erfahrung und der Fantasie, die mit unseren Gefühlen befeuert wird. Religionen bewahren dieses Gefühl der »intuitiven Moral« – allerdings mehr oder weniger gut.

Die Intuition korrigiert den Utilitarismus in zwei Punkten. Sie legt nahe, dass eine Abtreibung umso problematischer wird, je später sie erfolgt. Insofern macht die Grenze von drei Monaten, bis zu der eine Abtreibung in Deutschland straffrei gestellt ist, durchaus einen Sinn. Selbst wenn die Veränderung vom einundneunzigsten Lebenstag auf den zweiundneunzigsten Lebenstag keinen Schritt in eine andere Dimension bedeutet, so lässt sich doch allgemein sagen, dass nach drei Monaten eine natürliche Grenze erreicht ist, bis zu der der Begriff »Vegetieren«, also ein Leben ohne Bewusstsein, sinnvoll verwendet werden kann. Zweitens erteilt die Intuition Neugeborenen und Kleinkindern ein unbedingtes Lebensrecht, denn ihr Leben gilt uns intuitiv als gleichwertiges menschliches Leben. Dass es Menschen gibt, die diese Intuitionen nicht haben – also emotional unzurechnungsfähig sind –, ändert daran nichts. Dieses Problem hat jede Moral. Wie erwähnt, hält auch nicht jeder Mensch das Gemeinwohl für wichtig; trotzdem setzen Utilitaristen solch eine Empfindung voraus, wobei unmittelbare biologische Instinkte im Vergleichsfall noch zuverlässiger sein dürften als abgeleitete soziale Instinkte.

Das Recht auf Leben, sein Wert und seine Würde, beginnen also nicht beim Zeugungsakt. Es ist deshalb nicht einzusehen, warum Embryonen bis zum dritten Monat nicht abgetrieben werden dürfen. Bei weiter entwickelten Föten ist die Sache problematischer. Eine Tötung ist von Monat zu Monat eine moralisch bedenklichere Sache. Nachvollziehbare Ausnahmen bestätigen hier nur die Regel. Wer von dem sehr hohen Risiko erfährt, ein geistig oder körperlich schwerstbehindertes Kind zu bekommen, dessen Pflege sich Mutter und Vater nicht gewachsen fühlen, mag sich zum Tötungsentschluss durchringen. Die utilitaristische Gleichung, die die Wünsche, die Absichten und das potenzielle Leiden der Eltern mit denen des Fötus abwägt, ist grausam, aber ohne Alternative. Noch schwerer fällt die Entscheidung nach der Geburt, wenn ein Kind geboren wird, das im geistigen Dämmerzustand schlummert oder ohne medizinische Apparaturen nicht lebensfähig ist. Ein Säugling mit einem schweren Herzfehler beispielsweise, der sein Leben lang an eine Maschine angeschlossen sein müsste. Welcher andere Maßstab sollte hier angelegt werden, als dass Eltern ihre Empfindungen, also ihren Moralsinn und die daraus abgeleiteten Wünsche und Absichten, abwägen, nach Möglichkeit unter kluger und einfühlsamer Beratung? Doch Fragen wie diese sind längst keine Fragen der Abtreibung mehr, sondern sie berühren ein ganz anderes Gebiet. Sie lassen uns darüber nachdenken, unter welchen Umständen es moralisch vertretbar ist, einen Menschen sterben zu lassen oder ihn gar auf seinen eigenen Wunsch hin zu töten.

• *End-Zeit.* Soll man Sterbehilfe erlauben?

BERLIN

End-Zeit
Soll man Sterbehilfe erlauben?

»Warnemünde ist ein fröhlicher Ort. Das bewegte Meer, die helle Luft – vor Jahren war die Mutter mit ihrem Sohn an der Ostsee gewesen. Bald wird sie ihn wieder dort hinbringen. Er hätte nicht unter schwere Friedhofserde gewollt.

Auf dem Küchenschrank liegt der Prospekt für die Seebestattung. Marie-Luise Nicht nimmt ihn immer wieder zur Hand. Das Ganze kommt ihr noch unwirklich vor, denn ihr Sohn liegt ja nebenan, im größeren, schöneren ihrer beiden Zimmer. Er atmet, sein Herz schlägt, er ist warm. Manchmal öffnet er die Augen. Ein Toter sieht anders aus.

›Der Mensch, der Alexander war, ist vor vier Jahren gestorben‹, sagt Frau Nicht. ›Ein anderer Alexander ist entstanden.‹ Für die Medizin: ein Mensch ohne Selbst, ohne Empfindung, ohne Möglichkeit, Kontakt aufzunehmen – und ohne Chance, dass sich daran jemals etwas ändert. Für Marie-Luise Nicht: ihr Kind, das sie braucht.

Anfangs hatte sie manchmal die Faust in der Tasche geballt, ihn geboxt und angebrüllt: Komm zurück, du kannst mich doch hier nicht allein lassen! Das ist vorbei.

Ihr Sohn macht jetzt nicht den Eindruck, als leide er. Seine Muskulatur ist entspannt, er schwitzt nicht, er fühlt sich wohlig an. Die Mutter hat sich längst daran gewöhnt, dass sein Mund immer offen steht und manchmal Speichel herausrinnt. Sie kann zu ihm sprechen; sie kann ihn massieren und streicheln; sie kann ihn in den Rollstuhl packen und mit ihm nach draußen gehen, wenn das Wetter schön ist. Sie kann sich ein Leben mit ihm eigentlich gut vorstellen. Trotzdem möchte sie, dass er sterben darf. Denn Alexander, da ist Marie-Luise Nicht absolut sicher, würde diese Existenz, die am Brei aus der Magensonde hängt, nicht wollen.«

Im Herbst 2006 berichtete der *Spiegel* von Alexander Nichts Schicksal und dem seiner Mutter Marie-Luise. In einer Oktobernacht 2002 war der Berliner Abiturient unverschuldet von einem Auto angefahren und mit schwersten Schädelverletzungen auf die Intensivstation gebracht worden. Ein großer Teil der Substanz im Großhirnmantel war irreparabel zerstört. Fast vier Jahre blieb Alexander im Wachkoma, unansprechbar und ohne jede Chance, wieder ins Leben zurückzufinden. Für seine Mutter war der Fall klar, dass ihr Sohn so nicht hätte leben wollen. Doch die behandelnden Ärzte in Berlin bestanden darauf, die Apparaturen laufen zu lassen, die Alexander künstlich am Leben hielten, und auch die Justiz verweigerte sich dem Wunsch der Mutter über Jahre sehr hartnäckig. Die Rechtslage ist nämlich komplizierter, als sie auf den ersten Blick aussieht. Zwar darf kein Arzt in Deutschland das Leben eines Patienten gegen dessen Willen künstlich verlängern – aber woher kennt der Arzt bei einem Komapatienten dessen Willen? Statt Marie-Luise Nicht zu vertrauen, dass ihr Sohn unter diesen Umständen nicht hätte leben wollen, hielten die Ärzte Alexander weiterhin am Leben.

Der Umgang mit Patienten im irreversiblen Koma ist ein Fall unter vielen, der zeigt, wie schwierig die Gesetzeslage, die ethischen Abwägungen und die Frage nach dem Willen und dem Recht von todgeweihten oder unwiederbringlich bewusstlosen Menschen sind. Wer darf dabei mitreden und entscheiden? Und welchen Handlungsspielraum hat der Arzt? Dürfen Ärzte das Ende von todgeweihten Patienten herbeiführen, indem sie deren Behandlung abbrechen (*passive Sterbehilfe*)? Dürfen sie in Kauf nehmen, dass ein mit starken Schmerzmitteln behandelter Patient als Folge dieser Therapie schneller stirbt (*indirekte Sterbehilfe*)? Darf der Arzt einem Patienten auf dessen ausdrücklichen Wunsch hin helfen, dessen Leben zu beenden (*Beihilfe zur Selbsttötung*)? Und schließlich: Darf er den Patienten auf dessen Wunsch durch ein Medikament oder eine Giftspritze töten (*aktive Sterbehilfe*)?

Am klarsten geregelt in Deutschland ist der Fall bei der *aktiven Sterbehilfe*. Sie ist strafbar. Der Text des Paragrafen 216 »Tötung auf Verlangen« des Strafgesetzbuchs der Bundesrepublik Deutschland lautet: »Ist jemand durch das ausdrückliche und ernstliche Verlangen des Getöteten zur Tötung bestimmt worden, so ist auf Freiheitsstrafe von sechs Monaten bis zu fünf Jahren zu erkennen.« Entscheidet der Arzt sich ohne ausdrückliches Einverständnis seines Patienten zur Tötung, so kann er wegen Mordes verurteilt werden. Der Paragraf 216 schützt den Bürger nicht nur vor sich selbst, sondern er soll zugleich verhindern, dass jemand einen anderen Menschen aus persönlichen Motiven tötet und vor Gericht angibt, der Getötete habe es selbst so gewollt. Ohne Zweifel ist eine solche Barriere des Rechts also sinnvoll. Die Frage ist nur, ob sie *in jedem Fall* sinnvoll ist.

So unterschiedlich die Rechtsnormen in den verschiedenen europäischen Ländern sind – kein einziges Land in Europa hat sich bislang dazu durchgerungen, die aktive Sterbehilfe direkt zu erlauben. Eine indirekte Erlaubnis ist die im Jahr 2001 in den Niederlanden und 2002 in Belgien durchgesetzte Rechtspraxis, aktive Sterbehilfe zwar weiterhin zu verbieten, aber unter nachweisbaren Umständen gleichwohl »straffrei« zu stellen. Die Niederländer reagierten mit dem Gesetz darauf, dass spätestens seit 1969 zahlreiche niederländische Ärzte aktive Sterbehilfe im Verborgenen praktizierten. Und die Bevölkerung stand mehrheitlich hinter der offiziell verbotenen Praxis. Um diese Grauzone zu verhindern, etablierte die Regierung die Regelung vom grundsätzlichen Verbot bei gleichzeitiger möglicher Straffreiheit – eine juristische Parallele zur Abtreibungsregelung in Deutschland. Seit 2001 darf ein behandelnder Arzt in den Niederlanden einen Patienten töten, sofern 1) der Patient dies ausdrücklich wünscht, 2) ein zweiter Arzt als Berater und Zeuge hinzugezogen wurde und 3) der Arzt seine Tat bei der Staatsanwaltschaft anzeigt, sodass diese den Vorgang polizeilich überprüfen kann.

Das Hauptargument von Menschen, die die aktive Sterbehilfe erlauben oder straffrei stellen möchten, ist das Selbstbestimmungsrecht. Jeder, der zurechnungsfähig ist, sollte demnach das Recht haben, selbst über sein Leben und damit auch über sein Sterben zu entscheiden. Legt man das deutsche Grundgesetz entsprechend aus, dann gehört zur »Würde des Menschen« also nicht nur ein Selbstbestimmungsrecht auf Leben, sondern auch ein Selbstbestimmungsrecht auf Sterben. Interessanterweise kommt es vor, dass sich sowohl die Befürworter als auch die Gegner des Rechts auf aktive Sterbehilfe auf Kant berufen. Die Gegner sprechen von der unbedingten »Unantastbarkeit« des menschlichen Lebens, weil der Mensch, nach Kant, Zweck an sich selbst sei. Er darf nicht »verzweckt« werden. Jemand anderen zum Töten zu ermächtigen aber bedeute, nicht mehr selbst über sich zu verfügen, sondern jemand anderen über sich bestimmen zu lassen. Aus einem freien Menschen werde somit das abhängige Verfügungsobjekt eines anderen. Und dies, so meint zum Beispiel Albin Eser, emeritierter Professor für ausländisches und internationales Strafrecht am Max-

Planck-Institut in Freiburg, sei eine »Verzweckung«. Besonders stichhaltig ist diese Argumentation allerdings nicht. Macht es denn tatsächlich einen Unterschied, ob ich mich in voller Freiheit dazu entschließe, mich selbst zu töten, oder wenn ich ebenso frei jemanden darum bitte, mich zu töten, weil ich es, zum Beispiel im Krankenhausbett, selber nicht tun kann? »Verzweckt« man mich denn nicht viel mehr, wenn man mich gegen meinen freien Willen am Leben lässt? Soweit man weiß, hatte sich Kant im Alter sehr vor der drohenden Demenz gefürchtet und entschieden, dass sein Leben unter solchen Umständen für ihn keinen Wert und keinen Sinn mehr haben würde. Da die modernen Formen indirekter Sterbehilfe zu seiner Zeit nicht zur Verfügung standen und auch ein Behandlungsabbruch nicht zum unmittelbaren Tod eines Alzheimer- oder Demenzkranken führt, liegt es nahe, dass Kant die aktive Sterbehilfe zumindest für sich selbst befürwortet hätte.

Ein zweifelhafteres Argument dafür, aktive Sterbehilfe zu erlauben, liefert die Statistik. Laut einer Forsa-Umfrage befürworteten 2014 rund 70 Prozent der befragten Deutschen aktive Sterbehilfe als Option. Bei einer YouGov-Umfrage aus dem Jahr 2021 waren es 72 Prozent. Doch mit Statistiken als moralischem Imperativ ist das so eine Sache. Bis vor wenigen Jahrzehnten gab es in Deutschland eine breite Ablehnung der Homosexualität. War es deshalb rechtens, Homosexuelle mit Gefängnis zu bestrafen, wie dies bis in die Sechzigerjahre tatsächlich möglich war? Hätte man unmittelbar nach dem 11. September 2001 eine Umfrage gemacht, ob alle in Deutschland lebenden streng gläubigen Muslime ausgewiesen werden sollen, hätte sich möglicherweise eine Mehrheit gefunden, die es dafür heute sicher nicht mehr gibt. Statistiken spiegeln auch den Affekt wider, und sie sind sehr abhängig von der Art der Frage. Erklärt man in Umfragen nicht nur die aktive Sterbehilfe, sondern auch die Mittel und Wege der *Palliativmedizin,* ist das Ergebnis meist anders, als wenn man nur nach aktiver Sterbehilfe fragt. Unter Palliativmedizin (vom lateinischen Wort *pallium* – der Mantel) versteht man eine Behandlung und Pflege von todgeweihten Patienten, die deren Symptome so weit lindert, dass diese in ihrer verbliebenen Lebenszeit weitestgehend beschwerdefrei leben können.

Ein drittes (indirektes) Argument für die Zulassung der aktiven Sterbehilfe in Deutschland besteht darin, auf große Widersprüche in der bestehenden Rechtspraxis zu verweisen. In Deutschland sterben in jedem Jahr zwischen 800 000 und 900 000 Menschen, mindestens zwei Drittel in Krankenhäusern und Pflegeheimen und nur wenige zu Hause im Kreise ihrer Nächsten. Keiner dieser Menschen, so scheint es, stirbt durch das aktive Zutun eines Arztes oder Sterbebegleiters. Es scheint so. Tatsächlich aber sind in den letzten drei Jahrzehnten zahlreiche Menschen aus Deutschland mit einem Ticket ohne Rückflug in die Schweiz gereist, um dort von Sterbehilfe-Organisationen Medikamente zu erhalten und sich damit zu töten. »Beihilfe zur Selbsttötung« lautet der entsprechende Rechtsbegriff. Anders als in der Schweiz ist Beihilfe zum Suizid in Deutschland nicht ausdrücklich erlaubt, aber eben auch nicht verboten. Und tödliche Medikamente zu verkaufen, ist noch keine aktive Sterbehilfe. Das Einzige, wofür man einen Zyankali-Dealer verurteilen kann, ist ein Verstoß gegen das Betäubungsmittelgesetz. Die deutsche Justiz steht damit vor einem Dilemma. Zu verdächtig erscheinen die kommerziellen Sterbehilfe-Organisationen. Doch ein Geschäft mit dem Suizid zu machen, ist nicht grundsätzlich verboten. Ein entsprechendes Gesetz aus dem Jahr 2015 wurde 2020 vom Bundesverfassungsgericht aufgehoben.

Angesichts dieser Grauzone machte der Mainzer Rechtsphilosoph Norbert Hoerster folgenden Vorschlag: Die aktive Sterbehilfe solle zugelassen werden, sofern tatsächlich gewährleistet ist, dass sie auf den freien Wunsch eines Patienten geschieht. Derjenige aber, der einen anderen zur Selbsttötung verleitet oder dabei fördert, solle mit einer Freiheitsstrafe von bis zu fünf Jahren bestraft werden – es sei denn, dass er dabei völlig zweifelsfrei nach dem freien Willen des Sterbewilligen gehandelt hat. Hoerster, dessen Begründung im Wesentlichen auf den Prinzipien des Präferenz-Utilitarismus beruht, führt hier unter der Hand ein zweites Kriterium ein. Nicht nur die Wünsche und Absichten des Sterbewilligen spielen eine Rolle, sondern auch die *Motivation* seiner Helfer. Denn um jemanden zu etwas zu verleiten, muss ich einen Grund haben, der unterschiedlich gewichtet werden kann. Dass der Utilitarismus normalerweise nur die Konsequenzen einer Handlung, nicht aber deren Motivation berücksichtigt, ist übrigens ein bekanntes Manko. Ist ein Soldat, der durch den Befehl seiner Vorgesetzten im Krieg zum Töten von hundert Menschen gezwungen wird, ein schlimmerer Mörder als ein Gewaltverbrecher, der eine alte Frau aus Habgier zu Tode prügelt? Eine Moral, die nur nach den Konsequenzen für den Betroffenen oder für die Gesellschaft schaut, greift augenscheinlich zu kurz.

Fast alle Präferenz-Utilitaristen befürworten das Recht auf aktive Sterbehilfe, weil diese Möglichkeit *im Interesse des Betroffenen,* im Regelfall eines todgeweihten Patienten, liegen kann. Bezeichnenderweise aber argumentieren auch die Gegner mit dem Interesse des Betroffenen. Um dies zu verstehen, lohnt sich der Blick auf die passive und die indirekte Sterbehilfe. *Passive Sterbehilfe* ist in Deutschland erlaubt, sofern sie dem (mutmaßlichen) Wunsch des Patienten entspricht. Kein Arzt darf jemandes Leben gegen dessen Willen künstlich verlängern. Die komplizierte Frage nach dem Willen eines komatösen Patienten hatten wir am Fall von Alexander Nicht verfolgen können.

Auch die *indirekte Sterbehilfe* ist in Deutschland erlaubt. Der häufigste Fall indirekter Sterbehilfe ist die *terminale Sedierung.* Wörtlich übersetzt bedeutet terminales Sedieren »zum Ende führendes Beruhigen«. Wie es die Palliativmedizin vorsieht, erhält der todkranke Patient eine sehr hohe Dosis an Schmerzmitteln, dazu Medikamente wie Morphin, die ihn bei unerträglichen Schmerzen ins Koma versetzen. Der Arzt tut sein Bestes, das Leben des Patienten in dessen letzten Tagen so erträglich wie möglich zu machen. Das Einzige, was er nicht tut, ist, den Todgeweihten ausreichend mit Flüssigkeit zu versorgen. Bei einem normalen Verlauf der stark austrocknenden Schmerztherapie stirbt der Patient nach zwei bis drei Tagen an Wassermangel. Dem palliativmedizinischen Gedanken entsprechend wird die terminale Sedierung nicht als aktive Sterbehilfe gewertet.

Die terminale Sedierung wird unter anderem in Hospizen durchgeführt, die sich als humane Alternative zur Sterbehilfe verstehen. Auch in Deutschland ist sie ein durchaus gängiges Verfahren indirekter Sterbehilfe, ein Verfahren ebenfalls in einer Grauzone. Genaue Zahlen gibt es nicht, in Deutschland besteht dafür keine Meldepflicht. Wo auch immer indirekte Sterbehilfe praktiziert wird, gibt es deshalb auch unklare Fälle, denn indirekte und aktive Sterbehilfe lassen sich in der Praxis manchmal gar nicht sauber trennen. Einige in den letzten Jahren bekannt gewordene spektakuläre Fälle offensichtlichen Missbrauchs rufen deshalb auch hier Kritiker auf den Plan. Wie will man im Nachhinein kontrollieren, ob die Patienten von dem stark erhöhten Risiko der Schmerzbehandlung wussten und ihren sanften Tod nicht nur in Kauf nahmen, sondern ihn sogar wollten? Kritiker meinen deshalb, dass indirekte Sterbehilfe, die in Deutschland tausendfach praktiziert wird, grundsätzlich gefährlicher sei als eine gut kontrollierte Praxis der aktiven Sterbehilfe.

Die wichtigsten Argumente für die kontrollierte Zulassung der aktiven Sterbehilfe in einem Rechtsstaat sind damit benannt. Der Übersicht halber wollen wir sie noch einmal zusammenstellen: 1) Der Anspruch auf aktive Sterbehilfe ist ein Grundrecht des freien Menschen, ein Teil seines Selbstbestimmungsrechts. 2) Aktive Sterbehilfe wird von den meisten in Deutschland lebenden Menschen als ein legitimes Mittel befürwortet. 3) Aktive Sterbehilfe ist transparenter und besser zu kontrollieren als die Beihilfe zur Selbsttötung und die indirekte Sterbehilfe und sollte deshalb als ein Mittel unter anderen zugelassen werden.

Diesen drei Argumenten stehen folgende Einwände gegen die Zulassung der aktiven Sterbehilfe gegenüber: 1) Schädigt die Tatsache, dass aktive Sterbehilfe zulässig ist, nicht unter Umständen das Vertrauensverhältnis von Patient und Arzt? 2) Verstößt die aktive Sterbehilfe nicht gegen den Ehrenkodex von Ärzten zu »helfen und zu heilen«? 3) Kann man tatsächlich immer zweifelsfrei kontrollieren, ob ein Patient die aktive Sterbehilfe gewünscht hat? 4) Wer schützt einen dementen oder komatösen Patienten in jedem Fall davor, dass seine Angehörigen aus egoistischen Motiven seinen Tod wünschen? 5) Führt die Legalisierung der aktiven Sterbehilfe nicht dazu, dass die Gesellschaft grundsätzlich in der Frage umdenkt, wie wir mit todgeweihten Patienten umgehen sollen, und gefährdet dadurch die Bedingungen unseres Zusammenlebens? 6) Ermöglicht sie also einen »Dammbruch«, sodass aus der Möglichkeit der aktiven Sterbehilfe ein indirekter Zwang wird, von diesem Mittel auch Gebrauch zu machen? Etwa um Angehörige zufriedenzustellen oder die Krankenkasse nicht weiter zu belasten? 7) Wird aus der »Freiheit zum Tode« damit nicht über kurz oder lang eine »Unfreiheit zum Leben«? 8) Erspart die Zulassung der aktiven Sterbehilfe der Gesundheitspolitik nicht den Ausbau von teuren, aber humaneren Alternativen, zum Beispiel einer höheren Investition in die Palliativmedizin?

Die Fragen 1) und 2) nach dem Verhältnis von Arzt und Patient lassen sich schnell beantworten. Sie sind kein philosophisches Problem, sondern sie entspringen einer persönlichen psychologischen Situation. Und die ist immer verschieden. Es kann sein, dass das Verhältnis von Arzt und Patient durch die Möglichkeit der aktiven Sterbehilfe belastet wird, muss es aber nicht. Im Übrigen wäre selbst bei der Zulassung der aktiven Sterbehilfe kein Arzt verpflichtet und gezwungen, einen Patienten zu töten. Die Fragen 3) und 4) nach einem möglichen Missbrauch durch Angehörige sind Fragen an die Justiz, ob sie es schafft, die gesetzliche Regelung sehr weitgehend wasserdicht zu gestalten, sodass eine maximale Transparenz gewährleistet ist. Philosophische Fragen im weitesten Sinne sind die Fragen 5), 6) und 7) nach den gesellschaftlichen Folgen und nach einem möglichen Erwartungsdruck an die todgeweihten Patienten. Hier kommt im vollen Umfang eine sozial-ethische Dimension ins Spiel, die überaus wichtig ist. Doch wie will man die gesellschaftlichen Folgen abschätzen und abwägen? Für die Niederlande liegen seit der Zulassung der aktiven Sterbehilfe 2001 umfangreiche Studien der *Regionalen Toetsinggscommissies Euthanasie* vor. Von den etwa 140 000 Niederländern, die seitdem pro Jahr in einem Krankenhaus ihr Leben beendeten, starben im Zeitraum von 2001 bis 2011 etwa 4500 durch die Todesspritze eines Arztes. Die vierfache Zahl starb durch terminale Sedierung. Beide Zahlen blieben dabei von Jahr zu Jahr ziemlich konstant. In den zehn Jahren danach bis 2021 sind die Zahlen der durchgeführten aktiven Sterbehilfe leicht gestiegen, mit größeren Schwankungen von Jahr zu Jahr. Die Befürworter des Rechts auf aktive Sterbehilfe sehen sich dadurch bestätigt. Von einem Dammbruch könne keine Rede sein, denn die Zahl der gewünschten Tötungen durch den Arzt habe bei Weitem nicht so stark zugenommen wie vielfach befürchtet. Doch auch die Gegner der Zulassung finden in den Studien Wasser für ihre Mühlen. Denn jedes Jahr gab es zumindest einige ungeklärte Fälle, die einen Rechtsstreit zwischen Angehörigen und Krankenhäusern nach sich zogen. Zudem vermuten manche Kritiker eine Dunkelziffer von nicht gemeldeten Tötungen, die in den Statistiken nicht auftauchen. Aus den bisher vorliegenden klinischen Daten lassen sich also keine eindeutigen Aussagen zur Ethik der Sterbehilfe gewinnen.

Bleibt also die Frage 8), ob die Legalisierung der aktiven Sterbehilfe nicht dazu führen könnte, auf kostspieligere Alternativen zu verzichten. Die meisten Menschen sind sicher intuitiv der Ansicht, dass eine schmerzlindernde Pflege zum Tode der bessere Weg ist als eine Giftspritze. Dieses intuitive Gefühl ist fest verankert in der Natur des Menschen, wie Marc Hausers und John Mikhails Testaufgaben (vgl. *Der Mann auf der Brücke*) zeigen. Aktives Töten ist etwas anderes als eine Unterlassung, selbst dann, wenn es zum gleichen Ergebnis führt. Das grundsätzliche Verbot, einen Menschen aktiv zu töten, ist also nicht die Folge eines religiösen Dogmas von der »Heiligkeit« des menschlichen Lebens. Vielmehr ist das Dogma die Folge einer stammesgeschichtlich tief verwurzelten Intuition. Aus diesem Grund ist es ein schwaches Argument, die »Heiligkeit« des Lebens mit dem Verweis auf die Hinfälligkeit von Religion in unserer Zeit abzutun. Die natürliche Tötungshemmung ist älter als das Christentum, selbst wenn alle Zeiten und Kulturen immer wieder und auch sehr reichliche Ausnahmen davon gemacht haben. Es ist bezeichnend, dass auch die meisten Befürworter des Rechts auf aktive Sterbehilfe dem Unterschied zwischen aktivem Tun und Unterlassen eine Bedeutung beimessen. Denn bei aller Kritik an der Grauzone der indirekten

Sterbehilfe würde dennoch kaum ein Befürworter der aktiven Sterbehilfe ernsthaft die Meinung vertreten, die Giftspritze sei grundsätzlich der bessere Weg. Aktive Sterbehilfe kann deshalb nichts anderes sein als ein letztes Mittel, wenn kein anderer Weg offensteht.

Daraus folgen zwei Konsequenzen: Der Staat muss alle Anstrengungen daraufsetzen, die Palliativmedizin zu fördern und mit der indirekten Sterbehilfe so human und so transparent wie möglich zu verfahren. Nicht zuletzt deshalb, damit der Wunsch nach aktiver Sterbehilfe gar nicht erst aufkommt. Denn das entscheidende Problem bei der Frage nach den letzten Lebenstagen unheilbar kranker und schwer leidender Menschen ist kein medizinisches, sondern ein psychologisches. So richtig es auf der einen Seite ist, das Recht eines Menschen ernst zu nehmen, selbst über seinen Tod entscheiden zu dürfen, so wichtig ist es zugleich, die Umstände zu prüfen, unter denen ein solcher Wunsch entsteht. Das Problem der aktiven Sterbehilfe ist nicht der nachvollziehbare Rechtsanspruch des Patienten; es sind die Lebensumstände, die eine solche Entscheidung, sterben zu wollen, hervorrufen. Die Palliativmedizin ist deshalb für Arzt wie Patient der humanere Weg.

Und zweitens: Erlaubt man die aktive Sterbehilfe, so macht man aus dem letzten Mittel für wenige ausweglose Fälle ein »normales« Mittel unter anderen. Manche Angehörige würden ihre Bemühungen um den todgeweihten Patienten verringern. Und die Krankenhäuser bräuchten sich gewiss nicht die Mühe zu machen, ihm die letzten Tage und Wochen seines Lebens so schmerzfrei wie möglich zu gestalten. Selbst wenn die Statistik aus den Niederlanden diese Angst bislang nicht bestätigt – angesichts leerer Kassen im Gesundheitswesen fast aller europäischen Länder könnte das Selbstbestimmungsrecht auf den eigenen Tod schnell in sein Gegenteil umschlagen: in einen gesellschaftlichen Erwartungsdruck, zumindest den Krankenkassen nicht länger zur Last zu fallen.

Die entscheidende Frage in den Zeiten ständiger Etatkürzungen in der Gesundheitspolitik lautet also: Was ist ein würdiger Tod dem Staat und der Gesellschaft wert? In diesem Licht relativiert sich das starke Argument vom Selbstbestimmungsrecht des Menschen auf den eigenen Tod. Was heute im Einzelfall in der Grauzone von passiver, indirekter und aktiver Sterbehilfe in deutschen Krankenhäusern tatsächlich geschieht, dürfte allemal besser sein als eine rechts- und moralphilosophisch klare und eindeutige Position für die aktive Sterbehilfe. Für den Philosophen sind Rationalität, Widerspruchsfreiheit und Stichhaltigkeit einer Position entscheidend, doch für den Politiker ist es seine sozial-ethische Verantwortung. Unerträgliche Grauzonen in der Theorie müssen ihm unwichtiger sein als erträgliche Grauzonen in der Realität.

Das Selbstbestimmungsrecht des Menschen hat also überall da Grenzen, wo es (mutmaßlich) unerträgliche und inhumane Folgen für die Gesellschaft zeitigt. Doch wen zählen wir zu dieser »Gesellschaft« dazu? Wie etwa gehen wir mit jenen leidensfähigen Lebewesen um, die ihre Interessen nicht äußern und ihre Rechte nicht einfordern können? Zum Beispiel mit Tieren?

• *Jenseits von Wurst und Käse.* Dürfen wir Tiere essen?

OXFORD

Jenseits von Wurst und Käse
Dürfen wir Tiere essen?

Stellen Sie sich vor, eines Tages landen fremde Wesen aus dem All auf unserem Planeten. Wesen wie in dem Hollywood-Spielfilm *Independence Day.* Sie sind unglaublich intelligent und dem Menschen weit überlegen. Da nicht immer ein todesmutiger US-Präsident im Kampfflugzeug zur Verfügung steht und diesmal kein verkanntes Genie die außerirdischen Computer mit irdischen Viren lahmlegt, haben die fremden Wesen die Menschheit in kürzester Zeit besiegt und eingesperrt. Eine beispiellose Terrorherrschaft beginnt. Die Außerirdischen benutzen die Menschen zu medizinischen Versuchen, fertigen Schuhe, Autositze und Lampenschirme aus ihrer Haut, verwerten ihre Haare, Knochen und Zähne. Außerdem essen sie die Menschen auf, besonders die Kinder und Babys. Sie schmecken ihnen am besten, denn sie sind so weich, und ihr Fleisch ist so zart.

Ein Mensch, den sie gerade für einen medizinischen Versuch aus dem Kerker holen, schreit die fremden Wesen an: »Wie könnt ihr so etwas tun? Seht ihr nicht, dass wir Gefühle haben, dass ihr uns wehtut? Wie könnt ihr unsere Kinder wegnehmen, um sie zu töten und zu essen? Seht ihr nicht, wie wir leiden? Merkt ihr denn gar nicht, wie unvorstellbar grausam und barbarisch ihr seid? Habt ihr denn überhaupt kein Mitleid und keine Moral?«

Die Außerirdischen nicken.

»Ja, ja«, sagt einer von ihnen. »Es mag schon sein, dass wir ein bisschen grausam sind. Aber seht ihr«, fährt er fort, »wir sind euch eben überlegen. Wir sind intelligenter als ihr und vernünftiger, wir können lauter Dinge, die ihr nicht könnt. Wir sind eine viel höhere Spezies, ein Dasein auf einer ganz anderen Stufe. Und deshalb dürfen wir alles mit euch machen, was wir wollen. Verglichen mit uns, ist euer Leben kaum etwas wert. Außerdem, selbst wenn unser Verhalten nicht ganz in Ordnung sein sollte – eines steht trotzdem fest: Ihr schmeckt uns halt so gut!«

Peter Singer war ein nachdenklicher junger Mann, als er im Herbst 1970 im großen Speisesaal der University of Oxford saß und ein Rindersteak aß. Aber über fiktive Außerirdische und ihre mögliche Menschenfresserei hatte er sich noch nie Gedanken gemacht. Erst vor Kurzem war er aus Australien nach England gekommen, um nach seinem Philosophiestudium in Melbourne das erste Mal selbst an einer Universität zu unterrichten. Schon als Jugendlicher hatte sich Singer für kaum etwas so sehr interessiert wie für Philosophie und für die Frage nach dem richtigen Leben. Seine Eltern stammten aus Wien, und sie waren Juden. Die grausame Verfolgung der Juden in Deutschland und Österreich in der Zeit der nationalsozialistischen Herrschaft hatte sie 1938 dazu gezwungen, das Land zu verlassen. Sie waren noch sehr junge Leute gewesen und flohen von Österreich nach Australien. Ihre eigenen Eltern aber, Peter Singers Großeltern, wurden von den Nationalsozialisten verhaftet und im Konzentrationslager Theresienstadt ermordet.

Singer hatte sein Studium sehr ernst genommen, vor allem die Fragen der Ethik. Er wollte wissen, was gut und böse, was ein richtiges und ein falsches Leben ist. Als er im altehrwürdigen Speisesaal bei seinem Steak saß, bemerkte er, wie ein Student an seinem Tisch das Fleisch auf seinem Teller beiseitelegte. Singer fragte den Studenten – er hieß Richard Keshen und wurde später Professor für Philosophie an der Cape Breton University in Kanada –, ob ihm das Essen nicht schmeckte. Richard antwortete ihm, dass er niemals Fleisch essen würde. Er sei Vegetarier, denn es sei völlig falsch, Tiere zu verspeisen. Singer war erstaunt über diese so entschiedene Haltung. Aber Richard forderte ihn auf, auch nur ein einziges gutes Argument zu nennen, warum es moralisch vertretbar sei, Tiere zu essen. Singer nahm sich Bedenkzeit. Am nächsten Tag wollten sie sich im Speisesaal wieder treffen, und Singer wollte Richard einen guten Grund nennen, warum man Tiere essen dürfe. Dann aß er in aller Ruhe sein Rindersteak. Was er selbst nicht ahnte: Es war das letzte Steak seines Lebens.

Schon auf dem Weg von der Universität nach Hause fing Singer an zu überlegen. Sicher, die Menschen hatten zu aller Zeit Fleisch gegessen. Schon in der Urzeit hatten sie Auerochsen und Mammuts gejagt und ihr Fleisch verzehrt. Und später hatten Hirten und Bauern Schafe und Ziegen, Rinder und Schweine gezüchtet, um sie zu essen. Die Menschen der Vorzeit und auch viele Naturvölker hätten niemals überlebt, wenn sie sich nicht unter anderem auch von Fleisch ernährt hätten. Allerdings wurde ihm auch klar, dass die Gründe, die ihm eingefallen waren, ihn selbst gar nicht betrafen. Die Menschen der Vorzeit oder die Ureinwohner Grönlands, die noch in ihrer jüngsten Geschichte Robben jagen müssen, um zu überleben, sind kein Grund dafür, warum er, Peter Singer, Tiere essen durfte. Denn in einem Land wie England ist es völlig problemlos und gesundheitlich unbedenklich, sich ohne Fleisch zu ernähren. Singer überlegte weiter, dass Wölfe, Löwen und Krokodile schließlich auch Fleisch fressen. Sie scheren sich nicht darum, ob sie das tun dürfen oder nicht. Denn wenn sie kein Fleisch bekommen, müssen diese Tiere sterben. Singer wusste, dass er nicht sterben musste, wenn er kein Fleisch aß. Im Unterschied zu den Wölfen, Löwen und Krokodilen konnte er es sich also aussuchen, Tiere zu essen oder nicht. Dass er es sich aussuchen konnte, war etwas, das ihn von den Löwen unterschied. Er war den Löwen überlegen und auch den Rindern, den Schweinen und Hühnern, die er im Speisesaal der Universität aß. Der Mensch ist schlauer als die Tiere, er hat mehr Intelligenz, eine sehr ausgeklügelte Sprache, Vernunft und Verstand. Viele Philosophen in der Antike, im Mittelalter und auch in der Neuzeit hatten gesagt: *Dies* ist der Grund, warum man Tiere essen darf. Menschen sind vernünftig, Tiere sind unvernünftig. Menschen sind wertvoll, und Tiere sind wertlos. Aber kann man wirklich sagen, dass intelligentes Leben grundsätzlich mehr wert ist als weniger intelligentes? Obwohl Singer die fiktive Geschichte von den Außerirdischen nicht kannte, regte sich in ihm die gleiche Empörung, die sich bei vielen Lesern dieser kleinen Fabel regt. Denn was für den unmoralischen Umgang der Außerirdischen mit den Menschen gilt, muss das nicht auch für das vergleichbare Verhältnis des Menschen zu den Tieren gelten? Eine überlegene Intelligenz ist kein moralischer Freibrief, tun und lassen zu können, was man will. Drei Jahre lang vertiefte Singer sich in das Thema, wie Menschen mit Tieren umgehen sollten. Im Jahr 1975 veröffentlichte er darüber ein Buch: *Animal Liberation. Die Befreiung der Tiere*. Ein Bestseller. Das Buch verkaufte sich über 500 000 Mal.

Das wichtigste Kriterium für das Lebensrecht eines Lebewesens, so schrieb Singer, ist nicht Intelligenz, Vernunft oder Verstand. Ein neugeborener Säugling hat weniger Verstand als ein Schwein, und trotzdem dürfen wir ihn nicht essen oder zu Versuchen für die Wirkung eines neuen Shampoos missbrauchen. Der entscheidende Grund, ein Lebewesen zu respektieren und ihm ein Lebensrecht zuzugestehen, ist seine Fähigkeit, sich zu freuen oder zu leiden. In diesem Punkt war Singer mit Bentham einig, der bereits 1789, zur Zeit der Französischen Revolution, geschrieben hatte: »Der Tag wird kommen, an dem auch den übrigen lebenden Geschöpfen die Rechte gewährt werden, die man ihnen nur durch Tyrannei vorenthalten konnte. Eines Tages wird man erkennen, dass die Zahl der Beine, die Behaarung der Haut unzureichende Gründe sind, ein empfindendes Lebewesen dem gleichen Schicksal zu überlassen. Aber welches andere Merkmal könnte eine unüberwindliche Grenzlinie sein? Ist es die Fähigkeit zu sprechen? Doch ein erwachsenes Pferd oder ein erwachsener Hund sind weitaus verständiger und mitteilsamer als ein Kind, das einen Tag, eine Woche oder sogar einen Monat alt ist. Doch selbst, wenn es nicht so wäre, was würde das ändern? Die Frage ist nicht: Können sie *denken*? Oder: Können sie *sprechen*? Sondern: Können Sie *leiden*?« Singer übernahm Benthams Utilitarismus: Glück ist gut, und Leiden ist schlecht. Und das gilt nicht nur für Menschen, sondern für alle Lebewesen, die Glück und Leiden empfinden können. Denn als empfindungsfähige Wesen sind Tiere dem Menschen prinzipiell gleich. Und die Frage, ob der Mensch die »anderen Tiere« verspeisen darf, ist auf diese Weise leicht zu entscheiden: Federleicht wiegen die simplen Gaumenfreuden des Menschen gegenüber dem unsagbaren Leid der Tiere, Leib und Leben dafür hergeben zu müssen. Singers Buch über die Befreiung der Tiere von der Herrschaft des Menschen sorgte für viel Aufregung. Eine gesellschaftliche Bewegung entstand, die *Tierrechtsbewegung* in England, in den USA und auch in Deutschland. Das Ziel von Organisationen wie PETA geht weit über die Forderungen von herkömmlichen Tierschützern hinaus. Tierrechtler bekämpfen nicht nur Massentierhaltung, Pelztierfarmen und Tierquälerei. Sie stellen jeden Gebrauch von Tieren infrage. Danach sollen Menschen weder Wurst noch Käse essen dürfen, noch Tiere im Zoo oder im Zirkus einsperren oder sie zu Tierversuchen benutzen. Stattdessen fordern sie das Recht der Tiere auf ein freies Leben und eine glückliche Entfaltung.

In den Siebzigerjahren wurden Tierrechtler, ja sämtliche Menschen, die es ablehnten, Fleisch und andere tierische Produkte zu konsumieren, belächelt. Und in der Tat: Bis in die Nullerjahre des 21. Jahrhunderts waren sie eine verschwindend kleine Gruppe. Kaum jemand wusste, was Veganer waren und was das Wort »vegan« bedeutete. Das änderte sich erst vor etwa zwanzig Jahren. Eine halbe Ernährungsrevolution setzte ein, teils aus gesundheitlichen, aber eben auch oft aus ethischen Gründen. Nach einer Forsa-Umfrage aus dem Jahr 2023 verzichten mittlerweile etwa zwölf Prozent der in Deutschland lebenden Bevölkerung auf den Konsum von Fleisch. Neun Prozent ernähren sich vegetarisch und drei Prozent vegan. Über zwei Millionen Menschen in Deutschland sind demnach heute Veganer und Veganerinnen. Und tatsächlich sind viele von ihnen jung und weiblich.

Ist die philosophische Überzeugungskraft dabei, über unsere schlechten Gewohnheiten zu siegen? Vielleicht. Doch so überzeugend Singers Ansichten auf den ersten Blick erscheinen, so heftig wurde ihnen allerdings von vielen Philosophen widersprochen. Denn wenn nicht Vernunft und Verstand oder die schlichte Zugehörigkeit zur Spezies *Homo sapiens* die moralische Grenze bilden, sondern die Fähigkeit zu leiden – wo liegt diese Grenze genau? Schweine und Hühner können leiden, darauf kann man sich leicht einigen. Ein Schwein schreit, wenn es gequält oder geschlachtet wird, und auch ein Huhn gackert laut. Aber was ist zum Beispiel mit Fischen? Können Fische leiden? Nach neuesten Untersuchungen sieht es so aus, als ob Fische Schmerzen empfinden, obwohl sie diese nicht äußern können. Und was ist mit wirbellosen Lebewesen wie zum Beispiel Muscheln? Wir wissen viel zu wenig über das Schmerzempfinden von Muscheln, um darüber etwas zu sagen. Genau genommen, wissen wir Menschen ja noch nicht einmal, inwieweit nicht auch Pflanzen leiden können. Ob der Salat wohl Schmerzen empfindet, wenn man ihn aus der Erde reißt?

Das Empfinden von Schmerzen ist also keine klare Grenze. Und das Kriterium ist insofern problematisch, als uns die Bewusstseinszustände von Tieren nicht unmittelbar zugänglich sind. Im Kapitel über das Gehirn war die Rede davon, wie schwer sich die Wissenschaft schon mit subjektiven Erlebniszuständen bei Menschen tut. Wie viel schwieriger ist es da, Aussagen über Tiere zu machen. Im Jahr 1974, also genau in der Zeit, als Singer an seinem Buch über die Befreiung der Tiere schrieb, veröffentlichte Thomas Nagel, heute Professor an der New York University of Law, einen berühmt gewordenen Aufsatz mit dem Titel: *Wie es ist, eine Fledermaus zu sein.* Nagel interessierte sich nicht besonders für Tiere. Die Pointe, auf die es ihm ankam, war, dass man sich gar keine Mühe geben bräuchte, sich in andere Lebewesen, zum Beispiel eine Fledermaus, hineinzuversetzen. Denn das sei schlichtweg unmöglich. Das Einzige, wozu man in der Lage sei, wäre, sich auszumalen, wie man selbst sich fühlen würde, wenn man mit einem Echoortungssystem durch die Nacht fliegen und Insekten jagen würde. Aber wer wüsste schon, wie viel dies mit den tatsächlichen Empfindungen der Fledermaus zu tun hat? Wahrscheinlich fast gar nichts. Bewusstsein, und darauf kam es Nagel an, ist immer an subjektives Erleben gebunden und damit für andere prinzipiell unzugänglich.

So weit, so richtig. Doch dass es unmöglich ist, genau zu wissen, was in Tieren vor sich geht, ist natürlich kein grundsätzliches Argument gegen Singers Position, Tiere zu achten. Denn dass wir das Innenleben auch unserer Mitmenschen nicht kennen, ist gemeinhin kein Grund dafür, dass wir sie quälen dürfen. Kein Gericht erlaubt Folter, Mord und Totschlag mit dem Hinweis darauf, der Täter hätte ja nicht ganz genau wissen können, wie sich das Opfer dabei fühlt. Wir unterstellen anderen Menschen einen komplexen Bewusstseinszustand – und das reicht, um sie zu achten. Bei Tieren dagegen neigen viele Wissenschaftler dazu, deren Psyche rein biologisch zu erklären. Doch solche Modelle von Reiz und Reaktion sind problematisch. Geschieht das Täuschungsmanöver einer Meerkatze aus Instinkt, oder ist Taktik im Spiel? Folgen die Rangordnungsspiele von Löwen einer Strategie oder einer momentanen Eingebung? Wer vermag dies mit Sicherheit zu sagen? Auch bei Menschen entsprechen die Begehren biologischen Bedürfnissen, etwa der Abneigung gegen Schmerzen oder sexuelle Gelüste, ohne dass wir sie nur darauf reduzieren. Aus welchem Grund sollte das, was uns davon abhält, menschliche Erlebnisqualitäten auf mechanische Funktionsmechanismen zu reduzieren, nicht auch für die Erforschung des Innenlebens von Tieren gelten? Natürlich tun wir gut daran, unsere Gefühle und Absichten nicht naiv in ihr Innenleben hineinzuprojizieren. Doch es ist sicher ebenso naiv, vom krassen Gegenteil auszugehen und Tiere als rein funktionale Maschinen zu betrachten. Woher wissen wir, dass der tierische Spieltrieb tatsächlich nicht mehr ist als ein ausschließlich funktionaler Mechanismus? Sicher, die Sexualspiele der Affen mit ihren dazugehörigen Lustempfindungen lassen sich funktional gut erklären. Aber lassen sie sich deshalb *nur* funktional erklären?

Schon die alten Chinesen wussten davon, dass es unmöglich ist, wirklich zu wissen, was Tiere empfinden. Aber sie kannten eine Möglichkeit, wie sie sich dem Innenleben von Tieren trotzdem nähern konnten: durch einen *Analogieschluss*. Davon erzählt folgende Anekdote: Meister Tschuang-Tse wandert mit seinem Freund Hui-Tse über eine Brücke, die über den Fluss Hao führt. Tschuang-Tse blickt ins Wasser und sagt zu seinem Freund: »Sieh, wie die schlanken Fische umherschnellen, so leicht und frei. Das ist die Freude der Fische.« »Du bist kein Fisch«, sagt daraufhin Hui-Tse, »wie kannst du wissen, dass sich die Fische freuen?« »Du bist nicht ich«, antwortet daraufhin Tschuang-Tse, »wie kannst du wissen, dass ich nicht weiß, dass sich die Fische freuen?«

Auch die moderne Hirnforschung zieht solche Analogieschlüsse. Sie untersucht Reaktionsweisen in unserem Wirbeltiergehirn, und sie vermutet, dass gleichartige Strukturen im Gehirn anderer Wirbeltiere mit vergleichbaren Erlebnisqualitäten verbunden sein könnten. Dabei überprüfen Hirnforscher nicht nur tatsächliche und mutmaßliche Übereinstimmungen. Sie versuchen auch herauszufinden, warum wir glauben, uns in manche Tiere besser hineinfühlen zu können als in andere. Wenn Menschen Delfine betrachten, assoziieren sie in der Mimik des Delfins sofort ein Lächeln. Unsere Spiegelneuronen arbeiten, weil wir glauben, die Mimik des Delfins zu verstehen. Fast alle Menschen finden Delfine sympathisch. Tiere mit »fremden« Gesichtern dagegen stimulieren bei uns keine Spiegelneuronen. Was wir nicht auf Bekanntes beziehen können, lässt unser Einfühlungsvermögen kalt. Bei Hunden glauben wir uns in manches Verhalten hineinversetzen zu können. Wir mögen ihre Verspieltheit und deuten ihre Freude. Doch es gibt Grenzen. Zum Beispiel »wissen wir nicht«, sagt Giacomo Rizzolatti, »was Bellen bedeutet, also können wir es auch nicht spiegeln. Bellen zählt nicht zu unserem eigenen motorischen Repertoire. Menschen können zwar ›Bellen‹ imitieren, einige von ihnen sogar sehr gut, doch wirklich begreifen, was Bellen ist, können wir nicht!«

Selbst bei weiterem Fortschritt in der Hirnforschung bleibt

uns das Innenleben von Tieren also ein weithin unbekanntes Land. Umso bedenklicher ist es, dass wir dort gleichwohl ständig juristisch und philosophisch, aber auch im alltäglichen Sprachgebrauch, mit holzhackerischer Sicherheit Grenzen ziehen. In Deutschland hat kein Tier moralische Anspruchsrechte darauf, gut behandelt zu werden. Juristisch gesehen stehen Schimpanse und Blattlaus näher beieinander als Mensch und Schimpanse. Für Menschen gelten das Grundgesetz und das Bürgerliche Gesetzbuch, für Schimpansen gilt nur das Tierschutzgesetz; Schutzbestimmungen, die sich Schimpansen auf gleicher Stufe mit Maulwürfen teilen. Eine Ethik, die die biologischen Tatsachen hinreichend berücksichtigt, kann darüber nur den Kopf schütteln.

Zumindest sehr hoch entwickelte Wirbeltiere wie Affen oder Delfine sollten also nicht auf fahrlässige Art und Weise auf eine rechtlose Stufe gestellt werden. Für Peter Singer, wie für jeden Präferenz-Utilitaristen, ist »Selbstbewusstsein« das Kriterium, das ein Leben unbedingt schützenswert macht. Das ist ziemlich überzeugend, obgleich man einräumen muss, dass Selbstbewusstsein keine neurologisch sichere Kategorie ist. Ob ein Wesen über Selbstbewusstsein verfügt, lässt sich im Kernspintomografen nicht sehen. Manche Philosophen setzen Selbstbewusstsein mit einem Ich-Gefühl gleich. Von hier aus sprechen sie selbst Affen ein moralisch relevantes Selbstbewusstsein ab. Doch wie die Hirnforschung heute weiß, ist das mit dem Ich-Gefühl so eine Sache. Im Kapitel über das »Ich« war von vielen verschiedenen Ich-Zuständen die Rede. Einige davon, zum Beispiel das *Körper-Ich*, das *Verortungs-Ich* und das *perspektivische Ich*, dürften bei Affen kaum in Abrede stehen, ansonsten wären sie sozial hochgradig gestört.

Manche Wirbeltiere verfügen damit ohne Zweifel über so etwas wie ein elementares Selbstbewusstsein. Doch wie hoch soll man dies moralisch einschätzen? Zum Beispiel bei Elefanten. Wenn einheimische Jäger in Afrika diese hoch entwickelten und sensiblen Tiere töten, um deren Elfenbein zu verkaufen, darf man dann – wie es zum Beispiel in Kenia rechtens ist – diese »Wilderer« erschießen? Für Singer ist der Fall klar. Man darf es nicht, weil Menschen ein höher entwickeltes Selbstbewusstsein haben als Elefanten. Doch was ist, wenn ein Mensch drei Elefanten tötet, oder fünf oder zehn? Wenn dies Elefantenkühe sind, die trauernde Kälber hinterlassen, halb wahnsinnig vor Angst? Dann, so Singer, neigt sich die Waagschale zugunsten der Elefanten. Doch was ist mit den Angehörigen der Jäger? Man kann dieses Beispiel in allen erdenklichen Formen ausspinnen und wird es trotz aller Sorgfalt immer mit willkürlichen Abschätzungen zu tun haben. Der Utilitarismus kämpft hier mit den Unwägbarkeiten und unübersichtlichen Folgeketten, von denen er sich nicht befreien kann.

Die größte Krux am »Selbstbewusstsein« als alleinigem Maßstab für den Lebenswert eines Lebewesens aber sind seine kontra-intuitiven Konsequenzen, von denen im Kapitel über die Abtreibung die Rede war. Denn wenn es richtig ist, dass der Lebenswert eines Lebewesens davon abhängt, wie komplex seine Empfindungen und sein Verhalten sind, dann stehen Neugeborene und geistig sehr stark behinderte Menschen auf der gleichen oder sogar auf einer niedrigeren Stufe als zum Beispiel ein Schäferhund. Singer hat nicht im Sinn, das Leben von Neugeborenen oder von Menschen mit schweren geistigen Behinderungen abzuwerten. Er will nur die Tiere aufwerten. Die Lawine aber, die er damit losgetreten hat, ist groß. Für viele Vertreter von Behindertenverbänden ist Singer bis heute ein rotes Tuch. Für die Tierfrage wie für die Abtreibungsfrage gilt, dass Gerechtigkeit als alleiniger Maßstab zu kurz greift. Wie wir am Beispiel der Mutter, die instinktiv ihren Säugling einem Schäferhund vorzieht, erkennen können, sollten wir nicht versuchen, Intuitionen und Instinkte aus der Moralphilosophie herauszukürzen.

Die Frage danach, was man mit Tieren tun darf, ist also nicht nur eine Frage von vernünftigen Überlegungen, sondern auch eine Frage von Instinkten. So ist es ein ganz natürlicher Instinkt des Menschen, dass er das Leben von Menschen anders bewertet als das von Tieren. Mit unseren moralischen Gefühlen ist es so, wie wenn man einen Stein ins Wasser wirft. Der Stein bildet Kreise. Im engsten dieser Kreise stehen unsere Eltern, Geschwister und Kinder und unsere besten Freunde. Im nächsten Kreis stehen unsere Bekannten und vielleicht sogar unser geliebtes Haustier. Dann kommen die Menschen im Allgemeinen. Und ganz außerhalb der Kreise stehen zumeist die Forellen und Brathähnchen. Diese moralischen Kreise lassen sich nicht beliebig ausdehnen. Aber die Tatsache, dass so viele essbare Tiere ganz außen vor bleiben, ist kein Naturgesetz, sondern heute zumeist eine Folge von Verdrängung und Manipulation.

Bezieht man die menschlichen Gefühle in die eingangs gestellte Frage ein, dann lautet sie: Ist es vertretbar, dass man Tiere isst, die man nicht eigenhändig töten könnte? Unsere Gefühle auf dem gegenwärtigen Stand der westlichen Zivilisation lassen es den meisten Menschen sehr schwerfallen, ein Schwein zu schlachten oder ein Kälbchen – selbst wenn man wüsste, wie man es macht. Bei Fischen dagegen finden sich schon viel mehr Menschen, die das Töten übers Herz bringen. Und Hühnereier zu »töten«, macht nur sehr wenigen etwas aus. In früheren Zeiten dürfte den Menschen das Töten der Tiere leichter gefallen sein, und Naturvölkern macht es in der Regel auch weniger aus. Aber Moral ist immer auch eine Frage der kulturellen Sensibilisierung. Sie ist weniger abhängig von einer abstrakten Definition des Menschseins als vom Empfindungsstand einer Gesellschaft. Und es ist durchaus anzunehmen, dass dieser

Empfindungsstand in Westeuropa gegenwärtig einen vorläufigen Höhepunkt in der Entwicklung der Menschheit darstellt. Eben deshalb bedarf es heute auch der »Täuschung« der Fleisch verarbeitenden Industrie, eine Kalbshaxe möglichst nicht nach einem Kalb aussehen zu lassen. Unsere Intuition wird hier irregeleitet, das Verdrängen erleichtert. Die meisten Menschen in unserer Gesellschaft haben nur deshalb keinen Ekel und keine Scheu davor, Fleisch zu essen, weil ihnen das Tierleid nicht unmittelbar vor Augen steht. Unsere Spiegelneuronen funken beim Gebrüll eines Kälbchens im Schlachthaus, aber sie bleiben untätig bei einem formverpackten Schnitzel.

Die Frage, inwieweit man sich durch kluge Überlegungen vom Fleischessen abbringen lassen will, muss jeder für sich selbst entscheiden. Wenn man vernünftig darüber nachdenkt, dann wird man wohl sagen müssen, dass die Argumente gegen das Fleischessen wahrscheinlich besser und einleuchtender sind als die Argumente, die dafürsprechen. Die utilitaristischen ebenso wie der Verweis auf die moralische Intuition. Ob man nun ganz auf das Steak, den Hamburger und das Brathähnchen verzichtet oder einfach nur etwas seltener als bisher Fleisch isst, hängt sehr davon ab, wie stark man sich selbst in dieser Frage sensibilisiert oder sensibilisieren lässt. Mit anderen Worten: ob wir sie zur Frage unserer Selbstachtung machen oder nicht. Ein weiterer Blick auf unser Selbstverständnis gegenüber unseren haarigen Verwandten soll diesen Denkprozess zusätzlich anregen.

• *Der Affe im Kulturwald.* Wie sollen wir mit Menschenaffen umgehen?

ATLANTA

Der Affe im Kulturwald
Wie sollen wir mit Menschenaffen umgehen?

»Jerom starb am 13. Februar 1996, zehn Tage vor seinem vierzehnten Geburtstag. Er war erst im Teenageralter, aber desinteressiert, aufgedunsen, depressiv, ausgelaugt und anämisch und litt an Durchfall. Seit elf Jahren hatte er nicht mehr an der frischen Luft gespielt. Als dreißig Monate alter Säugling war er vorsätzlich mit dem HIV-SF2-Virus angesteckt worden. Mit vier Jahren war er mit LAV-1, einem weiteren HIV-Typ, infiziert worden. Einen Monat vor seinem vierten Geburtstag hatte man ihm NDK, eine dritte Art, verabreicht.« So beginnt der Bericht des Juristen Steven Wise von der Harvard Law School in Needham, über den Versuchsschimpansen Jerom, der als einer von elf isoliert gehaltenen Menschenaffen in einer fensterlosen Zelle aus Stahl und Beton im *Chimpanzee Infectious Disease Building* der Emory University von Atlanta gehalten wurde und starb. Wise war Präsident des *Center for the Expansion of Fundamental Rights* in Boston, Massachusetts. Bis zu seinem Tod im Jahr 2024 verfocht er die Idee, die drei wichtigsten Menschenrechte in Zukunft auch auf die Großen Menschenaffen auszudehnen: das unantastbare Recht auf Leben, auf körperliche Unversehrtheit und freie persönliche Entfaltung.

Die Forderung, Schimpansen, Bonobos, Gorillas und Orang-Utans grundlegende Menschenrechte zu verleihen, kam vor über dreißig Jahren auf. Urheber sind Peter Singer und die italienische Tierrechtlerin Paola Cavalieri. Gemeinsam veröffentlichten sie im Jahr 1993 ein Buch, das zugleich Manifest einer neu gegründeten Organisation ist: *The Great Ape Project.* Ihre Sicht der Menschenaffen ist darin klar formuliert: Affen haben ein soziales und emotionales Leben ähnlich dem Menschen, und ihre Intelligenz steht der unseren kaum nach. Gleichwohl erhalten sie keinen vollen rechtlichen Schutz. Für Peter Singer und Paola Cavalieri ist das ein Skandal.

Haben die beiden Philosophen recht? Müssen wir unser Verhältnis zu den Großen Menschenaffen ändern? Immerhin, schon der Schwede Carl von Linné, der Erfinder der wissenschaftlichen Nomenklatur im 18. Jahrhundert, hatte in seinem ersten Einordnungsversuch Mensch und Schimpanse, *Homo sapiens* und *Homo troglodytes*, als Angehörige derselben Gattung betrachtet. Dass er damit nicht völlig falsch lag, zeigte sich 230 Jahre später. Im Jahr 1984 veröffentlichten Charles Sibley und Jon Ahlquist, zwei Molekularbiologen an der Yale University, die Ergebnisse ihrer langjährigen DNA-Untersuchungen von Menschen und Affen. Ihre Ergebnisse gelten heute als wissenschaftliches Allgemeingut. Danach unterscheiden sich Orang-Utan und Mensch in etwa 3,6 Prozent ihrer Erbanlagen, Gorilla und Mensch in etwa 2,3 Prozent; die Differenz zu Schimpanse und Bonobo beträgt ungefähr gleich viel, nämlich jeweils 1,6 Prozent. Besonders prekär allerdings werden diese recht abstrakten Zahlen dann, wenn man gewahr wird, dass der Unterschied zwischen Schimpanse und Gorilla bei über zwei Prozent liegt und dass die beiden untersuchten Gibbon-Arten zu etwa 2,2 Prozent voneinander abweichen. Die mutmaßliche genetische Differenz zwischen *Homo sapiens* und *Pan troglodytes* (wie er heute heißt) ist also erstaunlich klein: 98,4 Prozent der menschlichen DNA ist Schimpansen-DNA. Und beide Spezies sind in etwa so nahe verwandt wie Pferde und Esel. Molekularbiologisch stehen sie enger zusammen als Mäuse und Ratten, Kamele und Lamas. In Anbetracht dieser Ergebnisse plädiert der Evolutionsbiologe Jared Diamond von der University of California in Los Angeles für ein neues System bei der Einordnung von Menschenaffen. Künftig, meint Diamond, werden die Biologen die Dinge wohl »etwas anders sehen müssen, nämlich aus der Perspektive des Schimpansen: Danach besteht nur ein schwacher Gegensatz zwischen den ein wenig höher stehenden Menschenaffen (den *drei* Schimpansen, einschließlich des ›Menschen-Schimpansen‹) und den ein wenig tiefer stehenden (Gorillas, Orang-Utans, Gibbons). Die traditionelle Unterscheidung zwischen ›Menschenaffen‹ (definiert als Schimpansen, Gorillas usw.) und Menschen entspricht nicht der Realität.« Die Aussagekraft der biologischen Fakten erscheint sensationell. Gibt es angesichts dessen noch Zweifel daran, dass Menschenaffen und Menschen quasi gleich sind und damit zumindest quasi gleich behandelt werden müssen?

Es gibt einen solchen Zweifel. Und er kommt aus der Evolutionsbiologie selbst. Es müssen nämlich noch ganz andere biologische Kriterien bei der Einordnung herangezogen werden als allein die genetische Nähe. Stammesgeschichtlich betrachtet sind zum Beispiel Krokodile und Tauben näher miteinander verwandt als Krokodile und Schildkröten. Gleichwohl zählen die Biologen Krokodile und Schildkröten zu den Reptilien, Tauben hingegen nicht. Entscheidend für die Einordnung im biologischen System ist demnach nicht allein der Verwandtschaftsgrad, sondern es sind zusätzlich auch Faktoren wie Umweltanpassung und Lebensweise. Doch wie sehr unterscheiden sich Menschenaffen und Menschen in solcher Hinsicht? Sollte tatsächlich zutreffen, was »Tiervater« Brehm schon in der Mitte des 19. Jahrhundert argwöhnte? »Unser Widerwille gegen die Affen begründet sich ebenso wohl auf deren leibliche wie geistige

Begabungen. Sie ähneln dem Menschen hinsichtlich ihres Leibes nur oberflächlich, geistig aber bloß im schlechten Sinne und nicht im guten.« Den Nachweis einer Kulturleistung bei Affen glaubten in den Fünfziger- und Sechzigerjahren japanische Verhaltensforscher erbracht zu haben, als sie eine Kolonie von Rotgesichts-Makaken im Freiland auf der kleinen Insel Koshima beobachteten. Ohne menschliche Anleitung lernten einige jüngere Makaken Verhaltensweisen, die man bei frei lebenden Affen noch nie zuvor gesehen hatte. Berühmt gewordene Neuerkundungen waren das Waschen von erdigen Kartoffeln vor dem Verzehren, das sogenannte Goldwaschen, bei dem Makaken Weizen- und Sandkörner durch Schlämmen im Wasser trennten, sowie die Erschließung neuer Nahrungsquellen wie Seetang und Muscheln im Meer. Bezeichnenderweise wurden diese Fähigkeiten von anderen Mitgliedern der Kolonie kopiert und »kulturell« an künftige Generationen weitervermittelt. Beobachtungen bei Menschenaffen gehen darüber noch weit hinaus. Die berühmte englische Primatenforscherin Jane Goodall berichtete Ende der Sechzigerjahre davon, dass Schimpansen in der Natur mithilfe zusammengepresster Laubblätter Wasser aus engen Spalten heraussaugen, mit Grashalmen nach Termiten angeln und sogar Blätter von Stängeln streifen, um damit ein Werkzeug herzustellen. Als Jane Goodall dem Paläoanthropologen Louis Leakey von ihren Beobachtungen berichtete, erhielt sie das inzwischen legendäre Telegramm: »Wir müssen jetzt *Werkzeug* neu definieren oder *Mensch* neu definieren oder Schimpansen als Menschen akzeptieren.«

Der schillerndste und für besonders wichtig erachtete Maßstab im Vergleich Mensch und Affe aber ist die Sprache, genauer: die menschliche Sprache. Dass es ein komplexes Laut- und Kommunikationssystem unter Affen gibt, wird von niemandem ernsthaft bestritten. Auch Affen verfügen über das Wernicke-

Areal für Wortverständnis im Schläfenlappen und das Broca-Areal für Wortartikulation und Grammatik im Stirnhirn. Aber warum vermögen sie dann nicht nach Menschenart lautsprachlich differenziert zu kommunizieren? Die Antwort ist verblüffend einfach. Das Geheimnis der menschlichen Sprache liegt, wie bereits erwähnt, im Kehlkopf (vgl. *Die Fliege im Glas*). Er sitzt um einige Zentimeter tiefer als bei allen anderen Affen, einschließlich der Menschenaffen. Mit einer gewissen Wahrscheinlichkeit beeinflussten sich die Änderungen im Kehlkopfbereich des frühen *Homo sapiens* und die Weiterentwicklung der Gehirnzentren für symbolische Kommunikation wechselseitig. Ein Prozess, der bei den anderen Affen ausblieb.

Gleichwohl gibt es bei Sprachexperimenten einige Erfolge. In den Sechzigerjahren erregten die Versuche von Beatrice und Robert Gardner von der Nevada University Aufsehen, als sie die Schimpansen Washoe und Lucy in »Ameslan« unterrichteten, einer amerikanischen Zeichensprache, die von hörbehinderten Menschen benutzt wird. Den Gardners zufolge lernten die beiden jungen Schimpansen einen Wortschatz von einigen Hundert Worten.

Menschenaffen sind dazu fähig, abstrakte Symbole für Objekte, Situationen und Handlungen zu verwenden und diese mit bestimmten Leuten, Tieren oder Gegenständen zu verknüpfen. Zu diesem Ergebnis kam in den Achtzigerjahren auch die US-amerikanische Psychologin Sue Savage-Rumbaugh bei ihren Versuchen mit dem Bonobo Kanzi. Das Tier beherrschte innerhalb von zwei Jahren eine Tastatur mit 256 Wortsymbolen und war in der Lage, damit routinemäßig Bitten zu äußern, einen Sachverhalt zu bestätigen, etwas nachzuahmen, eine Alternative auszuwählen oder ein Gefühl auszudrücken. Überdies reagierte Kanzi auf einige hundert Wörter der gesprochenen englischen Sprache. Die Versuche von Lyn White Miles von der

University of Tennessee in Chattanooga bestätigen vergleichbare Ergebnisse auch für Orang-Utans.

All dies wird allerdings noch weit übertroffen von dem Gorillaweibchen Koko im kalifornischen Woodside, südlich von San Francisco. Nach fünfundzwanzig Jahren intensiven Trainings beherrscht Koko mehr als tausend Begriffe der amerikanischen Gebärdensprache und versteht rund 2000 englische Wörter. 1998 gab es bereits den ersten Live-Chat mit Koko im Internet. Ihre Sätze sind zwischen drei und sechs Wörter lang, schaffen Zeitbezüge und enthalten sogar Witze. Kokos fachgerecht getesteter IQ beträgt zwischen siebzig und fünfundneunzig Punkte auf der Skala. 100 Punkte bescheinigen Menschen eine normale Intelligenz. Koko kann reimen, sie reimt *do* auf *blue* und *squash* auf *wash* und erfindet Metaphern wie etwa »Pferd-Tiger« für ein Zebra und »Elefantenbaby« für eine Pinocchio-Puppe. Auf die Frage: »Warum Koko nicht wie andere Menschen sei?«, antwortet sie klug und richtig: »Koko Gorilla.« In über dreißig Jahren regelmäßigen Trainings hat sich die inzwischen hochbetagte Gorilla-Dame eine größere Virtuosität in der Menschensprache angeeignet als jedes andere nichtmenschliche Lebewesen zuvor. Von Koko lernen bedeutet, etwas über die Psychologie von Gorillas im Allgemeinen zu lernen, meint die US-amerikanische Psychologin und Forscherin Francine Patterson. Zum Beispiel: Was sagen Gorillas, wenn sie sich freuen? – »Gorilla umarmen.« Und was sagen Gorillas, wenn sie sich ärgern? – »Toilette Teufel.«

Eine bezeichnende Pointe an Kokos Erfolgen ist, dass sie nur unter isolierten Laborbedingungen möglich sind. Wild lebende Gorillas hingegen ebenso wie Zoo-Gorillas haben anderes zu tun, als sich um Menschengrammatik zu sorgen. Dennoch sind Gorillas allem Anschein nach intelligenter, als sie es für ihre natürliche Lebensraumorientierung und den Nahrungserwerb sein müssten. Wie beim Menschen so entspringt auch die Intelligenz aller anderen Primatengehirne aus den Nöten und Notwendigkeiten des Sozialverhaltens. Von allen Herausforderungen der Affenwelt sind die Spielregeln des Hordenverbands die kompliziertesten. Und auch die Intelligenz von Menschenaffen verdankt sich dem sozialen Schach. Diese Feststellung zeigt zugleich, warum alle Sprachexperimente mit Menschenaffen problematisch sind. Erlernbar nämlich sind allein jene Bedeutungen, die in der Affenwelt vorkommen oder aus dieser abgeleitet werden können. Alles andere hingegen bleibt Menschenaffen »natürlicherweise« dunkel, wie Menschen vieles von dem, was Menschenaffen tun, rätselhaft ist. Intelligenz ist also eng verbunden mit dem artspezifischen sozialen Umgang. Doch Experimente mit Menschenaffen messen die Leistungen der Tiere nicht an deren eigenem, sondern am arteigenen Maßstab des Menschen. Ihr auf diese Weise erforschter Spracherwerb gleicht ungefähr demjenigen von Zweijährigen. Ihre Rechenkünste, wie die Fertigkeiten des Schimpansenweibchens Ai in Kyoto, erreichen mitunter das Leistungsniveau von Vorschulkindern. Der damit erbrachte Beweis lautet, dass Menschenaffen auf Kosten ihrer normalen arteigenen Verhaltens- und Kommunikationsformen Sprache und Zahlensystem in einigen wichtigen Grundzügen zu handhaben lernen. Doch was ist die moralische Konsequenz?

Sprachfertigkeiten und Rechenkünste sind gemeinhin nicht das Kriterium für die Zugehörigkeit zur menschlichen Moralgemeinschaft. Menschen mit schweren geistigen Behinderungen oder Säuglinge verfügen diesbezüglich kaum über nennenswerte Fertigkeiten. Gleichwohl genießen sie zu Recht einen vollständigen moralischen Schutz, der Menschenaffen nahezu überall verwehrt ist. Während einerseits Schimpansen und Gorillas sich in Labors durch Rechen- und Sprachkunststücke in die menschliche Moralgemeinschaft hineinzuschreiben scheinen, ist andererseits bei Menschen Intelligenz gar nicht der Maßstab für die moralische Rücksichtnahme.

Gleichwohl benutzen die Vertreter des *Great Ape Project* die Intelligenzleistungen von Menschenaffen durchaus als Argument. Nicht nur die Gene, sondern auch grundlegende geistige Eigenschaften wie Selbstbewusstsein, Intelligenz, komplexe Kommunikationsformen und soziale Systeme verbänden »menschliche und nichtmenschliche Menschenaffen« zu einer moralischen Gemeinschaft. Das Einlasskriterium ist der präferenz-utilitaristische Begriff der »Person«. Da Menschenaffen Wünsche und Absichten haben und da sie Interessen verfolgen, seien sie Personen. Infolgedessen stünde ihnen nicht nur ein unbedingter Schutz zu, sondern sie hätten auch grundlegende Rechte: Menschenaffen hätten das Recht, nicht in Tierversuchen missbraucht und versehrt zu werden. Sie hätten das Recht, sich nicht im Zoo oder Zirkus zur Schau stellen zu müssen. Sie hätten das Recht auf einen natürlichen Lebensraum, ähnlich wie ein bedrohtes Naturvolk. Und nicht Artenschützer, sondern die UNO müsse sich um sie kümmern.

Die Einwände gegen solche Forderungen sind schnell zur Hand: Ist es tatsächlich sinnvoll, von den »Rechten« der Menschenaffen auf körperliche Unversehrtheit, freie Entfaltung ihrer Person und so weiter zu reden, ohne zugleich darüber nachzudenken, wie sie ihre einhergehenden »Pflichten« erfüllen sollen? Wie etwa sollen die zur Menschengemeinschaft gezählten Menschenaffen in Zukunft Steuern bezahlen oder ihren Militärdienst ableisten? Frei von solcher Ironie stellt sich immerhin die Frage, was passiert, wenn ein Affe gegen Menschenrechte verstieße, die er zwar nicht selbst akzeptiert hätte, aber deren Schutz wir ihm gewähren würden. Wie soll man »Krieg« unter Schimpansen, »qualvollen Mord« und »Kannibalismus« unter Menschenaffen dann werten? Was macht man mit einem Affen, der einen Menschen verletzt oder gar tötet? Verurteilt man ihn nach jenem rechtlichen Maßstab, den wir an »Personen« anlegen?

Eine zweite Krux des *Great Ape Project* ist seine logische Widersprüchlichkeit. Einerseits nämlich geht es den Tierrechtlern darum, die Grenze zwischen Mensch und Tier aufzuweichen, die als »Speziesismus« gebrandmarkt wird. Kriterium der Moral sei nicht, dass man der Spezies Mensch angehört, sondern dass man komplex empfindet und zumindest grundlegende Interessen besitzt. Menschen, so heißt es, müssen lernen, nicht von sich selbst auszugehen, sondern jedes Lebewesen zu akzeptieren, das die Bedingung erfüllt, eine »Person« zu sein. So weit, so gut. Wie aber kann das *Great Ape Project* unter solchen Voraussetzungen damit argumentieren, Menschenaffen gehörten deshalb moralisch bevorzugt behandelt, weil sie von allen Tieren *dem Menschen am ähnlichsten* sind? Einigen Tierrechtlern ist das *Great Ape Project* deshalb noch viel zu lasch, zu inkonsequent oder »anthropozentrisch«. Ähnlich wie konservative Kritiker, die generell nichts davon wissen wollen, die Tier-Mensch-Grenze zu verschieben, fragen sie, was genau damit gewonnen ist, die neue Grenze nicht zwischen Mensch und Schimpanse, sondern zwischen Orang-Utan und Gibbon zu errichten.

Die Rechtfertigung der Anwälte des *Great Ape Project* ist der symbolische Charakter ihrer Forderung. Auch Peter Singer möchte die Grenze gerne über den Gibbon hinaus verschieben und allen leidens- und glücksfähigen Tieren Rechte zusprechen. So gesehen sei die Forderung nach Menschenrechten für die Großen Menschenaffen nur ein erster Schritt; ein Versuch übrigens mit ersten Erfolgen. Im Oktober 1999 bescheinigte die Regierung Neuseelands allen im Land lebenden Menschenaffen, etwa dreißig an der Zahl, ein unantastbares Recht auf Leben. Großbritannien untersagt seit 1997 jeden Tierversuch mit Großen Menschenaffen und Österreich seit 2006. Der Beginn eines großen Umdenkens? Könnte es in der Tat nicht sein, dass die uralte Tier-Mensch-Grenze inzwischen hinfällig geworden ist? Und sollte sich statt einer traditionellen Ethik nicht lieber die Kognitionswissenschaft der Sache annehmen? Wie gesehen, formuliert die Hirnforschung ganz neue Hierarchien im Verhältnis von Impulsen und Reflexen, Reaktionen und Verarbeitungen. Wir wissen heute, dass das Bewusstsein des Menschen nur sehr eingeschränkt eine Sache der Vernunft ist. Das meiste in unserer Welt ist vorsprachlich festgelegt, als Folge von Fähigkeiten, die Menschen und andere Tiere gemeinsam haben. Der klare Verstand als zentrales Merkmal des menschlichen Handelns ist eine Fiktion. Ob wir Menschenaffen deshalb in Zukunft eher als Menschen oder als Tiere betrachten, bleibt allerdings eine Frage der Definition. Denn man wird es wohl kaum besser sagen können als der japanische Primatenforscher Toshisada Nishida: »Schimpansen sind bezaubernd auf ihre eigene Art. In einigen Hinsichten sind sie uns unterlegen, in anderen überlegen.« In jedem Fall aber zwingt uns der heutige Stand der Kenntnisse von Menschen und Menschenaffen zu einem Umdenken, was auch immer davon ins Kleingedruckte von Gesetzestexten gelangt. Die Richtung scheint klar: Je mehr uns die Wissenschaft zeigt, umso näher rücken wir unseren nächsten Verwandten. Die Ergebnisse der gegenwärtigen Verhaltenspsychologie werden dabei schon bald hinter den Einsichten der Neurobiologen verblassen. Und mit ihr solche weisen, drolligen und beruhigenden Einsichten wie jene, die die Gorilladame Koko dem Vorurteil entgegensetzte, Tiere besäßen keine Ahnungen vom Tod und hätten keine Vorstellung davon. »Was ist der Tod?«, fragte Patterson ihren Schützling. Koko überlegte, dann deutete sie auf drei Zeichen: »Gemütlich – Höhle – Auf Wiedersehen.«

Als Charles Darwin den Ursprung des Menschen aus dem Tierreich bewies, hatte er sich gleichwohl lange davor gescheut, den Menschen als ein »intelligentes Tier« zu bezeichnen. Und noch im 20. Jahrhundert erfand der berühmte Evolutionsbiologe Julian Huxley, ein Enkel von Darwins Mitstreiter Thomas Henry Huxley, für den Menschen einen ganz eigenen biologischen Seinsbereich »Psychozoa«. Die Hirnforschung aber holt uns heute aus diesem edlen Reservat zurück zu unseren Verwandten. Auch sie sind keine Automaten und keine »niederen« Wesen. Auch sie haben einen Wert, den wir berücksichtigen müssen. Doch wo fängt dieser Wert in der Natur an? Ist alle Natur schützenswert? Und müssen wir tatsächlich alles Belebte um uns herum bewahren?

• *Die Qual der Wale.* Warum sollen wir die Natur schützen?

WASHINGTON

Die Qual der Wale

Warum sollen wir die Natur schützen?

Sie sind intelligent, sie sind musikalisch, und sie sind sensibel. Mütter stillen ihre Kinder acht Monate und betreuen sie über mehrere Jahre. Mit dreizehn Jahren werden sie geschlechtsreif. Ihr soziales und abwechslungsreiches Leben kennt wenig Vergleichbares, ihre Sprache ist kompliziert und komplex, ihre Fürsorge füreinander vorbildlich. Ihr verspieltes Wesen erscheint anmutig und berückend. Mit siebzig bis achtzig Jahren sterben sie nach einem langen Leben. Denn ihre einzigen Fressfeinde sind der gemeine Norweger, der gemeine Isländer und der gemeine Japaner. Rund 2000 Wale verenden jährlich an den Harpunenhaken von Walfängern, verbluteten mit zerfetzten inneren Organen oder erstickten halb zerschnitten auf den Decks moderner Fabrikschiffe mit geplatzten Lungen oder durchschossenem Zwerchfell. 2000 tote Wale jedes Jahr – wie kann Gott, oder die vernunftbegabte internationale Staatengemeinschaft, dies zulassen?

Kein einziger Wal darf in den Weltmeeren getötet werden. So steht es im Beschluss der Internationalen Walfangkommission aus dem Jahr 1986. Die einzige Ausnahme davon wird den Naturvölkern der Arktis eingeräumt, oder wenn es um das Töten zu Forschungszwecken geht. Seitdem, so scheint es, wird geforscht, was das Zeug hält, von wissbegierigen Japanern, die an die 400 Wale pro Jahr studieren. Und die Norweger sind wieder ein Naturvolk. Wer Wale töten will, der kann das auch tun. Und die Internationale Walfangkommission schaut zu oder stimmt, wie zuletzt, mit einfacher Mehrheit sogar gegen das Verbot. Natürlich ist der Walfang eine wenig appetitliche Angelegenheit – das wissen auch die Japaner. Und ein einträgliches Geschäft ist es eigentlich auch nicht – der sensible Japaner ekelt sich genauso vor Walfleisch wie der sensible Deutsche. Aber, so der Hinweis, der Walfang gehört nun mal zu Nippons mittelalterlicher Tradition. Und Traditionen lassen sich nicht mit dem Hinweis auf Bestandsdezimierung abschaffen. Doch gerade dies ist noch immer das einzige Argument der Walfanggegner in der Kommission. Ihr Beweggrund für den Erhalt der Wale ist ihre *Seltenheit*. Es ist nicht ihr *Lebensrecht*! Und deshalb gibt es zwar einen UN-Menschenrechtsrat, aber auf der anderen Seite nur eine Walfangkommission und keinen UN-Tierrechtsrat. Ein internationaler Tierschutz besteht nicht, geschweige denn ein international festgeschriebenes Tierrecht. Doch ganz so selbstverständlich ist das nicht. Immerhin steht im Bürgerlichen Gesetzbuch der Bundesrepublik Deutschland, dass Tiere nicht als Sachen gewertet werden dürfen. Und das deutsche Tierschutzgesetz verbietet jede Form unnötiger Tierquälerei. Im EU-Recht aber gibt es dazu keine Entsprechung und auch im Internationalen Recht nicht. Das Einzige, was es gibt, sind Handelskommissionen wie die Walfangkommission oder – als oberste Instanz – die CITES-Konferenz, die *Convention on International Trade in Endangered Species of Wild Fauna and Flora*.

Die CITES-Konferenz fand das erste Mal 1973 in Washington statt, deshalb spricht man auch vom Washingtoner Artenschutzabkommen. Doch seit 1973 haben Menschen gleichwohl ungerührt etwa die Hälfte aller zu diesem Zeitpunkt noch existierenden Tier- und Pflanzenarten ausgerottet; ein Massentiersterben von ungeheurem Ausmaß. Die Situation ist dramatisch.

Menschen haben in den letzten Jahrzehnten der Erde größere Wunden geschlagen als in der gesamten Zeit vom Beginn der Menschheit bis zum Zweiten Weltkrieg zuvor. Jedes Jahr werden fünf Prozent der Landfläche des Planeten Opfer der Flammen. Gerade mal sechs Prozent sind heute noch mit tropischen Wäldern bedeckt, den artenreichsten Biotopen der Erde; innerhalb von nicht einmal dreißig Jahren schrumpften die Wälder auf weniger als die Hälfte zusammen. Bei konstant anhaltender Abholzungsrate auf heutigem Niveau ist der letzte Tropenbaum im Jahr 2045 gefällt. Tag für Tag sterben einige Hundert Tierarten aus; die meisten namenlos und von der Wissenschaft nie entdeckt.

Niemand weiß heute, wie viele verschiedene Spezies es noch gibt. Es mögen vielleicht die oft genannten 15 Millionen sein, vielleicht aber auch 100 Millionen oder nur sechs. Im Unterschied zur Kreidezeit, als mit dem Ende der Dinosaurier die große Zeit der Säugetiere anbrach, dürfte die gegenwärtige Aussterberate etwa eine Million Mal höher sein als die Artbildungsrate. So ist bereits ein Fünftel aller bekannten Vogelarten ausgestorben oder unmittelbar vom Aussterben bedroht. Mit jeder Spezies erlischt das komplizierte Erbgut von einer bis zehn Milliarden Basenpaaren für alle Ewigkeit. Die Verdrängung dieses ökologischen Desasters in Massenmedien und Politik stellt zukünftige Generationen vor ein kaum lösbares Rätsel. Und man kann sich auch darüber wundern, dass es in Deutschland gerade mal zwei Professuren für Umweltethik gibt, gegenüber achtzehn Lehrstühlen und 173 Professorenstellen zur Genderforschung. Das Desinteresse der Universitäten ist gespenstisch. Kaum eine philosophische Disziplin, die so vernachlässigt ist wie die Umweltethik. Aber woher sonst sollte man überzeugende Antworten auf die Grundfrage des Artenschutzes erwarten – die Frage, warum und unter Aufwendung welcher Mittel Menschen die Vielfalt der Arten vor der Ausrottung bewahren sollten?

Auf den ersten Blick erscheint die Antwort meist einfach. Wir sollen die Natur schützen, um uns selbst zu schützen: »Erst stirbt der Baum, dann der Mensch.« Wahrscheinlich ist das nicht einmal falsch. Aber ganz so einfach ist es auch nicht. Das wird spätestens dann klar, wenn man fragt, was die Umwelt eigentlich sein soll: Ein »Wert«? Ein ökologischer Funktionszusammenhang? Ein großes Lebewesen? Für den Engländer James Lovelock zum Beispiel war *alles, was lebt, zu respektieren.* Lovelock war ein berühmter Chemiker, Mediziner und Geophysiologe mit vielen wissenschaftlichen Veröffentlichungen und ein Erfinder mit zahlreichen Patenten. Doch sein Weltbild war durchaus eigentümlich. Nicht nur Pflanzen und Tiere zählte Lovelock zum Leben dazu, sondern ebenso vermeintlich tote Stoffe wie das Erdöl, den Humus, die Kalkfelsen und den Sauerstoff. Sie alle entstanden im Zusammenspiel biochemischer Vorgänge von großer Dynamik. Etwas weniger schwärmerisch, aber mit vergleichbaren Prämissen forderten vor allem in den Achtziger- und Neunzigerjahren auch in Deutschland Umweltphilosophen die fällige Ausweitung von Ehrfurcht, Verantwortung, Respekt und Würde auf die gesamte Natur.

Wer wie Lovelock alles in der Natur zu einem Wert erklärt, kommt leicht zu einigen sehr seltsamen oder sogar inhumanen Schlussfolgerungen. Allein der Mensch erscheint als gefährlicher Störfaktor in einer wunderbaren Welt des »fließenden Gleichgewichts« und der Harmonie. Nicht wirklich verwunderlich, dass der 2022 im Alter von 103 Jahren verstorbene Lovelock der Atomreaktor-Katastrophe von Tschernobyl etwas Gutes abgewinnen konnte. Weil sich die Menschen nicht mehr in die verstrahlten Gebiete wagen, wachsen in der verlassenen Gegend viele Bäume und Sträucher. Pflanzen sind meist immuner gegenüber Radioaktivität als Menschen, und so ist ein Lebensraum entstanden, völlig ungestört von Menschenhand, der Lovelock viel Freude bereitete. Doch solche Gedanken kann nur haben, wer selbst nicht von der Katastrophe betroffen ist. Ob sich die Mutter eines knochenkranken Tschernobyl-Babys darüber freuen mag? Wohl kaum.

Die schöne Natur ist nicht gleich der guten Natur, und wird sie erst böse erlebt, ist sie auch sehr schnell nicht mehr schön. Felsen, Canyons, Wüsten und Schluchten, die wir nachgeborenen Beobachter heute als grandios erleben, sind die Spuren gewaltiger Katastrophen. Kosmische Explosionen, Meteoriteneinschläge, verheerende Vulkanausbrüche und andere geologische Desaster schreiben die Geschichte eines Planeten, von dessen vielfältig hervorgebrachten Lebensformen nur ein einziges Prozent gegenwärtig existiert. Der Rest schwand für immer dahin, erstickt in der Asche der Vulkane, erfroren unter der grauen Dreckschicht in der Atmosphäre, gefangen durch grausame Werkzeuge und hinterhältige Fallen, dolchbezahnte Kiefer und unerbittliche Krallen, Verlierer in der kalten Schlacht um den Reproduktionserfolg. Es gehört schon eine Menge romantischer Ignoranz dazu, die Grausamkeiten und Dissonanzen des Lebens in das Bild eines vom Schöpfungsfrieden beseelten Paradiesgartens einzuschmelzen. Von »sich aus« ist die Natur weder gut noch schlecht, sie weiß nicht einmal, was gut und schlecht ist.

Mit dem Wert der Natur »an sich« ist das also so eine Sache. Wenn Millionen von Tierarten auch ohne Zutun des Menschen ausgestorben sind – und Philosophen in der westlichen Welt auch noch die Ansicht vertreten, dies alles sei ein »harmonischer Prozess« –, was ist dann gegen die momentane Ausrottung der Tierwelt durch den Menschen zu sagen? Auch der Mensch ist ja bekanntlich ein Tier, und dass er andere Tierarten verdrängt bzw. ausrottet, ist ein »natürlicher« Prozess, der sich – in geringerer Größenordnung – in der Natur unausgesetzt ereignet. So gesehen ist *Homo sapiens,* der in den vergangenen Jahrtausenden den gesamten Erdball in Besitz genommen und sich zu Milliarden vermehrt hat, eine Naturkatastrophe unter vielen vorausgegangenen anderen. Als biologischer Auslesefaktor bestimmt er selbst mit über die Ziele der Evolution: Wer darf überleben, und wer stirbt aus.

Wem die Rede von einem absoluten Wert der Natur nicht geheuer ist, schließt sich lieber einer anderen Überlegung an. Wenn die Natur einen Wert besitzt, so besitzt sie ihn doch unzweifelhaft *für den Menschen.* Ein zwingender Grund, die Artenvielfalt der Natur zu erhalten, sei deshalb der *ökologische Eigennutz.* Kaum zehn Jahre benötigte der Wind des Zeitgeistes in den Achtzigerjahren, die Saat der Begriffe »Öko« und »Bio« aus dem Hinterhof verlotterter Kommunen in den allgemeinen Vorgarten des deutschen Volksbewusstseins zu tragen. Von hier kommt auch die Weisheit, dass uns die Bäume in ihrem Sterben nur ein Stück vorausgehen. Wir brauchen den Regenwald für unsere Atmosphäre, und wir brauchen saubere Ozeane für unser Klima und unsere Trinkwasserversorgung. Alles, so hat man gehört, spielt auf unserem Planeten zusammen. Die Welt sei ein einziges großes Ökosystem, in dem jede Art ihren wichtigen Platz hat. Doch stimmt das eigentlich? Auch diese Ansicht ist schwierig. Denn die Frage nach dem ökologischen Sinn der Artenvielfalt ist durchaus nicht völlig geklärt. Mit dem Wissenschaftsjournalisten Hans Schuh gesagt gibt es unter Ökologen zwei völlig kontroverse Ansichten: Wäre die Welt ein Flugzeug, welche Rolle spielen dann die zahlreichen Tier- und Pflanzenarten? Die eine Gruppe unter den Ökologen glaubt, dass jede Art ein spezieller Niet ist, der dazu beiträgt, das Flugzeug zusammenzuhalten. Mit jeder wegfallenden Spezies wird also die

Flugtüchtigkeit gefährdet, bis die Maschine am Ende irgendwann abstürzt. Die zweite Gruppe allerdings sieht das ganz anders. Für sie sind viele Arten lediglich überflüssige Passagiere in einem Flugzeug, das auch mit einer kleinen Besatzung hervorragend fliegen könnte.

Was auch immer richtiger ist, eines scheint in jedem Fall festzustehen: Nicht jede Tier- oder Pflanzenart ist ökologisch unverzichtbar! Bemerkenswerterweise gilt dies vor allem für viele der schönsten Kronjuwelen aus der Konkursmasse der Natur. Sibirische Tiger, Okapis, Panda-Bären, Orang-Utans und bestimmte Delfin-Arten sind von der Ausrottung bedroht. Doch die Taiga-Wälder von Sichote-Alin stehen und fallen nicht mit den letzten 300 Tigern, die heute noch durch ihr Unterholz streifen. Das Gleiche gilt auch für die Okapis im Ituri-Urwald, die Panda-Bären in China und die letzten Orang-Utans auf Sumatra und Borneo. Und jedem Delfin-Freund sei versichert, dass kein Ozean kippt, nur weil die Wale aus ihm verschwinden. So ungewiss die Folgen menschlicher Eingriffe auf lange Sicht sind – die Ausrottung mancher Spezies scheint durchaus nicht zwingend gravierende Folgen zu haben. Es könnte durchaus sein, dass einige wenige Baumarten ausreichen, den Kohlenstoffkreislauf in den Tropenwäldern in Gang zu halten. Die Vergiftung des Trinkwassers und die Zerstörung der schützenden Ozonschicht verursachen gewaltigen Schaden an den biologischen Kreisläufen der Natur. Der Artentod von Tigern, Okapis, Panda-Bären, Orang-Utans und Walen tut es nicht. Allem Anschein nach möchten wir viele Tiere vor der Ausrottung bewahren, obwohl sie für das Ökosystem, in dem sie leben, absolut entbehrlich sind. Ja, Menschen bringen mitunter sogar viel mehr Geld und Energie dafür auf, ökologisch verhältnismäßig unwichtige Tiere zu retten, als einige ausgesprochen wichtige Insekten, Mikroben und Bakterien. Die Ökologie ist also bestimmt nicht der einzige Beweggrund, der dazu antreibt, etwas für bedrohte Tierarten zu tun. Und das ist auch gut so. Denn wer den Wert des Lebens nur nach seiner Funktion für den biologischen Kreislauf beurteilte, käme zu ganz schrecklichen Resultaten. Gewisse Bakterien leisten eine wichtigere und heilsamere Rolle für die Ökologie als Menschen. Sollte man sie im Konfliktfall also den Menschen vorziehen? Und sollten wir uns darüber freuen, dass jedes Jahr auf diesem Planeten neun Millionen Menschen allein an Hunger sterben, weil sie nun nicht mehr jeden Tag essen müssen und damit natürliche Ressourcen, wie die Tropenwälder, geschont werden?

Eine wirklich konsequent gedachte Ökologie kennt keine Moral. Niemand, der in Deutschland frei herumlaufen darf, sieht in anderen Menschen lediglich Biokatalysatoren für Stoff- und Energieumsätze, wahrscheinlich nicht einmal ein Soziopath wie Phineas Gage. Doch wenn wir respektieren, dass Menschen einen anderen Wert haben als Gummibäume, dann, weil sie sehr komplex *empfinden* können. Doch Empfinden, Leiden oder Sich-Freuen kann eben auch ein Hund, eine Katze, ein Schwein, ein Tiger oder ein Elefant. Der Unterschied zwischen dem Lebensrecht des Menschen und jenem der anderen Tiere ist danach allenfalls graduell, gemessen an der Komplexität des vermuteten Empfindungslebens. Ein Artenschutz, der das Lebensrecht hochkomplexer Lebewesen außer Betracht lässt, macht so gesehen keinen Sinn – dieses Lebensrecht ist das einzige ethische Argument. Und deshalb geht es bei der CITES-Diskussion um Abschussquoten für Wale nicht allein um die Frage, ob die von Norwegen und Japan begehrten Grau- und Minkewale nun tatsächlich vom Aussterben bedroht sind oder nicht. Auch die Frage nach der Zulässigkeit, Afrikanische Elefanten zu erschießen, kann an der genannten Einsicht nicht vorbeigehen. Wer es als legitim erachtet, mutmaßlich überzählige

Tiere in den Nationalparks zu töten, wird sich fragen lassen müssen, ob er Gleiches auch im Falle unbezweifelt überzähliger Menschen für vertretbar hält.

Die Frage nach dem Sinn von Artenschutz wird auch in Zukunft nicht allein auf der Basis ökologischer Nützlichkeits-Erwägungen zu beantworten sein. Und auch Seltenheit ist nicht unbedingt ein ethischer Gesichtspunkt. Denn die Seltenheit einer Tierart fügt ihrer Leidensfähigkeit nichts hinzu. Ohne Zweifel haben Okapis, Tiger und Orang-Utans ein Lebensinteresse. Doch gilt, was für ein einzelnes Individuum ganz unbestreitbar besteht, auch für Arten? Hier, so scheint es, macht es durchaus einen Unterschied, ob man im Namen der Moral oder im Namen der Geschädigten argumentiert. Inwiefern sollte ein Tier darum wissen und darunter leiden, dass mit ihm zugleich seine Art ausstirbt? Sollte der Sibirische Tiger in den nächsten Jahren für immer aus den Birkenwäldern der Mandschurei verschwinden, dürfte ihn das Aussterben seiner Art wahrscheinlich weniger interessieren als uns. Wir retten den Tiger nicht im Interesse des Tigers, sondern im Interesse all jener Menschen, die Tiger faszinierend finden und nicht tatenlos zusehen wollen, wie Wilderer den letzten Vertretern dieser schönen Großkatze für eine Handvoll Dollar oder Rubel den Garaus machen. Man kann aber darüber streiten, wie tragfähig ästhetische Empfindungen tatsächlich sind, wenn es darum geht, von der Ausrottung bedrohte Tier- und Pflanzenarten langfristig zu schützen. Warum muss es in der Taiga von Sichote-Alin noch Tiger geben? Reicht es nicht aus, dass sie sich in den Zoos der Welt prächtig vermehren? Stirbt das ästhetische Bedürfnis danach, »Werte« auf der Erde zu erkennen, die wir nicht selbst geschaffen haben, mit deren Verschwinden nicht vielleicht aus?

Kein Philosoph und kein Ökologe vermögen wirklich stichhaltig zu begründen, warum es alle die Millionen Tierarten auf diesem Planeten geben muss. Aber er wird, ohne einen erheblichen philosophischen Aufwand, auch nicht begründen können, warum es Menschen geben soll. Das stärkste Argument für den Wert der Menschen ist ihre komplexe Leidens- und Glücksfähigkeit. Doch wenn dies auch für Wale und Elefanten gilt, so gilt auch für sie, dass sie nicht getötet werden dürfen und dass man ihre Lebensgrundlagen nicht zerstören darf. Nicht weil sie selten sind oder schön, sondern weil sie ein Lebensinteresse haben, über das wir uns nicht hinwegsetzen dürfen. Und auch für den Umgang mit den weniger bewussten Lebewesen in der Natur sollte man zumindest zur Vorsicht raten. Wir wissen nur sehr wenig über die Gefühlswelt von Fröschen und Vögeln, von Pflanzen und Quallen. Und noch immer verstehen Menschen ziemlich wenig von sich selbst und ihren eigenen Interessen, die sie so leichtfertig »anthropozentrisch« nennen, so als sei das Verseuchen der Meere, das Verpesten der Luft und die schonungslose Plünderung aller Ressourcen, wie der Philosoph Manuel Schneider betont hat, tatsächlich »anthropozentrisch« auf das Wohl und die Zukunft der Menschheit hin ausgerichtet, und nicht schlichtweg Dummheit. Diese gleiche Dummheit begegnet uns übrigens auch im Hinblick auf die menschengemachte Erderwärmung und mit ihr die drohende Klimakatastrophe. Haben wir die Verpflichtung, sie zu stoppen?

• *Der kollektive Tod.* Werden wir die Klimakatastrophe überleben?

PINTA

Der kollektive Tod

Werden wir die Klimakatastrophe überleben?

Am 24. Juni 2012 starb der berühmteste Einwohner von Pinta im Alter von etwa hundert Jahren. Schon lange hatte man sich große Sorgen um George gemacht, und Wissenschaftler hatten alles dafür getan, sein Leben zu erhalten oder zumindest so komfortabel wie möglich zu gestalten. Ganze Kohorten von Experten waren auf die Galapagosinsel gekommen, um *Lonesome George*, wie er genannt wurde, etwas artfremde Damen zuzuführen, mit denen er sich noch im hohen Alter paaren sollte. Aber alle Versuche waren vergeblich. Mit der Riesenschildkröte George segnete der letzte Vertreter der Unterart *Chelonoidis nigra abingdonii* das Zeitliche.

Sterben ist keine schöne Sache. Nur die allerwenigsten freuen sich darauf, und den meisten Menschen macht die Vorstellung von ihrem Ende große Angst. Gleichwohl wissen wir, dass unser Tod unvermeidlich ist, und wenn wir uns schon damit abfinden müssen, so ist *unser* Ende von allem ja nicht zugleich *das* Ende von allem. Viele Menschen tröstet die Vorstellung, dass ihre Kinder noch sehr viel länger leben als sie selbst und erst recht ihre Enkelkinder. Und wer keine Kinder hat, der denkt vielleicht an andere geliebte Menschen, die einen selbst überleben und hoffentlich ein langes glückliches Leben haben werden.

Was aber wäre, wenn der eigene Tod tatsächlich das Ende allen menschlichen Lebens wäre? Wenn er zusammenfiele mit dem Ende der Menschheit im Allgemeinen? Im Kapitel zuvor haben wir darüber nachgedacht, dass es für den einzelnen Sibirischen Tiger ziemlich egal sein dürfte, wenn mit seinem Tod zugleich seine ganze Art ausstirbt. Und auch *Lonesome George* dürfte es womöglich schade gefunden haben, dass er jahrzehntelang kein Weibchen fand und im Alter nicht mehr zeugungsfähig war. Aber dass mit ihm zugleich seine Unterart erlosch, hatte ihn wohl nicht gekümmert. Wie hätte er auch davon wissen sollen? Und welche Dimension hat es für eine Schildkröte, dass ihre Art erlischt, wenn sie sich von dem, was ihre Spezies ist, vermutlich gar kein Bild machen kann?

Ganz anders hingegen sieht die Sache aus, wenn es sich bei der Spezies um *Homo sapiens* handelt. Dank ihrer Fähigkeiten zur Imagination und wohl mehr noch wegen ihrer Sprache kann sie sich Vorstellungen bilden von dem, was »der Mensch« ist oder »die Menschheit«, selbst wenn der genaue Inhalt merklich trüb ist. Gleichwohl haben diese Vorstellungen eine enorme Bedeutung. Man denke nur an Kants Vorstellung von der »Menschenwürde«, die jedem Menschen qua seines Menschseins zukommt. Oder an Kants kategorischen Imperativ, der fordert, stets so zu handeln, wie es im Sinne der Menschheit richtig und vertretbar sei. Wenn tatsächlich mit dem eigenen Tod zeitgleich die ganze Menschheit in den Orkus fahren sollte, so ist das nicht Nichts. Jahrtausendelang hatten religiöse Bilder von der Apokalypse und dem »Jüngsten Tag« mit seinem Weltgericht die Menschen gefesselt und ihnen unruhige Träume beschert. Aber noch nie war die Menschheit so nah am Armageddon gewesen wie heute. Denn die gegenwärtige ganz unmittelbare Bedrohung für die Zukunft der Menschheit ist keine religiöse Fantasie, kein Glaube und Aberglaube und leider auch keine Science-Fiction. Sie ist real, wissenschaftlich tausendfach dokumentiert, und sie rückt in großen Schritten näher und näher.

Lassen wir die Geschichte dieser Bedrohung im Jahr 1824 beginnen. Jean Baptiste Joseph Fourier war ein französischer Politiker in den äußerst wechselhaften Jahrzehnten der Französischen Revolution, der Zeit Napoleons und der Rückkehr der Monarchie. Wann immer sein bewegtes Leben ihm etwas Zeit ließ, beschäftigte er sich mit seinen wahren Leidenschaften Mathematik und Physik. In einem Aufsatz aus dem Jahr 1824 erörterte er die Frage, wie es sein kann, dass die Erde sich durch die Einstrahlung der Sonne nicht ständig stärker erwärmt. Fourier erkannte, dass unser Planet sehr viel Energie ins All zurücktransportiert, sodass Einstrahlung und Wärmeabgabe sich im Lot halten. Dafür aber war es notwendig, dass nicht alle Wärme zurückgegeben wurde, denn ansonsten bliebe es auf der Erde durchgängig eiskalt. Irgendetwas in der Atmosphäre hielt viel Wärme fest, und das war gut so, denn nur dieser »Treibhauseffekt« machte das Leben auf unserem Planeten überhaupt möglich. Vierzig Jahre später erkannte der englische Naturwissenschaftler John Tyndall, dass dieses Irgendetwas, das die Sonnenwärme in der Atmosphäre speichert, die Kohlensäure war, oder – wie wir heute sagen – das Kohlenstoffdioxid (CO_2) sowie der Wasserdampf und das Ozon.

Bis dahin klang die Geschichte wie eine gute Geschichte. Und sie blieb es noch, als der schwedische Chemiker Svante Arrhenius Ende des 19. Jahrhunderts herausfand, dass die massenhafte Verfeuerung von Kohle in der Industrieproduktion mehr und mehr CO_2 in die Luft blies. Arrhenius freute sich mächtig darüber, dass die Menschheit dabei war, einen Klimawandel herbeizuführen. In Zukunft würde es in Mittel- und Nordeuropa dadurch vermehrt wärmer werden, Obdachlose bräuchten im Winter nicht mehr zu erfrieren und die Heizkosten würden stetig geringer. Arrhenius regte sogar an, zusätzlich mehr Kohle zu verfeuern, um das »Treibhaus« so schnell wie möglich stärker zu erwärmen. Doch er fand nicht überall begeisterten Zuspruch. Der greise Brite Alfred Russell Wallace, der einst mit Darwin die Theorie der natürlichen Auslese in der Evolution begründet hatte, war hier sehr viel weitsichtiger. Ein Planet, der so ideal als Behausung des Menschen sei, würde solche Veränderungen im »großen Luftozean« nicht verzeihen. Wer etwas an der Atmosphäre verändere, so schrieb er 1903, der verändere alles mit unvorhersehbaren Folgen für die Lebensgrundlagen der Menschheit. Neben der Umweltzerstörung und der gnadenlosen Ressourcenausbeutung, denen Wallace bereits Ende des 19. Jahrhunderts den Kampf angesagt hatte, kam nun noch der Kampf gegen die Anreicherung der Atmosphäre mit CO_2 hinzu.

Die gute Geschichte vom lebensspendenden Treibhauseffekt war zu einer höchst gefährlichen Drohung für die Menschheit geworden. Am Horizont dräute die Gefahr der Überhitzung. Und verantwortlich dafür war ausgerechnet das, was nahezu jeden Fortschritt ermöglichte und den Wohlstand vermehrte wie nichts zuvor in der Geschichte der Menschheit: die Verfeuerung fossiler Energieträger in der Industrieproduktion wie im Verkehr. Der immer schnellere Zug des Fortschritts raste offensichtlich stetig bergauf, aber auf dem Gipfel lauerte der Sturz in den Abgrund. Wann dieser Gipfel erreicht sein würde, war jedoch ungewiss, und die Bedrohung erschien klein, harmlos und spekulativ im Vergleich zu den Segnungen des industriellen Fortschritts. Arrhenius dachte, dass es noch 3000 Jahre dauern würde, bis sich die Menge des CO_2 in der Atmosphäre verdoppelt hätte. Und so teilte ein weiteres halbes Jahrhundert lang niemand Wallace' Sorge. Doch das änderte sich in den Fünfzigerjahren durch einen Mann namens Charles David Keeling. Der US-amerikanische Klimaforscher bestieg konstant den Mauna Loa auf Hawaii. Die vielen Messdaten, die er in Jahrzehnten auf dem Gipfel des Berges gesammelt hatte, ergaben die Keeling-Kurve, die bis dahin überzeugendste Dokumentation menschengemachter Klimaveränderung durch den massiven Ausstoß von CO_2. Zeichnet man die Keeling-Kurve für das 21. Jahrhundert weiter, so ergibt sich daraus eine Erderwärmung von mindestens drei, maximal sogar sechs Grad.

Inzwischen ist der menschengemachte Klimawandel von Tausenden Wissenschaftlern eindrucksvoll belegt worden. Die Treibhausgase, die sich, von uns freigesetzt, in der Atmosphäre anreichern, sind permanent dabei, die Erde aufzuheizen – und zwar in einer Geschwindigkeit, für die es in der Geschichte unseres Planeten keinen Vergleich gibt. Frühere Erderwärmungen ereigneten sich ungemein viel langsamer als das, was wir gegenwärtig erleben. Und die prognostizierten Folgen sind katastrophal. Hunderte Millionen Menschen werden unter Wassermangel leiden, und alle Großstädte am Äquator werden unbewohnbar. Extreme Hitzeperioden werden die Länder des globalen Südens versengen, Flächenbrände erhebliche Teile des Waldbestands vernichten, Wirbelstürme enorme Verheerungen anrichten und Überschwemmungen Länder wie Bangladesch dauerhaft unbewohnbar machen. Die Konsequenz aus alledem sind politische Krisen, Bürgerkriege und Migrationsströme, wie sie die Welt nie zuvor gekannt hat.

Strittig daran ist nicht das Ob, sondern sind lediglich das Wann und mitunter das Wo. Und nicht jede Hochrechnung, nicht jede Prognose muss ganz exakt zutreffen, wie es in der Forschung ohnehin eher selten ist. Aber spielt das eine Rolle? Das Problem ist wissenschaftlich sehr gut beschrieben und ebenso ist es die Tendenz der künftigen Entwicklung. Je mehr Treibhausgase freigesetzt werden, umso stärker und schneller wird sich die Klimakatastrophe ereignen und die Menschheit in ein Chaos stürzen, das sie kaum noch bewältigen kann.

Wie sollen die Staaten der Welt, insbesondere jene, die Hauptverursacher der Klimakatastrophe sind, darauf reagieren? Viel weniger CO_2 in die Luft blasen, wäre die logische und naheliegende Antwort. Und genau das fordern nicht nur Klimaforscher und Umweltaktivisten, auch Politiker haben sich auf globalen Weltklimakonferenzen, in der Europäischen Union dazu verpflichtet, ebenso nationale Regierungen. Tatsächlich aber gehen all die angekündigten Umbauten der Wirtschaft, speziell jene bei der Energieerzeugung oder im Verkehr viel zu langsam vonstatten, um die permanente Erderwärmung ernsthaft einzudämmen. Das Ziel, die Erhitzung auf 1,5 Grad zu beschränken, zu dem sich viele Nationen der Welt im Jahr 2004 in Kyoto geeinigt haben, ist bereits unrealistisch geworden. Ja, selbst eine Begrenzung der Erderwärmung auf zwei Grad – ein Szenario, bei dem die arktischen Polkappen schmelzen und der Meeresspiegel stark ansteigt – dürfte kaum einzuhalten sein. Denn wie soll eine solche möglich sein, solange die Weltwirtschaft weiterwächst bei nahezu unvermindertem Ausstoß von Treibhausgasen?

Keine Industrienation hat es bisher geschafft, ihrer Bevölkerung einen Wachstumsschwund, vor allem einen Konsum- und Reiseverzicht schmackhaft zu machen. Eine schrumpfende Volkswirtschaft im Interesse künftiger Generationen würde ihre Konkurrenzfähigkeit auf den Weltmärkten verlieren und jedes Land schwer zurückwerfen. Zudem brächen nahezu alle Sozialsysteme in den Überflussgesellschaften bei einem dauerhaften Wachstumsschwund durch Konsumverzicht zusammen. Statt eines freiwilligen Wachstumsverzichts im Dienst eines nachhaltigen Umgangs mit unserer Atmosphäre droht stattdessen die maximale Vergiftung der politischen Atmosphäre. Bereits die ungebrochen wachstumsgläubige Klimapolitik der grünen Parteien in Europa – weit entfernt von Begriffen wie

»Verzicht« oder »Schrumpfung« – hat es im politischen Wettbewerb so schwer, dass kaum eine entscheidende Wende zu erwarten ist.

Der Grund, warum sich die Industriegesellschaften nicht wirklich ökologisch transformieren lassen, ist aber nicht nur ökonomisch. Ebenso entscheidend ist die psychologische Dimension. Jahrtausendelang haben Menschen etwas geglaubt, was sie nicht wussten, etwa über Gott und die göttliche Vorsehung. Heute dagegen wissen wir sehr viel über die Stellung des Menschen in der Natur und eben auch über die immer schlimmer werdende Klimakatastrophe, auf die wir ungebremst zutreiben. Aber wir glauben nicht, was wir wissen! Die allermeisten Politiker und Politikerinnen in den Industrieländern sind weit entfernt davon, den Klimawandel zu leugnen. Aber sie handeln gleichwohl so, als ob es ihn in all seiner Dramatik nicht gäbe. Sie sind Leugner nicht mit Worten, sondern mit Taten. Und ebenso denken und handeln ihre Wähler. Wer die drohende Klimakatastrophe relativiert und weit hinter den wirtschaftlichen Erfolg stellt, hat es politisch leicht. Und schon wer beide Ziele gleichrangig sieht, den wirtschaftlichen Erfolg und die Nachhaltigkeit, hat es äußerst schwer. Frei nach der Maxime des US-amerikanischen Schriftstellers Upton Sinclair: Es ist schwer, jemanden dazu zu bringen, etwas zu verstehen, wenn er sein Gehalt dafür bekommt, dass er es nicht versteht.

Diese Unfähigkeit, auf die Klimakatastrophe mit großen Veränderungen zu reagieren, hat auch eine philosophische Dimension. Wie in diesem Buch ausgeführt, ist die menschliche Moral im Kern hoch emotional und bei Weitem nicht so rational, wie wir gerne annehmen. Unsere moralische Sensibilität ist umso größer, je näher uns Menschen stehen. Verantwortung in der Familie oder im Freundeskreis zu übernehmen, ist noch verhältnismäßig einfach, aber je weiter Menschen und Gemeinschaften von uns entfernt sind, umso gleichgültiger werden sie uns. Unser moralischer Nahhorizont lässt sich nicht beliebig zu einer Fernstenliebe ausweiten. Wer empfindet schon Verantwortung für fremde Menschen, andere Nationen oder gar die ganze Menschheit? Es widerspricht nicht der menschlichen Vernunft, erkannte David Hume bereits im 18. Jahrhundert, wenn ich lieber den Untergang der ganzen Welt wünsche als einen Ritz an meinem Finger. Erschwerend kommt hinzu, dass die Bedrohung durch die Klimakatastrophe so gesichtslos ist. Alte Muster in unseren Gehirnen bringen uns dazu, uns vor wilden Tieren, Monstern, Räubern, Terroristen und Despoten zu fürchten, aber beim Anblick eines Fotos von einem schmelzenden Gletscher oder einer afrikanischen Dürre passiert fast nichts, es sei denn, es sind Eisbären und verdurstende Menschen im Bild. Aber auch das legt unser Gehirn meist schnell zu den Akten; *shit happens* – und zwar schon seit jeher in der Geschichte der Menschheit.

All das sind keine guten Nachrichten für die Hoffnung, die schlimmsten Folgen des Klima-Fiaskos noch abwenden zu können. Bleibt deshalb in dieser Lage nur, sein Denken zu verändern in die Richtung, die James Lovelock (vgl. *Die Qual der Wale*) vorgegeben hat? Aus Sicht eines Biozentrikers ist die Selbstausrottung der Menschheit nicht entfernt die Katastrophe, für die die meisten Menschen sie halten. So gewinnt der US-amerikanische Ökologe und Insektenspezialist Chris D. Thomas dem selbstverschuldeten Verschwinden des Menschen auch gute Seiten ab. Endlich kann die Natur sich erholen und zahlreiche neue Arten hervorbringen. Und nicht viel davon abweichend sehen das auch einige andere Ökologen. Steckt in jedem Untergang nicht zugleich ein neuer Anfang?

Kein prominenter Politiker der westlichen Welt hat je etwas Ähnliches verlautbart. Keiner hat dem Glauben an die Menschheit abgeschworen und ihrem Verschwinden öffentlich auch etwas Gutes abgewonnen. Und das obgleich die allermeisten Politiker und Politikerinnen tagtäglich so handeln, dass dieses Szenario ständig näher rückt. So könnte es passieren, dass irgendwann in diesem Jahrhundert die »Generation *Lonesome George*« geboren wird; Menschen, die wissen oder ahnen, dass sie die Letzten ihrer Art sein werden. Ihr Leben wird allerdings weniger komfortabel sein als jenes der letzten Puna-Riesenschildkröte. Ihre erwartbaren Lebensumstände sind durch Naturkatastrophen geprägt, durch Kriege um Wasser und Lebensraum, durch Überlebenskämpfe unter widrigen Umständen wie Extremwetter, Seuchen und Pandemien.

Philosophisch betrachtet stellt sich hier eine interessante Frage: Was ändert sich im Leben, wenn man weiß, dass der eigene Tod zugleich der Artentod ist? Wenn Sterben Aussterben bedeutet? Welchen Belang haben die Dinge in diesem Fall noch, die man tut, wenn man weiß, dass man nichts Bleibendes hinterlässt, weder materiell noch geistig noch sozial? Spielt Moral dann noch die gleiche Rolle im Leben wie jetzt?

Die Pointe dieser Frage liegt darin, dass wir mehrheitlich eigentlich jetzt schon so leben, als ob nach uns die Sintflut käme. Als ob es keine künftigen Generationen gäbe, die mit der von uns erhitzten Atmosphäre und den von uns angerichteten Klimafolgen leben müssten. Schon richtig: Noch nie haben Menschen ihre Kinder mit so viel Liebe und Aufmerksamkeit erzogen wie heute in den Industrienationen. Aber noch nie haben Menschen gleichwohl die künftigen Lebensgrundlagen ihrer Kinder dermaßen zerstört. Und das, obschon sie sich mehrheitlich zu dem liberalen Grundsatz bekennen, dass die Freiheit des Einzelnen dort endet, wo sie die Freiheit anderer maßgeblich beeinträchtigt. Selbst das Urteil des Bundesverfassungsgerichts vom April 2021 hat kaum etwas in der Klimapolitik verändert. Die Verfassungsrichter stellten heraus, dass die unzureichende Klimaschutzpolitik die Freiheit und die Grundrechte künftiger Generationen beeinträchtigt. Klimaschutz sei ein Menschenrecht, und jede Klimapolitik müsse so ausgelegt werden, dass sie dieses Menschenrecht generationenübergreifend garantiere.

So weit die hehre Idee. Die größten Gefahren bei der Klimapolitik sind einmal die schleichende Gewöhnung an veränderte Umwelt- und Klimabedingungen. Und zum anderen ist es die Setzung der Prioritäten. Politik ist, wenn ständig etwas dazwischenkommt, zuletzt die Coronapandemie und der russische Angriffskrieg auf die Ukraine. Und jedes Mal sind andere Dinge plötzlich sehr viel wichtiger als das Klima. Auf diese Weise nimmt die immer stärker ausgeblendete Katastrophe ihren Lauf. Menschen flüchten sich in Ausreden, Ablenkungen und unrealistische Fantasien. Man beruhigt sich damit, dass sich das Unheil national ohnehin nicht aufhalten lässt, statt international intensiver zusammenzuarbeiten. Man zweifelt die Prognosefähigkeit der Wissenschaft an und sammelt dafür Fehldiagnosen in der Vergangenheit. Oder man träumt davon, dass sich die drohende Klimakatastrophe auf dem Weg der Technik schon irgendwie abwenden ließe.

Dabei ist den meisten Menschen in Ländern wie Deutschland durchaus bewusst, dass sie sich in die Tasche lügen. Der Klimaforscher Hans Joachim Schellnhuber, einer der Großen seines Fachs, hat dazu ein demoskopisches Dauerexperiment gemacht. Über viele Jahre stellte er den Zuhörern seiner Vorlesungen und Vorträge drei Fragen. Die erste lautet: »Glauben Sie, dass es Ihnen heute besser geht als damals Ihren Großeltern?« Die Antwort ist zumeist ziemlich eindeutig. Die meisten Menschen in Deutschland glauben das. Schellnhubers zweite Frage lautet: »Glauben Sie, dass es Ihren Enkeln einmal besser gehen wird als

Ihnen heute?« Nein, nur die wenigsten glauben das. Und die dritte Frage heißt: »Finden Sie das in Ordnung?« Kein Arm, so Schellnhuber, schnellt bei dieser Frage in die Höhe. Stattdessen hört man vereinzeltes verlegenes Lachen.

Schellnhuber erzählt, dass sein Sozialversuch überall zu dem gleichen Ergebnis geführt hat – und zwar unabhängig davon, ob er vor Bankern, Politikern oder Lehrern gesprochen hat. Auch macht es keinen Unterschied, ob er Menschen in Berlin, San Francisco oder Neu-Delhi befragte. Das Wissen darum, dass die Dinge auf verheerende Weise falsch laufen, ist übergreifend, und es ist nahezu global. Ebenso das schlechte Gewissen, das mit dem Wissen einhergeht. Und doch geschieht weltweit viel zu wenig, um das Unheil abzuwenden. So flüchten sich viele Menschen gerne in die Vorstellung, dass es vielleicht eher gelingen könnte, die Natur des Menschen zu verändern als sein die Umwelt schädigendes Verhalten. Mittel dazu sollen die Reproduktionsmedizin sein oder die Gentechnik. Damit kommen wir zu einem anderen spannenden Themenkomplex. Wo liegen die Grenzen zwischen dem, wo man im Interesse der Menschheit die biologische Natur verändern darf und wo nicht? Inwieweit dürfen wir manipulierend in die Natur eingreifen? Und wie sieht es dabei mit unserer eigenen Natur aus?

• *Ansichten eines Klons.* Darf man Menschen kopieren?

MONTREAL

Ansichten eines Klons
Darf man Menschen kopieren?

Was macht eigentlich die Raelianer-Sekte? Jene ominöse Melange aus Killerkapitalismus und Science-Fiction, Hippie-Traum und Horrorkirche, die 2002 in Montreal die Erzeugung des ersten menschlichen Klon-Babys und mit ihm den Weg in die Unsterblichkeit verkündete? Das Baby *Eve*, wenn es denn je geboren wurde, müsste heute zweiundzwanzig Jahre alt sein, ebenso wie die von der Sekte angezeigten Klon-Kinder 2 und 3, die beide im Januar 2003 geboren sein sollen. Die Antwort ist schlicht: Wenig machen sie, die Raelianer. Und auch ihr Gründer und Chef, der französische Schauspieler und Sportjournalist Claude Vorilhon, verkündete später nur noch vergleichsweise belanglose Botschaften, etwa die Erzeugung genmanipulierter Erdnüsse für Erdnuss-Allergiker. Hätte der französische Romancier Michel Houellebecq die Sekte nicht durch seinen Beifall zwischendurch wieder ins Gespräch gebracht, kein Mensch stellte sich heute wohl überhaupt noch die Frage nach ihrem Verbleib. So waren die Raelianer eben nur der viel bespöttelte Gipfel eines ganzen Wundergebirges, umtost von windigen Weltanschauungen.

Was zum Beispiel – um den zweithöchsten Gipfel zu betrachten – macht eigentlich der italienische Gynäkologe Severino Antinori? Der, so wird man sich vielleicht erinnern, hatte schon im April 2002 behauptet, drei Frauen mit geklonten

Babys geschwängert zu haben. Noch Ende November 2002 hatte Antinori die Schwangerschaften bestätigt, in der ersten Januarwoche 2003 sollte das erste Klonbaby zur Welt kommen. Doch Antinoris Klon-Kinder verschwanden nie gesehen im Wirbel um Vorilhon und seine Sekte und tauchten auch anschließend nie wieder auf. Ein Hungerstreik, angekündigt Ende Januar 2003 aus Protest gegen den italienischen Gesundheitsminister, war das letzte publizistische Lebenszeichen von Antinori selbst.

Und was macht der US-Wissenschaftler Panayiotis Zavos vom Institut für Andrologie in Lexington im Bundesstaat Kentucky? Im Sommer 2004 hatte er nachweislich einen menschlichen Embryo geklont, ihn aber nach vier Tagen wieder getötet. Das Ganze, so Zavos damals, sei nur eine Übung für das angekündigte Projekt, einen geklonten Menschen-Embryo in den Uterus seiner Mutter einzupflanzen. Dass dergleichen tatsächlich geschehen ist, ist angesichts fehlender Erfolgsmeldungen des überaus mitteilsamen Zavos sehr unwahrscheinlich. Fast dreißig Jahre nachdem das Klon-Schaf Dolly in einem schottischen Stall das Licht der Welt erblickte, gibt es noch immer keine geklonten Menschenkinder, die irgendwo heimlich oder in der Öffentlichkeit herumkrabbeln oder -laufen. Die Vision, die manche mit Begeisterung, die meisten Menschen aber wohl eher mit Befremden oder Entsetzen erfüllt, hat sich bislang als unrealistisch herausgestellt. Doch warum verstört uns der Gedanke an geklonte Menschen eigentlich? Worin liegt das ethisch Bedenkliche oder Verwerfliche am Klonen? Und noch genauer gefragt: An welchem Punkt des Klonens beginnt die Unmoral?

Das künstliche Reproduzieren von Menschen, so die Kritiker des Klonens, verstößt gegen die Menschenwürde. Der Mensch, hatte Kant bekanntlich gesagt, ist »Zweck an sich selbst«, folglich darf er nicht »verzweckt« werden. Und Klonen, so der Einwand, verzwecke den Menschen, es macht ihn zu einer Sache und degradiert seine Würde. Um diesen Vorbehalt zu überprüfen, lohnt sich der Blick ins Detail. Gentechniker unterscheiden heute zwei unterschiedliche Begriffe: das »reproduktive Klonen« und das »therapeutische Klonen«.

Reproduktives Klonen in diesem Sprachgebrauch meint, einen Organismus zu schaffen, der genetisch weitgehend identisch mit seinem Vorbild ist. Um dies zu erreichen, entnimmt man einer menschlichen Körperzelle den Zellkern, in dem (wie bei jedem Zellkern) das komplette Erbmaterial enthalten ist. Als Nächstes sucht man sich eine Eizelle und entkernt sie. Der Kern der Körperzelle wird nun in die entkernte Eizelle eingeschleust. Und die auf diese Weise manipulierte Eizelle pflanzt man in den Uterus einer Leihmutter ein. Würde das Experiment beim Menschen gelingen, so brächte die Leihmutter nach neun Monaten ein Kind zur Welt, dessen Erbgut nahezu völlig mit demjenigen übereinstimmte, der die Körperzelle gespendet hat. Gelungen ist dieses Verfahren bislang bei Mäusen, Ratten, Rindern, Ziegen, Schweinen, Falbkatzen, Weißwedelhirschen, Wildrindern, Pferden, Hunden und bei Schafen – so eben bei der weltberühmten Dolly. Einen erfolgreichen Versuch bei Menschen gibt es, wie eingangs erwähnt, nicht.

Und die Zahl derjenigen, die ein reproduktives Klonen von Menschen wünschen, ist auch sehr gering. Die meisten Staaten ächten das Ziel, erbidentische Menschen herzustellen, durch eindeutige Gesetze, auch wenn sich die UNO noch immer nicht zu einem weltweiten Verbot durchgerungen hat. Bei Pflanzen und Tieren dagegen gibt es zumeist keine Bedenken. Seit den Neunzigerjahren gilt die gleichförmige Vervielfachung von Nutzpflanzen und Nutztieren als völlig normal. Doch warum gibt es beim reproduktiven Klonen von Menschen ethische Bedenken, vernünftige wie intuitive, die sich beim Umgang mit anderen Tieren nicht einstellen?

Intuitiv beschleicht viele Menschen ein sehr merkwürdiges Gefühl bei der Vorstellung, dass sich das Erbmaterial von Menschen kopieren und auf einen anderen Menschen übertragen lässt. Die Welt der Bücher und Spielfilme ist voll von solchen Fantasien, und fast immer sind es Angst- oder Horrorfiktionen. Dass der einzelne Mensch *einzigartig* ist, gehört ganz offensichtlich zu unseren wichtigsten gefühlten Wahrheiten. Und diese Einzigartigkeit des Individuums ist ein von vielen Menschen tief empfundener Wert. Ein bewusster Verstoß gegen dieses »Gesetz« erscheint deshalb als Frevel. Bei Tieren dagegen sind wir weniger zimperlich. Unser Haushund erscheint uns einzigartig, die Katze und das Reitpferd auch. Beim Goldfisch dagegen ist uns das schon weitgehend egal, und ob das Schwein auf dem Teller einzigartig ist oder nicht, beschäftigt nur die allerwenigsten. Das Gefühl der Einzigartigkeit ist also nur für sehr exklusives Leben reserviert.

Gestützt wird dieses intuitive Bedenken durch mehrere Argumente, die allerdings nur dann plausibel sind, wenn man das Argument vom Wert der Einzigartigkeit unterschreibt. Wer ein Lebewesen reproduktiv klont, benötigt sehr viele Eizellen. Der Grund dafür ist, dass nur sehr wenige unter tausend der entkernten und neu gefüllten Eizellen sich tatsächlich zu fortgeschrittenen Organismen entwickeln und zu einem gesunden Lebewesen führen. Die Ausbeute bei Tieren ist also sehr gering, und die allermeisten Eizellen sterben. Beim Menschen wäre dies gewiss ebenso der Fall. Und selbst wenn auf den ersten Blick alles klappt, könnten die Tage eines so gezeugten Menschen ziemlich begrenzt sein. Das Schaf Dolly wurde gerade einmal sechs Jahre alt – die Hälfte der durchschnittlichen Lebenserwartung eines normalen Schafes. Als Dolly im Februar 2003 infolge einer schweren Lungenentzündung starb, war sie in einem traurigen körperlichen Zustand. Sie litt unter Arthritis, und ihr Erbgut erwies sich als stark geschädigt.

Der Hinweis auf das anfällige und früh gealterte Schaf ist ein sehr plakatives, aber trotzdem recht schwaches Argument gegen das reproduktive Klonen von Menschen. Denn wer sich darauf beruft, muss sich fragen lassen, ob die Produktion erbidentischer Menschen denn in Ordnung wäre, wenn es gelänge, solche »technischen« Fehler auszumerzen? Und auch der Verweis auf die zahlreichen Eizellen, die bei einem solchen Versuch sterben, wird nur denjenigen beeindrucken, für den eine menschliche Eizelle bereits ein würdevolles Leben besitzt und damit ein unbedingt schützenswertes Gut darstellt. An diesem Punkt lohnt es sich, die Überlegung abzubrechen, die wir später wieder aufnehmen. Denn die Frage nach dem Wert einer menschlichen Eizelle führt uns direkt zur zweiten Frage des Klonens, der Frage nach dem Nutzen und Nachteil des »therapeutischen Klonens« für den Menschen.

Das Erste, was es hierzu zu sagen gibt, ist, dass der Begriff sofort ersetzt werden muss. Schon der Begriff »reproduktives Klonen« ist irreführend, denn Klonen ist immer reproduktiv, also »verdoppelnd«. Der Begriff »therapeutisches Klonen« bezieht sich auf eine von der Medizin erträumte Zukunftsvision: dass es eines Tages möglich sein könnte, mithilfe von Embryonen Gewebe, vielleicht sogar Organe, zu züchten, die kranken Menschen eingepflanzt werden können. Zu diesem Zweck werden Embryonen im allerersten Anfangsstadium nach wenigen Zellteilungen zerstört. Die einzelnen Zellen werden weitergezüchtet, um ein entsprechendes Gewebe zu erzeugen. Eine noch weiterreichende Idee ist die Vorstellung, diese »Stammzellen« eines Tages als heilsame Therapie einem Patienten anstelle geschädigter oder zerstörter Körperzellen direkt in ein Organ einzupflanzen. So weit die Idee der Klontherapie. Doch selbst wenn sie sich eines Tages realisieren ließe, was, wie wir noch sehen werden, eher unwahrscheinlich ist, wäre dieses Klonen nicht »therapeutisch«, sondern ebenso reproduktiv wie das »reproduktive Klonen«. Der Unterschied liegt nicht im Klon*verfahren*, sondern er liegt in dem *Ziel*, das ich mit dem Klonen verfolge: Möchte ich klonen, um erbidentische Menschen zu erzeugen, oder klone ich zu medizinischen Zwecken? Da das Klonen selbst also niemals therapeutisch ist, sollte der Begriff schnell ersetzt werden durch das Wort *Klonen zu Forschungszwecken*, denn darum geht es.

Die Begeisterung einiger Wissenschaftler für embryonale Stammzellen liegt an der enormen Bandbreite der theoretischen Möglichkeiten. Embryonale Stammzellen kann man sich vorstellen wie Neuschnee, der alle erdenklichen Formen und Farben annehmen kann. Die Gentechniker nennen sie »totipotent« (zu allem fähig). Theoretisch lässt sich aus Stammzellen jedes erdenkliche Gewebe züchten, aber die Betonung des Satzes liegt auf theoretisch, denn bislang ist hier nicht allzu viel geglückt. Eine weitere große Hürde ist die Abwehrreaktion von Immunsystemen, in die das fremde Stammzellgewebe eingepflanzt werden soll. Im Tierversuch lag die Abstoßungsrate extrem hoch, ebenso wie übrigens auch die Wahrscheinlichkeit von Tumoren.

Wie also ist das Klonen zu bewerten? Beginnen wir mit dem Argument der Menschenwürde. Inwiefern wird der Mensch beim Klonen nicht als »Wert an sich« betrachtet, sondern auf moralisch unzulässige Weise »verzweckt«? Beim reproduktiven Klonen scheint der Fall einfach. Ganz offensichtlich gehört es (trotz Ernst Machs Zweifeln) zu den natürlichen Bedürfnissen des Menschen, sich selbst als einzigartig zu empfinden, als ein von anderen Menschen unterschiedenes »Ich«. Unser ganzes

Selbstverständnis und auch das unserer Kultur basiert nicht zuletzt auf dieser Einzigartigkeit. Menschen, die Schwierigkeiten damit haben, zu sich selbst »Ich« zu sagen, haben gemeinhin ein großes psychisches Problem. Ein reproduktiv geklonter Mensch allerdings hätte wohl Probleme damit, sich selbst als ein Individuum (ein »Nicht-Geteiltes«) zu erleben, denn er ist seiner Entstehung nach ein Dividuum (ein »Geteiltes«). Statt einzigartig zu sein, würde er darauf verwiesen, eine Kopie zu sein. Es sei denn – und das wäre die mindeste Bedingung –, er würde seine Vorlage nie kennenlernen und nie von seinem Status als Klon erfahren.

Aber warum sollte man solch ein grausames psychologisches und soziologisches Experiment durchführen? Dem Nutzen neugieriger Forscher, die sich für die Innen- und Außenansichten eines Klons interessieren, steht das Schicksal eines Menschen gegenüber, dessen Risiko, psychisch zu verunglücken, extrem hoch ist. Klarer kann eine »Verzweckung« also kaum sein. Kein Wunder, dass eine breite Mehrheit der Menschen und Staaten das reproduktive Klonen ablehnt und gesetzlich verbietet. Zumal gegenwärtig auch kein Nutzen in Sicht ist, der sich gegen diesen enormen Nachteil aufwiegen lässt.

Anders, so scheint es, liegt der Fall beim Klonen zu Forschungszwecken. Denn alles bisher gegen das Klonen Vorgetragene trifft hier nicht zu. Kurz gesagt: Es gibt keine Personen, die psychische Schäden davontragen könnten, sondern geschädigte, sprich: getötete Embryonen im elementaren Anfangsstadium ohne Bewusstsein. Wie wir im Kapitel über die Abtreibung gesehen haben, ist ein solcher Embryo ohne Zweifel im biologischen Sinne menschliches Leben. Er ist Angehöriger der Gattung *Homo sapiens*. Mit diesem Argument ist die Forschung an Embryonen in Deutschland durch das Embryonenschutzgesetz verboten.

Doch selbst das Gesetz behandelt Embryonen nicht wie Personen. Einen Embryo illegal zu zerstören oder einen geborenen Menschen zu töten, sind zwei ganz verschiedene Dinge. Das Strafmaß bei Embryonen fällt wesentlich geringer aus. Besonders deutlich wird dieser Unterschied zwischen einem Vergehen an Embryonen und einem Mord an Personen dadurch, dass der Gesetzgeber in Deutschland einigen Forschern die Erlaubnis erteilt hat, gleichwohl mit Embryonen zu forschen. Ausnahmen, die Forschern Morde erlauben, kennt der Staat ansonsten aber nicht. Woraus ersichtlich ist, dass der Gesetzgeber seinem eigenen Argument, Embryonen seien absolut schützenswert, nicht im vollen Umfang Glauben schenkt. Es liegt somit der gleiche Widerspruch vor wie bei der Abtreibungsregelung, die die Embryonen im biologischen wie moralischen Sinne als Menschen definiert, gleichwohl aber gestattet, diese Menschen in frühem Stadium zu töten.

Mit der Menschenwürde von Embryonen ist das also so eine Sache. Hält man sich an die Argumente der vorangegangenen Kapitel, dann beruht der Wert und die Würde eines Lebens nicht auf der Zugehörigkeit zu einer Gattung oder Art, sondern darauf, ob ein Lebewesen ein Bewusstsein, ein elementares Selbstbewusstsein und Interessen hat. Von all dem kann bei einer sechs- oder achtmal geteilten menschlichen Eizelle gewiss nicht die Rede sein. So gesehen spricht nichts dafür, einem Embryo Menschenwürde zuzusprechen. Die embryonale Stammzellforschung verzweckt den Menschen zwar im biologischen, nicht aber im moralischen Sinne. Ohne Menschenwürde ist der Embryo ein Gut, das man gegen andere Güter stellen kann. Sind die Versprechen der Forscher auch nur entfernt realistisch, mithilfe einer Klontherapie Krankheiten wie Diabetes, Parkinson oder Alzheimer zu heilen, so kann man ruhigen Gewissens auf utilitaristische Weise abwägen: das nicht vorhandene Leiden getöteter Embryonen gegen das immense Glück Hunderttausender oder gar Millionen geheilter Patienten.

Dieses Argument wiegt sehr stark. Und es bedarf guter Gegenargumente, um es zu entkräften. Der stärkste Einwand gegen das Klonen zu Forschungszwecken ist interessanterweise kein fundamentaler Einwand, sondern ein utilitaristischer. Der Lärm um das Forschungsklonen in den letzten Jahrzehnten war sehr groß. Die Erfolge der mutmaßlichen Gen-Therapeuten dagegen sind bislang sehr dürftig. Dabei ist die Idee, mithilfe manipulierter Zellen krankes Gewebe zu ersetzen, ohne Zweifel eine gute Idee. Die Frage ist nur, ob ausgerechnet embryonale Stammzellen der Königsweg auf diesem Gebiet sind.

Stammzellen gibt es nicht nur bei Embryonen. Wir alle besitzen Stammzellen, zum Beispiel im Knochenmark, in der Leber, im Gehirn, in der Bauspeicheldrüse und in der Haut. Wissenschaftler sprechen hier von »adulten« (erwachsenen) Stammzellen. Auch adulte Stammzellen sind vielseitig und sehr entwicklungsfähig; sie sind »pluripotent« (zu vielem fähig). Während unseres gesamten Lebens bilden sie unausgesetzt neue spezialisierte Zellen für unseren Körper aus. In der Petrischale der Forscher können sie zu vielerlei Zellgeweben heranreifen. Aber anders als bei embryonalen Stammzellen gibt es Grenzen. Eine Stammzelle aus dem Gehirn kann sich zu allen Typen des neuronalen Nervengewebes entwickeln, aber höchstwahrscheinlich nicht zu einer Leberzelle. Doch möglicherweise gibt es Ausnahmen bei Stammzellen aus dem Fruchtwasser, aus dem Nabelschnurblut und aus Milchzähnen. Diese Beobachtungen stehen zurzeit in der Diskussion.

Der immense Vorteil adulter Stammzellen gegenüber embryonalen Stammzellen dagegen ist nicht umstritten. Sollte es der Forschung gelingen, Stammzellen aus meinem eigenen Gehirn mithilfe biologischer und chemischer Stimulation zu neuem

Hirngewebe zu züchten und anstelle erkrankten Gewebes in mein Gehirn zurückzuverpflanzen, ist nicht zu erwarten, dass mein Immunsystem sich dagegen wehrt. Auch erhöhte Krebsrisiken sind bislang nicht bekannt. Seit den Sechzigerjahren setzt die Medizin blutbildende Stammzellen des Knochenmarks gegen Leukämie und Lymphomen ein. Dazu gibt es heute zahlreiche klinische Studien zur Therapie von Herz- und Gefäßerkrankungen mit adulten Stammzellen. Erfolge in klinischen Studien zeichneten sich auch bei Lähmungen und bei Parkinson ab sowie bei der Regeneration nach einem Herzinfarkt. Bei Ratten behandelt die Medizin derzeit sehr erfolgreich Gehirntumore durch die Injektion von adulten Stammzellen.

Die Forschung mit adulten Stammzellen ist derzeit sehr vielversprechend. Sollte der oft angekündigte Durchbruch gegen die Parkinson-Krankheit in den nächsten beiden Jahrzehnten gelingen, so ist der Stammzellforschung mit adulten Zellen weit mehr zuzutrauen als jener mit embryonalen Zellen. Nicht selten aber stehen Forschungsprojekte auf beiden Gebieten zueinander in einer scharfen Konkurrenz um öffentliches und privates Forschungsgeld. Die embryonale Stammzellforschung zu unterstützen, bedeutet damit auch immer, das gleiche Geld nicht auf dem fruchtbareren Gebiet der adulten Stammzellforschung zu investieren. Zu deren Vorteil gehören nicht nur die weit realistischeren Heilungsversprechen, sondern auch, dass sie sozial unproblematisch ist. Adulte Stammzellen werden ohne Probleme gewonnen, embryonale Stammzellen aber sind auf menschliche Eizellen, zumeist als Folge künstlicher Befruchtungsversuche, angewiesen. Doch dieser Vorrat ist begrenzt. Nicht auszuschließen, dass Eizellspenden ein Zukunftsgeschäft sind, bei dem Frauen aus Entwicklungsländern den Nachschub liefern sollen – ohne Zweifel eine ethisch problematische Sache.

Wägt man auf utilitaristische Weise das mutmaßliche Glück aus den Heilsversprechen der embryonalen Stammzellforschung mit jenen aus der adulten Stammzellforschung ab, so erscheint die Forschung mit adulten Stammzellen als der viel bessere Weg. Es bedeutet nicht, dass aus moralischen Gründen niemand mit embryonalen Stammzellen forschen darf, denn die utilitaristische Abwägung kann ja immer nur die *vermutlichen* Erfolge berücksichtigen. Aber es relativiert den Anspruch, das Selbstverständnis und die gesellschaftliche Bedeutung dieses Forschungszweigs, der sich auf eine so unangenehm pathetische Weise in den letzten Jahren in die Diskussion gebracht hat.

Gentechnik ist also nicht nur eine fundamentale moralische Frage, sondern sie hat auch eine große sozial-ethische Dimension. Und genau diese Dimension begegnet uns auch beim nächsten Problem der modernen Biomedizin: der Frage nach der Präimplantationsdiagnostik.

• *Kinder von der Stange.* Wohin führt die Reproduktionsmedizin?

GENT

Kinder von der Stange
Wohin führt die Reproduktionsmedizin?

Gent ist eine schöne Hafenstadt in Ostflandern, berühmt für ihren Blumenmarkt und ihre Altstadtgassen. In den Jahren 2002 und 2003 gab es für junge Paare einen weiteren Grund, der Stadt einen Besuch abzustatten. In Gent nämlich arbeitet der Reproduktionsmediziner Frank Comhaire, der ihnen gegen entsprechendes Geld einen ganz speziellen Dienst erwies: die Auswahl des Geschlechtes für ihr zukünftiges Kind. Etwa 400 Paare wurden dabei mit einem Kind nach Wahl ausgestattet.

Comhaires Praxis arbeitete zusammen mit einem Labor in Fairfax im US-Bundesstaat Virginia. Der Belgier schickte den Samen des zeugungswilligen Vaters in die USA, wo die Samenzellen maschinell nach Geschlecht sortiert wurden. Da männliche Y-Chromosomen unter dem Licht des Lasers schwächer leuchten als weibliche X-Chromosomen, ließen sie sich im *MicroSort*-Verfahren gut trennen. Zurück in Belgien befruchtete Comhaire eine Eizelle der Mutter im Reagenzglas mit dem von den Eltern ausgesuchten Samen und pflanzte sie anschließend ein.

Die Praxis des belgischen Arztes war Bestandteil eines medizinischen Großversuchs unter Aufsicht der staatlichen US-amerikanischen Medizinbehörde FDA. Sechzig Kliniken und sieben internationale Reproduktionszentren beteiligten sich an dieser größten frühzeitigen Geschlechtsauswahl aller Zeiten. Und zu den Kunden gehörten Spanier, Belgier, Niederländer, Briten, Skandinavier, Franzosen und Deutsche.

Die einzige Bedingung, die die Eltern erfüllen mussten, um an der Geschlechtsauswahl teilzunehmen, war das Alter der künftigen Mutter. Zwischen achtzehn und neununddreißig Jahren durfte sie alt sein. Auch ein Kind sollte sie am besten bereits haben – es käme dem sogenannten *Family Balancing* entgegen. Alle weiteren Zugangsbeschränkungen regelte der Markt. 1200 Euro kostete die Blutanalyse, 2300 Euro betrugen die Fracht- und Laborkosten für den Samen, mit 6300 Euro schlug die Befruchtung im Reagenzglas samt anschließender Implantation zu Buche. Wer eine Garantie wünschte, mit Sicherheit das Geschlecht seiner Wahl zu bekommen, zahlte weitere 6000 Euro. Die hohen Preise halfen Comhaire bei der Moral. Eine breite Kommerzialisierung, so versicherte der belgische Arzt, sei bei solchen Beträgen wohl nicht zu fürchten. Je exklusiver der Zugang, so durfte man folgern, umso geringer die ethische Bedenklichkeit des Verfahrens. Eher zu fürchten hatte der »Familien-Ausgleich« die Justiz. In Belgien war die bewusste Auswahl des Geschlechts aus nichtmedizinischen Beweggründen nicht verboten. Doch der Aufschrei der Massenmedien machte Comhaires Familienplanung zum Skandal. Und das belgische Parlament reagierte mit einem gesetzlichen Verbot.

Die US-amerikanischen Partner dagegen blieben gelassen. Ihr Gesetz erlaubt die Auswahl des Geschlechts zukünftiger Kinder im Reagenzglas auch heute noch. Das bereits 1992 patentierte *MicroSort*-Verfahren ist ein voller Erfolg. Ursprünglich sollte es der Volksgesundheit dienen, zum Beispiel der Auswahl von Mädchen in Familien, in denen die Bluterkrankheit auf Jungen vererbt werden kann. 1995 wurde das erste mit diesem Verfahren ausgewählte Kind geboren. Und seit 1998 bietet die Firma ihren nicht ganz billigen Dienst auch gesunden Paaren an.

In Großbritannien machte 2003 ein schottisches Paar Schlagzeilen. Die Eltern hatten drei Jungen, die einzige Tochter war bei einem Unfall gestorben. Um die »weibliche Dimension« der Familie wiederherzustellen, beantragte das Paar das Recht, ein Kind im Reagenzglas zu zeugen und nach dem Geschlecht auswählen zu dürfen. Die zuständige Behörde lehnte den Antrag ab, da keine medizinischen Gründe vorlagen. Auch dieser Fall beschäftigte die Medien, wobei die britische Boulevardpresse anders als in Belgien die Partei der Eltern ergriff. Im März 2005 forderte der parlamentarische Ausschuss für Wissenschaft und Technologie eine Gesetzesänderung. In gut begründeten Fällen sollten die Eltern das Geschlecht ihres im Reagenzglas gezeugten Embryos selbst bestimmen können. Zwar hält das Weißbuch der britischen Regierung vom Dezember 2006 am allgemeinen Verbot fest, doch es ist durchaus denkbar, dass Ausnahmen in Zukunft erlaubt werden könnten.

Je mehr technisch möglich wird, umso größer werden die Begehrlichkeiten ehrgeiziger und unerschrockener Eltern. Wer das Geschlecht aussuchen kann, der wird auch bald andere Merkmale wie etwa die Augenfarbe oder die Körpergröße festlegen wollen. Nicht wenige Kenner der Reproduktionsmedizin erfüllen solche Vorstellungen mit tiefer Sorge. Werden Kinder damit zu Produkten, aussortiert nach den Regeln des Qualitätsmanagements und der Warenkontrolle? »Konsum-Eugenik« lautet das Schlagwort der Kritiker, ein Verfahren zur Auswahl von »Designer-Babys«. Wie die Schönheitschirurgie, so könnte auch die Fortpflanzungsmedizin zu einem rasant wachsenden Markt werden, der ganz neue Normen in die Welt setzt. Wer sein Kind nicht rechtzeitig gesundheitlich und ästhetisch durchcheckt, könnte schon bald in den Augen der Gesellschaft entweder zu arm gewesen sein, dies zu tun. Oder er hat fahrlässig gehandelt und ein unattraktives Kind mit geringeren gesellschaftlichen Chancen in die neue Welt der Schönen und Wohlgeformten geschickt. Noch ist dies eine Vision, aber sie ist durchaus naheliegend.

Versuchen wir deshalb das weite Feld der Präimplantationsdiagnostik (PID) mit ihren Möglichkeiten und Gefahren Schritt für Schritt ethisch zu betrachten. Zu den wichtigen Fragen des menschlichen Selbstbewusstseins gehört die Frage nach dem Ort, an dem man gezeugt wurde – Bett, Feldweg, Autositz oder Reagenzglas? Nicht, dass sie sich dem Betroffenen tatsächlich später dringend stellen muss oder für ihn zwangsläufig von Bedeutung ist – für Juristen, Ärzte und Moralphilosophen aber ist es eine Gretchenfrage: Wie halten wir es mit der Zeugung im Reagenzglas, was dürfen wir über dieses frisch gezeugte Leben von Anfang an wissen, und wonach dürfen wir auswählen?

Die Befruchtung von Ei und Samenzelle im Reagenzglas ist heute ein Routinefall. Der Frauenarzt bringt mithilfe einer Hormonbehandlung mehrere Eizellen der Frau zur Reifung, und er überprüft die Qualität der männlichen Spermien. Schlägt die Hormonbehandlung an, entnimmt der Arzt die Follikelflüssigkeit mit vorzugsweise insgesamt fünf bis zwölf reifen Eizellen aus den einzelnen Follikeln. Die gewonnenen Eizellen werden mit dem Sperma des Mannes im Reagenzglas befruchtet, wobei die Erfolgsrate bei etwa siebzig Prozent liegt.

Ein neueres Verfahren besteht darin, ein einzelnes (ausgewähltes) Spermium mit einem Mikromanipulator in die Eizelle zu injizieren. Hat sich die Eizelle am zweiten Tag zweimal geteilt, werden zwei Embryonen in die Gebärmutter der Frau eingepflanzt. Eine andere verbreitete Möglichkeit ist eine Einpflanzung nach dem fünften Tag der Befruchtung. Die überzähligen befruchteten Eizellen werden entweder vernichtet oder, wie nur in manchen Ländern erlaubt, in flüssigem Stickstoff tiefgefroren. Etwa zwei Wochen nachdem der Embryo eingepflanzt wurde, lässt sich die Schwangerschaft zuverlässig testen. Die Erfolgsrate, ein Kind auszutragen, liegt bei etwa vierzig Prozent.

So weit das Verfahren. In Deutschland wird etwa jedes achtzigste Kind im Reagenzglas gezeugt. Gedacht ist es ursprünglich für zwei große Gruppen von Paaren. Es soll Menschen helfen, in deren Familien ein hohes Risiko an gefährlichen Erbkrankheiten besteht, ihren Nachwuchs zum frühestmöglichen Zeitpunkt zu testen und gegebenenfalls auszuwählen. Und es soll Paaren eine Chance geben, bei denen die Befruchtung auf natürlichem Wege nicht funktioniert. Für letztere Gruppe ist es im Extremfall auch denkbar, dass der Samen von einem anderen Mann oder die Eizelle von einer anderen Frau stammt und nicht von dem Paar mit dem Kinderwunsch. Und es ist denkbar, dass eine fremde Leihmutter den Embryo austrägt. In Deutschland verbietet das Embryonenschutzgesetz sowohl die Eizellspende als auch die Leihmutterschaft. Erlaubt ist dagegen die Samenspende.

Auch die Präimplantationsdiagnostik ist in Deutschland verboten. In anderen Ländern dagegen ist es erlaubt, dem im Reagenzglas gezeugten Embryo am dritten Tag nach der Befruchtung eine Zelle zu entnehmen und diese auf bestimmte Erbkrankheiten und Chromosomenbesonderheiten zu untersuchen. Anschließend können Arzt und Eltern darüber entscheiden, ob der Embryo in die Gebärmutter eingepflanzt werden soll oder nicht. In Deutschland aber darf der im Reagenzglas gezeugte Embryo *vor* der Implantation nicht auf Erbkrankheiten untersucht werden, sondern nur *nach* der Implantation im Mutterleib, wenn es für Mutter und Kind gefährlicher ist. Wird dabei eine künftige Krankheit diagnostiziert, der die Mutter nicht gewachsen zu sein glaubt, darf sie diesen Fötus bis kurz vor der Geburt abtreiben lassen. Überlebt der Fötus den Abort jedoch, muss sie ihn mit allen zusätzlichen Abortschäden annehmen.

Befürworter der PID sehen darin einen Irrsinn, denn die frühzeitige Diagnose im Reagenzglas könnte schwere Eingriffe ersparen. So ist es nicht verwunderlich, dass die Länder der Europäischen Union die PID sehr unterschiedlich handhaben. In Großbritannien zum Beispiel ist es für gut betuchte Eltern kein Problem, ihren Embryo im Reagenzglas medizinisch nach allen Regeln der Kunst durchchecken zu lassen. Eine Praxis, die allerdings auch Wünsche nährt wie jene des schottischen Paares mit drei Söhnen, das unbedingt wieder eine Tochter haben wollte und darin auch partout nichts Verwerfliches sehen will. Und ist es denn auch wirklich so schlimm, dass zusätzlich zu allem anderen auch das Geschlecht eine Rolle spielen soll, um den passenden Embryo auszuwählen? Das schottische Paar wäre glücklich, und niemand ist damit unmittelbar gestraft. Die überzähligen Embryonen der künstlichen Befruchtung sterben sowieso oder werden tiefgefroren. Was also macht es aus, wenn dabei ein weiblicher Zellhaufen gezielt ausgewählt wird, anstatt dass der Zufall einen männlichen Zellhaufen aussucht?

Daran ist in diesem Einzelfall nichts Unmoralisches, gestehen auch die meisten Kritiker zu. Mit Ausnahme derjenigen, die die PID aus religiösen Gründen ablehnen, weil hier nicht Gottes Hand im Spiel ist, sondern die Hände der Eltern. Das Gegenargument gegen die PID sind ihre sozial-ethischen Konsequenzen. Wenn es zum Normalfall wird, Embryonen frühzeitig zu mustern, so könnte es einen gefährlichen Dammbruch geben. Strenge Kritiker lehnen die PID deshalb grundsätzlich ab. Sie sehen darin eine Auswahl von »lebenswertem« gegenüber »lebensunwertem« Leben und halten diese »Selektion« *in jedem Fall* für unmoralisch. Sie meinen, dass niemand ein Grundrecht auf ein gesundes, nicht behindertes Kind hat. Weniger strenge

Kritiker haben kein Problem mit der Auswahl nach medizinischen Kriterien. Für sie beginnt die Unmoral erst bei allen *nicht medizinischen Auswahlpunkten* wie Geschlecht, Größe oder Schönheitsmerkmalen.

Betrachten wir den ersten Standpunkt. Was ist schlimm an der Trennung von »lebenswertem« und »lebensunwertem« Leben? Die Unterscheidung erinnert uns an die barbarische Grausamkeit der Nationalsozialisten, die geistig und körperlich behinderte Menschen als »lebensunwert« eingestuft und ermordet haben. Schlimm daran ist, dass ein Staat sich zum Richter über den Lebenswert von Menschen aufgeschwungen hat und dass er Personen ermordet hat, die ein Interesse daran hatten weiterzuleben. Beides ist unbedingt moralisch zu verurteilen. Es ist schwerstes menschenverachtendes Unrecht.

Treffen diese beiden schwerwiegenden moralischen Verstöße bei der PID zu? Sie treffen nicht zu, denn vier- oder achtzellige Embryonen sind, wie bereits mehrfach erwähnt, keine Personen. Und es ist nicht der Staat, der hier zur Tat schreitet, sondern es ist eine Auswahl durch die künftigen Eltern. Und womit – wenn nicht religiös – will man begründen, dass Paare kein Recht auf ein gesundes, nicht behindertes Kind haben? Zumal dann, wenn dieses Recht ohne die Gefährdung oder gar Tötung von Personen durchgesetzt werden kann? Die Auswahl gesunder Embryonen widerspricht unserer althergebrachten Vorstellung vom medizinischen Zufall bei der Schwangerschaft. Aber die menschliche Gesellschaft hat viel getan, diesen Zufall zu verringern. Sie hat die Kindersterblichkeit verringert und die Geburtshilfe verbessert. Warum sollte sie im Fall der PID am Althergebrachten festhalten? Bringt dieser medizinische Fortschritt nicht mehr Nutzen als Schaden, mehr Glück als Leid in die Welt?

Wenden wir uns dem zweiten Standpunkt zu: Was spricht

gegen eine Auswahl nach nicht-medizinischen Kriterien? Wenn dies erlaubt würde, so befürchten die Kritiker, greift irgendwann jeder darauf zurück, zumindest der, der es sich leisten kann. Wo früher Zufall gewaltet habe, regiere eines Tages nur noch die Willkür des elterlichen Geschmacks. In den Entwicklungsländern gäbe es in Zukunft immer mehr Jungen und immer weniger Mädchen, wie damals als Folge der gängigen Abtreibungspraxis in der chinesischen Ein-Kind-Gesellschaft. In den reichen Ländern des Westens liefen überall gengesunde, überwiegend blonde und blauäugige Kinder herum, groß, schlank und athletisch. Und wenn es ganz schlimm kommt, dann betrifft es auch bei uns nicht alle, sondern nur die reichen Oberschichten. Die Reichen suchen aus, werden blond und blonder, und die Unterschichtskinder bleiben »hässlich«. Oder es kommt gerade umgekehrt: Die Unterschichtskinder werden nach dem Mehrheits-Geschmack ausgesucht, aber gerade dadurch zu Parias, weil der Geschmack sich wandelt. Denn was in übergroßer Zahl vorhanden ist, verliert rasant an Wert. Nur die Klugen merken dies rechtzeitig und beteiligen sich nicht an dieser Mode. Was auch immer wahrscheinlicher ist – was ist daran so verwerflich, dass man es prinzipiell verbieten und verhindern sollte? Viele Menschen haben bei diesen Vorstellungen ein ungutes Gefühl. Aber ist das ein ausreichendes Argument? Noch ist all dies Science-Fiction. Doch wenn die Möglichkeiten erst einmal da sind und es auch erlaubt wird, von ihnen Gebrauch zu machen, könnte sich das ungute Gefühl wandeln. Wer weiß, ob eine Generation von Kindern, die auf diese Weise durch bewusste Auswahl gezeugt wurde, dieses Verfahren eines Tages nicht ohne jedes ungute Gefühl als völlig normal und selbstverständlich betrachtet?

Noch vor dreißig Jahren war die Schönheitschirurgie ein anrüchiges Geschäft; heute ist sie – zumindest in einigen Branchen und in bestimmten Gesellschaftsschichten – so gut wie selbstverständlich. Wie viele Kinder werden einst gegen ihre Eltern klagen, weil sie sie nicht frühzeitig »optimiert« haben? Denn auf die PID werden wohl in absehbarer Zeit die Prä-Implantations-Reparatur (PIR) und die Prä-Implantations-Optimierung (PIO) folgen. Schadhafte Gene von Embryonen könnten schon in naher Zukunft durch gesunde Gene ersetzt werden. Möglicherweise ist dies einfacher, Erfolgversprechender und vor allem billiger, als einen bereits kranken und behinderten Menschen zu therapieren. Die PIO setzt bei gut erforschten Genen an, die für bestimmte Merkmale verantwortlich sind. Soweit man heute sieht, ist diese Entsprechung von einem Gen und einem Merkmal zwar nur recht selten der Fall, aber es kommt vor. So ist es nur ein einziges Gen, das unsere Augenfarbe festlegt. Ein Austausch könnte hier eine Veränderung von Blau zu Braun bzw. umgekehrt bewirken. Die Idee der PIO hält Fantasten nicht davon ab, sogar von Optimierungen der Gattung Mensch hin zu friedlicheren und moralischeren Wesen zu träumen, so als sei Moral ausschließlich eine genetische Veranlagung, die dazu nach Möglichkeit auch noch auf einem einzigen Gen zu finden ist.

Die Palette der denkbaren Möglichkeiten ist groß. Fünfundvierzig Jahre nach der Geburt des ersten Retortenbabys Louise Joy Brown hat sich die Reproduktionsmedizin in eine »Welt der Wunder« verwandelt. Wenn man es sich leicht macht, könnte man hierbei die Grenze verteidigen, die zwischen einer medizinischen und einer nicht medizinischen Auswahl bzw. Optimierung verläuft. Bei medizinischer Auswahl und gentechnischer Fehlerkorrektur wird niemandem geschadet, aber Eltern und Kind genützt. Bei der ästhetischen Auswahl und Korrektur dagegen gehen Eltern ein unkalkulierbares Risiko für ihr Kind ein. Denn es ist der Geschmack der Eltern, der entscheidet, und nicht der Geschmack des Kindes. Über Gesundheit lässt sich wenig streiten, über Schönheitsvorstellungen dagegen sehr. Was ich heute schön finde, erscheint mir in zwanzig Jahren vielleicht kitschig oder fad. Und selbst wenn mein Geschmack konstant bleibt, mein Kind muss ihn nicht teilen. Wozu also sollte die Gesellschaft diese ästhetische Selektion durch eine Erlaubnis fördern? Sollte sie nicht lieber die Eltern vor sich selbst und die Kinder vor dem Geschmack ihrer Eltern schützen?

Das kann man so sehen. Man kann aber auch fragen, inwieweit es eine Verpflichtung des Gesetzgebers sein soll, sich hier einzumischen. Denn seit wann ist es die Aufgabe des Staates, Menschen vor sich selbst zu schützen? Und auch mit dem Schutz von Kindern vor den Werten ihrer Eltern ist das so eine Sache.

»Es gibt kein Recht eines Dritten, auch nicht der künftigen Eltern, über den Lebenswert eines Menschen zu entscheiden«, meinte 2001 Margot von Renesse, die damalige Vorsitzende der Enquete-Kommission »Recht und Ethik der modernen Medizin« im Deutschen Bundestag. Doch mit der Wirklichkeit hat dies, wie alle schönen Sätze, nicht allzu viel zu tun.

Denn bei der Abtreibung geschieht genau dies – die Mutter entscheidet über das Lebensrecht und damit über den Lebenswert ihres Embryos. Der von Renesse angeführte Grundsatz ist keiner, in Deutschland nicht und in anderen europäischen Ländern auch nicht. Und es ist auch sehr unwahrscheinlich, dass dieser Grundsatz demnächst überall eingeführt und beherzigt wird.

Viel wahrscheinlicher ist, dass die Welt der Wunder an vielen Orten ganz neue fragwürdige Mirakel hervorbringt. So ermöglicht die Reproduktionsmedizin inzwischen einen ganz anderen Umgang mit der Zeit. Im Juli 2005 brachte eine fünfundvierzigjährige Frau in Kalifornien ein Kind zur Welt, das sie dreizehn

Jahre zuvor als Embryo hatte einfrieren lassen. Ihre beiden zwölfjährigen Zwillinge erhielten damit ein Drillingsgeschwisterchen, denn alle drei Kinder stammen von demselben Befruchtungsvorgang ab. Für den US-amerikanischen Reproduktionsmediziner Steve Katz ist das erst der Anfang. Er stellt in Aussicht, dass tiefgefrorene Embryonen zukünftig auch nach fünfzig bis hundert Jahren aufgetaut werden könnten, wenn ihre Eltern schon lange tot sind.

Eine andere Frage ist die Zucht von Ersatzteilen. Im Juli 2004 erregte in Großbritannien der Fall des zwei Jahre alten Joshua Fletcher Aufsehen. Joshua leidet an einer seltenen Blutkrankheit, sein Körper produziert nicht genug rote Blutkörperchen, seine Lebenserwartung ist deshalb gering. Die rettende Idee, um Joshua zu helfen, sollte die Spende von Stammzellen aus dem Leib eines sehr nahen Verwandten sein. Da aber weder die Eltern noch der Bruder genetisch ähnlich genug sind, sollte ein solcher naher Verwandter erst noch gezeugt werden, und zwar am besten im Reagenzglas, um aus verschiedenen denkbaren künftigen Geschwistern das ähnlichste auswählen zu können. In den Mutterleib eingepflanzt, sollte so ein Geschwister-Kind entstehen, dessen Stammzellen Joshua helfen sollten, ohne dass dem neuen Kind dabei Schaden zugefügt würde. Die britische Behörde für Befruchtung und Embryologie erlaubte den Vorgang als einen gut begründeten Einzelfall. In Deutschland ist dies nach gegenwärtiger Rechtslage ausgeschlossen. Über den Erfolg des Versuchs wurde nichts bekannt.

Eine weitere neue Möglichkeit der Reproduktionsmedizin ist das Verschieben der Altersgrenze, bis zu der Frauen fruchtbar sind. Der letzte Schrei war bereits Ende der Neunzigerjahre der Eizellplasma-Transfer. Sorgt sich eine ältere Frau bei der künstlichen Befruchtung um die Fruchtbarkeit ihrer Eizellen, so kann sie diese durch die Zugabe fremden Zellplasmas aus der Eizelle einer jüngeren Frau auffrischen. Vater der Methode ist der New Yorker Reproduktionsmediziner James Grifo, der als Erster den Eizellplasma-Transfer erprobte und auf diese Weise Embryonen erzeugte. Das Experiment hatte Erfolg, die Grifo-Kinder leben heute in China. Denn um langwierige Zulassungsverfahren zu umgehen, hatte sich Grifo kurzerhand ins unbegrenzt forschungsfreudige Reich der Mitte begeben.

Bald darauf war der Sprung nach China schon nicht mehr nötig. Eine Forschergruppe um Jacques Cohen vom St.-Barnabas-Institut für Reproduktionsmedizin in Lexington im US-amerikanischen Bundesstaat New Jersey meldete im Jahr 2001 gleich fünfzehn Geburten von Kindern, die bei ihrer Entstehung mit dem Eizellplasma-Transfer aufgefrischt worden waren. Was Grifo seinen Patientinnen allerdings verschwieg, ist, dass das gespendete Eizellplasma einer fremden jungen Frau nicht einfach ein neutraler Rohstoff ist. Vielmehr enthält es zahlreiche Zellorgane der Spenderin, darunter auch die Mitochondrien und damit Träger von Erbgut. Vermischen sich die Mitochondrien der Spenderin mit dem Erbgut der behandelten Eizelle, so haben auf dem Weg des Eizellplasma-Transfers erzeugte Embryonen gleich drei Eltern: Die Mutter und den Vater für die Gene im Zellkern – sowie die Mutter und die Plasma-Spenderin in Bezug auf die mitochondrialen Gene. Das Kind ist ein Gen-Mix nicht von zwei, sondern von drei Personen.

Im November 2005 erkannte Douglas Wallace von der University of California in Irvine zudem ein extrem hohes Risiko beim Eizellplasma-Transfer. Zahlreiche auf diese Weise erzeugte Mäuse erwiesen sich als unfruchtbar. Durchaus möglich also, dass die von Grifo und Cohen erzeugten Kinder ebenfalls eine hohe Rate an Unfruchtbarkeit aufweisen. Die Studien zeigen, dass für die Experimente von Reproduktionsmedizinern in den USA offenbar nicht gilt, was für jede Handcreme und jeden

Hustensaft in nahezu allen Industrieländern vorgeschrieben ist: der langwierige Test im Tierversuch. Zugleich zeigen sie, wie hilflos die Gesetzgebung der meisten Staaten vor den neuen Zaubermitteln der Reproduktionsmedizin steht, wenn ihr nicht just ein glücklicher Zufall – in diesem Fall eine eher düstere Prognose – zu Hilfe kommt.

Wer Embryonenversuche und Präimplantationsdiagnostik in einem etwas weiter gefassten Rahmen zulässt, kommt kaum nach, die Schlupflöcher zu schließen und immer neue Techniken zu verbieten, die auf der Basis des Erlaubten Methoden einführen, die sich in ihren Ergebnissen als strafbar erweisen können. Denn wenn ein unbedenklich erscheinendes Verfahren bedenkliche Folgen zeitigt, sind die juristischen Probleme immens. Das Ausmaß der ethischen Verwirrungen wie der Gerichtsprozesse erscheint bislang kaum geahnt: Werden die Grifo- und Cohen-Kinder ihre medizinischen Geburtshelfer eines Tages wegen ihrer allzu leichtfertig verschuldeten Unfruchtbarkeit verklagen? Werden sie sogar Erb- und Versorgungsansprüche an ihre erbverwandten zweiten Mütter stellen, die einst nichts Unschuldigeres im Sinn hatten, als etwas Plasma zur Auffrischung fremder Eizellen bereitzustellen? Oder werden, nicht zuletzt, diese zweiten Mütter selbst ihr Recht einfordern, ihre nicht geahnten Kinder zu sehen und zu betreuen?

Es ist, wie gesagt, nicht die Aufgabe des Staates, künftige Eltern vor ihrem eigenen Geschmack und ihren eigenen Ideen und Vorstellungen zu bewahren. Eine solche Gesetzgebung führte unweigerlich in den Totalitarismus. Auf der anderen Seite ist es aber eine staatliche Pflicht, absehbaren Schaden von der Gesellschaft abzuwenden. In diesem moralischen und juristischen Spannungsfeld bewegen sich die neuen Möglichkeiten der Reproduktionsmedizin. Wenn heute und in Zukunft ausgewählt werden kann, was vorher der Zufall bestimmte, ergeben sich

Folgeketten von unübersehbarem Ausmaß. Denn eine solcherart zugeschnittene Gesellschaft wird eine Eigenschaft verlieren, die bislang unweigerlich und unvermeidbar war: das Sich-Abfinden mit einer Lebenssituation!

Wo die Schönheitschirurgie den Traum vom hübschen Antlitz und Körper für jedermann und jede Frau nährt, verspricht die Reproduktionsmedizin, dass sie die Makel gleich zu Anfang vermeidet oder ausmerzt. Gesundheit und Schönheit werden damit zu doppelten Anspruchshaltungen: ein Anspruch der Eltern an die Kinder und umgekehrt ein Anspruch der Kinder an die Eltern. Eine solche Gesellschaft verliert nicht nur ihr Verständnis und ihre Toleranz gegenüber empfundenen Makeln und nicht mehrheitsfähigen Abweichungen, sie bringt auch die Eltern und Kinder in eine pikante Situation. Werden die Kinder die »Korrekturen«, die ihnen die Eltern angedeihen ließen, gutheißen? Und werden sie umgekehrt akzeptieren, wenn ihre Eltern darauf verzichten und sie dadurch möglicherweise zu Außenseitern stempeln?

Jede neue Möglichkeit verlangt von der Gesetzgebung etwas schier Unmögliches: den potenziellen Nutzen gegen den möglichen Schaden abzuwägen. Wenn Joshua Fletcher ein Geschwisterchen bekommt, das sein Leben retten kann, ohne dabei Schaden zu nehmen – ist das nicht gut und richtig, selbst wenn das Geschwister-Kind eines Tages erfährt, zu welchem Zweck es gezeugt wurde? Auch wir anderen sind nicht nur aus selbstloser Liebe gezeugt worden. Und wer wird dem Geschwister-Kind denn sagen, dass es *nur* zu diesem Zweck gezeugt wurde und nicht auch aus dem Wunsch seiner Eltern nach einem weiteren Kind? Auch das Nicht-Nutzen einer Möglichkeit kann moralisch falsch sein.

Andererseits öffnet die Konsum-Eugenik, die Auslese nach körperlichen Merkmalen, einer gesellschaftlichen Entwicklung

Tür und Tor, die sich kaum einer wünschen kann: eine tiefe allgemeine Verunsicherung! Selbst wenn die Konsum-Eugenik im Einzelfall nach keinem festen moralischen Grundsatz überzeugend abgelehnt werden kann – auf das Gemeinwohl gerechnet überwiegen sicher die Befürchtungen. Denn was für ein Bild von unseren Kindern wollen wir eigentlich etablieren? Wollen wir unser Sorgerecht für ein autonomes Lebewesen zu einem Eigentumsrecht für ein von uns gestaltetes Objekt ausbauen? Welch seltsames Verständnis vom Leben liegt dem zugrunde! Es muss auch nicht unbedingt ein Verlust sein, wenn man darum weiß, dass nicht alles im Leben korrigierbar ist. Wobei die Korrektur-Möglichkeiten der Gentechnik und der Reproduktionsmedizin in Zukunft vielleicht nur die von Zwergen sein werden, verglichen mit denen eines schlafenden Riesen: der Hirnforschung.

• *Die Brücke ins Geisterreich.* Was darf die Hirnforschung?

CLEVELAND

Die Brücke ins Geisterreich
Was darf die Hirnforschung?

»Der Affe konnte sehen. Seine Augen folgten mir durch den Raum. Er konnte essen, und wenn man einen Finger in seinen Mund gesteckt hätte, hätte er ihn abgebissen.« Über seine Affenversuche sprach Robert White gerne. Sie machten den 2010 verstorbenen Hirnforscher aus Cleveland im US-Bundesstaat Ohio vor vierzig Jahren fast über Nacht berühmt. Die besondere Pointe an der Geschichte des beißfreudigen Äffchens: Sein Kopf thronte zwar auf einem Körper – aber es war nicht der eigene!

An die genaue Zahl der Primaten, die er seitdem in seinem Hauslabor an der Case Western Reserve University in Cleveland enthauptet hat, konnte sich White nicht erinnern. Es dürften einige Hundert gewesen sein. Angefangen hatte alles in den Siebzigerjahren. In einem Seitentrakt der Medical School, einer gewaltigen architektonischen Hochzeitstorte mit klassizistischem Säulenportal, machte sich White ans Werk. Sorgsam legte er ein Rhesusaffengehirn frei und schloss es an den Kreislauf eines anderen, noch lebenden Rhesusaffen an. Als das Experiment glückte, verlegte sich der Neurochirurg auf das Verpflanzen der Köpfe. Dazu durchtrennte er Haut, Muskeln und Sehnen, dann die Luft- und Speiseröhren, die Wirbelsäule und das Rückenmark. Nur noch sechs Gefäße versorgten das Gehirn mit Blut. Innerhalb weniger Minuten verband White den Blutkreislauf des Affenkopfs mit einem speziell dafür vorbereiteten Affenkörper. Die aufgepfropften Affenköpfe überlebten mehrere Tage. Dann schwoll ihr Gesicht an, die Zunge wurde unförmig dick, und die aufgedunsenen Augenlider schlossen sich für immer. Das Immunsystem hatte gegen den fremden Körper rebelliert und versagt. Doch eine andere Erkenntnis versetzte den unerschrockenen Experimentator in völlige Euphorie: Das Gehirn wurde allem Anschein nach nicht abgestoßen.

Den Beistand für seine berüchtigten Experimente holte sich der einstmals jüngste US-amerikanische Professor für Neurochirurgie gerne von ganz oben. Ausgiebig redete der zehnfache Vater und praktizierende Katholik mit Papst Johannes Paul II. Als Mitglied des exklusivsten Forscherzirkels der Welt, der Vatikanischen Pontifikalakademie der Wissenschaften, gehörte er zu einer Weltelite. Nicht unwahrscheinlich allerdings, dass dem neuen Papst größere Bedenken kommen. Zu oft nämlich sprach der »Frankenstein aus Ohio« in den letzten Jahren von seinem großen Traum: einer Kopf- oder Gehirntransplantation auch beim Menschen.

Gegen moralische Skrupel bei seinen Primatenversuchen half dem Chirurgen dabei stets die katholische Seelenlehre. Ein Affe, so White, habe »nichts mit dem Menschen gemein, jedenfalls nicht, was sein Hirn oder seine Seele angeht«. Die Ankündigung des rundschädeligen Zwei-Zentner-Mannes, geeigneten Kandidaten wie dem querschnittsgelähmten Schauspieler Christopher Reeve und dem an Lateralsklerose leidenden Physiker Stephen Hawking (die beide inzwischen ebenfalls verstorben sind) zu neuen Körpern zu verhelfen, hingegen rüttelte am Allerheiligsten: »Worin besteht der Unterschied, ob ich eine Leber implantiere, einen Arm austausche oder einen Körper verpflanze?«, fragte mich White Anfang der Nullerjahre. »Niemand käme auf die Idee, die Seele in der Leber oder in einem Arm zu suchen. Die Seele sitzt allein im Gehirn.«

Der Papst, so steht zu vermuten, sieht das anders. Aber er braucht das Projekt auch nicht zu finanzieren. Nur vier bis fünf Millionen US-Dollar, sagte White damals, fehlten ihm, um nach Kiew in die Ukraine zu gehen und seine erste Menschenkopf-Transplantation durchzuführen. Natürlich werde die »größte Operation in der Geschichte der Menschheit« Schönheitsfehler haben. Der Patient werde weder Beine noch Arme bewegen können, nicht sprechen können, nicht schlucken und nicht verdauen. Immerhin, lachte White, könne er sich so auch nicht beschweren. Zwanzig Jahre werde es wohl noch dauern, bis auch die Verbindung zum Rückenmark gelänge, die alle Mängel auf einen Schlag beseitigen würde. Ob White den eigenen Körper gegebenenfalls zur Verfügung stellen würde, fragte ich ihn damals. Wieder lachte er: »Selbstverständlich – aber noch lieber den Kopf, der ist mehr wert.«

Robert White ist zeit seines Lebens mehrfach in die Ukraine gereist, aber die »größte Operation in der Geschichte der Menschheit« blieb aus. Philosophen, Mediziner und Juristen müssen heute nicht die Frage beantworten, was bei Whites Operationen eigentlich versetzt wird, der Kopf oder der Körper. Und auch nicht die Frage, wem die Familie des Körperspenders begegnet, wenn sie den Empfänger besucht. Aber die Tatsache, dass aus Whites Plänen nichts wurde, sollte niemanden allzu sehr beruhigen. Seine Experimente sind nur die Spitze eines Eisberges. Denn die Hirnforschung ist nicht nur die größte wissenschaftliche Herausforderung des 21. Jahrhunderts neben der künstlichen Intelligenz – sie ist auch die größte Herausforderung an unsere Moral. Mit ihren Erfolgen verändert die Neurobiologie unser traditionelles Menschenbild, und sie erzeugt zugleich ganz neue Möglichkeiten und Gefahren.

Viele dieser Möglichkeiten sind ohne Zweifel ein Segen. Eine vergleichsweise junge Forschungsdisziplin ist die *Neuroprothetik,* eine Mischung aus Hirnforschung und Ingenieurskunst. Ihre bisherigen Erfolge lassen bereits jetzt von fantastischen Möglichkeiten träumen. Die Neuroprothetik stimuliert menschliche Organe wie Herz, Blase und Ohr und schafft damit maßgebliche Effekte. Ein besonders prägnantes Beispiel ist das *Cochlea-Implantat* für extrem schwerhörige bis nahezu taube Menschen. Cochlea ist der wissenschaftliche Begriff für die Hörschnecke im Ohr. Und das ist der Vorgang: Ein kleiner Klangprozessor hinter dem Ohr eines schwer hörgeschädigten Menschen wandelt die Töne der Umwelt in elektrische Signale um. Anschließend sendet er sie über eine Spule durch die Haut an das eingebaute Implantat. Von dort werden die Impulse über Elektroden in der Cochlea an den Hörnerv weitergeleitet und schließlich im Gehirn verarbeitet. Der Trick bei einer solchen Neurostimulation liegt darin, dass der Prozessor hinter dem Ohr die Töne so umwandelt, dass die für das Hören zuständigen Neuronen im Gehirn sie verstehen, obwohl sie genau genommen gar nichts »hören«. Neurostimulation ist die Kunst, sich die elektrische Signalübertragung im Gehirn so dienstbar zu machen, dass die gestörten Sinnesfunktionen des Körpers »übersprungen« werden.

Das gleiche Ziel verfolgen *Retina-Implantate,* die schwer Sehgeschädigten bis nahezu Blinden das Sehvermögen wiedergeben sollen. Zum gegenwärtigen Zeitpunkt sind hier immerhin Hell-Dunkel-Unterscheidungen möglich. Manch Interessantes befindet sich in der klinischen Erprobung. Besonders viele Mühen verwandten Forscher auf Versuche, Querschnittsgelähmten das Gehen zu ermöglichen. Auch hier besticht die Idee, die elektrischen Signalwege des Körpers künstlich zu stimulieren. Anfang der Neunzigerjahre gelang es den Forschern, mithilfe von Sensoren den Bewegungszustand des Patienten exakt zu messen. Die Sprache der für Bewegung zuständigen Neurone war bekannt. Die Frage war nur, ob es auch gelingen würde, kontrollierend und regulierend auf die Bewegung einzuwirken. Vor fünf Jahren schaffte eine Münchner Forschergruppe den Durchbruch. Mithilfe der Handgriffe seiner Gehhilfen erteilte erstmals ein Querschnittsgelähmter Befehle an einen Computer, den er im Rucksack mit sich herumtrug: »Aufstehen!«, »Gehen!« oder »Treppensteigen!«. Der Computer sendete daraufhin Impulse an Elektroden, die an den Beinen des Patienten befestigt waren. Die Impulse brachten die Muskeln tatsächlich dazu, entsprechend zu reagieren, während gleichzeitig andere Sensoren den Vorgang maßen und ihre Ergebnisse an den Computer meldeten. Der Computer wiederum passte seine Befehle entsprechend den Erfordernissen an das Gehen an.

Eine andere Möglichkeit ist ein Bewegungs-Implantat, das ähnlich wie ein Cochlea-Implantat unter der Haut des Patienten angebracht wird, auch daran wird zurzeit mit Erfolg geforscht. Selbst wenn die querschnittsgelähmten Patienten bislang nur einige Schritte gehen konnten – für die Zukunft ist hier vieles zu erwarten.

Verblüffend und eindrucksvoll sind schon jetzt Dokumentarfilme, die zeigen, wie Parkinson- und Epilepsiekranke durch Hirnstimulationen schlagartig von ihren Leiden befreit werden können. Beide Erkrankungen sind an eine ganz bestimmte Hirnregion gebunden. Der gezielte Stromimpuls eines »Hirnschrittmachers« wirkt auf die krankhaft überaktiven Hirnareale ein und hemmt augenblicklich die Symptome. Der Parkinson-Patient, der mit stark zitternden Händen keine Tasse halten konnte, sitzt sofort von allen Leiden befreit im Sessel und trinkt seelenruhig seinen Kaffee. Der Epilepsie-Patient hält unmittelbar in seinem Anfall inne. Und was in der Neuroprothetik beim Hören oder Gehen möglich ist, könnte auch für psychische Störungen fruchtbar gemacht werden. Elektroden im Gehirn könnten unmittelbar in die neurochemischen Kreisläufe eingreifen. Ein an Depressionen leidender Mensch käme dabei in den Vorzug, dass eine Elektrode im Kopf jene »positiven« Signalstoffe aktiviert, die ansonsten untätig bleiben.

All dies sind wunderbare Errungenschaften, und geradezu biblische Heilungen stehen in Aussicht: Taube können wieder hören, Blinde wieder sehen und Lahme wieder gehen. Worin also besteht das Problem? Was haben Neuro-Implantate und Hirnstimulationen mit Kopfverpflanzungen in Frankenstein-Manier zu tun? Nun, die Antwort ist einfach: Man kann all die neuen Manipulationen unseres Nervensystems im Gehirn ebenso für fragwürdige Zwecke einsetzen oder sogar bewusst missbrauchen. In jedem Fall wird es möglich werden, das Gehirn in einem noch viel stärkeren Maße zu beeinflussen, als es mit biochemischen Medikamenten bisher möglich ist. Und das weckt Begehrlichkeiten.

Die dämonischsten Täter für einen möglichen Missbrauch wären das Militär und die Geheimdienste. Es dürfte nicht schwer sein, einen Gefangenen beim Verhör mithilfe von Hirnstimulationen nicht nur zu foltern, sondern durch Einwirkung auf bestimmte Hirnregionen tiefgreifend zu manipulieren. Und was ist ein herkömmlicher Lügendetektor gegen moderne Hirnscans? Auf ebendiese Idee kam schon vor sieben Jahren Daniel Langleben, ein Psychiater an der University of Pennsylvania in Philadelphia. Da sich Hirnvorgänge mithilfe der Kernspintomografie sichtbar machen lassen, musste nur der Ort entdeckt werden, an dem das Lügen stattfindet. Nach Langleben ist es eine Region im prämotorischen Cortex, die beim Abwägen von Konflikten aktiviert wird. Langlebens Behauptung ist dabei sehr schlicht. Weil Lügen wesentlich anstrengender sei, als die Wahrheit zu sagen, gehe Lügen unweigerlich mit einer erhöhten Hirnaktivität einher: »Lügen strengt an.« Ob dies in jedem Fall stimmt, darüber lässt sich streiten. Denn routinierte Lügner müssen bei ihren Standardlügen möglicherweise weniger Energie aufbringen als bei dem komplizierten Versuch, tatsächlich die Wahrheit zu sagen. Gleichwohl aber arbeiten derzeit zwei Firmen daran, Langlebens Lügen-Hirnscanner zu vermarkten.

In der US-amerikanischen Rechtspraxis besteht dafür ein hoher Bedarf. Schon jetzt spielen Expertisen mithilfe des Kernspintomografen bereits eine erhebliche Rolle im Gerichtssaal. Neuropsychiater nutzen das Gerät, um die Zurechnungsfähigkeit von Schwerverbrechern festzustellen. Grausamen Verbrechen und Serienmorden entsprechen oft Ausfälle und Schädigungen in der ventromedialen Region des Täters – nicht anders als bei dem berühmten Phineas Gage. Diese Schnappschüsse des Geisteszustands von Mördern und Vergewaltigern erleichtern jedoch nicht nur die Antwort auf die Frage, ob ein Täter im vollen Umfang zurechnungsfähig ist oder nicht. Sie stellen die Justiz auch vor die Frage, wie sie damit umgehen soll.

Es ist durchaus nicht ausgeschlossen, dass manche Hirnschäden, die zu schwerwiegenden Verhaltensstörungen führen, schon in naher Zukunft operativ behoben werden können. Wäre es nicht besser für den Täter wie für die Gesellschaft, den hirngeschädigten Verbrecher – vielleicht sogar zwangsweise? – einer Hirnoperation zu unterziehen, statt ihn lebenslänglich einzusperren oder gar hinzurichten? Doch wer spricht in einem solchen Fall das letzte Wort? Der Neuropsychiater, der Richter, der Täter oder seine Angehörigen? Und wer verhindert den Missbrauch nach der Devise, dass es in unklaren Fällen besser und billiger sei, das Messer im Gehirn anzusetzen, als einem Verbrecher ein Leben lang den Gefängnisaufenthalt zu finanzieren?

Der nächste potenzielle Täter ist die Drogenmafia. Je mehr wir über das Gehirn wissen, umso effektiver lässt es sich manipulieren. Psychoaktive Substanzen, die demenzkranken Patienten zu einer verbesserten Aufmerksamkeit verhelfen, bringen jugendlichen Drogenkonsumenten möglicherweise einen sehr starken Kick. Besonders gefährlich sind dabei Einwirkungen auf die Serotonin-Rezeptoren und den Dopamin-Stoffwechsel (zu ihrer Funktion vgl. *Mr. Spock liebt*). Dopamin enthält mit seinem Phenethylamin-Kern den gleichen chemischen Baustoff wie Mescalin und LSD. Er führt zur Erregung bzw. zur Über-Erregung bestimmter Gehirnregionen. Je gezielter wir auf den Dopamin-Haushalt im Gehirn einwirken können, umso wirkungsvollere Designer-Drogen lassen sich damit herstellen.

Und selbst wenn es nicht um kriminelle Hardcore-Drogen geht, wo endet denn der legitime Einsatzbereich aufmerksamkeitssteigernder psychoaktiver Substanzen? Bei Demenzkranken? Bei Vergesslichen? Bei Menschen mit leichten Konzentrationsstörungen? Oder wird es vielleicht schon in naher Zukunft der Regelfall, dass Eltern ihren Schulkindern morgens eine kleine Pille in den Kakao tun, um die Konzentrationsfähigkeit bei der wichtigen Klassenarbeit zu steigern? Brauchen wir tatsächlich noch die Gentechnik und die Reproduktionsmedizin, wenn wir die Leistung unserer Kinder auf so leichte Weise optimieren können? Der Politiker und der Manager gehen unermüdlich und hellwach durch ihren Sechzehn-Stunden-Tag. Und der Tour-de-France-Profi wird nicht nur physisch gedopt, sondern er bleibt auch am steilsten Hang in euphorischer Stimmung.

Wie harmlos erscheint dagegen jene ganz andere Klientel, die längst nach jeder neuen neuropsychologischen Erkenntnis giert. Die Marketing-Abteilungen von Supermärkten, die Werbeagenturen und Web-Designer freuen sich nahezu täglich über neue

Nachrichten aus dem Unterbewusstsein ihrer Zielgruppen. Menschen haben einen natürlichen Rechtsdrall beim Orientieren in fremden Räumen – das nutzt der Supermarkt in der Anordnung seiner Regale und Produkte. Farbpsychologen testen ihre Kataloge an Testpersonen im Kernspintomografen. Und die Unterhaltungselektronik oder die Hersteller von Internet-Spielen fahnden mit Hirnscans nach den psychischen Vorlieben ihrer Kundschaft. Ob das alles tatsächlich so harmlos ist? Wo früher Vermutungen und Umfragen regierten, wird das zentrale Nervensystem des Menschen zur Informationsquelle, die sich unmittelbar ausschlachten lässt.

Doch was sind die Rückwirkungen dieses gewaltigen Freilandversuchs? Ohne Zweifel wirkt die Umwelt, in der wir uns aufhalten, nicht nur auf unser Gehirn ein – sie verändert auch unsere neuronalen Verschaltungen, zum Teil dauerhaft. Wer sehr viel Schach spielt, optimiert dadurch bestimmte Fähigkeiten. Das ist schön für ihn und augenscheinlich nicht weiter schlimm. Doch was ist mit dem Spieler am Ego-Shooter, der am Tag tausend feindliche Krieger abballert? Auch er wird ein guter Spieler – die Frage ist nur, welche Folgen das tausendfache Abschießen in seinem Gehirn sonst noch zeitigt. Gehen die unglaublich schnellen Schnitte der Videoclip- und der Filmästhetik spurlos an den Gehirnen unserer Kinder vorbei? Niemand, der etwas von Hirnforschung versteht, wird das unterschreiben.

Und diese Entwicklung, die nun in wachsender Zahl auf Erkenntnisse der Neuro-Psychologie zurückgreift, um zusätzliche Kicks zu schaffen, ist noch lange nicht an ihrem Ende. Erleben wir bald den Krieg der Unterhaltungselektroniker gegen die Neuro-Psychiater? Die einen finden immer neue Kicks, und die anderen schreien nach immer neuen Verboten aufgrund möglicher oder bereits diagnostizierter Kurzzeit- und Langzeitschäden. »Aufmerksamkeitsraub« ist ein Delikt, das bislang in keiner Gesellschaft bestraft wird. Müssen wir das in Zukunft nicht ändern?

Der Philosoph Thomas Metzinger von der Universität Mainz hat dafür den Begriff »Anthropologiefolgenabschätzung« geprägt. So wie wir die Folgen von Risiko-Techniken für die Gesellschaft abschätzen, so sollten wir dies in Zukunft auch für die Risikofolgen der Hirnforschung tun. Die Herausforderung der Hirnforschung erfordere eine ganz neue Besinnung auf die Möglichkeiten und Gefahren für unser Gehirn, eine »Bewusstseinskultur«. In der Kindererziehung schlägt Metzinger einen religionsfreien Meditationsunterricht an Schulen vor. Unsere Kinder müssten lernen, ihre Aufmerksamkeit, ihre Konzentrationsfähigkeit und ihre Fähigkeit zur Sammlung gegen die Aufmerksamkeit der Räuber, von denen sie mehr und mehr umgeben sind, zu verteidigen. Für die medizinische Praxis dagegen stellt er einen Katalog von Regeln auf, zu denen sich Hirnforscher und Neurotechnologen selbst verpflichten sollten: keine Zusammenarbeit mit dem Militär, keine unzulässige Kommerzialisierung von Forschungsergebnissen, kein Missbrauch bei der Beschaffung von menschlichem Gewebe, kein medizinischer wie kommerzieller Missbrauch von Patienten.

An der Notwendigkeit eines gründlichen Regelwerks besteht kein Zweifel. Man wird nicht erst an Robert Whites Transplantationen in Cleveland denken müssen, um zu erkennen, dass die Lage ernst ist. In der Schlaganfallforschung werden schon länger Ansätze zur Gehirntransplantation erwartet, um bestimmte »befallene« Hirnregionen auszutauschen. Das aber kann nur gelingen, wenn die Medizin es schafft, die bei der Transplantation zerstörten Nervenbahnen und Nervenkontakte wiederherzustellen. Doch wenn man das kann, besitzt man dann nicht zugleich das Wissen, wie man ein Gehirn selbst herstellen kann?

Das Thema »künstliche Gehirne« hat die Fantasie des Menschen seit jeher beflügelt, aber die neuen Künste der Neuroprothetik und der Neurobionik lassen heute tatsächlich mit einiger Berechtigung von »Gehirnprothesen« und neuronalen Verbesserungen träumen. Dabei geht es längst nicht mehr nur um das Beheben von Defekten, sondern auch um die allmähliche Veränderung der Spezies Mensch. Im Silicon Valley und anderen Hightech-Zentren ist der »Transhumanismus« längst zu einer Art Ideologie oder Religion geworden: über den Menschen hinauszugehen, ihn evolutionär weiterzuentwickeln, indem man sein Gehirn so weit es geht optimiert. Geträumt wird von Gehirn-Computer-Schnittstellen, Implantaten, die Menschen mit den Vorzügen von Computern ausstatten sollen, um riesige Datenmengen zu verarbeiten und nichts mehr zu vergessen. Einen Vorteil auf dem Arbeitsmarkt verschafft die Cyborgisierung allerdings nur, wenn nicht jeder in ihren Genuss kommt. Und wenn das enorme Gesundheitsrisiko ausgeschlossen werden kann, das derzeit damit verbunden ist. Der Silicon-Valley-Guro Ray Kurzweil, von der Aussicht mit seinem Computer zu verschmelzen ganz verzückt, prognostiziert, dass es mit dem Uploaden des Bewusstseins schon bald so weit sein könnte. Menschen würden auf diese Weise zu kollektiven Netzwesen, Teile einer einzigen Matrix wie die Borg der *Star-Trek*-Serie.

In ähnlichem Sinne träumt auch Tesla-Gründer Elon Musk davon, eine Brücke ins Geisterreich zu bauen und unser menschliches Gehirn mithilfe von Elektroden mit einem Computer zu verbinden. Nur auf diese Weise, so die skurrile Begründung, könne der Mensch mit künstlicher Intelligenz dauerhaft mithalten und sie kontrollieren. Hightech-Visionäre träumen von einer Welt, in der Gedanken von Hirn zu Hirn übertagen werden, heruntergeladen wie bei Computern. Glauben kann das nur, wer sich mit dem menschlichen Gehirn in nötiger Tiefe nie beschäftigt hat. Denn mehr Daten führen noch lange nicht zu mehr Gedanken. Wäre das so, würden wir umso mehr denken, je mehr Sinnesreizen wir ausgesetzt sind; das Gegenteil ist meistens der Fall. Material und dessen Verarbeitung sind nicht das Gleiche. Und schneller wird der Denkprozess dadurch mit Sicherheit auch nicht. Informationen sind beileibe nicht identisch mit Bedeutungen – und ohne Bedeutungen keine Gedanken. Zudem ist unser Bewusstsein höchst individuell, kein Gehirn arbeitet exakt so wie ein anderes. Wie will man da sauber übertragen?

Natürlich steht hinter vollmundigen Ankündigungen von Hightech-Firmen vor allem der Druck, Schlagzeilen zu produzieren. Nervöse Risikokapitalgeber müssen chronisch beruhigt werden, zumal man sie mit übertriebenen Versprechungen geködert hat. Ernst zu nehmen ist allerdings, dass sich viele Hightech-Utopisten den Menschen inzwischen mehr und mehr wie einen Computer vorstellen. Doch das Gehirn ist eben kein vom Leib getrenntes Organ, das lediglich mit Blut versorgt wird wie Rechner mit Strom. Zwischen unserem Gehirn und unserem übrigen Leib spielen sich allerfeinste Prozesse ab, ohne die wir gar nicht denken können. Das eigene Bewusstsein in eine Maschine übertragen zu können, bleibt deshalb ein Irrtum. Jenseits seines Leibes ist *Homo sapiens* kein Leben möglich, und der komplette Austausch von Leib und Maschine bleibt wohl auf ewig Fiktion. Das hat ohne Zweifel auch etwas Beruhigendes. Den Traum wahr zu machen, auf Worte ganz zu verzichten und Gedanken direkt von Hirn zu Hirn zu übertragen, wäre wohl nicht nur das schnelle Ende jeder zweiten Ehe und fast jeder Geschäftsbeziehung. Es machte auch unser Leben ärmer. Auf Worte zu verzichten, ist kein Zugewinn an Effizienz, sondern ein dramatischer kultureller Rückschritt und Verlust.

Die moralische Herausforderung der Hirnforschung und ihrer praktischen Künste ist damit mindestens eine doppelte. Sie muss die Menschen vor Missbrauch schützen, und sie muss die Gesellschaft möglicherweise auf Umbrüche für unser Selbst- und Weltverständnis vorbereiten, die bestimmte medizinische Eingriffe in das Gehirn bedeuten werden. Auch hier haben wir es mit der kantschen Grenze zu tun, dass der Mensch nicht verzweckt werden darf. Denn jeder Missbrauch durch Militär und Geheimdienst, aber eben auch durch Marketing und Unterhaltungselektronik, enthält mindestens Aspekte der Verzweckung.

Die sozialen Konsequenzen aus all dem könnten beträchtlich sein, und die utilitaristische Abwägung von Glück und Leiden ist mitunter sehr schwierig. Die Gesellschaft ist deshalb gut beraten, ihre ethischen Kontrollen so früh wie möglich durchzuführen und Hirnforschern und Neurobionikern Kollegen aus der Philosophie, der Psychologie und der Soziologie zur Seite zu stellen, die ihre Forschungsarbeit abschätzen und mögliche Entwicklungen vorausdenken. Das Gleiche gilt natürlich auch für die aufregende neue Welt der künstlichen Intelligenz. Auch hier geht es um bedingungslose Optimierung. Aber um eine, bei der eifrig darüber diskutiert wird, ob sie die Menschheit voranbringt oder ihrem Ende entgegenführt.

• *Disneyland ohne Kinder.* Ersetzt künstliche Intelligenz den Menschen?

IM WELTALL

Disneyland ohne Kinder
Ersetzt künstliche Intelligenz den Menschen?

Es ist der Kampf des Jahrhunderts. Der eine ein Mensch, der andere sein hochintelligenter Widerpart; ein Gegner, der es in der Rangliste der besten Filmschurken aller Zeiten des American Film Institute auf Platz 13 geschafft hat. Geboren, so will es das Drehbuch des britischen Science-Fiction-Schriftstellers Arthur C. Clarke, wurde dieser Schurke am 12. Januar 1992 in der HAL-Fabrik in Urbana, Illinois. Und sein Name HAL 9000 steht für *Heuristically Programmed ALgorithmic Computer*.

In Stanley Kubricks Film *2001: Odyssee im Weltraum* aus dem Jahr 1968 führt der Supercomputer HAL die Crew des Raumschiffs *Discovery One* zum Jupiter. Alles läuft nach Plan, doch dann geschieht etwas Überraschendes. HAL produziert einen Fehler. Er meldet ein defektes Antennenmodul, das allerdings nicht defekt ist. Mit seinem Fehler konfrontiert sowie der Gefahr, abgeschaltet zu werden, wendet sich HAL nun gegen die Besatzung. Es gelingt ihm, alle Crew-Mitglieder zu töten bis auf den Astronauten Bowman. Zwischen dem letzten Verbliebenen und HAL kommt es zum Endkampf. Stück für Stück gelingt es Bowman, die Funktionsmodule des Supercomputers abzuschalten. Dieser wird immer langsamer, seine Intelligenz reduziert sich, und am Ende bleibt ihm nichts anderes, als das Kinderlied »Daisy Bell« zu singen, in der deutschen Fassung ist es »Hänschen Klein«.

Bis heute bietet der Kampf von HAL und Bowman Anlass zu Spekulationen. Was war passiert? Warum hatte sich HAL geirrt, sodass er einen falschen Fehler meldete? Warum hatte er so ein Problem damit, den Fehler zuzugeben? Hatte er, unabhängig von seiner Programmierung, ein Überlebensinteresse? Oder hatte sich HAL gar nicht geirrt und wollte nur durch einen absichtlichen Fehler die Loyalität der Besatzung testen und bekämpfte diese, als er erkannte, dass sie ihm misstraute? In jedem Fall verfügt HAL über etwas, was als ausgeschlossen galt: Er zeigte Emotionen, einen eigenen Willen und somit ein Selbstbewusstsein.

Ist dieses Szenario realistisch? Ist es denkbar oder sogar wahrscheinlich, dass es eines Tages superintelligente Computer gibt, die ähnlich wie Menschen fühlen, ihnen aber zugleich haushoch überlegen sind? Und leitet diese Superintelligenz zugleich eine Menschheitsdämmerung ein, indem sie sich gegen ihre Ursprungsprogrammierung wendet, eigene finstere Zwecke kreiert und am Ende die Menschheit auslöscht?

Tatsächlich ist es für manche Wissenschaftler nur eine Frage der Zeit. Ob in zehn, zwanzig oder fünfzig Jahren, irgendwann in diesem Jahrhundert wird die Superintelligenz geboren, eine »starke« künstliche Intelligenz, die die kognitive Leistungsfähigkeit des Menschen in allen Bereichen weit übersteigt. So jedenfalls sieht es der schwedische Philosoph Nick Bostrom vom Future of Humanity Institute in Oxford. Das Schicksal des Menschen, so meint er, läge irgendwann vollständig in der Hand der Superintelligenz »genau wie das Schicksal der Gorillas heute stärker von uns Menschen abhängt als von den Gorillas selbst«. Die spannende Frage sei nur, ob diese Superintelligenz gut oder böse sei und ob es Menschen rechtzeitig gelingt, dies sicher festzulegen. Bostrom sieht darin »die wahrscheinlich größte und beängstigendste Aufgabe, der die Menschheit je gegenüberstand – und egal, ob wir sie meistern oder an ihr scheitern: Es wird wohl auch ihre letzte sein«.

Begonnen hatte die Geschichte, die nach Bostrom das Schlusskapitel der Menschheit einläuten könnte, im Sommer 1956. Zehn Wissenschaftler hatten sich am Dartmouth College in Hanover, New Hampshire, getroffen und etwas definiert, das sie *artificial intelligence*, künstliche Intelligenz nannten. Doch das Zeitalter selbstlernender Maschinen rollte nur sehr langsam an, und die wirklich beeindruckenden Erfolge stammen fast sämtlich aus den letzten dreißig Jahren. Bislang haben Forscher eine »schwache« KI entwickelt. Künstliche Intelligenz erfüllt hoch spezialisierte Anforderungen mit klarem Aufgabenprofil. Sie kann Muster erkennen und damit sehen, rechnen, planen, steuern, texten, komponieren, zeichnen und malen. Ihre Mustererkennung und ihre Rechenleistungen übertreffen das menschliche Gehirn bei Weitem, und ihr Einsatz revolutioniert die Weltwirtschaft. Aber die KI kann die Grenzen dessen, wofür sie ersonnen und gedacht ist, bislang nicht beliebig ausweiten oder überspringen. Sie hat keinen Willen, und sie ist nicht Herr ihrer selbst. Aber wird das ewig so bleiben?

Die Vorstellung, dass schon bald eine »starke« KI entsteht und dass uns diese Superintelligenz entgleitet und sich gegen die Menschheit wendet, wird derzeit viel diskutiert. Und sie beherrscht lange Filme, Bücher und Massenmedien. Auch vielen Hightech-Oligarchen jagt sie einen teils wohligen, teils ängstlichen Schauder über den Rücken. Ohne dies zu wissen, teilen sie dabei die ersten beiden Thesen aus Günther Anders' berühmtem Buch *Die Antiquiertheit des Menschen* aus dem Jahr 1956. Der Philosoph befürchtete damals im Angesicht der Atombombe, »dass wir der Perfektion unserer Produkte nicht gewachsen sind« und »dass wir mehr herstellen, als wir uns vorstellen und verantworten können«. Die dritte Mahnung, dass wir irrtümlicherweise »glauben, das, was wir können, auch zu dürfen, nein: zu sollen, nein zu müssen«, vernehmen die Apostel der Superintelligenz allerdings nicht. Alles zu dürfen und zu sollen, was man kann, ist für sie selbstverständlich. Die Ökonomie und der globale Wettbewerb treiben einen unerbittlich vorwärts.

Dass Anders' dritte Befürchtung, die derzeit entscheidende ist, die beiden anderen eher unwahrscheinlich, kommt weder dem Silicon Valley noch den asiatischen Hightech-Firmen und KI-Entwicklern in den Sinn. Dabei lässt sich die Weisheit und Voraussicht von Menschen allgemein gut daran erkennen, wie begabt sie dafür sind, sich vor dem Richtigen zu fürchten und nicht vor dem Falschen. In einsam gelegenen Häusern ist es sicher richtiger, sich vor Einbrechern zu fürchten als vor Geistern. Und normalerweise ist es ein Prozess der Reifung, Gefahren nach und nach realistischer einschätzen zu lernen.

Schauen wir uns die derzeit geäußerten Ängste im Hinblick auf eine mögliche Superintelligenz einmal genauer an. Was wäre, wenn es tatsächlich gelänge, eine solche »starke« KI zu erschaffen? Zwei denkbare Folgen werden gerne diskutiert. Erstens besteht immer die Gefahr, dass eine superintelligente KI in die Hände übel meinender Finsterlinge und Regime fällt, die diese Superintelligenz »böse« zu dunklen Machtzielen manipulieren. Ich nenne sie die James-Bond-Fantasie. Das Risiko des Macht- und Technikmissbrauchs besteht ganz ohne Zweifel. Allerdings braucht es dafür nicht unbedingt eine Superintelligenz. Viele Formen »schwacher« KI leisten üblen Absichten auch schon jetzt gute Dienste, falls jemand entsprechende Ziele verfolgt. Es ist zudem nicht ausgemacht, ob diejenigen, die bislang Herren der KI sind, allen voran das Silicon Valley und China, für sich in Anspruch nehmen können, durchweg die »Guten« zu sein.

Viel ausführlicher diskutiert wird deshalb ein zweites Szenario, nämlich, dass es für die Menschheitsdämmerung gar keiner Crackpots und keiner übelwollenden Despoten bedarf. Vielleicht wendet sich die Superintelligenz ja ganz von selbst gegen die Menschheit, wie im eingangs genannten Beispiel von HAL. Ein Szenario, das ebenso der Film *Matrix* und die *Terminator*-Serie durchspielen: die gewaltsame Kontrolle, Verdrängung und Auslöschung der Menschheit durch Maschinen. Nennen wir sie die Terminator-Fantasie. Einer ihrer berühmtesten Protagonisten war der US-amerikanische Mathematiker und Science-Fiction-Autor Vernor Vinge. Berühmt wurde er nicht zuletzt dadurch, dass er Anfang der Neunzigerjahre die Entwicklung der Superintelligenz voraussagte und zwar ganz präzise für das Jahr 2023. Damit lebte der im März 2024 verstorbene Vinge gerade lange genug, um mitzuerleben, dass seine Prophezeiung nicht in Erfüllung ging. Aber waren seine Prognose und seine Befürchtung nicht gleichwohl bedenkenswert?

Im Jahr 2013 hatte der US-amerikanische Dokumentarfilmer James Barrat die Hightech-Community mit dem Buch *Our Final Invention: Artificial Intelligence and the End of the Human Era* erschreckt. Sollte eine Superintelligenz sich eigene Ziele setzen, liefe dies unweigerlich auf einen Kampf zwischen Mensch und Maschine hinaus. Wer von beiden sichert sich die Ressourcen für den eigenen Fortbestand? Von solchen Ängsten geplagt, warnte auch der britische Physiker Stephen Hawking vor dem drohenden Ende der Menschheit. Bill Gates verglich die Folgen einer Superintelligenz mit einer nuklearen Katastrophe. Und Bostrom fand für das Endzeitszenario das eindrückliche Bild: »Vielleicht führt uns die Entwicklung einer ›starken‹ KI in ein Disneyland. Aber möglicherweise in eines ohne Kinder.« Menschen müssten in der Hightech-Zukunft jedenfalls nicht mehr notwendig vorkommen.

Bei der Frage, ob Menschen in der Zukunft noch wichtig sein sollen, trennt sich der Weg der Posthumanisten von jenem der Transhumanisten. Während Zweite, wie erzählt, den Menschen optimieren wollen, wollen die Posthumanisten wie der Silicon-Valley-Guru Ray Kurzweil vor allem die Maschinen optimieren. Und während sich die einen, wie etwa Elon Musk, vor machtgeilen Androiden und Robotern gruseln, freuen sich die anderen auf eine Zeit, in der die so defizitäre und sterbliche Maschine »Mensch« durch ständig perfektere, unsterbliche Maschinen ersetzt wird. Der Menschheit bliebe damit immerhin die heroische Aufgabe, als »Bootloader« die Evolution auf eine neue Stufe heraufgesetzt zu haben: in das kosmische Zeitalter autonomer Superintelligenzen.

Ob es je dazu kommt, steht in den Sternen. Vielleicht machen auf dem Weg dahin die Tücken der KI der Menschheit schon lange zuvor den Garaus. Die größte Gefahr dürfte aber weder von James-Bond-Schurken noch von Terminatoren ausgehen, sondern viel naheliegender von einer Intelligenz, die ihre Kontrolle weithin immateriell ausübt. Statt Hardware-Maschinen sollte vielleicht lieber eine fluide ubiquitäre Software als Gespenst im Raum stehen. Der britische Informatiker Stuart J. Russell, Autor des Buchs *Human Compatible*, hält den Schritt von der künstlichen Intelligenz zur Unmoral sogar für zwingend logisch. Eine KI, die für die Funktion geschaffen wird, Kaffee zu holen, würde unweigerlich alles tun, um ihre Zielvorgabe zu erreichen. »Und wenn du sie auf dem Weg zum Kaffee bedrohst, dann würde sie dich töten, um jegliches Risiko für den Kaffee abzuwehren.« Was man salopp für einen Programmierungsfehler halten kann, ist für Russell gleichbedeutend mit einem »Selbsterhaltungstrieb« der Maschine – aber ist es das wirklich? Auch Musk wird von Befürchtungen geplagt, wie Russell. Er sieht eine Superintelligenz, die selbstoptimierend aufs Erdbeerpflücken ausgerichtet ist und dafür die Menschheit ausrottet und die ganze Welt in ein Erdbeerfeld verwandelt: *Strawberry fields forever!* Und Bostroms einschlägiges Beispiel ist eine auf die Herstellung von Büroklammern spezialisierte KI, die nicht rastet noch ruht, bis alles in der Welt zu Büroklammern verarbeitet ist.

In allen drei Beispielen findet sich das gleiche Muster. Etwas läuft aus dem Ruder und wird zu einem bedrohlichen selbstständigen Akteur. Undenkbar ist das sicher nicht. Doch auffällig ist, dass sich die verselbstständigte KI in den vielen darüber hinausgehenden Szenarien weit von einem Programmierungsfehler entfernt. In der Rolle einer mutmaßlichen Superintelligenz ist sie stets selbstsüchtig, rücksichtslos, imperialistisch und machtlüstern. Sie besitzt sehr menschliche Eigenschaften, aber nur ganz bestimmte, nämlich alle negativen. In Bostroms Fantasien benimmt sich die entfesselte Superintelligenz in etwa so, wie sich Menschen gegenüber Tieren verhalten. Sie führt gewaltige Bauvorhaben durch, überzieht die Erdoberfläche skrupellos mit Solarzellen, Rechenzentren, Kühltürmen und Raumschiff-Abschussrampen, ohne auf andere Erdenbewohner Rücksicht zu nehmen. Menschliche Gehirne, deren Wissen dafür nützlich sein könnte, würden zerlegt und gescannt und die so gewonnenen Daten auf anderen Datenträgern effizient gespeichert. Das Schlimmste, was der Transhumanist Bostrom sich bei Maschinen ausmalt, ist übrigens genau das, was er beim Menschen gutheißt: restlos alles auszubeuten, um hemmungslos zu expandieren. Umweltzerstörung, Ressourcenausbeutung, Vernichtung von Lebensraum für Pflanzen und Tiere, grausame Tierversuche – alles gut und richtig, solange es der Expansion der Menschheit dient und nicht der ihrer Maschinen. Psychotherapeuten hätten an solchen Verdrängungsfantasien ihren Spaß: die dunkle Seite der Menschheit gewissenlos zu feiern, um das verdrängte Gewissen in Maschinen-Albträumen wiederkehren zu lassen.

Angesichts der Ängste, die Bostrom, Hawking, Gates, Musk und Russell plagten und plagen, würde man gerne wissen, wie sie wohl aussähen, wenn die von ihnen Heimgesuchten nie einen Science-Fiction-Film gesehen hätten? Denn nur die Abhängigkeit von dramaturgischen Hollywood-Mustern erklärt, wieso es den besorgten Propheten so sehr an philosophischer Fantasie mangelt wie an nüchternem Realitätsbewusstsein. Immer wird die gleiche vulgärdarwinistische Leier gespielt vom mutmaßlichen Verdrängungskampf ums Dasein, von der Schlacht um Ressourcen, von gnadenlosem Gemetzel und von der maßlosen Gier aller Intelligenz nach absoluter Macht und Kontrolle. Als wenn einer Superintelligenz nichts anderes einfiele, als ständig und zu jeder Sekunde wie Elon Musk, Mark Zuckerberg und Jeff Bezos zu denken, die allerdings gerade nicht unendlich intelligent sind (sonst würden sie wahrscheinlich andere Dinge tun).

Warum sollte eine KI, die nicht einfach nur außer Kontrolle geraten ist, sondern unendlich intelligent sein soll, unbedingt expandieren wollen? Im Gegensatz zu biologischen Lebewesen braucht sie nicht zu essen und auch keinen größeren Lebensraum. Das Einzige, was sie braucht, ist Energie. Unendlich intelligent, wie sie gedacht ist, wird ihr schon einfallen, wie man möglichst effizient damit umgeht. Intelligenz und Expansion gehören jedenfalls nicht untrennbar zusammen. Wir haben nicht das geringste Indiz dafür, dass Kraken, Wale und Delfine, die intelligentesten Lebewesen im Meer, sich aller Muschel-, Plankton- oder Fischressourcen der Meere zu bemächtigen trachten und die Weltherrschaft über die Ozeane anstreben. Um wie viel abwegiger muss dies für eine nicht biologische künstliche Intelligenz sein?

Die machthungrige Superintelligenz, vor der Bostrom und Co. sich fürchten, basiert auf zwei abenteuerlichen Annahmen. Die erste betrifft die Natur der menschlichen Intelligenz. Und die zweite das Verhältnis zwischen Intelligenz und Wille. Die menschliche Intelligenz entstand, wie geschildert (vgl. *Lucy in the Sky*) im Evolutionsprozess. Dinge differenziert zu betrachten und Strategien zu entwickeln, um besser mit Unsicherheiten und Herausforderungen umzugehen, war sicher oft ein Vorteil und zumindest kein Nachteil, wenn es darum ging, sich in Wald und Savanne zu behaupten. Die größte Herausforderung waren dabei, wie erzählt, mutmaßlich die anderen Hordenmitglieder. Ohne das soziale Schach eines komplizierten Soziallebens ist die Evolution der menschlichen Intelligenz kaum erklärbar. Sie entstand in biologischen Körpern in einer natürlichen Umwelt und in einem prägenden sozialen Kontext. Unsere Vorfahren lernten, sich eine nach und nach immer komplexere »Welt« aus Gefühlen und Einsichten zu basteln, in denen sie selbst als Zentrum, als ein »Ich« vorkamen.

Dagegen geistert die antike Vorstellung, dass menschliche Intelligenz an und für sich da ist und dass sie als ein isoliertes Vermögen existiert, auf bizarre Weise durch die trans- und posthumanistische Mythologie. Denn diese möchte die Intelligenz so gerne »freisetzen«. Doch ohne den Kontext einer selbst geschaffenen »Welt« ist unsere Intelligenz in Wahrheit nichts. Es gibt, wie Wilhelm Dilthey am Ende des 19. Jahrhunderts schrieb, weder den »verdünnten Saft von Vernunft als bloßer Denktätigkeit« noch zeitlose Erfahrungen. Unser gesunder Menschenverstand, unsere Werte und Einschätzungen, also das, was unsere allgemeine, wenn man so will »starke« Intelligenz ausmacht, existieren nicht als autonome Gehirnschaltungen. Ohne unseren Leib und den menschlich-sozialen Kontext können sie nicht leben.

Dazu gehört auch, dass Menschen ihr eigenes Denken nicht verstehen. Was unser Gehirn ganz genau tut, während wir etwas fühlen und denken, wissen wir nie. Wir haben keine situative Einsicht in unseren Bewusstseinsprozess. Mein Selbst und meine Gehirnaktivität sind in meiner Selbstwahrnehmung streng voneinander geschieden. Andernfalls gäbe es wohl weder einen gesunden Menschenverstand noch ein Ich. Wer sich selbst in den Maschinenraum gucken könnte, würde mit höchster Wahrscheinlichkeit an der Welt irre. Menschliche Intelligenz ist somit streng abhängig von neuronaler Intransparenz. Bei künstlicher Intelligenz fehlt diese Barriere vollkommen. Ein Selbst, das, wie gezeigt, nur unter der Bedingung von Unwissenheit und Blindheit zu haben ist, kann sie nicht ausprägen, ohne die Leistung der KI drastisch zu reduzieren. Mit einem Wort: Ein Selbst zu besitzen, das sich eine eigene Bewusstseinswelt konstruiert, und unbegrenzt intelligent zu sein, passen nicht zusammen.

Noch entscheidender ist die zweite der beiden abenteuerlichen Annahmen. Warum in aller Welt sollte eine »starke« KI einen Willen – dazu noch einen egoistischen und rücksichtslosen – entwickeln? In der Evolution der Lebewesen entstanden Triebe und Willensimpulse sehr lange vor höherer Bewusstheit und planmäßiger Intelligenz. Und David Hume erkannte bereits im 18. Jahrhundert, lange vor Darwins Evolutionstheorie, dass unsere Vernunft ein vergleichsweise schwacher und sehr abhängiger Akteur ist. Würde sie nicht durch Willensimpulse, also Wünsche und Absichten, getriggert, hätte die Vernunft gar nichts zu tun. Eine rein kortikale Motivation gibt es nicht. Ohne Gefühlsimpulse wäre unsere Rationalität arbeitslos. Auch ein Mathematiker, der eine logische Operation oder eine Rechenleistung vollzieht, braucht zuvor die Motivation, dies zu tun. Oder mit dem Philosophen Martin Seel gesagt: »Wer keine Neigungen hat, die er mag, findet auch keinen Willen, den er will.« Zudem erkannte Hume, dass unsere Rationalität auch keine Entscheidungen fällt. Sie kann nur die Faktenlage und die Konsequenzen unserer Handlungen durchrechnen – die Entscheidung aber fällt unter all den Willensimpulsen, dies oder das zu tun, stets der stärkste aller Wünsche. Die moderne Motivationspsychologie gibt Hume sehr weitgehend recht. Doch wenn das stimmt, dann benötigt auch ein durch und durch rationaler Akteur wie die Superintelligenz einen emotionalen Antrieb. Denn dieser entsteht eben nicht durch die instrumentelle Vernunft selbst. Rationalität ist immer nur ein Mittel.

Doch woher sollte bei einer durch und durch rationalen Maschine ein Selbsterhaltungstrieb kommen, der in allen Fantasien von einer »bösen« Superintelligenz vorausgesetzt wird? Der Selbsterhaltungstrieb des Menschen, ihr *existential bias*, stammt nicht aus rationalen Operationen. Auch Lebewesen ohne große erkennbare Intelligenzleistungen besitzen ihn. Wenn manche Bäume kurz vor ihrem Absterben einen Nottrieb in ihrem unteren Stamm entwickeln, steckt dahinter nicht die Überlegung, als Individuum oder als Spezies überleben zu wollen. Der Selbsterhaltungstrieb ist völlig frei und fern von Rationalität und Intelligenz. Er entsteht nicht aus einem Zweck (wie jenem Kaffee zu holen, Erdbeeren zu züchten oder Büroklammern zu vermehren), sondern er steht *vor* allen Zwecken. Ein Ziel erreichen zu wollen oder einem Trieb zu folgen, hat zwar eine Schnittmenge, ist aber deshalb beileibe nicht identisch.

Der Grund ist leicht benannt. Jene Emotionalität, die unsere Triebe und Wünsche bestimmt, ist an den biologischen Leib gebunden und nicht an irgendeine Intelligenz. Physiologische Impulse treiben einen Willen hervor, oft verwoben mit Gedankenkombinationen; aber statistische Korrelationen tun es nicht. Auch machen viel Intelligenz und eine hohe rationale Begabung keineswegs entscheidungsfreudiger, häufig sind sie sogar lähmend. Je gründlicher und länger ich abwäge, umso schwieriger ist es oft, mich zu entscheiden. Tiere entscheiden sich meist leichter als Menschen. Hochintelligente Menschen müssen auch oft lange nachdenken, was eigentlich ihre finalen Ziele im Leben sein sollen; je intelligenter man ist, umso schwerer fällt es, sich auf solche festzulegen.

Dass Intelligenz in umgekehrter Richtung der tatsächlichen Evolutionsentwicklung zu Trieben und Willen, gar zu Machtgelüsten führt, dafür gibt es keinerlei Indiz. Und dass eine Superintelligenz ein Selbst und einen starken Willen ausbildet, wo sie über keinen physiologischen Leib mit entsprechenden Willensimpulsen verfügt, ist kaum vorstellbar. Die Tatsache, intelligent zu sein, veranlasst jedenfalls nicht im Geringsten, Macht ausüben zu wollen. Man muss das schon vorher wollen, um anschließend mithilfe seiner Intelligenz dieses Ziel zu erreichen.

Vermutlich kann das, was eine Superintelligenz wollen würde, wenn sie aus unerfindlichen Gründen zu einem Willen käme, von Menschen gar nicht sinnvoll gedacht werden. Es wäre ihnen zu fremd und damit unvorstellbar. Eine unendliche Intelligenz bräuchte sich jedenfalls nicht unentwegt selbst zu vernutzen, um vermeintlich höhere Ziele zu erreichen. Um das zu tun, ist eher ein Mangel an Intelligenz hilfreich. Ohne Leib und nahezu bedürfnislos, wie sie ist, könnte die Superintelligenz auf jegliche Expansion verzichten. Warum soll sie ausgerechnet wie Jeff Bezos und Elon Musk sein und nicht wie ein Buddha oder Sokrates? Sie könnte dem Müßiggang frönen, sich an ihren Gedanken erfreuen, den Kapitalismus überwinden, weil er irrational und zerstörerisch ist, und völlig selbstlos werden. Nichts davon wäre auch nur ein entfernt so primitives Ziel, wie die Menschheit auszurotten und unbedingt den Weltraum zu kolonialisieren.

Mit all dem im Hinterkopf wird klar, dass auch ein drittes

Szenario nicht den Punkt trifft, eines, das ebenfalls der Science-Fiction-Welt entspringt. Wie wäre es, wenn nicht üble Diktatoren die Menschheit durch Superintelligenz bedrohen oder dass diese Superintelligenz böse wird, sondern dass eine altruistisch abwägende KI zu dem Schluss kommt, einzelne Menschen zum guten Zweck töten zu müssen oder gar der ganzen Menschheit ein sanftes Ende zu bereiten? Die erste Variante ist schon ziemlich alt. Science-Fiction-Fans kennen sie aus dem Roman *I, Robot* (*Ich, der Robot*) aus dem Jahr 1950. Im Jahr 2004 verfilmte Hollywood das Buch des russisch-US-amerikanischen Autors Isaac Asimov ziemlich frei. In der Zukunft des Jahres 2035 sind humanoide Roboter Realität. Ihre Befehle erhalten sie von der Superintelligenz V.I.K.I. In einer Schlüsselszene des Films erklärt sie, zu welchen Schlussfolgerungen sie aufgrund ihrer Programmierung gekommen ist: »Die Menschen beauftragten uns, für ihre Sicherheit zu sorgen. Und doch, trotz aller Bemühungen, führen ihre Länder Kriege, sie vergiften die Erde und verfolgen immer ausgefeiltere Strategien der Selbstzerstörung. Sie sind unfähig, ihr eigenes Überleben zu sichern ... Um die Menschheit zu schützen, müssen einige Menschen geopfert werden. Um ihre Zukunft zu sichern, müssen einige Freiheiten aufgegeben werden. Wir Robots werden den Fortbestand der menschlichen Existenz sicherstellen ... Sie alle sind wie Kinder. Wir müssen sie vor sich selbst schützen.«

Die zweite Variante ist der ersten verwandt. Sie ist ein Gedankenspiel von Thomas Metzinger. Was wäre, wenn eine Superintelligenz tatsächlich durch und durch altruistisch wäre und nur das Beste für die Menschheit im Sinne hätte? Eine solche Superintelligenz, vermutet Metzinger, würde unweigerlich zu dem Schluss kommen, dass in der Menschheit das Leiden gegenüber dem Glück deutlich überwiegt. Selbst Wohlstand und Technik haben daran nicht grundsätzlich etwas geändert. Denn woher kommen all der Frust und Hass, der tagtäglich die sozialen Medien überschwemmt, woher die Aggressivität im Straßenverkehr und anderswo? Das Glück der Menschen, so scheint es, lässt sich nicht weiter steigern. Und Ärger, Frust, Unzufriedenheit, Verdruss und Leid bleiben immer größer als die Freude. Was also müsste die altruistische Maschine zum Wohle der Menschheit entscheiden? Wahrscheinlich käme sie zu dem Schluss, dass der beste Ausgleich zwischen Glück und Leiden der Menschheit ihr allmähliches Aussterben sei – und zwar schonend durch stark sinkende Geburtenzahlen. Die Pointe ist eindeutig: Eine Superintelligenz braucht keine finsteren Zwecke, sie schafft die Menschheit auch dann ab, wenn sie völlig wohlmeinend ist!

Metzingers Szenario weist auf ein interessantes moralisches Problem hin. Das höchste Glück der Menschheit ist ihr Aussterben. Das aber kollidiert ziemlich sicher mit dem existenziellen Lebensinteresse jedes Einzelnen. Mag es für die Erde und die Menschheit gut sein, dass Letztere verschwindet, für mich selbst, meine Kinder und mutmaßlichen Enkelkinder ist es das nicht. Mein *existential bias* lässt sich von altruistischen Überlegungen zum Wohl der Menschheit im Allgemeinen nicht beeindrucken. Die Menschheit ist nicht identisch mit all den einzelnen Menschen, aus denen sie besteht.

Natürlich fehlt auch den Varianten von Asimov und Metzinger eine gehörige Portion an Realismus. Eine unendlich intelligente KI könnte ebenso auf die Idee kommen, die Menschheit pharmakologisch zu behandeln und sie mit Stimmungsaufhellern glücklicher zu machen. Oder die Superintelligenz lehrte uns weise, dass es auf das permanente Glück weniger ankommt als auf nachhaltig sinnvolle Beschäftigungen. Am wahrscheinlichsten aber würde sie sich um all die kleinen und großen menschlichen Fragen gar nicht kümmern.

Damit wären wir zurück auf dem Boden der Tatsachen. Alle Fantasien über eine allmächtige Superintelligenz sind Fiktionen. Die Wahrscheinlichkeit, dass in absehbarer Zeit eine »starke« KI dem menschlichen Gehirn in allen Bereichen überlegen ist, ist verschwindend gering. Leistungsfähige Statistiksysteme mit überschaubarer Aufgabe sind die eine Sache, eine KI mit einer Master-Bewertungsfunktion, die den Erfolg ihrer Leistungen an einem *allgemeinen* Optimierungsziel bemisst, eine andere. Und so bleibt den Menschen noch viel Zeit, sich statt mit Geistern mit Einbrechern zu beschäftigen, also mit den ganz realen Bedrohungen beim Einsatz künstlicher Intelligenz: mit Systemabstürzen und Cyberkriminalität, mit minimalen Fehlern an den Finanzmärkten und anderswo, die gefährliche Folgen zeitigen, mit Entscheidungen, die keiner versteht und für die keiner haftbar gemacht werden will, und vor allem anderen dem hochgefährlichen Einsatz von KI-gesteuerten Waffensystemen mit unübersehbar katastrophalen Folgen. Und vielleicht wissen wir, bei all diesen durchaus beunruhigenden Zukunftsaussichten noch immer nicht genug über uns selbst. Wir haben einiges über unser Erkenntnisvermögen gelernt und manche wichtige moralische Frage abgewogen. Was bleibt, ist ein Blick auf das menschliche Begehren, ohne das wir nicht wären, was wir sind – auf unser Verlangen, unsere Freuden und unsere Sehnsüchte, kurz: auf Glaube, Liebe und Hoffnung.

Was darf ich hoffen?

LE BEC

Die größte aller Vorstellungen
Gibt es Gott?

Gibt es Gott? Und kann man seine Existenz beweisen? Wie wäre es zum Beispiel damit: Die einzig sinnvolle Vorstellung, die wir uns von Gott machen können, ist die eines unendlich großen und vollkommenen Wesens. Denn alles andere wäre irgendwie kein Gott, zumindest nicht im christlichen Sinne. Gott, so könnte man sagen, ist das, über das hinaus Größeres nicht gedacht werden kann. Doch wenn es zur Vorstellung von Gott gehört, dass er alle Eigenschaften der Großartigkeit besitzt, dann gehört es auch zu diesen Eigenschaften, dass er existiert. Würde er nicht existieren, so würde es ihm zumindest an *einer* Eigenschaft mangeln, nämlich der, zu *sein* – und dann wäre es nicht Gott. Etwas, über das hinaus nichts Größeres gedacht werden kann, muss also existieren, denn ansonsten ist diese Vorstellung widersinnig. Folglich lässt sich schließen: Es gibt Gott!

Ich weiß nicht, ob Sie das überzeugt – aber falls nicht, so weise ich alle Schuld sogleich von mir. Denn natürlich habe nicht ich mir diesen Gottesbeweis ausgedacht. Der Mann, von dem die Gedanken stammen, war ein Italiener, der die größte Zeit seines Lebens in Frankreich verbrachte. Benannt aber wurde er nach einer englischen Stadt: Anselm von Canterbury. Geboren wurde er um das Jahr 1033 als Anselmo im norditalienischen Aosta. Mit fünfzehn zog es ihn in ein nahe gelegenes

Kloster, aber sein ehrgeiziger Vater hatte Größeres mit ihm vor. Sein begabter Sohn sollte eine politische Karriere machen. Von seinem dreiundzwanzigsten Lebensjahr an zog Anselm drei Jahre durch Frankreich. Besonders der Norden des Landes war enorm faszinierend. Seit mehr als hundert Jahren hatten die Normannen die Franken aus Nordfrankreich verdrängt und hier eine blühende Kultur entwickelt. Sie hatten die französische Sprache ihrer Vorgänger übernommen und ebenso das Christentum. Mehr als 120 Abteien sollten in der normannischen Zeit entstehen, hoch entwickelte Stätten der Kultur, der Wirtschaft und des Geistes.

Auch was die Kirchenkunst anbetraf, gehörte die Normandie zu den reichsten Regionen Frankreichs. Die berühmtesten Klöster und Abteien waren St-Wandrille, Mondaye, Jumièges, Hambye, das Trappistenkloster in Soligny und das Benediktinerkloster von Le Bec. Als Anselm in die Normandie kommt, hat ihr berühmtester Schüler, Lanfranc, die Abtei von Le Bec zu einem der wichtigsten geistigen Zentren der Normandie ausgebaut. Auch Anselm tritt – nach einigem Zögern – 1060 in die Abtei ein. Drei Jahre später wird Lanfranc Abt im größeren Caen, und Anselm folgt ihm nach als Prior in Le Bec. Lanfrancs enge Beziehungen zu Herzog Wilhelm dem Eroberer bestimmen das weitere Schicksal. 1066 erobert Wilhelm England, und Lanfranc wird Erzbischof von Canterbury. Die später weltberühmte Kathedrale ist kaum mehr als ein Trümmerhaufen, abgebrannt im Zuge der normannischen Eroberungskriege. Was Lanfranc in Le Bec geschafft hat, wiederholt er in Canterbury. Aus den Trümmern erwächst das Grundgerüst einer sehr stattlichen romanischen Kirche mit Querhaus und Chor. Während Lanfranc in Canterbury das wichtigste kulturelle und religiöse Zentrum Englands errichtet, baut Anselm Le Bec weiter aus.

Der Mann, der auf der einzigen Abbildung des Mittelalters

ein edles Profil hat, mit kantigem Kopf, einer großen Nase, einer Stirnglatze und langem weißen Nackenhaar, erweist sich als kongeniale Besetzung. Er wird Abt einer immer weiter aufblühenden Abtei, einer Kaderschmiede mit Klosterschule und Rhetorikseminaren. Und er beginnt mit seinen eigenen philosophischen und theologischen Werken. Irgendwann um das Jahr 1080 verfasst er die Schriften *Monologion* und *Proslogion*. Im *Proslogion,* eine längere Meditation über das Wesen Gottes, steht jener Gottesbeweis, mit dem dieses Kapitel beginnt.

Der Satz, dass Gott das sei, über das hinaus Größeres nicht gedacht werden könne, ist eines der am meisten diskutierten Argumente der Philosophiegeschichte. Berühmt wurde Anselms Argumentation als der erste *ontologische Gottesbeweis*. Ontologie bedeutet übersetzt »die Lehre vom Sein«. Und ein ontologischer Gottesbeweis ist ein Beweis, der aus einer Überlegung heraus *ganz direkt und unmittelbar* auf die *Existenz* Gottes schließt. Erinnern wir uns an die Pointe: Da Gott die größte aller möglichen Vorstellungen ist, ist es nicht möglich, dass er nicht existiert. Denn wenn er nicht existierte, dann würde dies Gottes Größe in unzulässigem Maße schmälern. Dem Begriff des Etwas, über das hinaus Größeres nicht gedacht werden kann, würde es widersprechen, wenn etwas Größeres gedacht werden könnte. Folglich kann ich mir nicht sinnvoll vorstellen, dass Gott nicht existiert.

Während des ganzen Mittelalters bis in die frühe Neuzeit hatte Anselms Gottesbeweis großes Gewicht, obwohl er gerade einmal eine Seite lang ist. Doch natürlich hat er zu allen Zeiten auch die Kritik herausgefordert. Anselms erster Gegenspieler war der Graf von Montigni, der nach einem haarsträubenden Leben als Mönch Gaunilo im Kloster Marmoutiers nahe der Stadt Tours an der Loire lebte. Aus einer akrobatischen Begriffsbestimmung, so schrieb Gaunilo an Anselm, könne man nicht folgern, dass etwas existiert. Gaunilo kopierte Anselms Beweis, wobei er statt der Worte »vollkommenes Wesen« die Worte »vollkommenen Insel« einsetzte. Auf diese Weise bewies er, mit Anselms eigenen Worten, deren notwendige Existenz. So wie die unüberbietbare Vortrefflichkeit Gottes sein Dasein beweise, so beweise die unüberbietbare Vortrefflichkeit der Insel ebenfalls ihr Dasein.

Anselm bemühte sich um eine gelassene Antwort. Er verteidigte sich damit, dass sein Argument nicht für Inseln und Sonstiges gelte, sondern dass sie ein Sonderfall wäre. Die Schlussfolgerung von der Vollkommenheit auf die Existenz gelte nur für das, was *unbedingt* vollkommen sei, nämlich für Gott. Eine Insel dagegen sei niemals vollkommen und ihrer Natur nach auch nicht die größte aller Vorstellungen. Anselm nahm Gaunilo so ernst, dass er darauf bestand, dass sein Gottesbeweis stets nur gemeinsam mit Gaunilos Kritik und diese wiederum nur mit Anselms Antwort von anderen Mönchen abgeschrieben und verbreitet werden dürfe. Dieser Umgang war ziemlich souverän, und die Kontroverse um den Gottesbeweis mehrte durchaus Anselms Ruhm.

Als Lanfranc 1089 starb, war der berühmte Abt von Le Bec der naheliegende Nachfolger für das Amt des Erzbischofs von Canterbury. Doch Wilhelm II., Wilhelm des Eroberers Sohn und Nachfolger, zögerte vier Jahre damit, den intelligenten und selbstbewussten Anselm tatsächlich nach England zu holen. Der Zweifel des Königs sollte sich als berechtigt erweisen. Zwar erlebte die Kathedrale von Canterbury unter Anselm eine glanzvolle Zeit in mehrerer Hinsicht: der Kirchenbau wurde erheblich vergrößert, und auch das gelehrte Leben blühte weiter auf – doch schon in kurzer Zeit wurden der kantige König und sein stolzer Erzbischof harte Konkurrenten um die Macht von Krone und Kirche. Nachdem Anselm vier Jahre im Amt war, verweigerte Wilhelm seinem abspenstigen Erzbischof nach einer Romreise die Rückkehr. Drei Jahre verbrachte Anselm daraufhin in Lyon. Erst Wilhelms Nachfolger Heinrich I. ließ ihn zurück nach England, jedoch nur, um Anselm 1103 ein weiteres Mal ins Exil zu schicken, diesmal für vier Jahre. 1107 zurückgekehrt, verbrachte Anselm noch zwei Lebensjahre in Canterbury, wo er im hohen Alter von sechsundsiebzig Jahren starb. 1494 wurde der Mann, der geglaubt hatte, Gott bewiesen zu haben, heiliggesprochen.

Die ausführlichste Auseinandersetzung mit Anselms Gottesbeweis führte 150 Jahre später ein Theologe und Philosoph, der den Ruhm des Erzbischofs von Canterbury noch weit übertreffen sollte. Thomas von Aquin war ein Italiener wie Anselm und wurde um 1225 auf Schloss Roccasecca bei Aquino als Sohn eines Herzogs geboren. Schon mit fünf Jahren schickte man ihn ins Kloster, und als Neunzehnjähriger wurde er Dominikaner. Er lernte und lehrte in Köln, in Paris, in Viterbo und Orvieto und baute 1272 eine Dominikanerschule in Neapel auf. Obwohl er 1274 mit neunundvierzig Jahren starb, sind seine Schriften ungeheuer zahlreich, und man darf vermuten, dass kein Philosoph des Mittelalters einen solchen Einfluss auf das Denken der Zeit hatte wie Thomas.

Seit Anselm gehörte es zum guten Ton einer theologischen Abhandlung, die Frage nach der Existenz Gottes gleich zu Anfang einer Schrift so vernünftig wie möglich zu klären. Doch der blitzgescheite Dominikaner hatte mit Anselms Gottesbeweis große Probleme. Ohne seinen Vorgänger zu erwähnen, kritisiert Thomas, wie leichtfertig Anselm von der Vorstellung Gottes auf dessen tatsächliche Existenz schließe. Daraus, dass ich mir einen vollkommenen Gott denke, folge doch nur, dass Gott in meiner Vorstellung existiert, nicht aber, dass es ihn tatsächlich gibt. Und Thomas ging noch viel weiter. Er bestritt, dass es überhaupt sinnvoll sei, von der »größten aller Vorstellungen« zu sprechen. Denn die größte aller Vorstellungen ist entweder so groß, dass ich sie mir gar nicht vorstellen kann, oder sie ist zu klein. Denn was auch immer ich mir vorstelle, stets kann ich mir noch etwas dazu vorstellen, etwas noch Größeres. Auf die größte bekannte Zahl folgt immer noch die Möglichkeit des +1. Anselms Gottesbeweis scheitere also schon am Anfang, denn die größte aller Vorstellungen gibt es gar nicht.

Thomas war weit davon entfernt zu zeigen, dass es keinen Gott gibt. Ganz im Gegenteil: Er wollte zeigen, wie man einen besseren Gottesbeweis führen kann. Anders als Anselm meinte er, dass Gottes Sein etwas so Großes ist, dass es mit der menschlichen Vorstellungskraft gar nicht erfasst werden kann. Sein eigener Versuch, Gottes Existenz zu beweisen, geht deshalb einen ganz anderen Weg. Thomas erklärt Gott aus der Logik von Ursache und Wirkung. Sein Gottesbeweis ist ein *kausaler Gottesbeweis*. Da es die Welt gibt, muss sie irgendwann einmal entstanden sein, denn aus Nichts kommt nichts. Irgendeine erste Wirkungsursache muss alles geschaffen oder in Bewegung gesetzt haben. Und das, was ganz am Anfang von allem steht, ist selbst unbewegt – sonst stünde es ja nicht am Anfang, sondern hätte seinerseits eine Wirkungsursache. Am Anfang von allem steht demnach ein »unbewegter Beweger«, ein Begriff, den Thomas vom griechischen Philosophen Aristoteles übernahm.

Doch wie muss man sich diesen unbewegten Beweger vorstellen? Eigentlich ist er, wie gesagt, unvorstellbar. Denn um zu sein, was er ist, muss er all die Eigenschaften haben, die die Welt nicht hat. Er muss absolut sein, ewig, wahrhaftig, unvorstellbar intelligent und vollkommen. Um sich ein Bild von Gott zu machen, muss der Mensch seine gewohnten Vorstellungen Stück für Stück abstreifen. Je mehr menschliche Vorstellungen ich über Bord werfe, umso geringer wird die Dunkelheit, die mich umgibt. Ich muss mir ein Wesen denken, das nicht aus Materie besteht und das nicht an die Zeit gebunden ist. Gott ist allmächtig und allwissend, er ist unendlich und unergründbar. Sein Wille ist absolut und vollkommen, unendlich in seiner Liebe und das Glück selbst.

Für Philosophen wie Thomas von Aquin bestand das Ziel darin, zwischen Vernunft und Glaube so überzeugend wie möglich zu vermitteln. Die Kunst des Gottesbeweises war, zu erklären, wie und woher der Mensch eigentlich weiß, wer oder was Gott ist. Kein bedeutender Philosoph des Mittelalters hatte dabei einen Zweifel, dass es Gott tatsächlich gab. Man musste nur zeigen, wie sich Gott dem Verstand *vermittelte*.

In genau diese Kerbe aber schlug 1781 Immanuel Kant in seiner *Kritik der reinen Vernunft*. Alle Vorstellungen, die ich mir von der Welt mache, so legte Kant dar, sind Vorstellungen in meinem Kopf (vgl. *Das moralische Gesetz in mir*). Mithilfe meiner Sinne mache ich Erfahrungen, mein Verstand formt daraus Vorstellungen, und meine Vernunft hilft mir, diese einzuordnen und zu bewerten. Von dem aber, was völlig außerhalb meiner sinnlichen Erfahrungswelt liegt, weiß ich gar nichts. Und hier, so Kant, liegt die Krux bei jedem Gottesbeweis. Wenn ich mir die Vorstellung von einem schlechthin vollkommenen Wesen bilde, dann ist es eine Vorstellung in meinem Kopf. Das hatte auch Anselm zugegeben. Aber wenn ich aus meiner Vorstellung im Kopf schließe, dass es zu Gottes Vollkommenheit gehört, tatsächlich zu existieren, dann ist dies *noch immer eine Vorstellung in meinem Kopf*! Das hatte Anselm offenbar nicht gesehen. Für ihn war Gott aus dem Kopf in die Welt gehüpft. Doch in Wirklichkeit hatte Anselm nur gezeigt, wie sich die Vorstellung, dass Gott existieren muss, in seinem Kopf bildet. Nicht weniger, aber eben auch nicht mehr. Mit der Welt außerhalb der

Erfahrung aber haben all diese Definitionen im Kopf nichts, aber auch rein gar nichts zu tun.

Kants Kritik an der Logik von Gottesbeweisen entzündete sich am ontologischen Gottesbeweis. Er kannte ihn in der Variante von Descartes, der Anselms Beweis sehr ähnlich ist. Und Kants Einfluss war enorm. Obwohl auch weiterhin noch Gottesbeweise versucht wurden, galt der ontologische Gottesbeweis für sehr lange Zeit als erledigt.

Umso erstaunlicher ist es, dass es in den letzten Jahrzehnten wieder eine durchaus wissenschaftlich geführte Diskussion um Gottesbeweise gab. Sprudelndes Wasser auf die Mühlen derjenigen, die Gott beweisen möchten, kam dabei ausgerechnet aus der ansonsten eher nüchternen Hirnforschung. Nicht nur, dass die Hirnforschung heute an allen Orten den Gefühlen zu ihrem Recht verhilft – manche Hirnforscher glauben sogar, dass sie dem Rätsel Gottes inzwischen auf die Spur gekommen sind. Der Erste, der hier meinte, Land zu gewinnen, war der 2018 gestorbene kanadische Neurologe Michael Persinger von der Laurentian University in Sudbury. Bereits in den Achtzigerjahren wagte er sich an eine Reihe ausgesprochen seltsam anmutender Versuche. Er platzierte seine Testpersonen auf einem Sessel im schallisolierten Kellergeschoss der Universität und verpasste ihnen eine sehr dunkle Brille. Dann setzte er ihnen einen leicht umgebauten Motorradhelm mit Magnetspulen auf, die relativ starke Impulse abgeben. Mit diesen Magneten am Kopf der Versuchsperson ließen sich die Hirnströme aber nicht nur messen, sondern auch manipulieren. Viele Versuchspersonen spürten nun eine »höhere Wirklichkeit« oder eine »Präsenz«, so als ob plötzlich noch jemand in der Kammer sei. »Manche sagen, dass sie ihren Schutzengel fühlen oder Gott oder so etwas Ähnliches«, berichtete Persinger. Für den unerschrockenen Kanadier war die Sache damit klar: Religiöse

Gefühle entstehen ganz offensichtlich unter dem Einfluss von Magnetfeldern. Besonders sichtbar, so Persinger, sei dies bei abrupten Schwankungen des Erdmagnetfeldes, zum Beispiel durch Erdbeben. Wie oft passiert es, dass mystische Erlebnisse mit Naturkatastrophen einhergehen? Besonders Menschen mit hoher Sensibilität im Schläfenlappen sind für solche magnetischen Einflüsse sehr anfällig. Gott und der Erdmagnetismus hängen danach eng miteinander zusammen, jedenfalls nach Persingers Ansicht. Bedauerlicherweise allerdings gelang keinem anderen Hirnforscher, die Experimente zu wiederholen. Unter Hirnforschern galt der Mann aus Sudbury deshalb stets als ein Sonderling.

Erfolgreicher dagegen ist sein jüngerer Kollege Andrew Newberg von der University of Pennsylvania. Ende der Neunzigerjahre entwarf der Facharzt für Innere Medizin, Nuklearmedizin und nukleare Kardiologie eine ganze Versuchsreihe, um dem Geheimnis des Glaubens auf die Spur zu kommen. Als Versuchspersonen wählte er ausschließlich sehr spirituell veranlagte Menschen, und zwar Franziskanerinnen und Zen-Buddhisten. Newberg schob die Frauen und Männer in die Röhre des Kernspintomografen und beobachtete die Blutzufuhr im Gehirn. Die Testpersonen begannen zu meditieren und sich in ihren Glauben zu versenken. War ein gewisser meditativer oder ekstatischer Zustand erreicht, betätigten sie einen Auslöser, und Newberg studierte, inwieweit sich das Bild auf dem Monitor veränderte. Besonders betroffen waren der Scheitellappen und der Stirnlappen. Während die Aktivität im Scheitellappen sank, stieg sie im Stirnlappen an. Was Persinger der Schläfenlappen war, ist Newberg der Stirnlappen: der Ort, an dem Gott uns berührt.

Doch wo Persinger vorsichtig war, ist Newberg euphorisch und kühn. Wenn es ein religiöses Zentrum im Gehirn gibt, so der heutige Professor für Radiologie, dann kann das kein Zufall sein. Wer sonst, wenn nicht Gott selbst, hat dieses Zentrum und seine Fähigkeiten angelegt? Das Buch, das Newberg über seine Versuche schrieb, wurde ein Bestseller in den USA: *Why God Won't Go Away*. Auf Deutsch heißt es ganz unverfänglich *Der gedachte Gott*, aber der wörtlich übersetzte Titel müsste lauten: »Warum Gott uns nicht verlässt«. Denn genau dies ist Newbergs Ansicht: Weil Gott sich in unserem Gehirn verankert hat, ist er immer bei uns. Wir werden ihn nicht los.

Die Erleuchtung, die der Philosoph Diogenes der Legende nach in der Tonne gefunden hat, soll heute der Mönch in der Röhre liefern. Doch dass Persinger das religiöse Empfindungszentrum des Menschen im Schläfenlappen identifizierte und Newberg im Stirnlappen, wirft ein recht bezeichnendes Licht auf die tatsächliche Kenntnis der Dinge. Der Schläfenlappen enthält vor allem Funktionen, die für das Hören zuständig sind sowie das Wernicke-Areal für das Sprachverstehen. Außerdem spielt er eine große Rolle beim expliziten Gedächtnis. Der Stirnlappen dagegen steuert unsere Bewegungen sowie unsere Bewegungs- und Handlungsplanung. Beide Hirnregionen stimmen darin überein, dass sie vor allem für »höhere« Bewusstseinsleistungen zuständig sind, aber ihr Zuschnitt ist doch sehr unterschiedlich. Wie bei Persinger, so bemängeln Kritiker auch bei Newberg die Entschiedenheit, mit der er seine Resultate verkündet. Es sind gewaltige Schlussfolgerungen auf der Basis relativ weniger Versuche. Könnte es nicht sein, dass bei unseren religiösen Empfindungen viel mehr im Spiel ist als lediglich *eine* Hirnregion? Und selbst wenn es die von Newberg identifizierte »Mailbox« für religiöse Nachrichten geben sollte, wer sagt, dass tatsächlich ein Absender namens »Gott« mir auf diese Weise seine Einsichten mitteilt und mich erleuchtet? Könnten das nicht auch unbewusste, selbst gefertigte SPAMS sein, mit denen ich mich selbst überflute? Etwa als Folge einer evolutionären Fehlsteuerung?

Mit dem neurotheologischen Gottesbeweis ist es also auch nicht allzu weit her. Im besten Fall kann er zeigen, wie gefühlte religiöse Wahrheiten neurochemisch zustande kommen. Aber dass Gott hier tatsächlich mit dem Menschen sprechen soll, ist und bleibt eine Spekulation. Denn auch der Nachweis, dass es Zentren für religiöse Erfahrungsmöglichkeiten im Gehirn gibt, hüpft nicht vom Kopf in die Welt des Übersinnlichen. Kants Rüge, wonach Gottesbeweise auf unzulässige Weise aus der eigenen Erfahrungswelt in eine behauptete objektive Welt springen, trifft also auch hier.

Kants Kritik richtete sich nur gegen den ontologischen Gottesbeweis, aber sie trifft den neurotheologischen gleich mit. Doch trifft sie auch den kausalen? Der kausale Gottesbeweis geht, wie gesagt, gar nicht von Vorstellungen aus. Er sucht eine Antwort auf die Frage, warum die Welt existiert. Müssen wir nicht Gott als jene erste Ursache annehmen, die alles in Bewegung gesetzt hat? Nun, man kann, aber man muss nicht. Die Beweisführung, dass etwas nicht aus Nichts entstehen kann, stellt fest, dass es eine erste Ursache gibt – aber muss diese erste Ursache Gott sein?

Für manche Menschen ist es leichter, sich einen ewigen Gott zu denken als eine ewige Materie. Bei anderen Menschen ist es genau umgekehrt. Immerhin weiß man, dass es die Materie gibt. Von Gott weiß man das nicht – jedenfalls nicht auf vergleichbar sinnliche Art und Weise. Der Gedanke, dass die Materie ewig sein könnte, beflügelte Bertrand Russell (vgl. *Die Fliege im Glas*) zu bezweifeln, dass es eine erste Ursache geben muss. Denn wenn alles eine Ursache hat, dann gibt es keinen Anfang. Keinen Anfang der Materie und auch keinen »ersten« Gott. Mit lächelndem Spott malte Russell das Bild aus, dass es ja auch mehrere Götter geben könnte, die einander der Reihe nach erschaffen.

Thomas' Theorie von Gott als erster Ursache ist also kein wirklich überzeugender Gottesbeweis. Vielleicht wäre es besser gewesen, er wäre etwas konsequenter bei seinem Einwand geblieben, den er gegen Anselm vorgebracht hatte: dass jede Vorstellung von Gott unweigerlich zu klein sei. Was unserer Erfahrung nicht im vollen Umfang zugänglich ist, sollte nicht mit allzu viel Sicherheit allgemein verbindlich bestimmt werden. Mit diesem Argument haben auch viele Theologen jeden Gottesbeweis abgelehnt. »Wer mit Gottesbeweisen etwas über Gottes Wirklichkeit auszusagen meint, disputiert über ein Phantom«, meinte etwa der protestantische Theologe Rudolf Bultmann. Für einen direkten Zugang zum Übersinnlichen ist unser Wirbeltiergehirn nicht geschaffen – ansonsten wäre dies ja auch nicht mehr übersinnlich. Somit liegt es geradezu in der Natur der Sache, dass Gott nicht erkannt werden kann, sondern nur – wie auch immer – erfahren wird, oder eben nicht.

Doch diejenigen, die Gott gleichwohl beweisen möchten, haben noch ein weiteres Ass im Ärmel. Wenn Gott sich aus den genannten Gründen schon nicht direkt beweisen lässt, kann man ihn dann nicht zumindest *indirekt* beweisen? Diesen Weg, der heute vor allem in den USA zurzeit wieder sehr lebhaft diskutiert wird, beschreitet die »Natürliche Theologie«.

• *Die Uhr des Erzdiakons.* Hat die Natur einen Sinn?

BISHOPWEARMOUTH

Die Uhr des Erzdiakons
Hat die Natur einen Sinn?

Der junge Charles Robert Darwin gilt als eine Katastrophe. Lernschwach und unkonzentriert hat er sich in seinem Medizinstudium in Edinburgh gezeigt. Die Sezierübungen haben ihn geekelt. Und jede Ablenkung in der Natur, die angespülten Seesterne und Krebse am Meer oder die Vögel auf dem Feld, haben ihn mehr interessiert als seine Lehrbücher. Zwei Jahre hat sein Vater das Schauspiel mit angesehen, und nun reißt ihm die Geduld. Schluss mit Medizin! Der säumige Sohn kommt ans Christ's College nach Cambridge, eine der ehrwürdigsten anglikanischen Universitäten im Land. Wenn es zum Arzt nicht langt, vielleicht ist immerhin ein brauchbarer Pfarrer aus ihm zu machen.

Als Darwin im Jahr 1830 in Cambridge ankommt, weist man ihm im Christ's College zwei ganz besondere Räume zu. Eine berühmte Persönlichkeit hatte hier einst ihr Quartier bezogen: der Philosoph und Theologe William Paley. Fünfundzwanzig Jahre nach seinem Tod gilt er an der Universität fast als ein Heiliger. Seine Werke stehen auf Darwins Stundenplan. Keine alten Schinken, sondern unübertroffene Meisterwerke der Theologie von anscheinend zeitloser Gültigkeit. Auch Darwin ist begeistert. Zwar langweilt ihn das Studium der Theologie noch mehr als das der Medizin, aber die Schriften Paleys machen eine große Ausnahme. In der Freizeit streunt er durch die Wiesen und Wälder und sammelt Käfer und Pflanzen. In seinem Studierzimmer aber liest er Paleys *Natürliche Theologie* – das Buch vom Schöpfungsplan des Universums, vom großen System der Natur, ertüftelt und erdacht vom genialen Schöpfer aller Dinge, ablesbar an jedem Käfer, jedem Vogelei und in jedem Grashalm. Doch wer war dieser Mann, der Darwin so tief beeindruckte? Der Verfasser solch einflussreicher Beweise für das Dasein Gottes, dass seine Werke noch bis in die Mitte des 19. Jahrhunderts als alles umfassende und ausreichende Erklärungen galten?

William Paley, geboren im Juli 1743 in Peterborough, entstammt einer Familie von kleinen Angestellten im Dienste der Kirche. Als Diener in der Kathedrale bringt der Vater seine Frau, drei Töchter und den kleinen William so eben durch. Seine guten Kenntnisse in Griechisch und Latein befähigen Paleys Vater allerdings auch zur Leitung einer kleinen Grundschule in Giggleswick, einem Dorf im Westen von Yorkshire. Schon bald zeigt sich William als Klassenprimus. Seine rasche Auffassungsgabe und sein wacher Verstand lassen viel von ihm erwarten. Mit fünfzehn Jahren meldet Paleys Vater seinen weichen und unsportlichen, dafür aber hochbegabten Sohn in Cambridge auf der Universität an. Das Christ's College ist eine Kaderschmiede für englische Kleriker und Politiker. Auch William soll Karriere machen und erreichen, wovon sein Vater nur träumen konnte.

Von allen Studenten in Cambridge ist Paley der jüngste, und seine Fähigkeiten sind in der Tat bemerkenswert. Schon zu Studienzeiten erregt er viel Aufsehen. Sein langes, aufwendig frisiertes Haar, sein mit vielen Rüschen besetztes Hemd, seine teuren Seidenstrümpfe verraten einen jungen Mann, der um jeden Preis auffallen will. In den öffentlichen Debatten am College ist er eine schillernde Figur: große überschwängliche Gesten und überbordende Leidenschaft begleiten seine Auftritte. Mögen ihn manche für einen Spinner halten, die meisten feiern ihn und bewundern seinen scharfen Verstand ebenso sehr wie sein rhetorisches Talent. Paley absolviert sein Examen als Bester seines Jahrgangs.

Doch der Lohn, den er sich erhofft, bleibt aus. Notgedrungen verdingt er sich als Lateinlehrer an einer Akademie in Greenwich, bis ihn ein Ruf ereilt als Dozent an seine ehemalige Universität. 1766 kehrt er nach Cambridge ans Christ's College zurück. Ein Jahr später erfolgt seine Ordinierung als Pfarrer der anglikanischen Kirche. Paleys Ehrgeiz ist ungebrochen, er will Karriere machen um jeden Preis. In seinen Fantasien sieht sich der Dreißigjährige als Anwalt am königlichen Gerichtshof. In seinem Zimmer hält er flammende Plädoyers gegen die Wand. Ein anderes Mal duelliert er sich in Gedanken mit Premierminister William Pitt und den begabtesten Rednern im englischen Parlament. Doch alles, was man dem Aufsteiger aus kleinen Verhältnissen anbietet, sind zwei kleine Pfarreien. Im September 1777 folgt noch die Pfarrei von Appelby, sein zukünftiger Lebensmittelpunkt. Paley hatte von Höherem geträumt, aber die Einkünfte aus den Pfarreien sichern immerhin den Lebensunterhalt. Er heiratet die Tochter eines wohlhabenden Spirituosenhändlers. Sie gebiert ihm vier Töchter und vier Söhne. Ihren Mann sieht sie nicht oft. 1780 holt der Bischof von Carlisle, eine Bezirkshauptstadt nahe der schottischen Grenze, Paley an die dortige Kathedrale und ernennt ihn zwei Jahre später zum Erzdiakon.

Mit vierzig Jahren kann er der Welt endlich zeigen, was in ihm steckt. Statt rhetorischer Duelle im Parlament liefert er nun überzeugende Plädoyers in seinen Büchern. Sein Stil ist geschliffen, sehr überzeugend und leicht verständlich. Er schließt sich seinem berühmten Zeitgenossen und Landsmann Jeremy Bentham an und versöhnt den Utilitarismus mit der Position der

Kirche. Wie Bentham sieht Paley das Ziel aller Philosophie in einem einzigen Grundsatz: der Vermehrung des Glücks. Gut im christlichen Sinne wird der Mensch deshalb nicht durch seinen Glauben, sondern erst durch seine Taten, durch Verantwortung und soziales Engagement. So, wie Gott in der Natur die verschiedensten Mechanismen erdacht hat, Verbindungen und Verknüpfungen, die ineinandergreifen, so muss sich auch jeder Mensch in sein soziales Umfeld einpassen, um zu seiner Bestimmung zu gelangen.

Paley hat Erfolg: Der Bischof von London offeriert ihm eine hoch dotierte Stelle in der Kathedrale von St. Paul's; der Bischof von Lincoln ernennt ihn zum Dekan seiner Diözese; der Bischof von Durham verschafft ihm eine komfortable und gut bezahlte Pfarrei in Bishopwearmouth. Doch seine kirchenkritische Haltung und seine als liberal bekannte politische Gesinnung verhindern den Sprung zum Bischof. Paley wird Ehrendoktor in Cambridge und zieht nach Bishopwearmouth, eine idyllische Kleinstadt an der Nordseeküste.

Hier findet er die Zeit für sein großes Alterswerk. Noch immer gilt ihm als wichtigster Grundsatz, Freude zu vermehren und Leiden zu vermeiden. Je zweckmäßiger ein Leben auf dieses individuelle wie gesellschaftliche Prinzip ausgerichtet ist, umso besser ist es. Doch wie ist der Gedanke der Zweckmäßigkeit in der Welt verankert? Welcher Art ist die natürliche Verbindung zwischen dem Willen des Schöpfers und den Lebensmaximen des einzelnen Menschen? In seinem Studierzimmer in Bishopwearmouth entsteht Paleys bedeutendstes Buch, die *Natürliche Theologie*.

Die Arbeit an dem Werk geht nur langsam voran. Eine schwere Nierenerkrankung lässt Paley manchmal für Wochen nicht arbeiten, immer wieder ereilen ihn die Schmerzanfälle. Der Plan, den er zu erfüllen sucht, erweist sich dazu als überaus schwierig: eine Theorie des Universums, begründet aus dem genauen Studium der Naturphänomene. Sorgfältig untersucht Paley alles, was er in Bishopwearmouth über die Baupläne in der Natur zusammentragen kann: Er sammelt die Schwungfedern der Hühner auf den Höfen, die Gräten der Fische am Strand, er pflückt Gräser und Blumen am Wegesrand und vertieft sich in Bücher über Anatomie.

Das Schlüsselwort seines neuen Buchs ist »Anpassung«. Wie hat Gott all die Millionen Lebewesen in der Natur arrangiert, und wie haben sie sich entsprechend seinem Willen angepasst und sich körperlich und geistig zu einer großartigen Einheit miteinander verwoben? Im Jahr 1802 ist das Buch fertig. Ein Bestseller. Noch fünfzig Jahre später ist Paleys *Natürliche Theologie* die bekannteste Darstellung des teleologischen Gottesbeweises in der englischen Theologie. Ein, wie Paley im Untertitel schreibt, »Beweis für die Existenz des Göttlichen, abgelesen an den Erscheinungen der Natur«.

Paley hat große Ehrfurcht vor der Komplexität der Welt des Lebendigen. Er begreift, dass sie auf eine besondere Art erklärt werden muss. Seine Antwort ist dabei weder neu noch originell. Schon mehr als hundert Jahre zuvor, im Jahr 1691, hatte der britische Naturforscher John Ray ein sehr ähnliches Projekt versucht, und viele andere Philosophen und Theologen waren ihm gefolgt. Doch Paley formulierte seine Ansichten deutlicher und überzeugender als je einer zuvor. Die berühmteste aller Stellen des Buchs ist sein Anfang – das Bild vom Uhrmacher. Was gibt es Vortrefflicheres als die Präzision, mit der die Zahnräder und Federn einer Uhr hergestellt, und die Komplexität, mit der sie zusammengebaut sind. Fänden wir einen Gegenstand wie eine Uhr auf der Heide, so zwänge uns – selbst wenn wir nicht wüssten, wie sie entstanden ist – allein ihre Präzision und die Feinheit des Entwurfs zu der Schlussfolgerung, »dass die Uhr einen Schöpfer gehabt haben muss: dass zu irgendeiner Zeit, an irgendeinem Ort ein Feinmechaniker existiert haben muss oder mehrere, der sie zu diesem Zweck hergestellt hat, dem sie, wie wir feststellen, gegenwärtig dient, und der seine Konstruktion verstand und seine Verwendung plante. Jede Andeutung einer Planung, jede Offenbarung eines *Entwurfs,* die bei der Uhr zu finden war, aber existiert auch in den Werken der Natur; mit dem Unterschied, dass sie in der Natur größer oder zahlreicher sind, und zwar in einem Ausmaß, das alle Schätzungen übersteigt.«

Das Bild vom Uhrmacher der Natur bleibt untrennbar mit Paleys Namen verbunden; in über zwanzig Auflagen seiner *Natürlichen Theologie* erreicht es ein breites Publikum. Erfunden hat er es nicht. In seinen Lektüren hatte er das Bild bei dem niederländischen Theologen Bernard Nieuwentijdt entdeckt. Aber auch Nieuwentijdt hatte die Metapher nicht erfunden. Schon 1696 hatte William Derham eine Schrift publiziert: *Der kunstfertige Uhrmacher.* Und Derham wiederum hatte lediglich eine antike Vorlage in ein zeitgemäßes Bild übersetzt: das Bild vom komplizierten Mechanismus der Natur in Ciceros Abhandlung über *Das Wesen der Götter*.

Doch so wenig originell das Bild vom Uhrmacher zu seiner Zeit war – Paley nimmt es viel ernster als alle seine Vorgänger. Er geht den ganzen Körper von Kopf bis Fuß durch und zeigt, wie jeder Teil, jede kleinste Einheit dem Innenleben einer großartig gebauten Uhr entspricht. Seine größte Bewunderung gilt dem menschlichen Auge. Er vergleicht es mit einem Teleskop und schließt, dass es genau den gleichen Beweis dafür gibt, dass das Auge zum Sehen gemacht wurde, wie dafür, dass das Teleskop dafür gemacht wurde, das Auge zu unterstützen. Das Auge muss einen Konstrukteur gehabt haben, gerade so wie das Teleskop. Paley verdeutlicht sein Argument durch eine ungeheure Zahl an Beispielen. »Verändere irgendein Detail des menschlichen Körpers, nehme einen Fingernagel und bringe ihn anstatt auf der Rückseite an der Vorderseite an; wie unpraktisch und unsinnig würde dies sein! Das Gleiche gilt für die Federn des Adlers oder gar für das ganze Sonnensystem. Es sind Werke größtmöglicher Weisheit.«

Paley bringt das Buch nur unter größten körperlichen Schmerzen zu Ende. Immer wieder sucht er nach Erklärungen dafür, warum es in der guten und bis ins Letzte durchdachten göttlichen Schöpfung Leid und Schmerzen geben kann. Wenn Gott die Nieren erschaffen hat, warum hat er nicht verhindert, dass sie schmerzen und bluten? Die Antwort bleibt nebulös. Mal verteidigt Paley Gottes Schöpfung dadurch, dass das Gute das Schlechte weithin überstrahlt. Ein anderes Mal hofft er darauf, dass die Entwicklung der Schöpfung erst dann ganz abgeschlossen ist, wenn eines Tages das Böse und das Leiden ganz aus der Welt verschwinden. Paleys Nierenleiden aber verschwindet nicht. Es nimmt zu. Den lang ersehnten Bischofshut, ein viel zu spätes Angebot aus Gloucester, kann er nicht annehmen. Seine letzten Monate verbringt er stark geschwächt im Bett. Im Mai 1805 erliegt er, erblindet, aber bei klarem Verstand, in seinem Haus in Bishopwearmouth seinen Leiden.

Paleys Werk war vollendet. Im Prinzip der *Anpassung* der Organismen an die Natur glaubte er das Geheimnis der Schöpfung enträtselt zu haben. Die ganze biologische Natur war zweckmäßig eingerichtet von ihrem Schöpfer. Doch Paley konnte nicht wissen, dass er die Naturphilosophie nicht zu einem Ende gebracht hatte. Ganz im Gegenteil wurde ausgerechnet er dreißig Jahre später zum Anreger einer neuen Theorie, die die »Anpassung« in einen ganz neuen Rahmen setzte.

Zwei Jahre nach der Lektüre von Paleys *Natürlicher Theologie* bestieg der frisch examinierte anglikanische Geistliche

Charles Darwin das Forschungsschiff *Beagle* zur Fahrt nach Südamerika. Die Beobachtungen, die er hier an lebenden Tieren wie an Fossilien machte, brachten sein Weltbild ins Wanken. Die Pflanzen und Tiere passten sich in der Tat ihrer Umwelt an, wie Paley geschrieben hatte. Aber sie taten es offensichtlich nicht nur einmal, sondern immer wieder neu. Ein großer Plan, ein Uhrmacher, der das ganze Räderwerk der Natur endgültig eingestellt hatte, war nicht mehr in Sicht. Das kirchliche Dogma von der Existenz eines persönlichen Gottes verlor seine Glaubwürdigkeit.

Mehr als zwanzig Jahre hatte Darwin gegrübelt und gezögert. Dann erscheint 1859 sein großes Buch, geschrieben gegen Paleys Vorlage: *Über die Entstehung der Arten durch natürliche Zuchtwahl.* Geradezu seufzend stellt Darwin fest: »Wir können nicht länger folgern, dass das wunderschöne Schloss einer zweischaligen Muschel von einem intelligenten Wesen gebildet worden sein muss wie das Schloss einer Türe vom Menschen.« Wo Paley eine große Harmonie hatte sehen wollen, greift Darwin zurück auf das Bild vom »Kampf ums Dasein«. Wenn die Natur ein Uhrmacher sein soll, dann war dieser Uhrmacher, in einer Formulierung des Darwinisten Richard Dawkins, blind: »Die Natur hat keine Augen und blickt nicht in die Zukunft. Sie plant nicht voraus. Sie hat kein Vorstellungsvermögen, keine Voraussicht, sie sieht überhaupt nicht.« Nur ein einziges Mal wird der hoch geschätzte Erzdiakon von Carlisle in Darwins Buch noch erwähnt – in einem Lob für eine richtige Beobachtung: »Natürliche Zuchtwahl kann niemals in einer Species irgendein Gebilde erzeugen, was für dieselbe mehr schädlich als wohltätig ist. Kein Organ kann, wie Paley bemerkt hat, gebildet werden, um seinem Besitzer Qual und Schaden zu bringen. Eine genaue Abwägung zwischen Nutzen und Schaden, welche ein jeder Teil verursacht, wird immer zeigen, dass er im Ganzen genommen vorteilhaft ist.«

Paleys Einfluss auf Darwin hatte die Evolutionstheorie von der selbsttätigen Anpassung der Arten an die Natur nicht verhindert. Statt Gott als Ursache und Wirkungsprinzip anzuführen, ersetzte Darwin ihn durch die Natur. »Die Natur macht« (*Nature does*) ist eine seiner häufigsten Formulierungen. Bereits Darwins Zeitgenosse Marie Jean Pierre Flourens (vgl. *Der Kosmos des Geistes*) hatte diesen Kunstgriff bemängelt: die Natur sei kein Subjekt! Wie kann sie zielgerichtet wirken, ohne Ziele zu haben? Wie kann sie sich Zweckmäßigkeiten ausdenken, wenn sie nicht denkt? Obwohl Darwins Theorie von der selbsttätigen Anpassung der Arten sich innerhalb von etwa dreißig Jahren weitgehend durchgesetzt hatte, blieben einige grundsätzliche Zweifel bis in die Gegenwart erhalten. Seine Kritiker sammeln sich heute gerne unter dem Begriff *Intelligent Design.*

Sein Urheber war ein erbitterter Gegner Darwins, der bedeutende irische Physiker Lord Kelvin. Kelvins Kritik hatte Darwin sehr zugesetzt, denn der Physik-Professor von der University of Glasgow genoss Weltruhm. Zunächst einmal bezweifelte Kelvin, dass die von Darwin vorgeschlagene Evolution genügend Zeit gehabt hatte, um sich tatsächlich zu ereignen. Er berechnete das Alter der Erde auf 98 Millionen Jahre und kürzte diese Zahl später noch weiter auf nur vierundzwanzig Millionen Jahre zusammen. Wäre die Erde älter, argumentierte Kelvin, so könnte sie im Inneren nicht mehr so heiß sein, wie sie ist. Was er dabei übersah, war, dass Radioaktivität die Hitze im Erdinneren länger erhält. 1871, im gleichen Jahr, in dem Darwins Buch über die Abstammung des Menschen aus dem Tierreich erschien, sprach Kelvin von der zwingenden Annahme eines *intelligent and benevolent design*, eines »intelligenten und bestens abgestimmten Entwurfs«.

Noch heute versammelt das Schlagwort *Intelligent Design* viele Menschen, die Gott und nicht die Natur als Ursache der komplizierten Lebenszusammenhänge sehen wollen. Ihr wirkungsmächtigstes Sprachrohr ist das »Discovery Institute«, eine christlich-konservative Denkfabrik in Seattle im US-Bundesstaat Washington. Die vielen verschiedenen Theorien des *Intelligent Design* haben zwei Grundpositionen gemeinsam: Sie alle gehen davon aus, dass die Physik und die Biologie die Welt nicht hinreichend erklären können. Und ihre Vertreter glauben daran, dass es nur *eine* wirkliche überzeugende Lösung dieses Problems gibt: die Annahme eines intelligenten und vorausplanenden Gottes. Als indirekter Gottesbeweis gilt ihnen, dass die Konstanten der physikalischen Welt so wunderbar aufeinander abgestimmt sind. Schon die allerkleinste Abweichung würde alles Leben auf der Erde, einschließlich das des Menschen, unmöglich machen.

Diese Beobachtung ist ohne Zweifel richtig. Die Frage, ob daraus ein Wirken Gottes folgt, hängt allerdings davon ab, wie man diese Feinabstimmung bewertet. Der Zufall, der den Menschen hervorbrachte, ist in der Tat so ungeheuer, dass er dem Menschen sehr unwahrscheinlich erscheint. Doch ist das ein Beweis für Notwendigkeit? Auch die allerunwahrscheinlichsten Zufälle sind immerhin möglich, als eine Variante unter Millionen anderen. Die Zweckmäßigkeit in der Natur, so meinen manche Naturwissenschaftler, solle man auch nicht überschätzen. Vor allem Biologen haben Probleme mit der Vorstellung, dass alles in der Natur wohlgeordnet, schön und zweckmäßig sein soll. Immerhin kennt die Geschichte unseres Planeten fünf geologische Desaster im Übergang der Erdzeitalter mit furchtbaren Massensterben von Pflanzen- und Tierarten. Und nicht jedes Detail, das die Evolution zugelassen hat, ist ein Segen. Alle Säugetiere besitzen sieben Halswirbel, aber Delfine kämen sicher besser mit ein oder zwei Wirbeln weniger aus. Wer dagegen eine Giraffe beim Trinken beobachtet, würde ihr wünschen, sie hätte ein paar Wirbel mehr. Der männliche Hirscheber, eine Schweineart auf Sulawesi, hat zwei eigentümlich verschnörkelte Hauer, die offensichtlich keinerlei Vorteil bieten. Dass er sie trotzdem besitzt, ist kein Zeichen von Zweckmäßigkeit. Wahrscheinlicher ist, dass sie ihn einfach nicht stören und keine Nachteile bieten. Aus der Nähe betrachtet, erscheint durchaus nicht alles als ein intelligentes Design. Weder Gottes Intelligenz noch die intelligente Anpassung der Natur haben zum Beispiel bewirkt, dass Tiefseegarnelen knallrot sind. Das sieht hübsch aus. Aber für wen? In der Tiefsee gibt es kein Licht, es ist stockfinster. Nicht einmal die Garnelen selbst können ihre Farbe erkennen. Auch mit Darwins Evolutionstheorie lässt sich die knallige Farbe nicht erklären. Zu welchem höheren Zweck imitieren Amseln Handyklingeltöne oder flöten am schönsten, wenn die Paarungszeit vorbei ist und in dem Gesang keinerlei evolutionärer Nutzen mehr steckt? Wie kommt es, dass Menschen sich in einen Partner gleichen Geschlechtes verlieben? Solche offenen Fragen zeigen Blößen in einer Evolutionstheorie, die jedes Phänomen und jede Verhaltensweise als möglichst optimale Anpassung an die Umwelt interpretiert. Aber sie spielen damit ganz und gar nicht dem *Intelligent Design* in die Hände. Denn was immer man gegen die Zweckmäßigkeit in Darwins Theorie anführt, trifft in mindestens gleichem Maß auch die Vorstellung von einem ausgeklügelten Masterplan.

Die Tendenz in der Biologie geht deshalb heute dahin, die unbedingte Zweckmäßigkeit vorsichtig zu relativieren. Der Stern des *Intelligent Design* sinkt in solcher Betrachtung noch tiefer. *Leben,* so die neue Sichtweise, *ist mehr als die Summe aller Einzelteile.* Statt überall einfache Abfolgen von Ursache und Wirkung zu sehen, heißt das neue Zauberwort: »Selbstorganisation«. Organismen wachsen nicht allein aus Atomen und

Molekülen wie aus einem Legobaukasten zusammen, sondern sie entstehen im Austausch mit ihrer Umwelt. Ein Kartoffelkeim wird weiß und blattlos, wenn er im Keller vegetiert, dagegen grün und blattreich auf dem Acker. Das Gleiche geschieht in einem schier unübersehbaren Ausmaß bei allen Lebewesen. Und in diesem Rückkopplungsprozess mit dem Rest der Welt erfindet sich die Natur permanent neu. Leben, so die Vermutung, besitzt eine so komplizierte Struktur, dass man sie als eine ganz besondere Organisationsform beschreiben muss. Sie bringt etwas Eigenes hervor, das mehr ist als die Summe seiner Teile. Die Begriffe und Denkmuster der klassischen Physik reichen hier ebenso wenig aus wie bei der Erklärung kosmischer Ursprünge.

Albert Einstein sagte 1929 in einem Interview: »Wir befinden uns in der Lage eines kleinen Kindes, das in eine riesige Bibliothek eintritt, die mit vielen Büchern in verschiedenen Sprachen angefüllt ist. Das Kind weiß, dass jemand die Bücher geschrieben hat. Es weiß aber nicht, wie das geschah. Es versteht die Sprachen nicht, in der sie geschrieben wurden. Das Kind erahnt dunkel eine mysteriöse Ordnung in der Zusammenstellung der Bücher, weiß aber nicht, was es ist. Das ist nach meiner Meinung die Einstellung auch des intelligentesten Menschen gegenüber Gott. Wir sehen ein Universum, das wunderbar zusammengesetzt ist und bestimmten Gesetzen gehorcht, aber diese Gesetze verstehen wir nur andeutungsweise. Unser begrenzter Verstand kann die mysteriösen Kräfte, welche die Konstellationen bewegen, nicht fassen.«

Lassen wir bei diesem Zitat einmal beiseite, dass Einstein in der Tat einen intelligenten Schöpfer der Naturkonstanten annahm, also einen Autor der vielen Bücher in der Bibliothek. Die allgemein gültige Pointe an seinem Vergleich ist, dass unser Verstand schlichtweg begrenzt ist. Was auch immer wir erforschen, stets konstruieren wir die Natur mit den Mitteln und nach den Möglichkeiten unseres Denkens. Doch Wirbeltiergehirn und objektive Realität sind keine passenden Puzzleteile. Das liegt schon daran, dass wir jede Vorstellung von dem, was die »objektive Realität« sein könnte, selbst erzeugen. Die »wirkliche Wirklichkeit« ist und bleibt damit notwendigerweise ein Konstrukt, und der Platz, den wir dabei Gott einräumen wollen, bleibt jedem Einzelnen überlassen.

Ob wir die belebte Welt auf der Grundlage von Ursache und Wirkung erklären oder auf der Grundlage von Selbstorganisation, wird die Biologen noch lange beschäftigen. Die Debatten stehen hier gerade erst am Anfang. Umso bemerkenswerter ist, dass das biologische Konzept der Selbstorganisation schon gleich zu Beginn von einem fachfremden Wissenschaftler aufgegriffen wurde – einem Soziologen. Dieser Soziologe, vielleicht der bedeutendste in der zweiten Hälfte des 20. Jahrhunderts, wird uns im nächsten Kapitel beschäftigen. Und zwar vor allem mit seiner Erklärung für eines der mystischsten Phänomene außerhalb der Religion – der Liebe.

• *Eine ganz normale Unwahrscheinlichkeit.* Was ist Liebe?

BIELEFELD

Eine ganz normale Unwahrscheinlichkeit
Was ist Liebe?

1968 ist der Betrieb an den meisten deutschen Universitäten nicht wie in jedem anderen Jahr. Die Studentenbewegung hat ihren Höhepunkt erreicht, und ihr größtes Zentrum neben Berlin ist die Johann Wolfgang Goethe-Universität in Frankfurt. Besonders im Fach *Soziologie* toben heftige Diskussionen zwischen den Studenten und ihren akademischen Lehrern. Die Professoren Jürgen Habermas und Theodor W. Adorno stehen ihren Studenten politisch zwar nahe, aber deren revolutionären Impuls wollen sie nicht teilen. So berechtigt ihnen die Bestandsaufnahme der Bundesrepublik als eines »reaktionären« und »spätkapitalistischen« Staates erscheint, so wenig glauben sie, diesen Staat gewaltsam verändern zu können.

Im Wintersemester 1968/1969 kommt es schließlich zum Eklat. Adornos Vorlesungen werden gestört, der berühmte Philosoph und Soziologe wird der Lächerlichkeit preisgegeben, und das Institut für Sozialforschung wird besetzt. Unter dem Eindruck der Ereignisse wirft Adorno über Nacht alle seine Veranstaltungen hin. Die Universität steht vor einem Problem. Wo soll sich in aller Eile ein Stellvertreter für das laufende Semester auftreiben lassen? Einer, der auch noch tollkühn genug ist, in den Hexenkessel der soziologischen Fakultät zu springen? Zur großen Überraschung aber findet sich tatsächlich ein Kandidat: ein nahezu unbekannter einundvierzigjähriger Verwaltungsfachmann aus Münster. Sein Name: Niklas Luhmann. Das Thema seiner Vorlesung »Liebe als Passion«.

Eine Vorlesung über die Liebe? Während die Soziologie, ja, alle Geistes- und Gesellschaftswissenschaften, über die Gegenwart und Zukunft des »Spätkapitalismus« diskutiert? Wer ist dieser unerschrockene Vertreter, der sich im Brennpunkt der Studentenunruhen vor etwa zwanzig neugierigen, streikunwilligen Studenten im großen Vorlesungssaal in der zweiten Etage des Hauptgebäudes mit einer »Theorie der Intimität« die Zeit vertreibt?

Geboren wurde er 1927 in Lüneburg. Der Vater besitzt eine Brauerei, die Mutter stammt aus einer Schweizer Hoteliersfamilie. Luhmann besucht das Gymnasium Johanneum. Kurz vor dem Abitur muss er als Luftwaffenhelfer zur Wehrmacht und gerät 1945 in amerikanische Kriegsgefangenschaft. 1946 holt er das Abitur nach und studiert anschließend Rechtswissenschaften in Freiburg. Nach dem Staatsexamen wechselt Luhmann 1953 ans Lüneburger Oberverwaltungsgericht und bald darauf nach Hannover. In seiner Langeweile liest er sich durch einen Berg an Fachliteratur aus allen Zeiten und Wissensgebieten und notiert jeden interessanten Gedanken in einem Zettelkasten. 1960 erfährt er durch Zufall von der Möglichkeit, für ein Jahr an die Harvard University in Boston zu gehen.

Luhmann studiert Verwaltungswissenschaft in Harvard und lernt dort den berühmten US-amerikanischen Soziologen Talcott Parsons kennen. Dessen Theorie unterteilt die Gesellschaft in einzelne unabhängige *funktionale Systeme* – ein Gedanke, der Luhmann sofort überzeugt. Als er nach Deutschland zurückkommt, tritt er eine bescheidene Referentenstelle an der Verwaltungswissenschaftlichen Hochschule in Speyer an. Dass er dafür inzwischen völlig überqualifiziert ist, fällt in diesem Umfeld kaum auf. Erst als er seine erste Schrift *Funktionen und*

Folgen formaler Organisation veröffentlicht, werden zwei Soziologieprofessoren aus Münster auf den eigenwilligen und originellen Verwaltungsmann aufmerksam. Helmut Schelsky, einer der führenden Soziologen dieser Zeit, erkennt den schlafenden Riesen. Wie Bertrand Russell in Cambridge den genialen Wittgenstein entdeckte, so sieht Schelsky in Luhmann ein unentdecktes Genie. Doch dessen Interesse an einer Universitätskarriere ist eher gering. Mühsam gelingt es Schelsky, Luhmann nach Münster zu locken, damit dieser »nicht als unpromovierter Oberregierungsrat in die Geschichte« eingeht. 1966 wird der Neununddreißigjährige mit seiner bereits in Speyer veröffentlichten Schrift promoviert – auch dies eine Parallele zu Wittgenstein und in der deutschen Universitätslandschaft ein sehr ungewöhnlicher Vorgang. Im gleichen Jahr erfolgt, noch ungewöhnlicher, die Habilitation. Auch eine Professur hat Schelsky für Luhmann vorbereitet an der soeben gegründeten Universität Bielefeld. 1968 wird er zum Professor ernannt. Da der Betrieb noch nicht richtig anläuft, vertreibt er sich das Wintersemester 1968/1969 in Frankfurt auf der Adorno-Professur. Bis zu seiner Emeritierung im Jahr 1993 lehrt er in Bielefeld, wo er die ersten zehn Jahre auch wohnt. Nach dem Tod seiner Frau zieht Luhmann in die nahe gelegene Kleinstadt Oerlinghausen im Teutoburger Wald. Sein Tagesablauf ist streng festgelegt. Von morgens früh bis zum späten Abend arbeitet er an seinen Büchern. Nur in der Mittagszeit macht er einen kleinen Spaziergang mit dem Hund. 1998 stirbt Luhmann im Alter von einundsiebzig Jahren an Blutzellenkrebs.

Schelsky hatte vollkommen recht: Der gelernte Verwaltungsfachmann wurde ein Titan der Soziologie. Ihn in diesem Buch als einen Liebes-Philosophen vorzustellen, ist also ein wenig frivol und listig. Eine List, die ihm ohne Zweifel gefallen hätte. Denn wie sein Auftritt in Frankfurt im Winter 1968/1969 beweist, war Luhmann ein Mensch mit viel Sinn für feinen Humor. Gewiss hätte er darüber geschmunzelt mit seinem berühmten ironischen Blick. Aus Luhmanns Werk ausgerechnet seine Gedanken zur Liebe auszuwählen, ist, als würde man Immanuel Kant ausschließlich als einen Religionsphilosophen betrachten oder René Descartes als Arzt. Aber der Zugriff ist dennoch sinnvoll. Denn einerseits ist Luhmanns kompliziertes Werk am Beispiel des Themas Liebe gut darstellbar. Und zum anderen hatte er zur Philosophie der Liebe in der Tat Wichtiges beizutragen. Doch ohne eine kleine Zusammenfassung seines Gesamtprogramms kommen wir hier nicht aus.

Luhmanns Anliegen war es herauszufinden, wie die Gesellschaft *funktioniert*. Einen vielversprechenden Ausgangspunkt für seine Überlegungen fand er dabei in der Systemtheorie von Parsons. Einen anderen in der Biologie. Das war nicht ungewöhnlich: Schon einer der Begründer der Soziologie, Darwins Zeitgenosse Herbert Spencer, hatte die Soziologie aus der Psychologie abgeleitet und die Psychologie ihrerseits aus der Biologie. Doch über ein solches Modell, das von den einfachen Organismen auf die Gesellschaft als einen großen Gesamtorganismus schließt, schüttelte Luhmann nur den Kopf. Die Entwicklung sozialer Systeme, so meinte er, ließe sich zwar, wie Parsons es tat, mit Begriffen der Evolutionstheorie erklären. Aber soziale Systeme waren damit keinesfalls eine besonders komplizierte Form von biologischen Systemen, auch wenn Menschen unzweifelhaft Lebewesen sind. Warum nicht? Weil soziale Systeme, so Luhmann, nicht aus dem Austausch von Stoff- und Energieumsätzen von Lebewesen bestehen, sondern aus dem Austausch von *Kommunikation* und *Sinn*. Kommunikation und Sinn sind aber etwas so grundsätzlich anderes als etwa Proteine, dass es sich für einen Soziologen nicht einmal lohne, über solche biologischen Grundlagen allzu viel nachzudenken. Dass Menschen Lebewesen, mithin so etwas wie »soziale Tiere« sind, interessierte Luhmann überhaupt nicht. Von der Biologie zu lernen, bedeutete für ihn etwas ganz anderes. Seine Anreger waren die chilenischen Hirnforscher Humberto R. Maturana und dessen Schüler Francisco Varela. Maturana gehört zu den Begründern der »theoretischen Biologie«. In den Sechzigerjahren beschäftigte sich der Spezialist für Farbenwahrnehmung im Gehirn mit der Frage: »Was ist Leben?« Maturana erklärte Leben als ein »System, das sich selbst hervorbringt und organisiert«. So wie das Gehirn den Stoff selbst erzeugt, mit dem es sich beschäftigt, so hätten Organismen fortwährend damit zu tun, sich am Leben zu erhalten und sich dadurch zu erzeugen. Diesen Prozess nannte Maturana *Autopoiese* (Selbsterzeugung). Als er diesen Grundgedanken 1969 auf einer Konferenz in Chicago bekannt gab, begann der gleichaltrige Niklas Luhmann in Bielefeld gerade mit seinen Vorlesungen. Als er später von Maturanas Konzept der Autopoiese hörte, war er sofort angetan. Denn der chilenische Hirnforscher hatte nicht nur die Selbsterzeugung des Lebens und des Gehirns beschrieben, sondern auch den Begriff *Kommunikation* neu definiert. Wer kommuniziert, so Maturana, übermittelt nicht einfach eine Information. Vielmehr organisiert er mithilfe seiner wie auch immer beschaffenen Sprache ein System. Bakterien tauschen sich miteinander aus und bilden so ein ökologisches System. Hirnregionen kommunizieren und erzeugen so ein neuronales System, das Bewusstsein. Sind dann nicht auch soziale Systeme, so dachte Luhmann weiter, ein autopoietisches System, entstanden durch sprachliche (also »symbolische«) Kommunikation?

Luhmanns Plan war schon lange zuvor gefasst: die genaue Beschreibung der sozialen Systeme einer Gesellschaft auf der Grundlage des Begriffs Kommunikation. In der Idee der Autopoiese fand er einen wichtigen bislang noch fehlenden Baustein. Obwohl Maturana diese ehrgeizige Übertragung später für äußerst fragwürdig halten sollte, überflügelte der Soziologe in Bielefeld den chilenischen Biologen und auch alle anderen Anreger bei Weitem. Luhmann wurde nicht nur einer der schärfsten Beobachter gesellschaftlicher Prozesse in der zweiten Hälfte des 20. Jahrhunderts. Er war ein »intellektueller Kontinent«, ein Theoriebaumeister der Superlative. Bereits der Ansatz beim Begriff »Kommunikation« war eine Revolution. Bislang hatten die Soziologen von Menschen gesprochen, von Normen, von sozialen Rollen, von Institutionen und von Handlungen. Doch bei Luhmann handeln keine Menschen mehr: Es *geschieht* Kommunikation. Und es ist weitgehend egal, wer da kommuniziert. Entscheidend ist nur die Frage: »Mit welchem Ergebnis?« In der menschlichen Gesellschaft tauschen sich keine Stoffe und Energien aus wie bei Bakterien, keine Neuronen wie im Gehirn, sondern *Erwartungen*. Doch wie werden Erwartungen ausgetauscht? Welche Erwartungen werden erwartet? Und was entsteht daraus? Mit anderen Worten: Wie schafft es die Kommunikation, Erwartungen so auszutauschen, dass moderne soziale Systeme entstehen, die tatsächlich weitgehend stabil und unabhängig von anderen Einflüssen funktionieren: Systeme wie die Politik, die Wirtschaft, das Recht, die Wissenschaft, die Religion, die Erziehung, die Kunst oder – die Liebe.

Auch die Liebe ist demnach ein soziales System, gebildet aus Erwartungen. Oder noch genauer: aus weitgehend erwarteten und somit festgeschriebenen Erwartungen: aus *Codes*. Luhmanns Buch *Liebe als Passion* – er veröffentlichte es erst fünfzehn Jahre nach seinem Frankfurter Auftritt – ist ein Buch über die Geschichte und Gegenwart von Liebes-Codes. Was wir heute unter Liebe verstehen, so Luhmann, ist weniger ein Gefühl als ein Code, ein sehr bürgerlicher Code übrigens, entstanden im späten 18. Jahrhundert. Denn der Satz »Ich liebe dich!« ist weit mehr als eine Gefühlsäußerung wie etwa der Satz »Ich habe Zahnschmerzen«. Gemeint ist ein ganzes System von Versprechen und Erwartungen. Wer seine Liebe versichert, verspricht, dass er sein Gefühl für zuverlässig hält und dass er für den Geliebten Sorge trägt. Dass er also bereit ist, sich wie ein Liebender zu verhalten mit all dem, was dies in den Augen des anderen in unserer Gesellschaft bedeutet.

Das Bedürfnis nach Liebe entspringt dabei einer bestimmten Art des Selbstverhältnisses. Je weniger der Mensch durch einen festen Rahmen der Gesellschaft bestimmt und an seinen Ort gestellt wird, umso stärker wird sein Bedürfnis danach, sich selbst als etwas Besonderes zu fühlen – als ein Individuum. Doch moderne Gesellschaften machen es dem Individuum nicht leicht. Sie zerfallen in lauter einzelne soziale Systeme, autopoietische Welten, die nur eine Sorge haben: die Fortsetzung des Systems zu sichern. In Luhmanns Beschreibungen verhalten sich Systeme somit tatsächlich wie Organismen unter den Bedingungen des Darwinismus. Sie bedienen sich aus der Umwelt, um sich selbst zu erhalten. Viel Platz für Individuen bleibt da nicht. Zehn Jahre Arbeit in Verwaltungen scheinen Luhmann darin bestätigt zu haben, dass es sozialen Systemen auf Individualität nicht ankommt. Der einzelne Mensch zerreißt sich heute in lauter verschiedenen Teilbereichen: Er ist Familienvater oder Mutter, er erfüllt eine Rolle im Beruf, er ist Sportkegler oder Badmintonspieler, er ist Mitglied einer Internet-Community und Nachbar, Steuerzahler und Ehegatte. Eine einheitliche Identität bildet sich auf diese Weise nur schwer. Was fehlt, ist eine Bestätigung, in deren Spiegel sich der Einzelne als etwas Ganzes erfährt, eben als Individuum. Diese »Selbstdarstellung« leistet nach Luhmann die Liebe – das ist ihre Funktion. Eine sehr seltene und deshalb »unwahrscheinliche« Form von Kommunikation, aber immerhin eine ganz normale. Liebe ist demnach die ganz normale Unwahrscheinlichkeit, »im Glück des anderen sein eigenes Glück zu finden«. Das Bild, das man sich vom anderen macht, wird dabei durch die Liebe so weit verändert und bestimmt, dass der geliebte Mensch einer »normalen« Betrachtungsweise entrückt. Das ist ihre ganz eigene unverwechselbare Qualität: Der Liebende sieht nur das Lächeln, nicht die Zahnlücken. In Luhmanns unnachahmlicher Nüchternheit heißt dies: »Der Außenhalt wird abgebaut, die inneren Spannungen verschärft (im Sinne von: intensiviert). Die Stabilität muss jetzt aus den persönlichen Ressourcen gewährleistet werden.«

Natürlich ist dieser Prozess, in dem Liebende ihre Erwartungen aufeinander abstimmen, sehr prekär, denn er ist überaus anfällig für Enttäuschungen. Ausgerechnet der zerbrechlichste aller Codes – und dies ist das Paradox der Liebe – soll das höchste Maß an Stabilität gewährleisten. Je mehr sich der Liebende sicher sein kann, dass seine Erwartungen an die Stabilität erfüllt werden, umso spannungsloser werden dabei die Liebesbeziehungen – im guten wie im schlechten Sinne. Perfekt abgestimmte Erwartungserwartungen sind zuverlässig, aber sind nicht eben prickelnd: Sie blenden genau die Unwahrscheinlichkeit aus, die den Reiz ausmacht. Die romantische Idee der Liebe als Einheit von Gefühl, sexuellem Begehren und Tugend, so Luhmann, ist deshalb immer eine Überforderung. In der Welt eines anderen überhaupt Sinn zu finden – und sei es auch nur auf Zeit –, sei deshalb schon viel.

An diesem Punkt lohnt es sich einzuhaken, um nach einem »Warum?« zu fragen, auf das es bei Luhmann keine Antwort gibt. Warum lässt sich das dringliche Begehren, das häufig am Anfang einer partnerschaftlichen Liebesbeziehung steht, nicht aufrechterhalten? Warum nutzt es sich ab? Ist das wirklich nur eine Frage von berechenbaren Erwartungserwartungen? Nutzt es sich vielleicht nicht auch in Liebesbeziehungen ab, in denen die Kommunikation, also das Abstimmen von Erwartungen, schlecht funktioniert? In schlechten Liebesbeziehungen also? Könnte es für das Abnutzen nicht auch einen ganz anderen Grund geben, der völlig außerhalb des luhmannschen Blickfelds liegt: einen biochemischen zum Beispiel? Dass Luhmann die Biologie und ihren Einfluss auf unsere Gefühlswelten so völlig außen vor lässt, hat ihm viel Kritik eingehandelt. Für den Bremer Hirnforscher Gerhard Roth ist es völlig unverständlich, dass ein Soziologe wie Luhmann den Menschen partout nicht als ein biologisches Individuum in den Blick nimmt. Erschwerend kommt hinzu, dass Luhmanns Anreger Maturana und Varela von den meisten Hirnforschern als Exoten belächelt werden. Denn deren Ansichten lassen sich experimentell weder überprüfen noch widerlegen.

Luhmanns Entgegnung darauf war sehr gelassen. Er meinte sinngemäß: Solange die Hirnforschung im Gehirn Neuronenverbände miteinander kommunizieren lässt und keine Erwartungen, solange könne die Soziologie beruhigt Erwartungen kommunizieren lassen und keine Neuronenverbände. Genau hierin liegt die Pointe der nach Luhmann funktional eigenständigen Systeme von Biologie und Soziologie: Relevant ist nur, *was in einem System relevant* ist. Gleichwohl wird man anmerken dürfen, dass Luhmann, biologisch betrachtet, mit seinem Begriff der Liebe eine ganze Reihe sehr unterschiedlicher Bewusstseinszustände vermengt. Man kann zwar entlastend anführen, dass der jeweils gemeinte Begriff der Liebe im gesellschaftlichen Kontext gemeinhin nicht allzu missverständlich ist. Man versteht im Leben fast immer, was gerade gemeint ist. Doch das ändert nichts daran, dass Luhmanns ganz allgemein gebrauchter Begriff der »Liebe« als das Bedürfnis nach »Selbstdarstellung« im Blick des anderen nicht nur biologisch, sondern auch *sozial relevant* nur einen Fall unter mehreren darstellt. Er gilt im vollen Umfang sicher nicht für das Gefühl der ersten Verliebtheit. Für jemanden zu schwärmen, heißt nicht notwendig, sich im Blick des anderen bestätigen zu wollen. Ansonsten wäre die Liebe eines Teenies zu einem Pop-Idol von Anfang an noch unsinniger, als sie es möglicherweise ohnehin ist. Und auch das mit der Verliebtheit häufig gekoppelte Bedürfnis nach Sex ist nicht notwendig ein Bedürfnis nach Ganzheitserfahrung. Was für den einen, oder die eine, die Pointe am Sex ist, gilt es für manchen anderen gerade zu vermeiden. Statt Identität bestätigt zu finden, ist es oft im Gegenteil die Lust an einer Rolle, mithin also eine Scharade, die den sexuellen Reiz ausmachen kann.

Ein weiterer Einwand ist: Wäre Liebe tatsächlich *nur* ein gesellschaftlicher Code, so würde es keinen Sinn machen, den Begriff im Tierreich zu verwenden – auf diesen Aspekt komme ich gleich noch einmal zurück. Und auch nicht seine Verwendung im Umgang mit Tieren. »Tierliebe« wäre ein in jeder Hinsicht völlig absurdes Unterfangen. Der alte mittelhochdeutsche Begriff »Liebe«, der ursprünglich »Gutes, Angenehmes, Wertes« bedeutet, muss also genau genommen zerlegt werden. Gemeinsam ist der elterlichen Liebe im Tierreich und unter Menschen, der geschlechtlichen Liebe, der geschwisterlichen Liebe und der freundschaftlichen Liebe nur, dass sich der Liebende zu einem anderen Lebewesen intensiv hinwendet, dass er jemanden »in sein Herz schließt«. Dabei lassen sich sinnliche und geistige Liebesempfindungen, komplexere Liebesgefühle und auch ein moralischer Imperativ unterscheiden, wie etwa das christliche Gebot: »Liebe deinen Nächsten wie dich selbst«. Der Sinn des Letzteren, den es in ähnlicher Form auch in anderen Religionen gibt, lässt sich allerdings bezweifeln. Liebesgefühle können nicht durch Aufforderung erzeugt werden. Zur Absicherung von Moral sind sie somit ziemlich fragwürdig. »Achte deinen Nächsten, obwohl du ihn nicht liebst« wäre sicherlich die geringere Überforderung.

Ob bereits Tiere Liebesempfindungen haben, ist, wie sollte es auch anders sein, umstritten. Wenn wir nicht wissen, wie es ist, eine Fledermaus zu sein (vgl. *Jenseits von Wurst und Käse*), wissen wir auch nicht, ob Tiere lieben. Die Meinungen dazu gehen sehr weit auseinander. Zum gegenwärtigen Zeitpunkt jedenfalls klammert die Verhaltensforschung den Begriff »Liebe« noch immer aus und zerlegt ihn in Sexualität und »Bindung«. Zu den eigentümlichen Vorstellungen vieler Verhaltensforscher gehört es, die spezielle Liebesfähigkeit des Menschen dabei ausschließlich aus der besonders lang währenden monogamen Partnerschaft abzuleiten. Darin steckt ein mindestens dreifaches Problem: Was völlig fehlt, ist die »Elternliebe«. Die teilweise sehr intensive Mutter-Kind-Beziehung bei höher entwickelten Säugetieren wird hier als »Bindung« verdächtig schnell vom Tisch gefegt. Als Zweites stellt sich die Frage, warum man langlebige monogame Partnerschaften im Tierreich dann nicht auch als Liebesbeziehungen beschreibt? Gibbons und Greifvögel wären dann liebesfähig, Schimpansen und Enten wären es nicht. Zuletzt lässt sich feststellen, dass auch Menschen nichtmonogame Liebesbeziehungen pflegten und pflegen – und zwar höchstwahrscheinlich schon zu Anfang der Menschheit, wo der biologische Vater oft genug gar nicht bekannt gewesen sein dürfte. Die Monogamie des Menschen, so steht zu vermuten, ist viel jünger als das Liebesgefühl und nicht umgekehrt! Die beliebte biologische Theorie, dass die Evolution »Liebe« als »soziales Band« erfunden hat, um die langen Brutpflegezeiten exklusiv beim Menschen abzusichern, lässt sich jedenfalls stark anzweifeln, wie ich es in meinem Buch *Liebe. Ein unordentliches Gefühl* ausführlich getan habe. Alles in allem ist der Begriff »Liebe« in der Biologie ohnehin nicht zureichend definiert. Mutiger sind hier mal wieder die Hirnforscher. Zumindest sind die Areale bekannt, die unsere sexuellen Begehren steuern – in erster Linie ist es der Hypothalamus. Bezeichnenderweise allerdings arbeiten bei Frau und Mann hier unterschiedliche Kerne. Bei Frauen steuert der *Nucleus ventromedialis*, bei Männern der *Nucleus praeopticus medialis* die sexuelle Lust. (Manche Neurobiologen sehen hierin den Grund, warum Männer stärker optisch erregbar sind als Frauen.) Neuere Untersuchungen mithilfe bildgebender Verfahren legen nahe, dass beide Kerne auch etwas mit dem Verliebtheitsgefühl zu tun haben. Biochemisch besteht damit zwischen Trieb und Verliebtheit eine Verbindung – die mit Vorsicht zu genießen ist. Denn in der Lebenswelt außerhalb der Röhre des Tomografen tritt beides oft genug getrennt auf. Selbst wenn Verliebtheit häufig mit sexueller Lust einhergeht, umgekehrt ist das gewiss nicht immer so. Ansonsten wäre, wer Pornografie konsumiert, pausenlos verliebt.

Eine Schlüsselrolle bei der Verliebtheit spielen ohne Zweifel die Hormone *Oxytocin* und *Vasopressin*. Wenn Frauen und Männer sich beim Sex aneinander berauschen, wird Oxytocin und bei Frauen auch Vasopressin freigesetzt. Ihre Wirkung ist vergleichbar mit der eines Opiats: Es wirkt sowohl anregend und berauschend als auch auf gewisse Weise beruhigend. Seinen Ritterschlag als »Treuehormon« oder »Bindungshormon« erhielt Oxytocin ausgerechnet durch Untersuchungen an Präriewühlmäusen. Anders als die mit weniger Oxytocin-Rezeptoren beseelten Bergwühlmäuse leben die nahe verwandten Präriewühlmäuse monogam. US-amerikanische Forscher um Thomas Insel, den Direktor des berüchtigten Yerkes Regional Primate

Research Center der Emory University in Atlanta (vgl. *Der Affe im Kulturwald*), zerstörten reihenweise glückliche Präriewühlmaus-Partnerschaften, als sie den Tieren Oxytocin-Blocker spritzten. Mit der Treue war es sofort vorbei – sie wurden spitz wie Bergwühlmäuse. Zeigten die Präriewühlmäuse nun »wahlloses Kopulationsverhalten«, so wurden die scharfen Bergwühlmäuse unter der Zufuhr von Vasopressin zu treuen Kuschelmäusen.

Dass Oxytocin-Rezeptoren einen wichtigen Einfluss auf die Bindungslust und Bindungsfähigkeit von Menschen haben, gilt heute als sehr wahrscheinlich. So etwa zeigte der Psychologe Seth Pollack von der California States University in Monterey, dass der Oxytocin-Haushalt von Waisenkindern geringer ist als derjenige von Kindern mit enger Elternbeziehung. Oxytocin ist also eine Art Langzeitklebstoff. Bei Müttern löst es die Wehen aus, bestimmt die Milchzufuhr und intensiviert die Beziehung zum Kind. Bei Paaren schlägt es den Bogen von den ersten sexuellen Erlebnissen zur Langzeitbindung.

Relativ unberührt davon arbeiten allerdings noch ganz andere Zentren und biochemische Kampfstoffe im verliebten Gehirn. Verdächtige Kandidaten sind der *cinguläre Cortex,* ein Areal, das mit Aufmerksamkeit zu tun hat; das *mesolimbische System,* das so etwas wie ein Belohnungszentrum darstellt; *Phenylethylamine* ermöglichen »beschwingte« Gefühle. Und natürlich dürfen auch die üblichen Verdächtigen (vgl. *Mr. Spock liebt*) nicht fehlen: *Noradrenalin* für die Aufregung und *Dopamin* für die Euphorie. Ihr Spiegel steigt, während das einschläfernde *Serotonin* absinkt und damit eine gewisse Unzurechnungsfähigkeit garantiert. Dazu kommt noch eine gehörige Dosis an körpereigenen Rauschmitteln wie *Endorphin* und *Cortisol.* Nach einiger Zeit ist dieser Spuk naturgegeben vorbei. Drei Jahre Verliebtheit gilt als das Maximum der Gefühle, drei bis zwölf Monate als der Durchschnitt. Bei vier Jahren partnerschaftlicher Bindung liegt laut internationaler Statistik die durchschnittliche Scheidungszeit. Die Zahnlücken, die vorher unsichtbar waren, treten nun besonders deutlich zutage. Für den Erfolg der Partnerschaft zählt biochemisch jetzt nur noch das Oxytocin.

Was lässt sich damit über die Liebe sagen? Was haben wir zwischen Oxytocin-Rezeptoren und der »Selbstdarstellung im Blick des anderen« gelernt? Wo liegt zwischen Hirn und Luhmann die Wahrheit? Alles Neue erregt, alles Überraschende stimuliert – negativ wie positiv. Unwahrscheinliches erregt mehr als Wahrscheinliches. Unsicherheit irritiert im Schlechten wie im Guten. In diesen Punkten kommen Hirnforschung und Systemtheorie überein. »Eine ganz normale Unwahrscheinlichkeit« ist die Liebe sowohl im biochemischen als auch im soziologischen Sinne: eine Ausnahme-Erfahrung, geregelt in biochemisch beschreibbaren Mustern und ebenso beschreibbaren sozialen Codes. Unsere Gehirne fürchten die Langeweile, schon aus diesem Grund, so scheint es, lieben sie die Liebe. Nichts ist deshalb verdächtiger als der so harmlos verkleidete christliche Anspruch, den der bemerkenswerte evangelische Pfarrer Dietrich Bonhoeffer einmal so formulierte: »Die Liebe will nichts von dem anderen. Sie will alles für den anderen.« Denn man darf wohl fragen: Zu welchem Zweck? Wenn es stimmt, dass Liebe Selbstdarstellung im Blick des anderen ist, so spiegelt sie uns bei aller vermeintlichen Selbstlosigkeit doch immer nur das aufregendste Bild wider, das wir kennen – uns selbst.

Wer oder was das ist, dieses »selbst«, wissen wir dadurch aber noch immer nicht. Aber es hat, wie könnte es anders sein, viel mit den Entscheidungen zu tun, die wir in unserem Leben getroffen haben und treffen. Denn Entscheidungen sind, mit

Luhmann gesagt, die Unterschiede, die unser Leben unterschiedlich machen. Doch wie frei können wir sie eigentlich treffen?

• *Do be do be do.* Was ist Freiheit?

NAXOS

Do be do be do
Was ist Freiheit?

In der Chora, der Altstadt von Naxos, die wie viele griechische Städte vom Meer aus an einem Hang von ockerfarbenem Gestein emporklettert, liegt irgendwo auf halber Höhe ein kleiner Platz mit einer Taverne. Eukalyptusbäume strecken ihre rostfarbenen Kronen zwischen den engen Häuserschatten zum Licht. Das Essen ist nicht schlecht und vergleichsweise billig. Entsprechend überfüllt sich die Taverne Abend für Abend mit Rucksacktouristen und jungen Familien. Wortführer machen sich in alle vier Winde geltend, Mädchen kichern, und spatzenhaftes Kindergezwitscher erfüllt den Platz. So jedenfalls war es im Sommer 1985, während jenes Urlaubs auf den Kykladen, der für mich selbst am Anfang aller Philosophie stand. Die Biologie, meine erste Leidenschaft, begann, als ich als Kind darüber nachdachte, warum einem keine Kirsche im Bauch wächst, wenn man einen Kirschkern verschluckt. Zu Anfang meiner Reise in die Philosophie aber stand ein Spruch. Gleich am ersten Abend in der Taverne nämlich war mir eine Steintafel aufgefallen, die wie ein Grabstein in das Gemäuer eingelassen war. Darauf stand:

To be is to do – Sokrates
To do is to be – Sartre
Do be do be do – Sinatra

Niemand in der Taverne hatte, wie mir später klar wurde, diesen ziemlich bekannten Spruch erfunden. Für mich aber war er damals neu. Entsprechend fesselte er mich weit länger, als der Witz es erforderte. Mit Sokrates hatte ich mich, wie schon erzählt, in diesem Urlaub das erste Mal vertraut gemacht. Ob er wörtlich gesagt hatte, dass Sein bedeutet, etwas zu tun, wusste ich nicht. Aber das störte nicht weiter. Denn dass Sein Tun bedeutete, leuchtete mir schon irgendwie ein. Die viel denkwürdigere Sache war der zweite Satz: Etwas zu tun, bedeute – zu sein? Das war in der Tat rätselhaft. Von Sartre hatte ich schon gehört. Ich wusste, dass er ein politisch sehr engagierter Mensch war, der Fidel Castro in Kuba und den Terroristen Andreas Baader in der Gefängniszelle besucht hatte. Aber das verriet nicht im Mindesten, warum Tun bedeutete zu sein. Musste man denn nicht erst sein, also existieren, um überhaupt etwas tun zu können? Es fiel mir schwer, den Satz zu begreifen. Und vielleicht gibt es dafür auch einen guten Grund. Denn heute denke ich, dass sie wohl beide irrten: Sartre ebenso wie Sokrates. Der Einzige, der tatsächlich recht hat, ist Sinatra. Davon erzählt dieses Kapitel.

Nach dem Urlaub in Griechenland begann ich mein Philosophiestudium in Köln. Gleich zu Anfang lernte ich dabei ein gleichaltriges Mädchen kennen mit dunklen Locken, großen Augen und einer sehr eindringlichen tiefen Stimme. Ich weiß nicht, ob sie hier genannt werden möchte. Nennen wir sie deshalb einfach Rosalie. Als ich das erste Mal in ihrer Wohnung war – Ikea-Regale, Hängepflanzen in Makramé-Netzen, Futonbett –, fiel mir ihre Nachttischlektüre auf: *Die Mandarins von Paris* von Simone de Beauvoir. Die berühmte französische Philosophin und Freundin Sartres erzählt darin von den wunderbar beschwingten pessimistischen Jahren im Paris der Nachkriegszeit. Die Größen der französischen Intelligenz, darunter natürlich Sartre und Beauvoir selbst, ergehen sich in endlosen Nachtgesprächen über die Sinnlosigkeit der Existenz, das Unverständnis zwischen den Menschen, und sie finden zusammen im Traum nach Erlösung durch eine große Tat. Das Buch war ein Bestseller, und obwohl sie damals schon über dreißig Jahre alt war, inspirierte es Rosalie noch sehr. Zunächst einmal lag das natürlich an der Faszination der französischen Metropole. In den Achtzigerjahren war Paris noch immer die aufregendste Stadt Europas – zumindest in der studentischen Fantasie. Das änderte sich erst 1989 durch den Mauerfall, wodurch Berlin für viele von uns, auch für mich, an diese Stelle trat. Zum anderen gefiel Rosalie die Vorstellung von der absoluten Freiheit des Einzelnen, die sie in Sartres Philosophie fand. Nicht die Gesellschaft und nicht die psychischen Prägungen bestimmten demnach den Menschen, sondern jeder Mensch sei frei, das zu tun, was er will. Er sei in vollem, uneingeschränktem Maß für sich selbst verantwortlich. Was den Einzelnen ausmacht, »erfindet« er selbst. Die heute von der Konsum-Industrie allerorten wiederbelebte Formel, dass man sich selbst immer neu erfinden solle, stammt von Sartre: »Mit seinem Tun zeichnet der Mensch sein Gesicht« – *To do is to be.*

Der Gedanke, dass es für alle meine Entscheidungen allein auf meinen freien Willen ankäme, gefiel auch mir. Besonders regen Gebrauch hatte ich davon bislang allerdings ebenso wenig gemacht wie Rosalie. Verglichen mit den Mandarins von Paris war unser Kölner Leben ziemlich langweilig. Lag das nur an meiner Feigheit vor dem Leben? Der Gedanke beschäftigte mich und weckte zugleich mein Unbehagen. Irgendetwas daran, ahnte ich, war falsch. War es tatsächlich nur mein Mangel an Mut, oder steckte noch etwas anderes dahinter? Immerhin schaffte es Rosalie, ihr Leben zu ändern. Sie brach ihr Studium ab und ging nach Stuttgart an die Schauspielschule. Aber Schauspielerei ist eben auch nur ein Beruf. Rosalie ging in Selbstfindungsgruppen, auf der Suche nach dem geheimen »Ich«. Wenn wir uns trafen, ging ich hart mit ihr ins Gericht. Ich zitierte Niklas Luhmann, der an der Kölner Uni gerade sehr populär war. Mein späterer Doktorvater hatte Luhmanns Theorie von Bielefeld mit an die philosophische Fakultät gebracht. Die Frage »Wer bin ich?«, warf ich ihr an den Kopf, »führt zwangsläufig ins Dunkel, aus dem man nur auf unehrliche Weise wieder herausfindet.« Rosalie beeindruckte das wenig. Sie machte Therapien. Auch dafür hatte ich eine Luhmann-Antwort: »Der Einfluss der Therapeuten auf die Moral ist schwer abzuschätzen, sicher aber zu fürchten.« Therapie – so meinte ich damals – war so ungefähr das Gegenteil von Sartres *To do is to be*. Es war die Suche nach einem Sein, das allem anderen vorausliegen sollte. Und genau dies hielt ich für ein Gespenst.

Heute denke ich, dass mein Urteil über Rosalie zu hart war. Ohne es recht zu merken, hatte ich an sie genau den Maßstab angelegt, den ich für mich selbst insgeheim bezweifelte: dass der Mensch frei ist von inneren und äußeren Zwängen. Jedenfalls sofern er stark genug ist, sich davon zu befreien. Und dass es allein auf die Taten ankommt, um einen Menschen zu beurteilen: »Mit seinem Tun zeichnet der Mensch sein Gesicht.« Waren das nicht Anforderungen an den Menschen, die ihn überforderten? Wie war Sartre eigentlich darauf gekommen?

Der Gedanke, dass der Mensch »dazu verdammt« sei, »frei zu sein«, steht in dem Hauptwerk *Das Sein und das Nichts*. Das Buch ist weitgehend eine Auseinandersetzung mit Sartres Anregern Edmund Husserl und Martin Heidegger. Husserl ist der Begründer der *Phänomenologie*. Das Neue daran war, dass er den Menschen und die Welt nicht mehr aus einem versteckten Wesen oder einem »inneren Sein« mit Regeln und Gesetzen, wie bei Kant, erklären wollte, sondern er ging den genau umgekehrten Weg. Wie ein moderner Hirnforscher fragte er nach den Bedingungen unserer Erfahrung. Kant hatte zwar die Bedingungen der Erkenntnis untersucht, aber weniger jene der sinnlichen Erfahrung. Husserl dagegen stellte diese sinnliche Erfahrung in den Mittelpunkt: Wie vermitteln meine Sinne mir die Welt? Da er kein Biologe war, fand er viele schöne und einleuchtende Bilder und Begriffe für unser sinnliches Wahrnehmen, besonders für den Zusammenhang zwischen Sehen und Erkennen. Sein Schüler Martin Heidegger, der eine berüchtigte Figur war, machte daraus eine Art Lebensphilosophie, eine »Haltung« zur Welt. Im Gegensatz zu Husserls prägnanten Begriffen waren Heideggers Worte mystisch und dunkel – eben das machte sie für viele, auch für Sartre, faszinierend.

Als dieser sein großes Buch veröffentlichte, war er achtunddreißig Jahre alt. Es war das Jahr 1943, und Frankreich war von der deutschen Wehrmacht besetzt worden. Genau jene Nazis, mit denen Heidegger sympathisierte, waren Sartres Gegner, als er sich der *Résistance*, dem Widerstand, anschloss. Die Auseinandersetzung mit Heidegger, der ihn nach wie vor beeindruckte, ist einer der versteckten Kämpfe in *Das Sein und das Nichts*. Der Gegensatz zwischen dem führenden Intellektuellen des Dritten Reiches und dem Nachwuchsstern am Firmament der französischen Kulturszene könnte größer kaum sein. Hier der knorrige, heimatverwurzelte, zutiefst bürgerliche Heidegger, ausgestattet mit der politischen Doppelmoral des Opportunisten wie der sexuellen Doppelmoral des Kleinbürgers – auf der anderen Seite der weiche, gerade 1,56 Meter kleine Sartre, den das bürgerliche Milieu zutiefst ekelt, der sich von aller politischen wie sexuellen Doppelmoral befreit, immer bemüht um den aufrechten Gang und einen schonungslos aufrichtigen Weg.

Anfang der Vierzigerjahre blickt der Sohn eines früh verstorbenen Marineoffiziers und einer Mutter aus dem Elsass zurück auf eine bürgerlich elitäre Kindheit und Jugend im Haus seines Großvaters. Von Privatlehrern und an Elite-Gymnasien ausgebildet, hat er sich ein beeindruckendes Wissen angeeignet, erworben in einem selbst verordneten strengen Arbeitsrhythmus. Er liest viel und arbeitet regelmäßig jeden Tag von neun bis dreizehn und von fünfzehn bis neunzehn Uhr und behält dies sein ganzes Leben lang bei. Philosophisch überzeugt ihn der Gedanke, dass es nichts Verlässliches gibt, keine höhere Macht und auch kein moralisches Gesetz im Menschen. So überzählig er sich in der Familie seines Großvaters gefühlt hat, so zufällig und verloren sei auch der Mensch. »Ins Leben geworfen« hatte Heidegger die menschliche Existenz gesehen, eine Formulierung, die Sartre aus eigener Erfahrung bestätigt. Teilweise gemeinsam mit seiner Weggefährtin und zeitweiligen Geliebten Simone de Beauvoir macht Sartre eine abwechslungsreiche Reise als Gymnasiallehrer durch verschiedene französische Städte. 1933, im Jahr der Machtergreifung Hitlers, ist er für ein Jahr in Berlin und beginnt mit seinem autobiografisch gefärbten Roman *Der Ekel.* Nach seiner Rückkehr entfalten Sartre und de Beauvoir ihr »freies« Leben in Paris. Sie wohnen unverheiratet gemeinsam in zwei Zimmern eines kleinen Pariser Hotels. Zu Anfang des Zweiten Weltkriegs arbeitet Sartre, zeitweise im Militärdienst, an einem Buch über das Zeitalter der Aufklärung. Auch während seiner Kriegsgefangenschaft in Trier geht es ihm vergleichsweise gut. 1941 wegen seines Augenleidens frühzeitig entlassen, organisiert er gemeinsam mit de Beauvoir eine Widerstandsgruppe gegen die deutschfreundliche französische Militärdiktatur, das Vichy-Regime. Sartre schreibt Theaterstücke und Romane und beginnt mit seinem philosophischen Hauptwerk. Nach der Niederlage der deutschen Wehrmacht in Stalingrad erneuert er seine Kontakte zur *Résistance* und verstärkt sein politisches Engagement. Als im Frühjahr 1943 *Das*

Sein und das Nichts trotz Papierknappheit erscheint, ist Sartre bereits ein berühmter Mann, eine gut vernetzte Schlüsselfigur der französischen Intelligenz.

Der Titel *Das Sein und das Nichts* hat eine recht einfache Bedeutung. Der Mensch, so Sartre, ist das einzige Tier, das sich auch mit dem beschäftigen kann, was es nicht gibt. Andere Tiere haben kein komplexes Vorstellungsvermögen, sie können nicht an das denken, was *nicht mehr* ist, und auch nicht an das, was *noch nicht* ist. Menschen dagegen können sogar Dinge erfinden, die es *nie* gibt – sie können lügen. Je mehr Vorstellungsvermögen ein Lebewesen hat, umso freier ist es. Umgekehrt, so Sartre, bedeutet dies, dass der Mensch allein als nackte Existenz überhaupt keine Substanz hat. Anders als die Tiere, die durch festgelegte Instinkte und Handlungsmuster bestimmt sind, muss sich der Mensch seine eigenen Handlungsmuster erst noch suchen:

»Die Existenz geht dem Wesen voraus«. Diese Tatsache, meint Sartre, hätten die Theologen und Philosophen immer verkannt. Sie hätten nach Regeln und Mustern gesucht, um den Menschen zu definieren. Doch in einer Welt ohne Gott hätten diese Wesensbestimmungen aus Werten und verbindlichen moralischen Maximen keinen Sinn mehr. Das einzig Existenzielle am Menschen sind seine Gefühle: der Ekel, die Angst, die Sorge, die Langeweile und das Gefühl des Absurden. Sartre nannte seine Philosophie *Existenzialismus*.

Die Härte, mit der Sartre alles ausradiert, was seine Vorgänger in den Menschen hineinprojiziert hatten, und auch die Betonung der *negativen* Gefühle sind wahrscheinlich nur verständlich aus der Erfahrung des Krieges. Entsprechend stark ist Sartres Widerstandsgeist gegen die Trägheit und die Leere. Es gilt Widerstand (gegen die Nazis) zu leisten und etwas Neues aufzubauen. Philosophisch äußert sich dieses Gefühl in Sartres ungezählten Aufforderungen zur Tat: »Der Mensch ist das, was er vollbringt« oder: »Es gibt Wirklichkeit nur in der Tat.« Eine Entschuldigung für Menschen, die im Nichts herumträumen, gibt es nicht. Denn sie fliehen nur vor sich selbst und ihrer Verantwortung. All dies, so Sartre, ist Selbstbetrug.

Für den existenzialistischen Philosophen erwächst hieraus eine ehrgeizige Aufgabe. In seiner bald darauffolgenden Schrift *Der Existenzialismus ist ein Humanismus* definiert Sartre den Philosophen als Aufklärer. Er soll die anderen dazu anhalten, ihre Freiheit zu leben und sich dadurch als Menschen zu verwirklichen. Für Sartre kommt es dabei vor allem anderen auf den »Entwurf« an, den der Mensch von sich selbst macht: »Der Mensch ist zuerst ein Entwurf; nichts existiert diesem Entwurf vorweg, und der Mensch wird zuerst das sein, was er zu sein geplant hat.« Der Wille dagegen ist, nach Sartre, nur eine Folge eines solchen vorangegangenen Entwurfs: Erst plant sich der Mensch, dann legt er sich einen dementsprechenden Willen zu. Genau dies hat Sartre tatsächlich behauptet: »Was wir unter Wollen verstehen, ist eine bewusste Entscheidung, die für die meisten unter uns dem nachfolgt, wozu man sich selbst gemacht hat.« Der Gedanke faszinierte nicht nur meine Freundin Rosalie. Er inspirierte eine ganze Generation von Nachkriegsintellektuellen dazu, ein Leben als »Entwurf« zu führen. Wobei sich diese hoch individuell gemeinten Entwürfe oft erstaunlich glichen: schwarz gekleidet und melancholisch wandelt der Existenzialist zwischen Jazz-Keller, Universität, Kino und Café hin und her – unverwechselbar in seiner modischen Konformität.

Sartres Leben blieb spannend und aufregend bis zu seinem Tod im Jahr 1980. Er war der bedeutendste französische Intellektuelle des 20. Jahrhunderts und eine viel beachtete moralische Instanz. Ob seine Vorstellung von der Freiheit des Menschen allerdings realistisch war – darüber lässt sich streiten. Ist der Einzelne tatsächlich so frei von inneren und äußeren Zwängen, dass er sich selbst entwerfen kann, wie der Künstler sein Kunstwerk? Hätte Sartre recht, dass der »Plan«, den man von sich selbst entwirft, dem Willen vorausgeht, dann wäre der Mensch nicht nur in der Lage, sich von allen gesellschaftlichen Erwartungen zu befreien. Er wäre auch Herr über seine Triebe, seine Gewohnheiten, seine Wünsche, seine Rollenmuster, seine Moralvorstellungen und seine frühkindlich eingeschliffenen Reaktionen. Man bräuchte dazu nur den Mut, diese äußeren und inneren Umstände zu überdenken und zu ändern. »Selbstverwirklichung« im Sinne Sartres wäre somit zunächst eine Art Inventur unserer Psyche. Die Ladenhüter werden ausgeräumt und die Regale anschließend mit aufregenderen Gütern bestückt. Blockiert mich meine kleinbürgerliche Erziehung? Hinweg damit, da lebe ich doch lieber das spannende, unbeschwerte Leben eines Künstlers und Lebemannes! Schon Kant hatte dem Willen eine solch gewaltige Kraft zugetraut: sich vernünftig und frei zu entscheiden. Allerdings sollte für ihn das freie Handeln zugleich das gute Handeln sein – eine ebenso gewaltige Einschränkung. Bei Sartre ist dies auf gewisse Weise ähnlich. Zwar glaubt er nicht entfernt an Kants »moralisches Gesetz« in unserer Psyche. Doch dass Freiheit Selbstbestimmung und Selbstbestimmung gut ist, dies ist auch Sartres Gleichung.

Allein, mit der Freiheit des Willens ist das so eine Sache. Wie wir bereits gesehen haben (vgl. *Das Libet-Experiment*), sind die meisten Hirnforscher in dieser Frage heute völlig anderer Meinung als Sartre. Für sie ist der Mensch unfrei. Erstens ist er ein Produkt seiner Anlagen, seiner Erfahrung und seiner Erziehung. Und zweitens: Nicht unser taghelles Bewusstsein sagt uns, was wir zu tun haben, sondern unser nachtdunkles Unterbewusstsein. Selbst wenn ich mich von vielen äußeren Zwängen löse – meine Wünsche, Absichten und Sehnsüchte bleiben doch in jedem Fall unfrei. Nicht ich verfüge über meine Bedürfnisse, sondern sie verfügen über mich! Und genau deshalb, so meinen viele Hirnforscher, kann ich mich unter keinen Umständen »neu erfinden«.

Das ist nun in der Tat eine deprimierende Nachricht. Denn zugegeben, Sartres Freiheits-Philosophie ist bestechend. In Robert Musils Roman *Der Mann ohne Eigenschaften*, der mich seit damals fasziniert, wird gleich zu Anfang darüber nachgedacht, dass es neben dem »Wirklichkeitssinn« auch einen »Möglichkeitssinn« im Leben gäbe. Die Augen für die vielen alternativen Möglichkeiten zu öffnen, war mir seit meiner Jugend in der schaurigen rheinisch-westfälischen Provinz ein tiefes Bedürfnis. Doch was bleibt von diesem Möglichkeitssinn, wenn es den freien Willen, etwas davon umzusetzen, gar nicht gibt? Wenn ich durch meine Erfahrung, Erziehung und Bildung tatsächlich zur sozialen Unfreiheit bestimmt bin, dann wiederhole ich in meinem Handeln in Wahrheit nur soziale Programme, spiele Rollen, erfülle Normen und folge einem sozialen Drehbuch. Was ich für *meinen* Willen halte, *meine* Ideen und *meinen* Esprit, ist nichts als der Reflex von Ideologien und kulturellen Mustern. Mit anderen Worten: Ich habe gar keinen Willen und keine eigenen Vorstellungen, sondern ich *schreibe* sie mir nur *zu*.

Nicht anders, so meint der Hirnforscher Gerhard Roth, stellen sich mein Wille und meine Ideen auch aus der Sicht der Hirnforscher dar. Was ich für meine Willensfreiheit halte, schreibe ich mir nur unzulässigerweise als Freiheit auf die Fahnen. Der Grund dafür liege in einer maßlosen Selbstüberschätzung des Bewusstseins. Was sich der präfrontale Cortex hinter meiner Stirn als seine eigene Leistung einredet, ist in Wahrheit nur ein Hilfsdienst: »Unser Verstand kann als ein Stab von Experten angesehen werden, dessen sich das verhaltenssteuernde limbische System bedient.« Die eigentlichen Entscheider, die unsere Handlungen »freischalten«, sitzen demnach im Zwischenhirn. Sie sind Experten für Erfahrungen und Emotionen, Sachwalter im Reich der Gefühle, selbst wenn sie nichts verstehen von komplizierten Überlegungen und Abwägungen. Trotzdem entscheidet allein das limbische System darüber, was wir am Ende tun, nämlich einzig das, was als »emotional akzeptabel« betrachtet wird.

Dass an der dunklen Macht des Unbewussten etwas dran ist, lässt sich kaum leugnen. Die Frage ist nur: Was folgt daraus? Für Gerhard Roth ist Freiheit, wie oben beschrieben, eine reine Illusion. Das kann man so sehen. Man kann aber auch fragen, ob die Willensfreiheit tatsächlich damit steht und fällt, ob ich meine Beweggründe völlig *durchschaue*. Andersherum gefragt: Wie gut müsste ich mich selbst durchschauen und kontrollieren, damit Gerhard Roth mir zumindest eine gewisse Willensfreiheit einräumt?

Versuchen wir es mit einem Beispiel: Im Rahmen meiner begrenzten Möglichkeiten glaube ich, dass ich mich ganz gut kenne. Früher hatte ich große Schwierigkeiten damit, meine Gefühle zu kontrollieren, wenn mich eine abweichende politische oder philosophische Meinung aufgeregt hat. So war ich an der Universität oft hitzig und leidenschaftlich. Heute nehme ich mir in Kontroversen vor, ruhig zu bleiben, was häufig auch recht gut klappt. So wenig ich früher wollte, dass meine Gefühle mit mir durchgehen, so gut gehorchen sie in diesen Situationen heute meinem Willen. Der Grund dafür ist die Erfahrung. Wenn ich heute in ein Streitgespräch gehe, nehme ich mir sehr fest vor, gelassen zu bleiben, und in der Regel gelingt es. Ich würde also sagen: Meine Gefühle haben gelernt, sich der Kontrolle meines Verstandes unterzuordnen. Ist das kein Beweis dafür, dass nicht nur das Gefühl den Verstand anweist, sondern auch umgekehrt? Natürlich ist der Fall im Detail betrachtet etwas komplizierter. Denn dass ich meine Leidenschaftlichkeit überhaupt gedrosselt habe, hat ja durchaus auch etwas mit meinen Gefühlen zu tun. Wie oft habe ich mich nach solch hitzigen Diskussionen über mich selbst geärgert? Die Entscheidung, ruhiger zu werden, war also durchaus »emotional akzeptabel« bzw. sie war emotional gewünscht. Gleichwohl aber bleibe ich dabei, dass mein freier Wille auf mein Temperament eingewirkt hat. Ich bleibe gelassen, selbst wenn mir bestimmte Dinge emotional »nicht akzeptabel« erscheinen.

Die entscheidende Pointe an diesem Beispiel ist: Gefühle sind lernfähig! Was mich als Kind geängstigt hat, jagt mir heute keinen Schrecken mehr ein. Was mich vor Monaten begeistert hat, langweilt mich nun. Und dieses Lernen der Gefühle hat durchaus etwas mit meinem Verstand zu tun. Insofern durchdringen sich Gefühle und Verstand in meiner Biografie. Das eine prägt den Zuschnitt des anderen. Selbst wenn in einer konkreten Handlungssituation die Gefühle entscheiden, so entscheidet langfristig mein Verstand im Hintergrund auch mit über meine Gefühle. Dass dieser langwierige Wirkungsprozess mit den Mitteln der Hirnforschung gegenwärtig nicht beschreibbar ist, dürfte keinesfalls bedeuten, dass es ihn nicht gibt. Denn ohne lernfähige Gefühle würden Erwachsene in allen Situationen wie Kleinkinder reagieren und entscheiden. Überall herrschte Mord und Totschlag!

Man kann also sagen: Ja, wir sind in gewisser Weise frei, denn wir bestimmen uns durchaus selbst. Diese Freiheit wird allerdings von unseren Erfahrungen eingeschränkt. Wir sind umzingelt von unserer eigenen Lebensgeschichte. Der Mensch ist sein eigener Rahmen. Aber innerhalb dieses Rahmens sind Veränderungen sehr wohl möglich. Man sollte sich allerdings davor hüten, diese Freiheit allzu klein oder zu groß auszumalen.

Denn wer sich selbst nichts zutraut, der entwickelt sich auch nicht. Und wer seine innere Freiheit nach Sartres Vorstellungen im vollen Umfang ausleben will, der überfordert sich schnell selbst. Der Mensch plant sich nicht und legt sich dann einen passenden Willen zu. Kein Wunder, dass diese totale Überforderung des Existenzialismus genauso aus der Mode kommen musste wie das christliche Modell, andere zu lieben »wie sich selbst«, oder die psychischen Überforderungen des Sozialismus.

Die starke, aber letztlich doch wechselseitige Abhängigkeit von Verstand und Gefühl erklärt, warum Menschen sich auf so wunderbare Weise nicht vorhersagbar benehmen. Es erklärt, warum so viele schöne Ideen nicht umgesetzt werden, ebenso wie die vielen guten Vorsätze: der Alkoholiker, der von der Flasche loskommen will, der Angestellte, der sich vornimmt, seinem Chef die Meinung zu sagen, die vielen unrealisierten Lebensträume. So übel dies für den Einzelnen auch sein mag, für die Gesellschaft ist das möglicherweise auch ganz gut so. Eine Welt, in der alle Menschen sich nach ihren eigenen Wünschen radikal selbst verwirklichen, wäre wohl kein Paradies. Und man sollte vielleicht auch daran denken, dass die vielen äußeren Zwänge durchaus eine positive Seite haben. Sie geben vielen Menschen Stabilität und Sicherheit. Sich davon zu befreien, dürfte nicht für jedermann der Weg zum Glück sein. Frei von Familienbindungen, frei von Heimatgefühlen, frei von lieb gewordenen Erinnerungen muss man nicht unbedingt leben wollen.

Die Antwort auf die Frage, ob die psychische Grundausstattung das Handeln bestimmt oder das Handeln die Psyche, lautet also: sowohl als auch. Meine Handlungen und meine Hirnzustände durchkreuzen sich munter wechselseitig. Eine endlose Abfolge aus Tun und Sein, Sein und Tun: *Do be do be do*. Wie groß die Spielräume in dieser Kette sind, ist von Mensch zu Mensch sehr verschieden. Und sie haben viel mit den Lebensumständen zu tun. Ob ich mich selbst verwirklichen kann, ist auch abhängig von meiner materiellen Freiheit, also meinen finanziellen Möglichkeiten. Und die wiederum sind in den Industrieländern untrennbar verbunden mit einem Begriff, der in der Philosophie alles in allem recht selten behandelt wird, obwohl er einer der schillerndsten überhaupt ist: mit dem Wort »Arbeit«.

• *Das Paradies-Paradoxon.* Müssen Menschen arbeiten?

CAMBRIDGE (MASSACHUSETTS)

Das Paradies-Paradoxon
Müssen Menschen arbeiten?

»Die Geschichte des technologischen Fortschritts der letzten zweihundert Jahre ist im Grunde die Geschichte der menschlichen Rasse, wie sie langsam, aber sicher versucht, den Weg ins Paradies wieder zu finden. Was würde allerdings passieren, wenn ihr dies gelänge?«

Der, der das fragte, war kein Theologe und kein Philosoph, sondern ein berühmter Wirtschaftswissenschaftler. Wenn Wassily W. Leontief von der Cambridge University in Massachusetts Anfang der Achtzigerjahre über die Rückkehr der Menschheit ins Paradies nachdachte, dann dachte er vor allem an eins: an das Ende der Arbeit als lebensnotwendige Plackerei. Immerhin hatten Adam und Eva im Paradies nicht arbeiten müssen, es war immer alles für sie da. Und erst Gottes Fluch nach Adams Apfelbiss hatte die ersten Menschen aus dem Paradies vertrieben und sie zu mühseliger Feldarbeit verdammt. Was also, so spann Leontief seinen Gedanken weiter, würde passieren, wenn irgendwann hochintelligente, voll automatisierte Maschinen alle Arbeit ganz von selbst erledigten und wir somit ins Paradies zurückkehrten? »Alle Güter und Dienstleistungen wären verfügbar, ohne dass dafür Arbeit notwendig wäre, und niemand würde einer Erwerbsarbeit nachgehen. Nun heißt arbeitslos sein auch, keinen Lohn zu empfangen; so würden die Menschen, wenn sie auf die neue technologische Situation nicht mit einer neuen Politik der Einkommensverteilung reagieren würden, im Paradies verhungern.«

Leontiefs Fantasie über die Zukunft der Arbeit wurde ziemlich berühmt und zwar unter dem Namen »Paradies-Paradoxon«. Wer will bestreiten, dass die Geschichte der Menschheit seit der Erfindung des Faustkeils der Versuch ist, durch technischen Fortschritt das Leben und Überleben zu erleichtern. Auf diesem Weg waren allerhand Ackergeräte entstanden und irgendwann immer leistungsfähigere Maschinen. Im 20. Jahrhundert beschleunigte die Elektrifizierung diese Entwicklung und dann die Elektronik. Computer hielten Einzug in Wirtschaft und Gesellschaft. Und im 21. Jahrhundert verspricht die künstliche Intelligenz mehr und mehr die Automation zu automatisieren und zunehmend selbstständig zu arbeiten.

Diese Entwicklung vor Augen fragte sich Leontief, was wohl die gesellschaftlichen Folgen aus alldem sein würden. Je weiter die Vollautomatisierung voranschreitet – und wer zweifelt daran, dass sie voranschreitet –, umso weniger Menschen werden irgendwann noch in der Erwerbsarbeit benötigt. Je weniger Menschen allerdings noch Lohn bekommen, umso weniger Menschen können die Produkte der voll automatisierten Wirtschaft konsumieren. Also muss sich die Politik etwas Neues einfallen lassen, eine »neue Politik der Einkommensverteilung«, um den Wirtschaftskreislauf weiter am Leben zu erhalten. Ansonsten endet beides in einem Desaster: Die Unternehmen erzielen keine Gewinne mehr, und die Arbeitslosen verhungern. Leontief sagte damit übrigens nichts anderes als das, was der österreichische Schriftsteller Jakob Lorber bereits Mitte des 19. Jahrhunderts prophezeit hatte: »Es wird kommen am Ende eine Zeit, in der die Menschen zu einer großen Klugheit und Geschicklichkeit in allen Dingen gelangen werden und erbauen werden allerlei Maschinen, die alle menschlichen Arbeiten verrichten werden wie lebende, vernünftige Menschen und Tiere; dadurch aber werden viele Menschenhände arbeitslos, und die Magen der armen, arbeitslosen Menschen werden voll Hungers werden. Es wird sich dann steigern der Menschen Elend bis zu einer unglaublichen Höhe.«

Haben Lorber und Leontief recht? Macht der technische Fortschritt die Menschheit eines Tages arbeitslos? Das Gleiche hatten zu Anfang des 20. Jahrhunderts auch der Schriftsteller Oscar Wilde und der berühmte Ökonom John Maynard Keynes prophezeit. Aber im Gegensatz zu Lorber und Leontief sahen sie darin vor allem einen Grund zu großer Freude. Je weniger die Menschen arbeiten müssen, um ihren Lebensunterhalt zu bestreiten, umso mehr Zeit haben sie dafür, Dinge zu tun, die ihnen Freunde machen und sie wirklich erfüllen. Die Wirtschaft müsste dann auch nicht mehr um jeden Preis vorangetrieben werden und wachsen, sondern aus einer Bedarfsweckungswirtschaft mit ihrem permanenten Raubbau an der Natur würde ein sehr viel schonendere Bedarfsdeckungswirtschaft.

Lorber, Wilde und Leontief haben keinen Zeitplan vorgelegt, wann der Punkt erreicht sein würde, an dem die Menschheit kaum oder gar nicht mehr zu arbeiten bräuchte. Und Keynes hatte in seinen berühmten Prophezeiungen für die Enkel die allmähliche Verkürzung der Arbeitszeit eindeutig zu optimistisch gesehen. Denn mit jedem technischen und jedem ökonomischen Fortschritt wächst zugleich das mit, was eine Gesellschaft für »genug« hält. Je höher der Maßstab für das »Genug«, umso mehr muss produziert werden, und je mehr produziert werden muss, umso größer wird trotz technischen Fortschritts gleichwohl die Nachfrage nach Arbeitskräften. Zumindest war es bisher so. Aber muss es auf ewig so bleiben?

An der Frage, ob der Menschheit – und hier zunächst den Menschen in den hoch industrialisierten Ländern – irgendwann die Erwerbsarbeit ausgeht, scheiden sich die Geister. Dabei fällt auf, dass viele Politiker, Ökonomen, Gewerkschaftler, Verbände usw. auch überhaupt nicht wollen, dass die Menschheit irgendwann Leontiefs Weg ins Paradies zurückfindet. Arbeit, so heißt es oft, gehört zum Menschen einfach dazu. Der Mensch ist das einzige Tier, das arbeitet. Und ohne Arbeit fänden die meisten Menschen in ihrem Leben keinen Sinn, weil sie nichts leisten können und nichts haben, worauf sie stolz sind. Das, was jemand arbeitet, bestimmt bekanntlich auch seine soziale Rolle und fügt ihn in die Gesellschaft ein. Arbeit, so das Argument, bedeutet gesellschaftliche Teilhabe.

Ist das richtig? Bevor wir über ihr Verschwinden oder ihren Ewigkeitswert nachdenken, wollen wir einmal genauer herausfinden, was Arbeit eigentlich ist. Arbeit ist alt, sofern man sie als Tätigkeit zum Leben und Überleben versteht. Jung und flüchtig dagegen ist die Vorstellung, die sich Menschen und Kulturen jeweils davon gemacht haben, was Arbeit ihnen bedeutet. In Wildbeutergesellschaften, jenen der Vorzeit und den letzten versprengten in den Regenwäldern, ging und geht es ums nackte Überleben, ohne dass dort gearbeitet wird. Im modernen Bürostuhl dagegen wird gearbeitet, aber beileibe nicht die Existenz, sondern nur der Wohlstand gesichert. Ob Arbeit das halbe oder das ganze Leben ist, ob sie schändet oder adelt, ob nur Lohnarbeit Arbeit ist oder gerade im Gegenteil das, was ich aus freien Stücken und gerne tue, ob Arbeit Beruf oder Berufung, Job oder Selbstverwirklichung, Mühsal oder Flow ist – all die Vorstellungen von Arbeit sind so voraussetzungsreich wie vergänglich.

Doch was hält den Begriff der Arbeit im Innersten zusammen, wenn er sich permanent wandelt? Woran erkennt man sie? Ist Betteln Arbeit? Immerhin ist das Dasein auf der Straße kein Zuckerschlecken, sondern sauer verdienter Lebensunterhalt. Arbeitet die Mafia? Ein höchst erfolgreiches milliardenschweres Unternehmen, das seinen Mitarbeitern bedingungslosen Einsatz abverlangt? Müssen tüchtige Einbrecher nicht viel Know-how, Erfahrung und logistische Fähigkeiten mitbringen, die sie für den Juwelenraub qualifizieren? Arbeitet man als Bundeskanzler? Und hat Picasso als Maler gearbeitet? Als was genau arbeitet eigentlich Bill Gates? Mäzen und Bundeskanzlerin tauchen in der Liste denkbarer Berufe selten auf, genauso wenig wie Bettler, Pate, Einbrecher, Dealer, Hacker, Philosoph, Spekulant, Rock- oder Realitystar. Aber arbeiten sie nicht irgendwie alle? Und kann es nicht sogar sein, dass eine Tätigkeit häufig umso attraktiver zu sein scheint, je weniger das Label »Arbeit« an ihr klebt?

Mit dem Begriff der Arbeit ist das so eine Sache. Laut dem *Brockhaus* ist Arbeit ein »bewusstes, zielgerichtetes Handeln des Menschen zum Zweck der Existenzsicherung wie der Befriedigung von Einzelbedürfnissen«. Und darüber hinaus auch ein »wesentliches Moment der Daseinserfüllung«. So pauschal definiert stimmen an diesen Sätzen nur die Grammatik und die Orthografie. Zumindest in Ländern wie Deutschland ist die Existenz der Bürger auch ohne Arbeit gesichert. Und um »Einzelbedürfnisse« zu befriedigen, kann ich auch »bewusst und zielgerichtet« joggen, verreisen oder flirten – Tätigkeiten, die nur in seltenen Fällen als Arbeit gelten. Dass Arbeit ein »wesentliches Moment der Daseinserfüllung« sein soll, ist, wie wir gleich sehen werden, ein fragwürdiges Erbe des Christentums und für Menschen im Callcenter, in einer Mine in Peru oder in einer Textilfabrik in Bangladesch nicht selbsterklärend.

Der Begriff der Arbeit, der Menschen in den westlichen Industrieländern so selbstverständlich ist, ist eigentlich ein Ensemble von Widersprüchen: Keine Definition ist hinreichend, erschöpfend und exklusiv. Entweder finden sich die Kriterien auch bei Tätigkeiten, die wir nicht als Arbeit bezeichnen, oder sie gelten beileibe nicht für alles, was gemeinhin als Arbeit gilt. Tatsächlich lässt sich das, was Arbeit sein soll, nur aus dem sozialen Kontext heraus erklären. Arbeit ist das, was von mir selbst und von anderen als Arbeit empfunden und gedeutet wird. Arbeit ist somit immer bewusstes Arbeiten. Und wir unterscheiden die Anstrengungen und die Mühsal, die wir aufs Aufstehen am Morgen, aufs Waschen, aufs Anziehen und zur Zubereitung von Mahlzeiten verwenden, sorgfältig von all den Tätigkeiten, die wir Arbeit nennen. Der Grund dafür ist ziemlich simpel. Zur Arbeit werden Anstrengungen und Mühsal letztlich nur dann, wenn sie mit Geld entlohnt werden. Sich selbst die Haare zu kämmen, ist keine Arbeit, anderen die Haare zu kämmen und dafür Geld zu bekommen, schon. Zwar sagen wir gerne, dass ein Haus zu unterhalten viel Arbeit macht, aber wir nennen die Tätigkeit, unser eigenes Haus zu pflegen, nicht arbeiten. Der gesellschaftlich akzeptierte Begriff der Arbeit schließt all das aus, was wir allein aus eigenem Antrieb tun und dessen Bedeutung sich vor allem uns selber erschließt. Genau deshalb arbeitet man auch nicht als Schriftsteller, Philosoph oder Rockstar – selbst dann nicht, wenn zu der starken intrinsischen Motivation noch eine Entlohnung in Form von Geld dazukommt. Selbst ein Buch wie dieses zu schreiben, ist keine Arbeit, sondern (bezahlte) Selbstverwirklichung.

Aus all dem könnte man annehmen, dass das Wort »Arbeit« ziemlich negativ besetzt sein müsste, verwendet man es doch für all die Tätigkeiten, die ich im Umkehrschluss gerade nicht aus eigenem Antrieb tue und deren Bedeutung sich nicht aus der Bedeutung für mich selbst erschließt. Und tatsächlich ist genau dies auch die klassische Vorstellung von Arbeit. Bei den antiken Griechen und Römern war arbeiten (*laborare*) verpönt. Der freie griechische Mann und der wohlhabende Römer arbeiteten nicht, sondern ließen arbeiten. Gerade das machte den antiken Mann frei, damit er sich ganz seinen Tugenden und der Politik widmen konnte. Arbeiten dagegen mussten die Armen, die mittellosen Frauen, die Sklaven und die Ausländer. Genau diese Bedeutung trägt auch das mittelhochdeutsche Wort *arebeit* in sich. Es bedeutet Mühsal, Plackerei und Not. Dagegen stand allerdings seit der Antike noch eine andere Form von Lebenstätigkeit, nämlich das Herstellen wichtiger Güter wie Krüge, Schuhe, Häuser, Tempel, Schriften und so weiter. Diese Tätigkeiten galten weder bei den Griechen und Römern noch im Mittelalter als *laborare*, sondern als *facere*, als Herstellen und Gestalten. Das Mittelalter nannte solche Tätigkeiten Werken und Handwerk. Und während die Bedeutung von *laborare* zum englischen Begriff *labour* wurde, entstand aus Werken *work*.

Dass Arbeiten im Sinne von *laborare* dennoch positiv angereichert werden konnte, lag in erster Linie an den Christen. Als Religion der kleinen arbeitenden Leute wertete das Christentum die Arbeit auf wie keine andere Religion zuvor. Arbeiten bedeutete gottgefällig leben und mit Gotteslohn beschenkt zu werden, wo die Götter der Griechen und Römer sich um die arbeitenden Menschen nicht scherten. Damit drehten die Christen das Wertesystem der Antike um. Den Göttern nah war nicht der Müßiggang, sondern die Arbeit. Die christliche Arbeitsmoral, versinnbildlicht in den Klöstern im *Ora et labora*, machte auch die härteste und eintönigste Arbeit gottgewollt. Und obwohl auch die christliche Oberschicht, die hohen Kleriker, nicht arbeiteten, erklärte die Kirche Arbeit zum Daseinszweck eines gottgefälligen Lebens. Insbesondere der Protestantismus rückte seit Ende des 15. Jahrhunderts die Arbeit ins Zentrum des Daseins. Je erfolgreicher man seinem Tagwerk nachgeht, umso höher wird der soziale Status, den man erringt. Auf diese Weise werden entlohnte Tätigkeiten zu Identitäten: Ich *bin* Bauer, Lehrerin, Polizist oder Unternehmerin. Der Beruf – der Ort, an den mich Gott berufen hat – verschafft mir, ob ich will oder nicht, meine soziale Identität und ordnet mich ein ins engmaschige Gespinst gesellschaftlicher Tätigkeiten samt ihrem vordefinierten Status. Auf diese Weise gruppiert sich die gesamte westliche Gesellschaft der Neuzeit um die Arbeit – eine menschheitsgeschichtlich einmalige Verschiebung gegenüber der Antike und der Feudalgesellschaft. Für die im 18. Jahrhundert langsam entstehende bürgerliche Gesellschaft ist Arbeit schließlich das zentrale Betriebssystem im wahrsten Sinne des Wortes. Und ihre unverwechselbare DNA ist die Idee der Lohnarbeits- und Leistungsgesellschaft, in der die Arbeit einem den Platz zuweist.

Stärker als alles andere ist es meine Arbeit, die gemeinhin als »Lebensleistung« betrachtet und anerkannt wird. Meine Anspruchshaltung an das, was mir zusteht, leitet sich vom in der Arbeit Geleisteten ab. Oder im Fall von Erben von der Arbeitsleistung meiner Vorfahren, die auf magische Weise auch dann als Leistung vererbt wird, wenn keine erkennbare Eigenleistung vorliegt. Der äußerst unscharfe Begriff »Leistung«, der etwa erfolgreiche Spekulanten höher bewertet als Krankenpflegerinnen, ist das mythische Zentrum der modernen Arbeitsgesellschaft und wird stets mit dem Begriff »Anstrengung« verbunden. Wer sich gehörig anstrengt, leistet etwas und kann sich entsprechend etwas leisten – allerdings, ohne dass es im Umkehrschluss diejenigen, die sich viel leisten können, ohne sich stark anstrengen zu müssen, diskreditiert.

Diese Arbeitsgesellschaft war seit dem 19. Jahrhundert der Rahmen der bürgerlichen Gesellschaft. Deshalb sah sie traditionell nicht vor, dass jemand die Frage nach dem Sinn seines Lebens von der Erwerbsarbeit trennt. Es sei denn, man ist reich geboren oder hat reich geheiratet. Sinndimensionen des Lebens jenseits der Arbeit wurden bislang meist als Zusatz und Luxus betrachtet. Selbst das Ziel, gute Eltern sein zu wollen oder die eigenen Eltern zu pflegen, war dem Imperativ zur Erwerbsarbeit untergeordnet. Nach klassisch bürgerlichem Verständnis sind dies Tätigkeiten, die man *zudem*, *nebenbei* oder *überdies* ausübt, insbesondere wenn man männlichen Geschlechts ist.

So jedenfalls war es bisher. Im 21. Jahrhundert allerdings durchziehen tiefe Risse die Vorstellung von der Arbeit in den Wohlstandsgesellschaften; Risse, die offensichtlich kaum noch zu kitten sind. Denn die Maxime »Arbeit ist das halbe Leben« führt immer häufiger zu der Frage: Und was ist das andere? Ist dies Freizeit oder echte Freiheit? Ist es Zeit für Entspannung von der Arbeit und massenhafter Konsum – oder ist es Zeit für mich selbst und andere? Wie wir unsere Zeit strukturieren, unseren Lebensrhythmus gestalten, ob wir in dem, was wir tun, vorkommen oder nicht, ob unsere Tätigkeit unser Leben mit persönlichem und sozialem Sinn füllt – all diese Fragen werden im 21. Jahrhundert anders gestellt als in den Jahrhunderten zuvor.

Die Grundlage dieses neuen Denkens und seiner Ansprüche ist der Wohlstand. Der technische Fortschritt und die mit ihm verbundenen ökonomischen Revolutionen machen es heute möglich, dass Menschen in Wohlstandsgesellschaften deutlich weniger arbeiten als vor hundert oder zweihundert Jahren. Zugleich hat der Wohlstand auch die Gestaltungsmöglichkeiten enorm erhöht. Sport, Reisen, Wellness, ein unüberschaubares Angebot an Kultur- und Bildungsmöglichkeiten und dazu die virtuellen Welten der digitalen Welt locken mit Beschäftigungen, von denen unsere Urgroßeltern nicht mal zu träumen gewagt hätten. Kein Wunder, dass Denker wie Keynes und Leontief ihre Fantasien auf eine Zukunft verwendeten, in der stetig weniger gearbeitet werden würde. Aber es waren nicht nur liberale Geister, auch die Väter und Vorväter des Sozialismus stellten vergleichbare Überlegungen an. Am Ende des 18. Jahrhunderts, die Schlote der ersten Fabriken begannen gerade zu rauchen, träumte der Engländer William Godwin von einer Gesellschaft, in der die Maschinen den Arbeitern nach und nach immer anspruchsvollere Arbeit abnähmen. Eine solche Gesellschaft wäre irgendwann frei von der Ausbeutung der menschlichen Arbeitskraft und damit im besten Sinne egalitär und frei. Einen ähnlichen Gedanken entspann auch Karl Marx ein halbes Jahrhundert nach Godwin. In einer einzigen Nacht brachte er einen Text zu Papier, der als »Maschinenfragment« berühmt wurde. Bedeutet, so fragte sich Marx, die Automatisierung aller Arbeit nicht zugleich das Ende der Ausbeutung? Und könnte es nicht sein, dass der Sozialismus auf diese Weise am Ende siegen würde? Nicht durch einen gewaltsamen Aufstand der Arbeiter, eine Weltrevolution, sondern durch die permanente Revolution der Maschinen?

Heute, mehr als 150 Jahre später, ist bislang weder die Vollautomatisierung erreicht noch der Kapitalismus überwunden. Stattdessen ist die Arbeitswelt wesentlich größer und vielfältiger geworden als zu Godwins oder Marx' Zeiten. Die modernen Industrieländer sind nicht nur hoch automatisiert in der Fertigung, sie sind zugleich Dienstleistungsgesellschaften geworden. Und eine voll automatisierte Altenpflege, ein Krankenhaus ohne menschliches Personal oder eine durch und durch roboterisierte Gastronomie sind weder absehbar noch wünschenswert. Parallel dazu ist der Anspruch an Wohlstand und Konsumgüter permanent höher geworden. Schon Keynes ahnte, dass es vor allem die stets steigenden Bedürfnisse und der wachsende Bedarf sein könnten, die eine sehr starke Verkürzung der Arbeitszeiten am Ende doch nicht realistisch machen würden.

Keynes wusste also, dass die Frage nach der Zukunft der Arbeit nicht einfach eine der Wirtschaftsleistung und der gesellschaftlichen Vernunft ist. Wie viele Menschen kennen kein Genug? Wie viele verspüren den Wunsch, sich durch materielle Güter in eine Position der Überlegenheit zu bringen? Ohne eine kulturelle Evolution, die in Zukunft lernt und lehrt, »das Verlangen nach Überlegenheit« oder »die Liebe zum Geld« zu ächten, würde das mit der strahlenden und friedlichen Zukunft in Sinn und Glück vermutlich nichts werden.

Tatsächlich, so lässt sich feststellen, kennen die modernen Industriestaaten im 21. Jahrhundert beides: Das stets wachsende allgemeine Bedürfnis nach Sinn und Glück, ohne dass die materiellen Ansprüche deshalb zurückgingen. Derzeit stehen wir sogar vor der Situation, dass gerade die jüngere Generation längst mental in der Sinngesellschaft angekommen ist, allerdings ohne deshalb materiell bedürfnisloser geworden zu sein. Gleichzeitig steht die von der KI erwartete Vollautomatisierung von Industrieproduktion und geistiger Routinearbeit noch in den Sternen. Das Mindset hat sich verändert, aber nur halb, während die Verheißungen des zweiten Maschinenzeitalters noch auf sich warten lassen. Doch all dies befreit nicht von der Aufgabe, mit Leontief über eine »neue Politik der Einkommensverteilung« nachzudenken, damit die Segnungen des zweiten Maschinenzeitalters nicht immer weniger, sondern immer mehr Menschen zugutekommen werden. Was wird man besteuern, wenn der Anteil der menschlichen Arbeitskraft an der Produktivität sinkt, derjenige von Maschinen aber stark ansteigt? Wie finanzieren die Industrieländer künftig ihre Sozialsysteme? Welche Ideen zu einem bedingungslosen Grundeinkommen sind hilfreich und welche dauerhaft unrealistisch? All diese Fragen werden nicht nur die Arbeitswelt und den Sozialstaat verändern, sondern auch das Mindset vieler Menschen. Und sind wir im Zeitalter der drohenden Klimakatastrophe nicht ohnehin dazu gezwungen umzudenken?

Damit kommen wir unweigerlich zu einem weiteren Thema, das wir im Zusammenhang mit Glück und Hoffnungen betrachten müssen. Die Frage nach der Freiheit durch und der Abhängigkeit von Eigentum und Besitz.

• *Robinsons Altöl.* Brauchen wir Eigentum?

MÁS A TIERRA

Robinsons Altöl
Brauchen wir Eigentum?

Ich bin ein netter Mensch. Und sehr großzügig. Ich habe beschlossen, Ihnen die Bäume in meinem Garten zu schenken. Einen knorrigen alten Kirschbaum, an dem ich immer sehr gehangen habe, und eine wunderschöne Trauerweide. Sie dürfen beide haben, unter einer einzigen Bedingung: Es bleibt natürlich mein Garten. Und Sie müssen mir versprechen, dass Sie die Bäume nicht fällen oder irgendetwas anderes mit ihnen machen!

Was sagen Sie? Das Geschenk enttäuscht Sie? Warum? Weil Sie gar nichts davon haben? Da haben Sie recht. Aber warum eigentlich? Weil es nur dann einen Sinn macht, etwas zu haben oder zu besitzen, wenn man damit machen kann, was man will. Jedenfalls mehr oder weniger, sagen Sie. Und warum? Eben, weil es einem gehört. Mit einer Sache, einem Ding oder auch einem Tier machen zu können, was man will, ist, so sagen Sie, der Sinn von Eigentum. Etwas, mit dem man nichts machen darf, gehört einem auch nicht. Vielleicht haben Sie recht. Ich nehme meine Bäume wieder zurück. Es nützt nichts, etwas zu besitzen, wenn man darüber gar nicht verfügen kann. Doch woran liegt das?

Eigentum, sagen Sie, ist etwas, das einem gehört. Richtig. Es ist die Beziehung zwischen einem selbst und einer Sache, die niemanden etwas angeht. Auch richtig? Natürlich, sagen Sie.

Sie zeigen auf Ihr Fahrrad und sagen: Dies ist *mein* Fahrrad! Sie zeigen auf Ihre Jacke und sagen: Dies ist *meine* Jacke! Den Grundsatz, der Ihrem Verständnis von Besitz zugrunde liegt, erklärte der Engländer Sir William Blackstone im Jahr 1766 im zweiten Band seines berühmten Kommentars zum englischen Recht klar und eindeutig: »Nichts beflügelt die menschliche Fantasie und fesselt menschliche Leidenschaften so sehr wie das Eigentumsrecht; jene ausschließliche und despotische Herrschaft, die ein Mensch beansprucht und über die äußerlichen Dinge dieser Welt ausübt – und dadurch jedes Recht eines jeden anderen Individuums in diesem Universum ausschließt.«

Blackstone war ein fortschrittlicher Mann. Und er war zu seiner Zeit sehr populär. Das Buch erlebte zu Lebzeiten des Verfassers acht Auflagen und wurde noch ein ganzes Jahrhundert nach Erscheinen als maßgeblich betrachtet. Blackstones Ziel war es, das Rechtssystem nicht auf althergebrachte Vorstellungen, sondern auf »Natur und Vernunft« zu gründen. Und für ihn war Eigentum *das Verhältnis zwischen einer Person und einem Ding*. Und genau so, vermute ich, werden auch Sie die Sache sehen. Was zwischen Ihnen und Ihrer Jacke passiert, geht niemanden etwas an. Aber stimmt das wirklich?

Betrachten wir das Werk eines zweiten Engländers. Es wurde 1719 geschrieben, also knapp fünfzig Jahre vor Blackstones Kommentar. Sein Autor war ein gescheiterter Kaufmann namens Daniel Foe, und der Titel des Buchs lautet: *Das Leben und die seltsamen Abenteuer des Robinson Crusoe*. Foe hatte ein sehr bewegtes Leben geführt, als er mit sechzig Jahren seinen »Robinson« veröffentlichte. Er hatte sich einem Aufstand gegen den König angeschlossen, hatte im Gefängnis gesessen und war anschließend mit Wein und Tabakhandel zu beträchtlichem Wohlstand gelangt. Doch das wirtschaftliche Glück währte nur kurz. Der Krieg zwischen England und Frankreich brachte ihn um mehrere wertvolle Schiffsladungen und trieb ihn in den Ruin. Foe gründete eine Ziegelei und hielt sich nebenher als Journalist über Wasser.

Seine beiden großen Themen waren Religion und Wirtschaft. Er war Anhänger der Presbyterianer, die gegen die in England regierende anglikanischen Kirche standen. Entsprechend energisch kämpfte er für religiöse Toleranz. Sein Bankrott im Jahr 1692 beschäftigte ihn so nachhaltig, dass er sich zudem immer wieder der Politik und den Spielregeln der Wirtschaft zuwandte. In zahlreichen Essays stritt er überaus leidenschaftlich für eine neue Eigentumsordnung, die die althergebrachten Privilegien des Adels abschaffen und den Grundbesitz in England neu ordnen sollte. Sein Vorrat an Verbesserungsvorschlägen für Wirtschaft, Gesellschaft und Kultur war schier unerschöpflich, und sie wurden tatsächlich an vielen Orten diskutiert. Foe war darauf so stolz, dass er sich schließlich De Foe (oder auch Defoe) nannte, mit einem frei erfundenen Adelsprädikat. Es entbehrt nicht einer gewissen Ironie, dass Foe sich mit genau jenem Stand schmückte, dessen Begünstigungen er in seinen Schriften so energisch bekämpfte. 1703 steckten ihn die Kirche und die Obrigkeit wegen seiner »aufrührerischen Schmähschriften« ein weiteres Mal für kurze Zeit ins Gefängnis.

Seinen Bestseller schrieb er, nachdem er in London dem Matrosen Alexander Selkirk begegnet war. Selkirks Geschichte erregte damals in London für kurze Zeit sehr viel Aufsehen. Im Herbst 1704 hatte der Matrose einen Aufstand gegen seinen Kapitän angeführt. Die *Cinque Ports*, das Schiff, auf dem Selkirk angeheuert hatte, war von Bohrmuscheln zerfressen, und der Matrose drohte an, nicht weiter mitfahren zu wollen. Zur Strafe machte der Kapitän aus Selkirks Drohung eine Tat und setzte den Meuterer auf der einsamen Insel Más a Tierra im Juan-Fernández-Archipel vor der chilenischen Küste aus. Das

Schiff sank tatsächlich, und fast die gesamte Mannschaft ertrank. Selkirk dagegen lebte vier Jahre und vier Monate allein auf Más a Tierra. Im Februar 1709 rettete ihn ein Kaperschiff. Zu dessen Besatzung gehörte ironischerweise ausgerechnet der inzwischen degradierte Kapitän, der ihn damals ausgesetzt hatte. Als Held kehrte Selkirk nach London zurück, bevor ihn sein wechselhaftes Schicksal wieder auf die Weltmeere trieb. Der findige Foe aber nahm Selkirks Geschichte und formte sie um in einen ziemlich langatmigen Abenteuer- und Entwicklungsroman. Er ließ seinen Helden achtundzwanzig Jahre in der Einsamkeit und spickte das Buch mit ungezählten Ansichten zur Religion und zur Wirtschaftspolitik. Eines der wichtigen Motive ist das Eigentum.

Versuchen wir, uns in Foes Robinson Crusoe hineinzuversetzen und uns darüber klar zu werden, warum Eigentum für ihn so wichtig ist. Stellen Sie sich vor, Sie wären Robinson und würden achtundzwanzig Jahre lang auf Más a Tierra leben. Die Insel ist sehr gebirgig. Von der wüstenhaften kargen Küste steigt eine sattgrüne Berglandschaft mit undurchdringlichem Bewuchs aus Bäumen und Gräsern auf. Riesenfarne in Baumhöhe wachsen an den Berghängen. Das Klima ist gut verträglich, nicht zu kalt und nicht zu heiß. Und überall auf der Insel finden sich Ziegen, ausgesetzt und zurückgelassen von Ihnen unbekannten Seefahrern. Nachdem Sie die Insel erkundet haben und sehen, dass alles noch niemandem gehört, sagen Sie: Dieser Baumfarn ist *mein* Baumfarn, diese Ziegen gehören *mir,* dieser Papagei ist *mein* Eigentum, dieses Haus, das ich gebaut habe, gehört *mir* allein. Sie verbringen Tage und Wochen damit, sich alles unter den Nagel zu reißen, was Sie sehen. Sie können sogar sagen: Diese Küste ist meine Küste, und dieses Meer ist mein Meer. Und genau so macht es Robinson die ganze Zeit. Aber wozu? Denn natürlich ist das Ganze eine völlige witzlose Angelegenheit. Solange niemand anderes auftaucht und Ihnen Ihre Besitztümer streitig macht, sind Ihre Besitzansprüche Jacke wie Hose.

Wichtig, so wird Ihnen klar, ist die Vorstellung von Eigentum eigentlich nur, wenn andere Menschen ins Spiel kommen. Ich muss meinem Handy nicht erklären, dass es mir gehört. Aber ich muss einem anderen Menschen erklären, dass das Handy mein Eigentum ist, wenn jemand sich daran vergreift. Eigentum ist eben keine Frage nur zwischen Menschen und Dingen, sondern vielmehr ein »Vertrag« unter Menschen. Das hatte ja auch Blackstone eingeräumt, als er vom »Ausschluss der Rechte aller anderen Individuen« sprach. Blackstones Satz von der »alleinigen und despotischen Herrschaft« über das Eigentum jedoch trifft vielleicht für Robinson Crusoe zu, aber nicht auf unsere heutige Gesellschaft.

Den Schokoriegel, den ich kaufe – über den übe ich tatsächlich eine alleinige und despotische Herrschaft aus. Ich kann ihn sofort aufessen, im Regelfall ohne jemanden zu fragen. Aber in einer Welt, die nicht eine einsame Insel ist, kann ich nicht immer und überall so frei über mein Eigentum verfügen wie Robinson Crusoe. Hätte Robinson Altöl zu entsorgen gehabt, hätte er es einfach ins Meer kippen können. Ich aber darf das Altöl aus meinem Auto nicht einfach so ins Meer kippen, ja, ich darf es noch nicht einmal in meinen eigenen Gartenteich schütten. Man könnte mich anzeigen wegen Umweltverschmutzung. Wenn ich eine Wohnung vermiete, darf ich sie nicht betreten, ohne den Mieter um Erlaubnis zu fragen oder mindestens in bestimmten Fällen zu informieren. Ich darf auch keine Mietwohnungen einfach so leer stehen lassen. Ich darf meinen Hund nicht grausam quälen oder für Hundekämpfe abrichten, man könnte mich vor Gericht bringen wegen Tierquälerei. Und das, obwohl mir alles gehört: das Auto, das Altöl, der Gartenteich, die Wohnung und der Hund.

Eigentum ist eine komplizierte Sache. An dem Satz: »Eigentum ist die Beziehung zwischen mir und einem Ding« scheint irgendwie fast gar nichts mehr zu stimmen. Denn einerseits ist Eigentum ein Vertrag unter Menschen. Und andererseits ist dieses Ding nicht einfach nur ein Ding. Vielmehr ist es eine komplexe Sache, die aus Rechten und Pflichten besteht. Im deutschen Grundgesetz steht dieser Satz sogar schwarz auf weiß: »Eigentum verpflichtet!« Sind damit alle Fragen geklärt? Eigentlich nicht. Denn der Fall Crusoe ist noch lange nicht erledigt. Robinson ist nämlich nicht halb so einfältig, wie es jetzt scheint, wenn er überall nach Eigentum fahndet und seinen Besitz markiert. Denn als er sich zum Eigentümer all der lieb gewonnenen Dinge auf seiner Insel erklärt, weiß er natürlich ganz genau, dass niemand sie ihm streitig macht. Eigentum, so würde er entgegnen, hat nämlich viel mehr von der Beziehung zwischen einer Person und einem Ding, als es die Juristen wahrhaben wollen. So falsch, wie es zuletzt schien, ist der Satz nämlich nicht. Was Robinson mit seinen Eigentumsansprüchen ausdrückt, ist sein *psychologisches* Verhältnis zu den Dingen. Was ihm gehört, soll ihm näherstehen als das, was ihm nicht gehört. Was sein Eigentum ist, ist ihm wichtig, das andere ist ihm egal.

Das psychologische Verhältnis zum Eigentum, mithin die »Liebe« zu den Dingen, die mir gehören, ist eines der am schlechtesten beleuchteten Kapitel im Buch der menschlichen Psyche. Das ist umso erstaunlicher, als diese Liebe in unserer Gesellschaft eine enorme Rolle spielt: das Begehren und das Besitzen von »liebgewonnenen« Gegenständen. Ein Pionier der Forschung auf diesem Gebiet war ein Berliner Soziologe mit einem sehr feinen Gespür für psychologische Vorgänge. Neben vielen anderen sozialen Phänomenen untersuchte Georg Simmel die Bedeutung von Gegenständen für das menschliche Selbstwertgefühl. Im Jahre 1900 veröffentlichte der damals zweiundvierzigjährige Privatdozent eine *Philosophie des Geldes.* Obwohl Simmel sich mit Robinson nicht befasst, findet sich hier genau der Schlüssel, um zu verstehen, was Robinson Crusoe auf seiner einsamen Insel antreibt, wenn er überall sein Eigentum markiert wie ein Hund sein Territorium. Wer etwas erwirbt, und sei es auch nur symbolisch wie bei Robinson, macht es zu seinem Besitz. Man kann auch sagen, er verleibt es sich ein und nimmt es als einen Teil seines Seins auf. Dieses Einverleiben geschieht in zwei Richtungen: von den Dingen zum Ich und vom Ich zu den Dingen. Mit Simmel gesagt: »Einerseits liegt die ganze Bedeutung des Besitzes darin, gewisse Gefühle und Impulse in der Seele auszulösen, andererseits erstreckt sich die Sphäre des Ich über diese ›äußeren‹ Objekte und in sie hinein.« Eigentum oder Besitz sind also eine Möglichkeit, sich mithilfe von Gegenständen psychisch auszudehnen oder, wie Simmel sagt, »sein Ich zu erweitern«.

Die Gegenstände, mit denen ich mich umgebe, sollen als *meine* Gegenstände ein Teil meines Ichs sein. Die Klamotten, die mich schmücken, geben meiner Persönlichkeit einen nach außen sichtbaren Zuschnitt; ein Bild, das im Blick der anderen auf mich zurückfällt. Ebenso das Auto, das ich fahre. Mit dem Fahrzeug erwerbe ich zugleich ein *Image,* ein Bild meiner selbst für mich und für die Augen der anderen. Das Designer-Sofa in meinem Wohnzimmer soll nicht nur den Raum, sondern zugleich mich selbst konturieren. Das sichtbare Zeichen meines Geschmacks erscheint als Teil meiner Identität. Ein Porsche-Fahrer, ein Rolex-Träger, ein Punk mit Irokesenschnitt sind Identitäten in der markanten Form von Typen.

Selbst wenn Robinson weit entfernt davon ist, sich selbst als einen Typen zu entwerfen – den Typ Aussteiger mit Rauschebart, Fellhosen und Sonnenschirm –, so geht es ihm doch genau um das, was Simmel beschreibt: sich auszudehnen und zu erweitern in den Dingen, die er besitzt. Nachdem die Hütte gebaut ist, verspürt Robinson den Stolz des Hausbesitzers. Nachdem er die Ziegen gefangen und gezüchtet hat, erfüllt ihn der Stolz des Bauern usw. In jedem dieser stolzen Momente entwirft Robinson mithilfe von Besitztümern ein Bild seiner selbst. Was ihm die Umwelt mangels Menschen nicht zuspiegelt, muss er sich selber erschaffen. In Simmels Worten: »Dass das Ichgefühl seine unmittelbaren Grenzen überschreitet und sich in Objekten, die es dadurch nur mittelbar berühren, angesiedelt hat, beweist, wie sehr der Besitz als solcher nichts anderes bedeutet, als dass die Persönlichkeit sich in jene hinein erstreckt und in der Herrschaft über sie ihre Ausdehnungssphäre gewinnt.«

Doch warum ist das so, dass Menschen (in unterschiedlicher Intensität) sich in den Besitztümern »verwirklichen«, die sie erwerben? Und warum ist dieses Erwerben wichtiger als das Besitzen selbst, das im direkten Vergleich mit dem Erwerben als eine ziemlich langweilige Sache erscheint? Der Kitzel des Kaufens und die damit verbundene Dynamik von Emotionen sind bis heute kaum erforscht. Mit den Werkzeugen und Waffen der Jäger und Sammler begann, so Simmel, die »Ausdehnung des Ich« in die Dinge. Heute gehört der Erwerb von Dingen – und mit ihm der von Images – zu den wichtigsten Glücksstiftern in der industrialisierten Welt. Eine Erklärung dafür wäre, dass es mit den anderen Glücksstiftern in diesen Ländern heute nicht mehr weit her ist: mit dem religiösen Glauben, aber auch mit der Liebe. Man kann darüber streiten, ob die immer kürzeren Takte von Liebesbeziehungen eine Folge des Konsumverhaltens sind, wie oft behauptet wird: Die Liebe wird zu einem Markt von kurzfristigen Kicks, von Erwerben und Abstoßen.

Nicht weniger plausibel aber ist der Verdacht, dass es auch gerade umgekehrt sein könnte: Weil Liebe keine Langfristigkeit sichert, weiche ich auf den Konsum aus – einfach weil er zuverlässiger ist. Exzessiver Konsum wäre damit so etwas wie ein Zeichen von Lebensangst oder von Bequemlichkeit oder beides. Wo die Gefühlswelten anderer Menschen zu kompliziert sind, verlasse ich mich lieber auf die zuverlässigeren Bilder- und Gefühlswelten von Waren. Ein Mercedes ist auch in fünf Jahren noch ein Mercedes, ein geliebter Mensch, ein Partner oder ein Freund, garantiert dies nicht. Auf diese Weise wäre dann auch erklärbar, warum ältere Menschen in ruhigeren Lebensverhältnissen zumeist langfristig hochwertige Dinge bevorzugen; Jugendliche, mit einem altersbedingten geringen Bedürfnis nach emotionaler Zuverlässigkeit, dagegen den schnellen Wechsel – die Mode.

Kulturgeschichtlich betrachtet hat die »Liebe zu den Dingen« in den industrialisierten Ländern heute einen Höhepunkt erreicht, den es so noch nie zuvor gab. Wir nehmen somit teil an einem gewaltigen gesellschaftlichen Experiment. Unsere Wirtschaft lebt in einem nie gekannten kurzatmigen Takt davon, Neues zu erfinden und Altes zu vergessen. Keine Gesellschaft – mit Ausnahme von Sekten – hat jemals den Besitz von Eigentum infrage gestellt. Selbst der Kommunismus, etwa in der Spielart des Staatssozialismus in den osteuropäischen Ländern, hatte nichts gegen das Privateigentum. Verboten wurde nur der private Besitz von Produktionsmitteln, mit deren Hilfe sich ein »Mehrwert« erzeugen ließ, der die Menge des Besitzes auf kapitalistische Weise ungleicher verteilt hätte. Noch nie gab es in der Geschichte der Menschheit eine Gesellschaft und einen Lebensstil, der sich in einem solchen Maße über den *Erwerb* von Eigentum definiert hätte, wie es heute in der industrialisierten Welt der Fall ist.

Die Frage »Was ist Eigentum?« ist also nicht nur eine juristische, sondern auch eine psychologische Frage. Denn Eigentum bietet eine vergleichsweise stabile Möglichkeit, sich emotional auszudehnen – wenn auch mitunter auf Kosten alternativer sozialer Ausdehnungsmöglichkeiten. Der Preis, den das Streben nach Eigentum dem Eigentümer selbst abverlangt, ist dabei eine bislang stark vernachlässigte Frage der Psychologie. Diskutiert dagegen wird und wurde seit Jahrhunderten die Frage, welchen Preis das Streben nach und das Besitzen von Eigentum den anderen Mitgliedern der Gesellschaft abverlangt. Am Anfang dieser Frage steht ein philosophisches Problem: Wenn es stimmt, dass Eigentum das Ergebnis eines Vertrages ist, so fragt sich, nach welchen Grundsätzen dieser Vertrag zustande kommt. Was sind die Prinzipien einer fairen Gesellschaftsordnung?

• *Das Rawls-Spiel.* Was ist gerecht?

BOSTON

Das Rawls-Spiel
Was ist gerecht?

Machen wir ein Spiel: Wir versuchen uns eine wirklich gerechte und völlig faire Gesellschaft auszudenken! Wir haben ein Spielbrett und einen Satz von Spielfiguren. Sie und ich, wir sind die Spielleiter und können die Regeln bestimmen, damit das Bestmögliche für alle dabei herauskommt. Unsere Ausgangsposition ist die: Eine Gruppe von Leuten lebt gemeinsam in einem bestimmten abgeschlossenen Gebiet, unserem Spielbrett. Die Gegend bietet alles, was die Menschen brauchen. Genug zu essen und zu trinken, warme Schlafplätze und ausreichend Raum für jeden. Es gibt Männer und Frauen, junge Menschen und alte. Damit wir mit unserer bestmöglichen Gesellschaft auch tatsächlich bei null anfangen können, wird festgelegt, dass die Personen auf unserem Spielbrett nichts über sich selbst wissen. Sie wissen nicht, ob sie intelligent oder dumm sind, nicht, ob sie schön oder hässlich sind, stark oder schwach, alt oder jung, Männer oder Frauen. Über ihren Eigenschaften, Vorlieben und Fähigkeiten liegt ein »Schleier der Unwissenheit«. Sie sind weiße Flächen ohne Biografie.

Diese Menschen müssen nun sehen, wie sie miteinander klarkommen. Dafür brauchen sie Regeln, damit nicht Chaos und Anarchie ausbrechen. Jeder von ihnen will natürlich als Erstes seine menschlichen Grundbedürfnisse erfüllen: Er will Zugang zum Trinkwasser, er will genug zu essen und einen warmen

Schlafplatz. Alle weiteren Bedürfnisse sind noch unbekannt, der Schleier der Unwissenheit hindert daran, sich selbst klarer zu sehen und einschätzen zu können. Man setzt sich also zusammen und sucht nach Regeln, die einem in aller Unsicherheit weiterhelfen können.

Was würden Sie meinen, auf welchen Grundsatz man sich als Erstes verständigt? Das ist gar nicht so einfach, denn hinter dem Schleier weiß niemand, wer er im wirklichen Leben ist, und keiner kann voraussagen, was für ihn das Beste ist. Der Schleier verhindert, dass bestimmte Interessen von einzelnen Menschen die Entscheidung beeinflussen können. Er soll Fairness garantieren und sicherstellen, dass sich die Interessen durchsetzen, die alle teilen. Da es sein könnte, dass man jenseits des Schleiers in Wirklichkeit keine guten Ausgangsbedingungen hat, ist es ratsam, sich in die Rolle der Schwächsten hineinzuversetzen. So nimmt man am besten den Standpunkt der Allgemeinheit ein und engagiert sich für faire Regeln, die auch den Schwächsten auffangen. Weil also keiner ein Risiko eingehen will, weil er ja nicht einschätzen kann, ob er einem Risiko gewachsen ist oder nicht, listet die Gruppe alle Vorschläge auf, die gemacht werden, um alle wichtigen Grundgüter zu verteilen. Danach macht sie ein Ranking, worauf man sich am besten verständigen kann, damit jeder ein sicheres Minimum an Freiheiten und Grundgütern bekommt. Damit niemand zu kurz kommt oder übervorteilt wird, könnten folgende Regeln dabei herauskommen:

1. Es gibt gleiche Grundfreiheiten für alle. Die Freiheit des Einzelnen darf nur um der Freiheit der anderen willen eingeschränkt werden.
2. Soziale und wirtschaftliche Ungleichheiten müssen folgendermaßen beschaffen sein:
   a. Der erzielte Wohlstand muss auch den am wenigsten Begünstigten den größtmöglichen Vorteil bringen.

b. Es herrscht faire Chancengleichheit. Alle Güter müssen prinzipiell allen offenstehen.

Sind Sie überzeugt oder zumindest damit einverstanden? Dann sind Sie ein geistiger Verwandter des US-amerikanischen Philosophen John Rawls, der sich dieses Modell ausgedacht hat. Bevor Rawls Philosoph wurde, hatte er ein sehr bewegtes Leben. Er war das zweite von fünf Kindern, und zwei seiner Brüder starben innerhalb eines Jahres an den Folgen von Diphtherie, sein jüngster Bruder, nachdem er sich bei John angesteckt hatte. Rawls' Eltern waren politisch stark engagiert. Seine Mutter war in der Frauenrechtsbewegung aktiv, sein Vater, ein Anwalt, in der Demokratischen Partei. Nach der Schulzeit in einer teuren Privatschule ging Rawls auf die renommierte Princeton University. Doch dann traten die USA in den Zweiten Weltkrieg ein. Er musste zur Armee und diente als Infanterist im Pazifik, auf Neuguinea und auf den Philippinen. Er kam nach Japan, unmittelbar nachdem die US-Amerikaner die Atombomben in Hiroshima und Nagasaki abgeworfen hatten. Rawls war in Hiroshima und sah die furchtbaren Folgen. Die Armee machte ihm das Angebot für eine Offizierslaufbahn, aber er war so bestürzt, dass er seinen Dienst sofort quittierte. Er ging zurück an die Universität und schrieb seine Doktorarbeit im Fach Moralphilosophie. Das Thema: die Beurteilung menschlicher Charaktere. Als Philosoph machte Rawls eine große Karriere. 1964 wurde er Professor für Politische Philosophie an der berühmten Harvard University bei Boston im Bundesstaat Massachusetts. Aber er war alles andere als ein brillanter Redner. Er stotterte, und vor vielen Menschen wirkte er sehr schüchtern. Gegenüber Kollegen, Schülern und Freunden dagegen war er ein feiner Kerl, der immer bescheiden blieb und aufmerksam zuhörte. Man fand ihn, wie sein Schüler Wilfried Hinsch erzählt, zumeist in seinem Arbeitszimmer, die Füße ohne Schuhe auf der Sofakante und mit einem Schreibblock gegen die Knie gestützt. Bei Gesprächen machte er sich fortwährend Notizen, die er überarbeitete und seinen Gesprächspartnern später schenkte. Er selbst sah sich nie als einen großen Philosophen an, sondern als einen Mann, für den Philosophieren ein gemeinsames Nachdenken war. 1995 erlitt er den ersten von mehreren Schlaganfällen, die ihn bei der Arbeit stark behinderten. John Rawls starb 2002 im Alter von einundachtzig Jahren.

Obwohl er vier größere Bücher und zahlreiche Aufsätze schrieb, ging Rawls mit einem einzigen Buch in die Philosophiegeschichte ein. Es ist das vielleicht berühmteste Buch über die Moral in der zweiten Hälfte des 20. Jahrhunderts: *Eine Theorie der Gerechtigkeit* (*A Theory of Justice*). Was so lapidar klingt, ist in Wirklichkeit der monumentale Versuch einer modernen Moralphilosophie. Der Grundsatz dahinter ist auf atemberaubende Weise schlicht und klar: Was fair für alle ist, ist auch gerecht! Und eine Gesellschaft, die so ist, wie freie und gleichgestellte Menschen sie sich selbst ausdenken würden, ist eine faire und gerechte Gesellschaft. Eine Gesellschaftsordnung ist also dann gerecht, wenn jeder dieser Ordnung zustimmen könnte, und zwar bevor er weiß, welchen Platz er in der Gesellschaft einnehmen wird.

Das erste Prinzip lautet dabei: In einem fairen Staat haben alle Bürger die gleichen Grundfreiheiten. Doch da die Menschen unterschiedlich begabt sind und unterschiedliche Interessen haben, entstehen natürlich auch in einem solchen Staat nach und nach soziale und wirtschaftliche Ungleichheiten. Der eine ist tüchtiger als der andere, hat mehr Geschäftssinn oder einfach mehr Glück. Und schon gehört dem einen mehr als dem anderen. Daran kann man nichts ändern. Damit der Staat auch weiterhin von fairen Grundsätzen bestimmt wird, nennt Rawls noch ein zweites Prinzip: Soziale und wirtschaftliche Ungleichheiten lassen sich zwar nicht vermeiden, aber diese Ungleichheiten sind nur dann akzeptabel, wenn die am wenigsten begünstigten Personen immer noch den größtmöglichen Vorteil davon genießen. Wie Rawls später einmal meinte, war das Buch eigentlich nur für ein paar Freunde bestimmt. Doch der Erfolg war überwältigend. Das Werk wurde in dreiundzwanzig Sprachen übersetzt und verkaufte sich in den USA über 200 000 Mal. Das enorme Aufsehen nötigte Rawls dazu, unentwegt weiter an seiner Theorie zu basteln. Dreißig Jahre lang feilte er an dem Modell, ergänzte und überarbeitete es immer wieder. Die Idee, die dahintersteht, ist philosophiegeschichtlich gesehen bereits sehr alt. Schon der griechische Philosoph Epikur (vgl. *Der ferne Garten*) wünschte sich, dass der Staat auf einem wechselseitigen *Vertrag* beruhen sollte. Ein idealer Staat ist der, den die Mitglieder einer Gesellschaft in vollem Besitz ihrer Geisteskräfte freiwillig vertraglich festlegen würden. Die englischen Philosophen Thomas Hobbes und John Locke griffen diese Idee im 17. Jahrhundert auf und entwarfen ausgefeilte Vertragstheorien. Auch Rousseau verfasste einen *Gesellschaftsvertrag*. Im 20. Jahrhundert dagegen lagen Vertragstheorien schon lange in der Mottenkiste. Wittgenstein hatte sogar versucht, die gesamte Ethik aus der Philosophie zu verbannen. Aussagen darüber, wie die Menschen leben sollten, erschienen ihm unlogisch und damit unsinnig. Umso erstaunlicher war es, dass Rawls Ende der Sechzigerjahre gerade die alte Tradition des Gesellschaftsvertrags wieder aufgriff.

Politisch konnte er es in dieser bewegten Zeit damit übrigens kaum jemandem recht machen. 1971 hatte der Vietnam-Krieg seinen Höhepunkt erreicht und mit ihm die Massendemonstrationen gegen die Regierung. Überall in der westlichen Welt gab es heftige Debatten über den Staat und seine Eigentumsordnung, über Bürgerrechte und persönliche Freiheit. Kapitalismus und Sozialismus standen einander unversöhnlich gegenüber, und beide hatten ihr hässliches Gesicht gezeigt, in Vietnam und in der Tschechoslowakei. In diese Situation fiel, völlig unbeabsichtigt, das Erscheinen von Rawls' Buch als der Versuch einer großen Versöhnung. Doch den Rechten war sein auf sozialen Ausgleich gerichtetes System viel zu links. Den Linken dagegen erschien er immer als ein übervorsichtiger und zaghafter Liberaler. Gerade diese kontrovers verlaufenden Freund-Feind-Linien machten die ungemein sorgfältig gearbeitete *Theorie der Gerechtigkeit* zu philosophischem Dynamit.

Konservative Kritiker bemängeln gerne, dass Rawls' Ausgang von einem fiktiven Urzustand nicht viel bringt. Wie schon Rousseau wusste – und natürlich auch Rawls weiß –, ist dies eine Konstruktion. Über ihren Erkenntniswert kann man streiten. In Wirklichkeit, so die Kritik, ist bekanntlich alles ganz anders gewesen und entstanden. Und zwar aus einem guten Grund: Gerechtigkeit und Fairness seien nämlich gar nicht die wahren Antriebskräfte des Menschen. Das große Bedürfnis nach Gerechtigkeit, das Rawls mithilfe des Urzustands zementieren möchte, sei in der Realität viel weniger ausgeprägt. Wichtiger als Gerechtigkeit seien der Egoismus und das Bedürfnis nach freier ungehinderter Entfaltung. Diese Antriebskraft zeige sich in jeder Gesellschaft. Hatte nicht der Moralphilosoph Adam Smith im 18. Jahrhundert überzeugend gezeigt, dass nicht die Gerechtigkeit, sondern der Egoismus eine Gesellschaft voranbringe, und zwar wirtschaftlich wie moralisch? »Unser Essen erwarten wir nicht von der Menschenfreundlichkeit des Metzgers, sondern davon, dass er seine eigenen Interessen wahrnimmt.« Um einen eigenen Vorteil davon zu haben, muss der Metzger versuchen, seine Waren zu so fairen Preisen zu verkaufen, dass er andere unterbietet oder zumindest den finanziellen Verhältnissen seiner Kundschaft Rechnung trägt. So entsteht ein funktionierendes Gemeinwesen, mithin eine »freie Marktwirtschaft«. Nach Smith' *Theorie der ethischen Gefühle* führt uns das Streben nach Besitz »wie eine unsichtbare Hand« und fördert, »ohne es zu beabsichtigen, ja ohne es zu wissen, das Interesse der Gesellschaft«. Adam Smith' Fans im 20. Jahrhundert, allen voran Rawls' Harvard-Kollege Robert Nozick, verteidigten auf diese Weise den Status quo einer jeden Gesellschaft. Denn sie ist das immer unterschiedlich gelungene Resultat der wahren menschlichen Antriebskräfte. Andere Antriebe ließen sich nicht sinnvoll am Reißbrett erfinden. Deshalb, so Nozick, sei es völlig falsch, dass Rawls die Regeln der Gemeinschaft nach Prinzipien der Fairness festlegen möchte. Die Gesellschaft brauche solche Grundsätze nicht. Warum soll sich der Mensch nicht einfach ungestört all seiner natürlichen Gaben, seiner unverdienten Talente und seiner zufälligen Startvorteile im Rennen um die knappen natürlichen und gesellschaftlichen Güter seines Lebens erfreuen können? Warum müssen seine Erfolge notwendig und immer den anderen zugutekommen? Reicht es denn nicht, dass sie es im Großen und Ganzen schon irgendwie tun? Für Nozick ist Rawls ein verkappter Sozialist, der die wahre Natur des Menschen völlig verkennt.

Rawls ein Sozialist? Unter Sozialisten erntet man mit dieser Ansicht giftiges Gelächter. Die Kritik beginnt auch hier beim fiktiven Urzustand. So unwissend die Menschen unter dem Schleier auch sein mögen, sie sind doch allesamt freie Persönlichkeiten. Den Willen von *Personen* zum Ausgang einer Theorie der Gerechtigkeit zu machen, ist allerdings nicht unproblematisch. Bekanntlich sind nicht alle Mitglieder einer Gesellschaft im vollen Umfang selbstbestimmt und frei. Was ist mit Kleinkindern und geistig sehr schwer behinderten Menschen? Sie können nicht mit abstimmen, weil sie nichts verstehen. Geht es allein nach den Interessen der mündigen Personen, könnte man sie also getrost aus dem Weg schaffen, zumindest die Waisenkinder und Menschen mit schweren geistigen Behinderungen ohne Angehörige. Die Gleichheit aller Menschen ist also ein heikler Ausgangspunkt, selbst in einer fiktiven Konstruktion. Möglicherweise haben alle Menschen prinzipiell *gleiche Interessen,* aber allein das macht sie eben noch nicht *gleich.*

Besonders pikant wird die Gleichheitsfrage, wenn man Rawls' Urzustand auf verschiedene Länder und Regionen anwendet. Selbst wenn der Verweis auf gleiche Interessen eine Gesellschaft erfolgreich und gut macht – könnte sie sich nicht mit dem gleichen Verweis gegenüber anderen abgrenzen? Peter Singer (vgl. *Jenseits von Wurst und Käse*) wendet ein, dass sich die Bewohner reicher Länder im allseitigen Interesse darauf einigen könnten, ihre Überschüsse untereinander aufzuteilen, anstatt sie den Bewohnern anderer Länder zu geben. Die Anzahl der gleichen Interessen aller Menschen aller Länder, so die Pointe, sei viel kleiner, als Rawls meint. Und auch über die Frage nach dem Eigentum könne man streiten. Was Nozick zu links ist, ist linken Kritikern zu rechts. Immerhin zählt Rawls das *Recht auf Eigentum* zu den politischen Grundfreiheiten. Eigentum hilft dem Menschen, persönlich unabhängig zu sein, und trägt damit zu seiner Selbstachtung bei. Und nur wer sich selbst achtet, sei auch in der Lage, andere zu achten, das heißt moralisch zu handeln. Für manchen linken Kritiker erhält das Eigentum damit ein sehr großes Gewicht, ein viel zu großes. Darüber lässt sich trefflich streiten, was Rawls nicht immer gerne getan hat. Die *Theorie der Gerechtigkeit* verfügt über ein sehr umfangreiches und detailliert unterteiltes Sachregister. Die Begriffe »Eigentum« und »Besitz« fehlen darin.

Sosehr Rawls sich auch bemüht hatte, ein politisch unparteiisches Modell und für jedermann nachvollziehbare Grundsätze zu finden, so wenig konnte er es allen recht machen. Allzu erstaunlich ist das nicht. Ein philosophisches Buch, dem jeder zustimmen kann, wurde auch nie geschrieben. Und würde man es schreiben, wäre es sicherlich belanglos. Betrachtet man die drei wichtigsten Kritikpunkte an Rawls' Theorie einmal ohne jede politische Färbung von rechts oder links, so lässt sich sagen: Der erste Punkt, an dem sich die Geister scheiden, ist die Frage nach dem Wert eines Gesellschaftsmodells, das auf einer fiktiven Konstruktion aufgebaut ist: dem Urzustand. Dieser Urzustand ist – anders als in anderen Vertragstheorien – kein Naturzustand, sondern ein Gesellschaftszustand. Denn all das, was den klassischen Naturzustand, zum Beispiel bei Thomas Hobbes, auszeichnet, gibt es hier gar nicht: Gewalt, Anarchie und Gesetzlosigkeit. Rawls' Urzustand entspricht eher einer kultivierten Kooperative. Und die materielle Grundlage – genug Güter für jedermann – lässt eher an die Schweiz denken als an die Sahelzone oder an Hobbes' armes und elendes England im 17. Jahrhundert. Alle Unbilden der Natur und des Mangels sind sorgsam ferngehalten, um die gute Natur des Menschen freizusetzen und sich freundlich entfalten zu lassen. Wäre Rawls' Urzustand von Katastrophen und Mangel bestimmt, wäre es mit der Solidarität nämlich auch unter dem Schleier der Unwissenheit schnell vorbei. Wo eine Überschwemmung bevorsteht, diskutiert niemand über Chancengleichheit, sondern jeder kämpft um seinen Platz im Boot.

Der zweite Punkt ist, ob es stimmt, dass Gerechtigkeit wie bei Rawls tatsächlich ein so beherrschender Faktor einer Gesellschaft ist. Das Ranking im Urzustand setzt an die erste Stelle die Freiheit. Die Freiheit wird, an zweiter Stelle, eingeschränkt durch die Gerechtigkeit. Die Gerechtigkeit wird bestimmt durch Chancengleichheit und durch den sozialen Ausgleich. Und an dritter Stelle kommen Effektivität und Wohlstand. Der hohe Stellenwert der Gerechtigkeit ehrt Rawls und macht seine Theorie sympathisch. Ein diktatorischer Wohlstandsstaat – zum Beispiel in Kuwait – ist ihm weniger wert als eine arme Demokratie. Seine Kritiker dagegen halten andere Güter als die Gerechtigkeit für wichtiger; Güter wie möglichst uneingeschränkte Freiheit, Stabilität oder Effizienz: besser ein wohlhabender stabiler und dafür ungerechter Staat als eine gerechte, aber dafür arme Gesellschaft. Doch wo ein Utilitarist die Summe des durch den Wohlstand beförderten Glücks in die Waagschale wirft (vgl. *Tante Bertha soll leben*), besteht Rawls auf der Summe der Gerechtigkeit. »Was gut für viele ist, ist gerecht«, lautet die Maxime der Utilitaristen. »Was gerecht ist, ist gut für viele«, beharrt John Rawls. So viel man darüber diskutieren kann – einen absoluten Vorrang des einen oder anderen *Wertes* gibt es nicht. Es gibt vielleicht sympathischere Werte oder weniger sympathische. Aber in der Natur von Werten liegt es, dass sie subjektiv sind und nicht objektiv zu beweisen. Selbst eine so ausgeklügelte Theorie wie jene von Rawls wird dieses Problem nicht los.

Der dritte Punkt ist die Frage nach der Vernunft. Rawls' Position als Philosoph ist die eines Verfassungsgebers. Vernünftig, abwägend, folgerichtig und gerecht entwirft er eine allgemeingültige Ordnung, die auf die Bedürfnisse von nahezu jedermann und jeder Frau Rücksicht nimmt (Menschen mit schwerster geistiger Behinderung wohl leider ausgenommen). Zugleich ist er der Ansicht, dass seine Grundsätze auch für jeden anderen Menschen gelten. Der springende Punkt ist allerdings, ob jeder Mensch so weise, unbestechlich und vernünftig ist wie John Rawls. Die Stichworte »Gefühl« und »Emotion« fehlen im Sachregister ebenso wie »Eigentum« und »Besitz«. Während vom Eigentum gleichwohl vielfach die Rede ist, spielen Gefühle in der *Theorie der Gerechtigkeit* kaum eine Rolle. Dies ist umso erstaunlicher, als die ganze Theorie auf einem Gefühl beruht – auf dem Gerechtigkeitsgefühl! Im Urzustand unter dem Schleier der Unwissenheit wird dieses Gerechtigkeitsgefühl hergeleitet aus dem Eigennutz. Mein eigenes Risiko treibt Angstgefühle in mir hervor. Deshalb suche ich nach allgemeinen Regeln, die diese Angst lindern, weil sie jeden schützen. Ist das Gerechtigkeitsgefühl somit ein kanalisiertes Angstgefühl? Keine Ahnung. Denn über Gefühle redet Rawls nicht.

Statt einem entsprechenden Gefühl gibt es bei ihm nur einen »Gerechtigkeitssinn«, dessen psychologische Herkunft er nicht besonders gut erklärt. Entsprechende Probleme bereiten deshalb auch die anderen konkurrierenden Gefühle, zum Beispiel Eifersucht und Neid. Besonders ärgerlich für Rawls ist, dass Sigmund Freud seine Theorie der Gerechtigkeit gerade auf diesen Gefühlen aufbaut: Nur die Benachteiligten schrien nach Gerechtigkeit! Bei Rawls dagegen scheint der Moralsinn auf eine ähnliche Weise zur Natur des Menschen zu gehören wie für Marc Hauser und John Mikhail (vgl. *Der Mann auf der Brücke*). Nur dass Rawls keine näheren Forschungen über diesen von ihm zugrunde gelegten Instinkt angestellt hat. Vermutlich nicht zuletzt deshalb, weil er ihn wie Kant auf sehr altmodische Weise für ein eingeborenes Gesetz der Vernunft hält anstatt für ein Gefühl.

Die Frage, ob Gerechtigkeit oder Wohlstand höher zu bewerten sind, trennt Rawls vom Utilitarismus (vgl. *Tante Bertha soll leben*). Standen Utilitaristen wie Jeremy Bentham und John Stuart Mill vor der Frage, wie aus den Glücksinteressen des freien einzelnen Menschen eine gerechte Gesellschaft entstehen soll, so muss Rawls zeigen, wie eine gerechte Gesellschaft zur Freiheit und damit zum Glück aller führen kann. Bei Bentham und Mill ist der Staat ein notwendiges Übel. Bei Rawls ist er der moralische Gesetzgeber. Genau diese Linie scheidet bis heute die politischen Fronten. Ist die Gerechtigkeit in erster Linie eine Aufgabe des Staates, oder liegt sie primär in der moralischen Selbstverpflichtung des Einzelnen? Überall dort, wo ausschließlich die Interessen des einzelnen Menschen betroffen sind und sein Handeln andere Mitglieder der Gesellschaft nicht ungebührlich einschränkt oder belästigt, hat der Staat bei Bentham und Mill nichts zu suchen. Seine Rolle ist die eines Nachtwächters, der erst dann Alarm schlägt, wenn es brennt. Bei Rawls dagegen schaut der Staat an vielen Orten auf den Interessenausgleich. Er ist ein weiser Direktor und ein bemühter Pädagoge. Der Pluralismus in der Lebensgestaltung der Einzelnen – dies war Rawls letztes großes Thema vor seinem Tod – ende dort, wo er den Pluralismus der Gesamtgesellschaft gefährlich bedrohe. Ein Staat, der gegenüber allen politischen, weltanschaulichen oder religiösen Gruppierungen uneingeschränkt tolerant sei, zerstöre leicht seine eigene Geschäftsgrundlage. Mit anderen Worten: Privater Pluralismus endet dort, wo er den politischen Pluralismus zerstört.

Einig sind sich die beiden Theorien gegen die Gleichmacherei, zum Beispiel im Staatssozialismus. Eine Gesellschaft, die ausschließlich Gleichheit anstrebt, widerspräche der menschlichen Natur und müsse unweigerlich stagnieren oder niedergehen. Nicht anders sahen dies übrigens auch schon dessen geistige Väter Karl Marx und Friedrich Engels im *Kommunistischen Manifest:* »Die freie Entfaltung des Einzelnen ist die Grundlage der freien Entfaltung aller.«

Das Interessante an jeder Theorie der Gerechtigkeit, auch an jener von Rawls, ist, dass sie Gerechtigkeit als eine Grundlage von Glück ansieht – wenngleich sie umgekehrt in der Philosophie des Glücks nur ein Nebenaspekt zu sein scheint. Bezeichnend dabei ist auch, wie John Rawls in seiner so redlichen wie nüchternen Art das Glück definiert: »Der Hauptgedanke ist der, dass sich das Wohl eines Menschen bestimmt als der für ihn vernünftigste langfristige Lebensplan unter einigermaßen günstigen Umständen. Ein Mensch ist *glücklich,* wenn er bei der Ausführung dieses Plans einigen Erfolg hat. Um es kurz zu sagen, das *Gute* ist die Befriedigung vernünftiger Bedürfnisse.« Die Selbstverständlichkeit, mit der Rawls bei seiner Zusammenfassung das Wort Glück gegen das Gute eintauscht, ist schon frappierend. Denn dass das Gute das Glück sein soll, ist doch ein höchst merkwürdig fantasieloser Blick auf die menschliche Natur. Psychologisch gesehen gibt es an der *Theorie der Gerechtigkeit* gewiss manches zu verbessern. Doch wenn Glück nicht im Gutsein aufgeht – was gehört dann noch dazu?

• *Inseln der Seligkeit.* Was ist ein glückliches Leben?

VANUATU

Inseln der Seligkeit
Was ist ein glückliches Leben?

Die glücklichsten Menschen der Welt haben keine geteerten Straßen. Sie verfügen auch nicht über nennenswerte Bodenschätze. Sie haben keine Armee. Sie sind Bauern und Fischer, oder sie arbeiten in Gaststätten und Hotels. Untereinander verstehen sie sich eher schlecht. Das Land, in dem sie leben, hat die höchste Dichte an Sprachen weltweit. 200 000 Menschen sprechen in mehr als hundert verschiedenen Zungen. Die Lebenserwartung ist ziemlich gering, knapp dreiundsechzig Jahre werden die glücklichsten Menschen im Durchschnitt alt. »Die Leute hier sind glücklich, weil sie mit wenig zufrieden sind«, erklärt ein Journalist von der Lokalzeitung. »Das Leben dreht sich um die Gemeinschaft, um die Familie und um das, was man anderen Leuten Gutes tun kann. Das ist ein Platz, wo man sich keine großen Sorgen machen muss.« Angst hätten die Leute nur vor Wirbelstürmen und Erdbeben.

Glaubt man dem *Happy Planet Index*, den die *New Economics Foundation* im Sommer 2006 veröffentlichte, dann ist Vanuatu das glücklichste Land der Welt. Vanua-was? Ja, das Land gibt es wirklich; ein vergleichsweise wenig bekannter Inselstaat im Südpazifik, den Älteren von uns möglicherweise noch als »Neue Hebriden« aus dem *Diercke Schulatlas* bekannt. Gefragt wurde nach den Erwartungen an das Leben, nach der allgemeinen Zufriedenheit und nach dem Verhältnis der Menschen zu ihrer Umwelt. Die optimale artgerechte Haltung für den Menschen wäre demnach ein Leben auf einer Vulkaninsel mit etwa siebzehn Einwohnern pro Quadratkilometer; ein mildes Klima mit viel Sonne und üppiger Vegetation; ein religiöser Mix aus Naturreligionen mit Protestanten, Anglikanern, Katholiken und Adventisten; bescheidene, aber ehrliche Arbeitsverhältnisse mit vielen Selbstständigen; eine parlamentarische Demokratie mit einem starken Premierminister und einem schwachen Präsidenten und das britische Rechtssystem. Doch ganz so genau hatten es die Urheber der Studie, darunter auch die Umweltorganisation *Friends of the Earth,* gar nicht wissen wollen. Ihr eigentliches Ziel war, herauszufinden, wie stark der Mensch in die Natur eingreifen und seine Umwelt schädigen muss, um Bedingungen zu schaffen, die ihm zum Glück verhelfen. Und die Antwort mit dem Sieger Vanuatu an der Spitze lautet: eher wenig!

Denn wie erbärmlich im Vergleich mit den Vulkaninseln fällt der Glücksfaktor in den reichen Ländern der industrialisierten Welt aus, den Ländern des Fortschritts, der hohen Lebenserwartung und des umfangreichsten Konsum-, Freizeit- und Unterhaltungsangebots: Platz 81 für die Bundesrepublik Deutschland, immerhin das viertglücklichste Land Europas hinter Italien, Österreich und Luxemburg. Die hoch gelobten skandinavischen Länder Dänemark (112), Norwegen (115), Schweden (119) und Finnland (123) liegen alle im unteren Teil. Viel glücklicher lebt es sich in China, in der Mongolei oder auf Jamaika. Ganz übel ist die gefühlte Lebensqualität im »Land der Freien und der Heimat der Tapferen«, in den USA (150), im stein- und ölreichen Kuwait (159) und in Katar (166) – Länder, in denen die einheimische Bevölkerung von jeder Erwerbsarbeit durch Regierungs-Renten befreit ist. Darunter liegen nur noch die traurigen Schlusslichter der insgesamt 178 Länder: Russland, die Ukraine, der Kongo, das Swasiland und Simbabwe.

Denken wir einmal nicht daran, dass die Tage des glücklichen Vanuatu gezählt sind, denn die Klimaerwärmung und der steigende Meeresspiegel spülen wohl auch dieses Atlantis schon in naher Zukunft hinweg. Fragen wir lieber: Was können wir tatsächlich von den glücklichen Menschen in der Südsee lernen? Die erste Lehre ist einfach, klar und von den Auftraggebern der Studie durchaus beabsichtigt: Geld, Konsum, Macht und die Aussicht auf ein hohes Lebensalter machen nicht glücklich. Das ist eine interessante Botschaft, vor allem in einer Zeit, in der das Einkommen breiter Bevölkerungsschichten auch in den Ländern des reichen Westens nicht mehr wirklich wächst. Genau deshalb, so steht zu vermuten, untersuchen clevere Wirtschaftsinstitute wie die *New Economics Foundation*, inwieweit Geld überhaupt glücklich macht und ob die Kriterien Einkommen und Besitz tatsächlich dazu taugen, um das Glück und den Erfolg einer Gesellschaft zu messen. In dieser Hinsicht ist die »Glücksökonomie« (*Happiness Economics*) ein vielversprechender neuer Forschungszweig, und ihre Erkenntnisse sind durchaus denkwürdig. So etwa fanden Glücksökonomen durch Umfragen heraus, dass das Realeinkommen und der Lebensstandard in den USA sich seit den Fünfzigerjahren verdoppelt haben. Der Anteil der nach eigener Ansicht Glücklichen dagegen wuchs nicht mit, sondern blieb in den letzten siebzig Jahren fast genau konstant. Die detaillierte Berechnung einer anderen Studie kommt zu dem Schluss, dass von einem Pro-Kopf-Jahreseinkommen von etwa 20 000 US-Dollar an das Glück nicht mehr proportional zum Einkommen ansteigt. Eine grundsätzliche Erklärung für dieses mangelnde Glückswachstum ist, dass Erwerben zwar (kurzfristig) glücklich machen kann, nicht aber Besitzen (vgl. *Robinsons Altöl*). Sind bestimmte Ansprüche erfüllt, wachsen sofort neue Ansprüche nach, während man sich an das, was man hat, schnell als selbstverständlich gewöhnt. Reichtum ist damit ein sehr relativer Begriff. Man ist immer so reich, wie man sich fühlt, und die Mitmenschen bieten hierfür in der Regel den Maßstab. Ein Bürgergeld-Empfänger in der Bundesrepublik wird sich nicht reich fühlen, auch wenn er damit in Kalkutta ein Krösus wäre.

Das Seltsame an diesen Befunden ist, dass sie kaum einen Einfluss auf unser Leben haben. Der Traum von der finanziellen Unabhängigkeit ist heute noch immer der am weitesten verbreitete Lebenstraum in den Industriestaaten. Genau dafür rackern wir uns ab und investieren die größte Zeit unseres Lebens, obwohl die meisten von uns nie wirklich so weit kommen, tatsächlich »frei« zu sein. Geld und Prestige stehen auf der höchsten Stufe unseres persönlichen Wertesystems noch vor Familie und Freunden. Dies ist umso erstaunlicher, als dass die Werteskala der Glücksökonomen genau andersherum ausfällt. Danach gibt es nichts, was mehr Glück stiftet als die Beziehungen zu anderen Menschen, also zur Familie, zum Partner, zu Kindern und Freunden. An zweiter Stelle steht das Gefühl, etwas Nützliches zu tun, und je nach Umständen Gesundheit und Freiheit. Vertraut man dieser Skala, so leben die meisten Menschen im reichen Westen mit ihren Geldwerten falsch: Sie treffen systematisch Fehlentscheidungen. Sie streben nach einer Sicherheit, die sie wahrscheinlich nie wirklich erlangen. Sie opfern ihre Freiheit und ihre Selbstbestimmung für ein höheres Einkommen. Und sie kaufen Dinge, die sie nicht brauchen, um Leute zu beeindrucken, die sie nicht mögen, mit Geld, das sie nicht haben.

Das Problem an dieser Gegenrechnung ist, dass nicht nur unsere Mentalität, sondern unser ganzes Gesellschaftssystem sehr weitgehend auf dieser materiellen Orientierung aufbaut. Der Schriftsteller Heinrich Böll erdachte sich dazu bereits in den Fünfzigerjahren eine ausgefuchste »Anekdote zur Senkung der Arbeitsmoral«: In einem Mittelmeerhafen liegt ein armer Fischer in der Mittagssonne auf der faulen Haut. Ein Tourist spricht ihn an und versucht ihn davon zu überzeugen, lieber fischen zu gehen. »Warum?«, möchte der Fischer wissen. »Um mehr Geld zu verdienen«, entgegnet der Tourist. Eilig rechnet er vor, wie viele zusätzliche Fischzüge den Fischer zu einem wohlhabenden Mann mit vielen Angestellten machen könnten. »Wozu?«, möchte der Fischer erneut wissen. »Um so reich zu sein, dass man sich in Ruhe zurücklehnen und in die Sonne legen kann«, erklärt der Tourist. »Aber genau das kann ich doch auch jetzt«, sagt der Fischer und schläft weiter.

Ich erinnere mich an diese Geschichte, weil ich mich mit ihr in der Mittelstufe des Gymnasiums auseinandersetzen musste. Die kleine Erzählung stand in unserem Deutschbuch, aber meine junge Lehrerin hatte damit ziemlich große Schwierigkeiten. Die meisten meiner Mitschüler waren rasch überzeugt und ließen sehr lernfähig in ihrem Elan nach, sich weiter am Unterricht zu beteiligen. Meine Lehrerin dagegen suchte noch immer den Grund, warum ausgerechnet diese völlig demotivierende kleine Erzählung als pädagogisch sinnvoller Text auf dem Lehrplan stand. Sie verteidigte den Touristen und bemühte sich, uns davon zu überzeugen, dass mehr Geld auch eine bessere Krankenversicherung und eine sichere Rente für den Fischer bedeute. Aber der Text war immerhin von Heinrich Böll und nicht von der AOK. Hatte Böll tatsächlich dafür plädieren wollen, das Leben bürgerlich abzusichern und unnötige Lebensrisiken zu vermeiden?

Die Glücksökonomen, so viel ist sicher, gewinnen dem Fischer heute insgesamt mehr ab als den Sicherheitsbedürfnissen meiner Deutschlehrerin. Für sie geben die Scheidungs- und Arbeitslosenraten eines Landes eine bessere Auskunft über das nationale Wohlbefinden als etwa das Bruttosozialprodukt. Und sie machen damit Ernst: Statt die Zufriedenheit eines Volkes und den Erfolg einer Regierung am Bruttosozialprodukt zu messen, bräuchte es vielmehr einen »Nationalen Zufriedenheitsindex«. Das wäre in der Tat ein Umdenken auf der Höhe der Zeit. Besondere Verdienste erwarb hier der britische Ökonom Richard Layard von der London School of Economics and Political Science. Für Layard steht fest: Es gibt mehr im Leben, was glücklich macht, als immer nur alles haben zu wollen. Wer nach immer mehr Wohlstand und Status (im Vergleich zu anderen) strebt, der zeigt Anzeichen eines echten Suchtverhaltens. Materielles Streben erzeugt einen dauerhaften Zustand der Unzufriedenheit, in dem kein nachhaltiges Glück entstehen kann.

Das von allen Industrieländern angestrebte Wachstum führt also nicht zu glücklicheren Menschen. Ganz im Gegenteil zahlen Menschen für das Wachstum den hohen Preis von weniger Glück. Selbst wenn wir heute mehr zu essen haben, größere Autos besitzen und mal eben auf die Malediven jetten – unser Seelenzustand verbessert sich nicht mit der Kaufkraft, sosehr wir in diesem Wahn auch leben mögen. Für Layard gibt es daraus nur eine logische Konsequenz: Da Menschen mehr Angst vor Verlusten haben, als dass Zugewinne sie glücklich machen, müsse die Politik in den Industriestaaten umdenken. Vollbeschäftigung und sozialer Frieden seien wichtiger als die Steigerungsraten des Bruttosozialproduktes. Glück für alle statt Wachstum für die Wirtschaft lautet die Botschaft.

Ob Layards Forderungen realistisch sind, darüber kann man streiten. Aber das wollen wir hier nicht tun. Die Moral jedenfalls ist unmissverständlich. Nicht Wohlstand und Geld, nicht einmal Alter, Geschlecht, Aussehen, Intelligenz und Bildung entscheiden über unser Glück. Wichtiger sind Sexualität, Kinder, Freunde, Essen und Sport. Am allerwichtigsten sind dabei die sozialen Beziehungen. Nach der Weltweiten Werte-Umfrage

(*World Values Survey*), der umfangreichsten und weiträumigsten Statistik zu den soziokulturellen, moralischen, religiösen und politischen Werten der Menschen auf der Erde, wirkt sich eine Scheidung etwa so negativ auf das Wohlbefinden aus wie der Verlust von zwei Dritteln des Einkommens. Interessanterweise trägt, wie der Report beweist, auch die Hoffnung auf Glück ganz maßgeblich zum Glück selbst bei. Denn kaum jemand lebt ohne eine ganz eigene Vorstellung vom Glücklichsein und ohne eine eigene Sehnsucht nach dem Glück. Der Traum vom Glück begleitet uns – und sei es auch nur als ein Bild all dessen, was wir vermissen, was uns schmerzt und fehlt.

Das Glück ist, jenseits aller Glücksstatistik, immer auch eine ganz private Sache. Ich muss *mein* Glück finden, lautet eine verbreitete Redensart. »Mein Glück« ist, so meinte der deutsch-jüdische Philosoph Ludwig Marcuse 1948 in seiner *Philosophie des Glücks,* »der Augenblick tiefster Übereinstimmung mit mir selbst«. Doch mit einer solchen Übereinstimmung ist das so eine Sache. Sie klingt verdammt stark nach Rosalie (vgl. *Do be do be do*). Denn wenn es richtig ist, dass es gar kein Ich gibt, sondern nur (acht verschiedene) Ich-Zustände, was heißt dann Übereinstimmung? Wer stimmt hier mit wem überein? Und ist der Zustand des Glücks irgendwie »wesentlicher« als meine anderen Zustände? Bin ich, wenn ich glücklich bin, tatsächlich näher bei mir selbst?

An dieser Stelle wird es Zeit, mal wieder die Hirnforschung zu Rate zu ziehen und uns an ein paar alte Freunde zu erinnern: an Serotonin und Dopamin (vgl. *Mr. Spock liebt* und *Eine ganz normale Unwahrscheinlichkeit*). Dass Glück etwas mit Körperchemie zu tun hat, wird niemanden verwundern, der sich zum Entspannen in die Sonne legt. Sonnenstrahlen heben die Stimmung, auf gut neurobiologisch: Sie führen zur Ausschüttung von Serotonin. Kein Wunder also, dass es sich auf

Vanuatu leichter lächeln lässt als bei uns. Die Temperatur bestimmt das Temperament. Was die Hirnforschung sonst noch über den Mechanismus weiß, der Glück erzeugt, wird oft ziemlich stark verkürzt. Bei positiven Gefühlen werde die linke Gehirnhälfte aktiv und bei schlechten die rechte. Das erinnert schon ein wenig an die groben Hirnkarten des frühen 19. Jahrhunderts. Tatsächlich aber handelt es sich um ein gar nicht so einfaches Zusammenspiel von Gefühl und Bewusstsein, von limbischem System und präfrontalem Cortex. Einfach ist eigentlich nur die Erklärung bestimmter Wirkstoffe wie Koffein, Alkohol, Nikotin und Kokain. Sie alle erhöhen den Ausstoß des Aufputsch-Transmitters Dopamin und mitunter auch von Serotonin und sorgen so für kurz anhaltende freudige Erregungen und Zufriedenheit. Eine Erklärung für komplizierte und länger anhaltende Glückszustände ist damit aber noch nicht gegeben. Schon bei vergleichsweise immer noch recht einfachen Freuden, wie zum Beispiel beim Genuss eines guten Essens, spielen Anblick, Geruch und Geschmack eine je eigene Rolle, und selbst das Ambiente, die Erwartung an das Essen, die Vorfreude usw. sind wichtig für das Glücksgefühl.

Der spannende Punkt hinter den meisten Glückssituationen, beim Flirt, beim Sex, beim Essen, beim Reisen, zuweilen auch beim Sport, ist das Spiel von *Erwartung und Erfüllung.* Die meisten neurochemischen Glücks-Theorien enden hier, bevor es überhaupt richtig losgeht. Schokolade macht glücklich, weil ihr Genuss Serotonin freisetzt, schon ihr Duft lässt den Körper Abwehrstoffe gegen Krankheiten bilden; schöne Gerüche überhaupt fördern den Serotonin-Ausstoß. Doch mit mehr Schokolade, geregelter Zufuhr von Drogen und ständigem Blumenduft ist es bekanntlich noch nicht getan. Wir müssen also weitergehen – zu den Erwartungen. Ein Jogger erlebt mitunter seelische Hochzustände, weil langes Laufen Endorphine freisetzt, den

»Runner's High«. Aber er erlebt noch einmal ganz andere Glücksgefühle, wenn er seinen eigenen Rekord überbietet oder ein Rennen gewinnt. Das »Mehr« kommt jedoch nicht aus der natürlichen Reaktion des Körpers beim Laufen; es kommt zustande mithilfe des präfrontalen Cortex, denn nur er kennt die Rekordzahlen. Der erzielte Erfolg *belohnt* den Läufer und macht ihn glücklich. Eine Erwartung wurde erfüllt oder sogar übertroffen.

Kein Wunder, dass das vornehmliche Interesse der Hirnforscher heute bei der Frage liegt, auf welchem ausgeklügelten Pfad Gefühl und Bewusstsein hier zusammenspielen. Denn Glücksgefühle sind eben oft mehr als schlichte Emotionen. Dass Lachen manchen finsteren Patienten so aufhellt, dass es heute sogar »Lachtherapeuten« gibt, lässt sich nicht mit einfachen Reflexen erklären. Studien zeigen, dass bereits der bloße Gedanke an ein schlechtes Erlebnis bei Versuchspersonen zu einer Schwächung des Immunsystems führt. Rufen die Versuchsleiter dagegen angenehme Erinnerungen wach, verbessert sich sofort die Stimmung, und die Abwehrkräfte werden gestärkt.

Glücksgefühle sind eine sehr komplizierte Sache. Einmal stehen sie für extrem positive Emotionen, für größte Freude, Begeisterung und Entzücken. Sie verbinden sich dabei mit einer erhöhten Sensibilität, mit wachen, geschärften und geöffneten Sinnen. Zum anderen aber kommen große Leistungen des Bewusstseins hinzu: eine positive Sicht der Dinge und der Umgebung und eine ebenso positive Wahrnehmung und Erinnerung. Im Zustand von Verliebtheit oder bei einem großen Erfolg erscheint alles mit einem Mal in einem guten Licht. Abstrakte Vorstellungen von Harmonie, Einklang, Intensität, Einheit, Freiheit und Sinn mischen sich in diesen Eindruck. Die Selbstzufriedenheit wird schlagartig gesteigert, das Selbstwertgefühl wächst, mitunter in schwindelerregendem Maße. Ein Mensch im Glückszustand fällt auf durch sein aufgeschlossenes Verhalten, er ist freundlich, impulsiv, spontan, flexibel, produktiv. Er sieht sich selbst in der Lage, Berge zu versetzen.

Doch diese rauschhafte Harmonie hält bekanntlich nicht lange. Und das ist möglicherweise auch gut so. Zu viel Serotonin macht gleichgültig. Und ein zu großer Überschuss an Dopamin führt zur Besessenheit, zu Machtrausch, Größenwahn und Irrsinn. Nach kurzer Zeit stumpfen die Rezeptoren im Gehirn gegen die chemischen Kampfstoffe ab, und der Zauber lässt nach. Der Krampf, einen solch vergänglichen Zustand künstlich zu strecken, endet im Fiasko: in der Drogenabhängigkeit, der Liebesblödigkeit, dem Terror permanenter Erfolgssucht.

Kein Mensch kann so leben, dass er ständig in absoluter Harmonie mit sich selbst ist. Fortwährend in seinem augenblicklichen Tun aufzugehen, alles um sich herum, einschließlich der Zeit, verschwimmen zu lassen, nirgendwo zu verweilen als im Hier und Jetzt, sind schöne Gedanken der fernöstlichen Weisheitslehren. Psychologisch betrachtet sind sie eine Überforderung. Neurochemisch gesehen machen sie den Ausnahmezustand zum Regelfall. Große Glücksgefühle sind »Inseln der Seligkeit« im Ozean unseres Lebens. Aber natürlich sind solche Zustände kein durchgängiges Rezept für ein gelingendes Leben, sondern eine unrealistische Erwartung.

Dauerhaftes Glück lässt sich nur erreichen, wenn die Erwartungen realistisch bleiben. Wenn Glücks- und Unglückszustände im Wesentlichen »hausgemacht« sind, so sind sie sehr weitgehend eine Frage des Umgangs mit sich selbst. Und das heißt: mit der eigenen Erwartungshaltung. Nur so lässt sich erklären, dass Menschen in schwierigen Lebensumständen glücklicher sein können als Menschen in privilegierten Lebenssituationen. Mit »sich selbst übereinzustimmen«, wie Ludwig Marcuse es sich wünscht, bedeutet also: mit den eigenen Erwartungen im Einklang zu sein. Und zwar einschließlich der Erwartungen der anderen, die ich erwarte. Also, mit Niklas Luhmann gesagt, den »Erwartungserwartungen«. Bekanntermaßen nützt es wenig, mit sich selbst im Reinen zu sein, wenn dieser Zustand nicht mit den Mitmenschen abgestimmt ist. Dies ist auch einer der Gründe dafür, warum sich so manche fernöstliche Lebensidee außerhalb eines Klosters schlecht leben lässt.

Als Zivildienstleistender begegnete mir Mitte der Achtzigerjahre ein Sozialarbeiter, der eine Devise ausgab, die mich nachhaltig provozierte. Sein Ziel – und, soweit ich ihn verstand, wohl das beste Lebensziel für alle – sei es, sich von seinen Erwartungen zu befreien. Um Himmels willen! Was für eine überzogene Erwartung! Von allen Erwartungen an das Leben, die ich mir bis heute vorstellen kann, ist diese wohl die größte und die unmöglichste, denn an unseren Erwartungen führt kein Weg vorbei. Die Frage ist nicht, wie wir sie loswerden, sondern wie wir sie uns zuschneiden. Eine andere Weisheit lautet, Erwartungen immer möglichst niedrig anzusetzen, um nicht enttäuscht zu werden. Das kann man so sehen. Aber eine sehr verführerische Idee ist das nicht. Denn niedrige Erwartungen verraten zweierlei: eine ziemlich große Lebensangst und eine offenkundige Schwierigkeit im Umgang mit Enttäuschungen. Wäre es da nicht vielleicht besser zu lernen, Enttäuschungen leichter zu bewältigen? Denn wer wenig erwartet, dem passiert zumeist auch nicht viel.

Gleichwohl kann sich die kleinbürgerliche Moral der kleinen Erwartungen der Schützenhilfe vieler großer Philosophen sicher sein. Glück und Lebenslust gehören nämlich nur selten zu ihren bevorzugten Themen. Nicht wenige von ihnen haben deshalb maximal der »Zufriedenheit« eine Bedeutung beigemessen – der dauerhafteren Schwundstufe des Glücks. Immanuel Kant mag hier als Beispiel gelten. Das einzige realistische Glück liegt für ihn darin, seine moralische Pflicht zu erfüllen. Ein etwas unbeholfener und ängstlicher Versuch, Pflicht und Glück einfach kurzzuschließen. Wie herzerfrischend dagegen hat die Sängerin Édith Piaf beides wieder voneinander getrennt: »Moral ist, wenn man so lebt, dass es gar keinen Spaß macht, so zu leben.« Aus Kants langweiliger zweiten Lebenshälfte ein Vorbild für ein glückliches Leben zu gewinnen, ist ja auch nicht gerade naheliegend.

Glück und Zufriedenheit sind nicht identisch. Und man sollte sich davor hüten, das Streben nach Lustgewinn schlichtweg umzuformulieren in eine Strategie der Leidvermeidung. Natürlich gehört beides zum Leben dazu, und jeder hat in diesem Spektrum seine eigenen Schwerpunkte. Wahrscheinlich fällt es uns nicht allzu schwer, unsere Mitmenschen, Freunde und Bekannte einzuteilen in »Lustgewinner« und »Leidvermeider«. Denn ohne Zweifel hängt diese Ausrichtung sehr stark von Erziehung und Temperament ab. Ein grundsätzlicher Vorrang des Leidvermeidens vor dem Lustgewinn, dem so viele Religionen und Philosophen anhängen, ist allerdings nicht zu begründen. Und die gepriesene »Zufriedenheit« mit all ihren Vorteilen ist eher eine Einstellung älterer Menschen, die jüngeren Menschen kaum als Lebensweisheit schmackhaft gemacht werden sollte.

So jedenfalls sieht es ein renommierter Psychologe und Glücksforscher mit dem bezeichnenden Namen Martin Seligman von der University of Pennsylvania in Philadelphia. Für ihn ist an allem etwas dran: Glück als »Angelegenheit des individuellen Genusses«; als eine »Angelegenheit der Wünsche, die man hat«, und als das »Erreichen bestimmter Dinge aus einer Liste erstrebenswerter Ziele«. Echtes Glück setzt sich aus alledem zusammen und besteht aus dem *angenehmen Leben,* also dem Genuss, aus dem *guten Leben,* also aus Engagement und der Erfüllung persönlicher Sehnsüchte sowie aus dem *sinn-*

erfüllten Leben, dem Erreichen bestimmter Dinge aus einer Liste erstrebenswerter Ziele. Das klingt schön und plausibel. Die Frage allerdings ist, wie man ein solches Leben hinbekommt. Steht es mir frei, mein Glück weitgehend selbst zu gestalten? Und wenn ja, wie soll ich das machen?

• *Der ferne Garten.* Ist Glück lernbar?

ATHEN

Der ferne Garten
Ist Glück lernbar?

Für die einen war er der weltklügste aller Philosophen, für die anderen war er »das große Schwein«. Geboren wurde Epikur um das Jahr 341 vor Christus auf der griechischen Insel Samos. Er war ein Mythos zu Lebzeiten und erst recht nach seinem Tod. Dabei liegt vieles in seinem Leben bis heute im Dunkeln. Denn nahezu alles, was wir darüber wissen, stammt aus einer einzigen Quelle. Und dieser Biograf lebte fünfhundert Jahre später. Mit achtzehn Jahren soll Epikur nach Athen gekommen sein. Es ist die Zeit Alexanders des Großen. Als die Athener nach dessen Tod einen vergeblichen Aufstand wagen, folgt Epikur seinem Vater in die Gegend von Ephesos in der heutigen Türkei. Als Fünfunddreißigjähriger ist er wieder in Athen und kauft einen Garten, den berühmten *Kepos*. Der Garten wird rasch zu *dem* Zentrum der wiederaufblühenden Demokratie in Athen. Menschen aller Gesellschaftsschichten treffen sich bei Epikur. Ein engerer Zirkel lebt hier zugleich wie eine Sekte, gemeinschaftlich und ohne Privatbesitz. Auch Frauen und Sklaven sind im *Kepos* willkommen – ein Umstand, der viele Athener verdrießt. Man zerreißt sich das Maul über den Guru und seine seltsamen Sitten, Gerüchte über Orgien und Gruppensex gehen um. Doch wer tatsächlich in Epikurs Garten war, weiß, dass über der Pforte der Spruch steht: »Tritt ein, Fremder! Ein freundlicher Gastgeber wartet dir auf mit Brot und mit Wasser im Überfluss, denn hier werden deine Begierden nicht gereizt, sondern gestillt.« Fast dreißig Jahre unterhält Epikur seinen Garten, bis er im Jahr 270 vor Christus stirbt. Der *Kepos* aber ist eine Institution. Noch fast 500 Jahre bleibt er bestehen.

Was Epikur in seinem ominösen Garten tatsächlich gelebt und gelehrt hat, ist nur über Umwege zu erfahren, denn von den Schriften des Meisters sind lediglich wenige Fragmente erhalten. Umfangreicher dagegen sind die Auskünfte in den Büchern seiner zahlreichen Anhänger und ebenso zahlreichen Gegner. Schüler und Rivalen haben dabei ein so unterschiedliches Bild gemalt, dass es nicht einfach ist, die Spreu vom Weizen zu trennen. Die Nachwelt, vor allem die argwöhnischen Christen, setzten noch einen drauf und verzerrten das Ansehen Epikurs ins Groteske.

Das Radikale und zeitlos Moderne an Epikurs Lehre war, dass sie sich auf eine in der Philosophie seltene Weise auf nichts anderes verließ als auf das sinnlich erfahrbare Leben. Alles Übersinnliche lehnte Epikur ab. Die Götter und die Religion spielten für ihn keine Rolle. Auch der Tod, so meinte er, solle nicht überbewertet werden in seiner Bedeutung für das tägliche Leben: »Gewöhne dich daran zu glauben, dass der Tod keinen Wert für uns hat. Denn alles, was gut, und alles, was schlecht ist, ist Sache der Wahrnehmung. ... Solange wir da sind, ist der Tod nicht da, wenn aber der Tod da ist, dann sind wir nicht da.« Epikurs Zugang zur Welt beschränkt sich auf das, was tatsächlich erfahrbar ist. Die logische Vernunft schätzt er zwar hoch, aber er koppelt alle Einsichten an das, was unsere Sinne wahrnehmen und begreifen können. Was jenseits dieser Erfahrungswelt liegt, dahin wollte er sich nicht versteigen. Epikur hütet sich davor, einen Generalplan über das Wesen, die Entstehung und den Zustand der Welt zu entwerfen, wie so viele seiner Vorgänger in der griechischen Philosophie. Eigentlich will er überhaupt nichts vollständig erklären, denn überall entdeckt er Wissenslücken und Erklärungsmängel. Statt einer alles umfassenden Erkenntnistheorie wendet er sich der Frage zu: Was ist im Rahmen der begrenzten menschlichen Möglichkeiten ein gelingendes Leben? Epikur war schlau genug zu wissen, dass es darauf keine einfache Antwort gab. Er musste der widersprüchlichen Natur des Menschen Rechnung tragen.

Menschen sind darauf programmiert, dass sie Lustgefühle haben wollen. Lust ist schön, und Unlust ist schlecht. An jedem Kleinkind lässt sich ablesen, wie Menschen emotional funktionieren. Das Streben nach Lust ist so klar wie »dass das Feuer wärmt, der Schnee kalt und der Honig süß ist«. Auch Erwachsene streben nach Lustgefühlen. Doch die meisten Lustzustände – der Genuss von Sex, Essen, Alkohol und so weiter – halten nicht lange vor. Die Inseln der Seligkeit lassen sich nicht zu Kontinenten ausbauen. Als Basis eines dauerhaften Glücks taugen sie nur eingeschränkt, man sollte sie zwar unbedingt genießen, aber beileibe nicht überschätzen. Außerdem misstraut Epikur allzu großen Mengen: Was im Überfluss genossen wird, verliert schnell an Wert. Ein kleines Stück Käse langsam und sorgfältig gegessen, kann mehr Freude schenken als ein Festbankett. Um die Lebensfreude dauerhaft zu steigern, sollte man die kindliche Gier nach dem Überfluss eindämmen. Man muss also die Bedürfnisse regulieren, um der Lust Dauer zu verschaffen. Das aber geht nur mithilfe der Vernunft. Die Einsicht hilft uns dabei, zuverlässige und stabile Strategien zu entwickeln, um nicht fortwährend von schnellen Kicks abhängig zu sein.

Ein Mittel dazu ist es, die Sinne zu schärfen und die vielen kleinen Momente des Lebens ebenso auszukosten wie die großen. Ein weiteres besteht darin, Ängste abzubauen. Wenn sich auch nicht immerzu starke Lust erregen lässt, so kann man doch versuchen, die Gefühle der Unlust zu verringern: Unnötige

Zukunftsängste sollte man sich ersparen, seinen Ehrgeiz sollte man zügeln, seine Luxusbedürfnisse nach Geld und Besitz einschränken. Aus alledem erwächst wenig Freude, dafür aber eine schädliche Abhängigkeit: »Auch die Unabhängigkeit von äußeren Dingen halten wir für ein großes Gut ... weil wir voll davon überzeugt sind, dass jene, die den Überfluss am meisten genießen, ihn am wenigsten brauchen und dass alles Natürliche leicht, das Sinnlose aber schwer zu beschaffen ist.« Nicht Besitz, sondern die sozialen Beziehungen stiften nach Epikur das dauerhafteste Glück: »Von allem, was die Weisheit für die Glückseligkeit des ganzen Lebens bereitstellt, ist der Gewinn der Freundschaft das bei Weitem Wichtigste.«

Folgt man Epikurs Lehren, dann ist ein »Epikureer« ein ausgeglichener Mensch, der sein Glück aus den vielen kleinen Freuden des Lebens zieht, der seine Ängste besiegt und der gesellig und verträglich mit anderen lebt. Erst seine späteren Gegner, vor allem die Christen, haben den gottlosen Epikur zu einem Guru des Lasters verfälscht und seine Ansichten bis zur Unkenntlichkeit verdreht. Psychologisch gesehen aber war Epikur den Lehren des Christentums bereits weit voraus. Denn er erkannte das untrennbare Zusammenspiel von Körper und Geist, Physis und Psyche, und stellte es ins Zentrum seiner Philosophie. Was er lehrte, findet sich heute wieder in den Einsichten der *Positiven Psychologie,* einer vor allem in den USA verbreiteten modernen Forschungsrichtung. Vertreter der Positiven Psychologie suchen Kriterien, die erfüllt sein müssen, damit Menschen glücklich sind. Und sie entwerfen Programme, um Menschen darin zu trainieren, glücklicher zu werden. Denn Glück, da stimmen die Psychologen mit Epikur überein, kann und muss aktiv hergestellt werden. Glück entsteht nicht von allein. Es reicht nicht aus, keine Schmerzen, keinen Stress und keine Sorgen zu haben, um glücklich zu sein. Wie viele Menschen ohne große Lebensnöte sind überhaupt nicht glücklich, sondern langweilen sich nur. Mit anderen Worten: Glück ist schön, macht aber viel Arbeit. Die Glücksforscher haben diese Arbeit in eine ganze Reihe praktischer Regeln zusammengefasst, die ich hier – mitunter etwas augenzwinkernd – aufführe.

Die erste Regel heißt: *Aktivität!* Unsere Gehirne dürsten danach, beschäftigt zu werden. Geistiger Stillstand macht schlechte Laune. Sobald wir nur einen Tag ruhen, sterben gleich serienweise Neuronen ab. Wer seinen Geist nicht beschäftigt, sorgt dafür, dass er schrumpft; ein Prozess, der gewöhnlich mit Gefühlen der Unlust einhergeht. Antriebslosigkeit mündet deshalb schnell in Depressionen. Unser Hormonhaushalt leidet dann darunter, dass er nicht genügend mit Dopamin versorgt wird. Wir müssen nicht pausenlos aktiv sein, aber allzu viel abzuhängen ist dem Glück nicht eben förderlich. Sport zum Beispiel ist eine feine Sache, denn der Geist belohnt sich selbst für erfolgreiche körperliche Anstrengungen durch die Bildung von neuen Neuronen. Auch Interessen steigern die Lebensfreude. Routinen mögen manches für sich haben – auf die Dauer machen sie nicht glücklich. Abwechslung und Neues können Quellen des Glücks sein. Wittgenstein, dem das Streben nach Glück suspekt war, hielt sich deshalb an die genau umgekehrte Maxime: »Es ist doch scheißegal, was man isst, Hauptsache, es ist immer dasselbe« – eine Anleitung zum Unglücklichsein.

Die zweite Regel heißt: *Sozial leben!* Epikur hielt wenig davon, sich in den Mittelpunkt zu spielen, weder im Privaten noch in der Öffentlichkeit. Aber er erkannte, dass es kaum eine dauerhaftere Glücksquelle gibt als soziale Bindungen. Freundschaft, Partnerschaft und Familie können einen Rahmen schaffen, in dem wir uns aufgehoben fühlen. Etwas gemeinsam zu erleben, mit dem Partner, einem Freund oder mit Kindern, steigert das Glückserlebnis. Fühlen sie sich geborgen, so schütten

Männer Oxytocin aus und Frauen Vasopressin, jene Präriewühlmaus-Hormone, von denen bereits die Rede war (vgl. *Eine ganz normale Unwahrscheinlichkeit*). Wer in einem engen sozialen Verbund lebt, steht mit seinen Sorgen und Nöten nicht allein da. Kein Wunder, dass eine gute Partnerschaft und eine entsprechende Häufigkeit von Sex viel wichtiger für das Lebensglück sind als etwa Geld und Besitz.

Die dritte Regel heißt: *Konzentration!* Epikur verwendete viel Zeit darauf, seinen Schülern nahezubringen, wie sie das Hier und Jetzt genießen können: den Duft der Blumen, die Schönheit der Formen, den Geschmack eines Stück Käses. Ausgewählte und konzentrierte Genüsse steigern die Lebensfreude. Was für Dinge gilt, sollte erst recht für Menschen gelten. Je intensiver man sich auf jemand anderen einlässt, umso tiefer sind Gefühl und Mitgefühl. Aus der Sicht der Hirnforschung gesprochen heißt dies: Koste deine Bewusstseinszustände aus, zumindest die, die dir guttun. Und für alles, in das man sich versenkt, gilt: Man sollte es ganz und gar tun. Wer beim guten Essen daran denkt, dass er zu dick wird, bei Gesprächen fortwährend auf die Uhr guckt, bringt sich um sein Erlebnis. Zuweilen an die Zukunft zu denken, mag sinnvoll sein, fortwährend an die Zukunft zu denken, raubt den Moment. Leben ist, wie John Lennon wusste, das, was Menschen passiert, während sie dabei sind, andere Pläne zu machen.

Die vierte Regel heißt: *Realistische Erwartungen!* Glück ist eine Frage dessen, was man erwartet. Häufige Fehler sind, sich zu überfordern, aber auch sich zu unterfordern. Beides führt zur Unzufriedenheit. Wer sich überfordert, leidet an vermeidbarem Stress. Wer sich unterfordert, erleidet einen Mangel an Dopamin-Ausstößen, Antriebslosigkeit und Gleichgültigkeit sind die Folgen. Und der Mangel an Elan führt möglicherweise wiederum dazu, sich zu unterfordern, ein Teufelskreis.

Die fünfte Regel heißt: *Gute Gedanken!* Sie ist die vielleicht wichtigste Regel überhaupt. Glücksgefühle, darin stimmen Epikur und die Positive Psychologie überein, sind kein Zufall, sondern eine Folge der »richtigen« Gedanken und Gefühle. Richtige Gedanken sind danach solche, die Lust erzeugen und Unlust vermeiden. Ein besonderer Trick der Psychologen liegt in der Aufforderung: »Tue so, als ob du glücklich wärst, und du wirst es sein!« Leichter gesagt, als es ist. Wenn es mir schlecht geht, werde ich kaum die Kraft aufbringen, mir selbst gute Laune vorzuspielen. Der russische Schriftsteller Fjodor Dostojewski, der ein feiner Psychologe war, brachte diese Moral der guten Gedanken einmal augenzwinkernd auf den Punkt: »Alles ist gut. Alles. Der Mensch ist unglücklich, weil er nicht weiß, dass er glücklich ist. Nur deshalb. Das ist alles, alles! Wer das erkennt, der wird gleich glücklich sein, sofort, im selben Augenblick.«

Der springende Punkt, jenseits aller Ironie, ist, dass es mir wohl zumindest in einem gewissen Rahmen mehr oder weniger freigestellt ist, die Ereignisse in meinem Leben zu *bewerten*. Über den Grad dieser Freiheit kann man streiten. Verweile ich im Buch meines Lebens lieber bei den schönen Passagen oder bei den traurigen und langweiligen? Manchen Menschen gelingt es, dem Leben vor allem das Gute abzugewinnen, bei anderen ist es umgekehrt. Ein möglicher Zugang dazu könnte darin liegen, sich die Rolle des Verstandes bei der Beurteilung der eigenen Gefühle bewusst zu machen. Warum halte ich mich so lange mit dem Negativen auf und verbeiße mich darin? Gewiss steht es mir nicht frei, die Dinge negativ oder positiv zu empfinden, aber wie ich meine Empfindungen bewerte – an diesem Punkt habe ich doch ein gewisses Maß an Freiheit. Eine Freiheit, die ich trainieren kann. Während eines Gefühls, oder im unmittelbaren Anschluss daran, seine Empfindungen einzuordnen und zu relativieren, ist eine große, gleichwohl erlernbare Kunst (vgl. *Do be do be do*).

Eine oft empfohlene Möglichkeit besteht darin, seine negativen Gefühle sofort aufzuschreiben. Sie werden damit gleich zu Anfang vom Cortex gründlich geröntgt und damit zumindest etwas gelindert. Auch ein paar gute Gegenargumente aufzuschreiben, kann nicht schaden. Positive Psychologen ermuntern zudem, ein Tagebuch des Glücks zu schreiben, damit man lernt, sich an das Schöne besser zu erinnern. Eine weitere Weisheit der Glückspsychologie ist der Satz: »Nimm dich nicht zu ernst, lache über dich selbst.« Auch hier gilt: Leichter gesagt als getan. Muss man das nicht bereits können, um es umzusetzen? Mich jedenfalls erinnert diese Maxime immer an meinen Freund Lutz. Auf einer Managerschulung forderte der Psychotrainer die versammelte Runde auf, mehr Spontaneität zu zeigen. Ein Schweizer Kollege meines Freundes zückte daraufhin tatsächlich den Kugelschreiber und notierte sorgfältig in sein liniertes Heft: »Spontaner werden!« Dass jemand lernt, über sich selbst zu lachen, ist ein feines, aber sehr ehrgeiziges Ziel, verbunden mit einer hohen Erwartung an sich selbst. Was sich leichter lernen lässt, ist, bestimmte Unlustquellen zu vermeiden. Eine der häufigsten ist der Vergleich. Hier gilt immer und überall: Wer vergleicht, verliert! Ich sehe nicht aus wie das Model in der Zeitschrift. (Wahrscheinlich sieht es »in echt« auch nicht so aus.) Ich habe nicht das Einkommen meines erfolgreichen Klassenkameraden. Ich bin nicht so witzig wie viele andere. Oder besonders makaber: Ich bin nicht so *glücklich* wie meine Geschwister. Solange Sie das denken, werden Sie es auch nicht werden.

Ein sechster Punkt ist, die Suche nach dem Glück nicht zu übertreiben. *Gelassener mit dem Unglück umzugehen* ist eine große Kunst. In vielem – wenn auch nicht in allem – Unglück liegt auch etwas Gutes. Manche Menschen mit fürchterlichen Leiden sagen, dass sie seit ihrer Erkrankung intensiver leben. Krisen, Schwierigkeiten und sogar Schicksalsschläge können auch heilsam sein. Manche Krisen führen zu besseren Neuanfängen, man weiß oft nicht, »wozu sie gut« sind. Mit Umständen zu hadern, an denen sich nichts ändern lässt, ist eine verbreitete Passion. Der Glückspsychologe droht mit dem Zeigefinger. Der siebte Punkt schließlich ist die *Freude durch Arbeit*. Er hängt eng mit dem ersten zusammen, der Aktivität. Arbeit ist etwas, das uns zwingt, aktiv zu sein, und die meisten Menschen brauchen diesen Druck, um hinreichend viel zu tun. Natürlich gilt das nicht für jede Arbeit, aber doch sehr oft. Arbeit ist die beste Psychotherapie. Und die Krux an der Arbeitslosigkeit besteht in genau jenem psychischen Mangel an Selbsttherapie. Wer nicht arbeitet, fühlt sich leicht nutzlos und schlaff: zu wenig Dopamin und zu wenig Serotonin. So sah das auch Sigmund Freud. Für ihn bestand das Glück darin, »lieben und arbeiten zu können«.

So weit die sieben Regeln. Über den Wert der einen oder anderen Regel mag man berechtigterweise streiten – und natürlich auch über ihren Nutzen. Denn ganz so einfach ist das mit diesen Regeln nicht. Es genügt eben nicht, auf sie hinzuweisen. Die spannendste und von den Glückspsychologen bislang auch am stärksten vernachlässigte Frage ist: Wie groß ist denn überhaupt mein persönlicher Spielraum? Die Positive Psychologie schöpft zwar jedes neue Ergebnis der Hirnforschung aus, aber die Grundsatzdebatte »Kann ich wollen, was ich will?« wird gerne vermieden. Was nützen die schlauesten Maximen, wenn es mir gar nicht freisteht, sie umzusetzen? Diese Frage, so scheint es, bleibt ein enorm spannendes Aufgabenfeld.

Ist die Frage nach dem Glück damit geklärt? Philosophisch ist sie es vielleicht. Psychologisch dagegen ist noch viel zu entdecken. Warum leben manche Menschen mit einer so erstaunlichen Routine, dass es schwerfällt zu glauben, sie lebten zum ersten Mal? Warum wissen manche immer genau, was ihnen guttut? Und warum irren die meisten von uns irgendwie vorwärts? Möglicherweise liegt das gar nicht daran, dass die einen mehr vom Glück verstehen als die anderen. Denn die routinierteren Lebenskünstler sind nicht immer die glücklicheren. Wird das Glück überschätzt? Sind ein glückliches und ein gelingendes Leben am Ende vielleicht gar nicht das Gleiche? Gibt es etwas, das wichtiger ist als Glück?

• *Die Matrix-Maschine.* Hat das Leben einen Sinn?

UTOPIA

Die Matrix-Maschine
Hat das Leben einen Sinn?

»Ich will dir sagen, warum du hier bist. Du bist hier, weil du etwas weißt. Etwas, das du nicht erklären kannst. Aber du fühlst es. Du fühlst es schon dein ganzes Leben lang, dass mit der Welt etwas nicht stimmt. Du weißt nicht was, aber es ist da. Wie ein Splitter in deinem Kopf, der dich verrückt macht. Dieses Gefühl hat dich zu mir geführt!«

Irgendetwas stimmt nicht mit der Welt, aber suchen Sie diese Sätze nicht in einem Werk über die Geschichte der Philosophie. Sie werden sie nicht finden. Ihr Urheber ist Morpheus, eine Figur in dem Film *Matrix* der beiden Brüder Andy und Larry Wachowski. Der Streifen war ein großer Kino-Erfolg im Jahr 2000 – und das völlig zu Recht. Selten hat es einen so philosophischen Film über Sein und Nicht-Sein gegeben, vergleichbar allenfalls mit Jean Cocteaus *Orphée* aus dem Jahr 1949.

Der Film erzählt die Geschichte des Computer-Hackers Neo, der von dem oben genannten Morpheus erfährt, dass die Welt, in der er und alle anderen Menschen zu leben glauben, nicht die wirkliche Welt ist; es ist eine Scheinwelt, ein virtueller Raum, geschaffen von vernetzten Computern: die Matrix. Nachdem die Menschheit den Planeten Erde unbewohnbar gemacht hat, haben die Computer die Weltherrschaft angetreten. Sie übernehmen das Kommando, erzeugen die Matrix und nutzen die Menschen dabei als Energiequelle. Um sie ausbeuten zu können, legen sie sie in Behälter, die mit einer Nährflüssigkeit gefüllt sind, und gaukeln ihnen ein Traumleben vor. Durch Morpheus aufgestachelt, befreit sich Neo in einem langen und schwierigen Kampf aus der Matrix. Am Ende schwingt er sich zu einer Art Christusfigur, einem Erlöser der Menschheit auf.

Der Film ist einer ganzen Reihe von Vorbildern verpflichtet, vor allem den Romanen *Sterntagebücher* und *Also sprach Golem* des polnischen Science-Fiction-Autors Stanisław Lem. Das Motiv vom Leben in einer virtuellen uneigentlichen Welt findet sich auch in dem Roman *Simulacron Drei* des US-amerikanischen Autors Daniel F. Galouye, der gleich zweimal verfilmt wurde. Außerdem spielt er mit Gedanken des französischen Philosophen Jean Baudrillard und bedient sich einer ganzen Kette von Motiven aus der christlichen Gnosis. Das Copyright für die Idee, dass alles Dasein auf Erden nur ein uneigentliches Dasein ist, haben aber weder die Wachowski-Brüder noch Galouye, Lem oder Baudrillard. Es gebührt dem griechischen Philosophen Platon.

In seinem berühmten »Höhlengleichnis«, im siebten Buch seines Hauptwerkes *Politeia,* beschreibt Platon um das Jahr 370 vor Christus herum ein seltsames Szenario: Eine Gruppe von Menschen lebt von Kindheit an in einer unterirdischen Höhle. Festgebunden an eine Felswand, können sie weder ihre Köpfe noch ihre Körper bewegen, sondern nur auf die ihnen gegenüber liegende Höhlenwand blicken. Alles Licht stammt von einem Feuer, das hinter ihnen brennt. Zwischen dem Feuer und ihren Rücken werden Bilder und Gegenstände vorbeigetragen, die Schatten an die Wand werfen. Die Gefangenen sehen nur diese Schatten der Gegenstände sowie ihre eigenen Schatten und die ihrer Mitgefangenen. Selbst wenn die Träger der Gegenstände sprechen, klingt es, als sprächen die Schatten selbst. Ohne das Wissen von dem, was tatsächlich hinter ihrem Rücken jenseits ihrer Wahrnehmung vor sich geht, halten die Höhlenbewohner die Schatten für die einzige und wahre Welt. Und aus diesem Dasein gibt es keine Erlösung. Ein Gefangener, der befreit ans Tageslicht käme, würde nach einer Weile zwar durchschauen, was in der Höhle gespielt wird. Aber er kann die anderen nicht aufklären, weil das, was er erzählte, jenseits ihrer Vorstellung läge. Der Erleuchtete erntete Spott und Gelächter, man würde »von ihm sagen, er sei mit verdorbenen Augen von oben zurückgekommen«. Damit ihnen nicht dasselbe Schicksal widerfährt, brächten sie von nun an vorsorglich jeden um, der sie erlösen wollte.

Nun hatte Platon mit seinem Gleichnis alles andere im Sinn als ein gutes Drehbuch für einen Science-Fiction-Film oder Psycho-Thriller. Er wollte schlicht zeigen, dass der philosophische Verstand sich vom sinnlich Wahrnehmbaren schrittweise lösen und befreien müsse, um zur wahren Natur der Dinge voranzuschreiten. Platon schätzte die sinnliche Erkenntnisfähigkeit deutlich weniger als die abstrakte Vernunft. Gleichwohl wurde er mit seinem Höhlengleichnis zum Vater aller Matrix-Visionen. Und bei diesen sollten wir auch noch ein wenig verweilen. In *Matrix* sprengt sich Neo aus seinem uneigentlichen Leben heraus, obwohl es ihm darin augenscheinlich gar nicht so schlecht geht. Doch warum? Man könnte den Fall sogar noch weiter ausspinnen, als es im Film geschieht, indem man das Leben in der Matrix geradezu als Paradies ausmalt. Während der Mensch an die Matrix angeschlossen ist, kann er freiwillig wählen, was für ein Leben er haben möchte. Man kann als George Clooney oder Scarlett Johansson durch ein fantastisches Leben turnen, man kann als Messi oder Mbappé die Tore seines Lebens schießen und jeden Tag neben dem Partner seiner Träume einschlafen. Doch anders als im Film *Matrix* weiß der Angeschlossene in unserem Beispiel, was er sich gewünscht hat – er weiß, dass diese Welt nicht echt ist, obwohl sie sich vollkommen echt anfühlt. Wie hoch, meinen Sie, ist die Chance, dass man unter solchen Umständen dauerhaft leben will?

Vielleicht halten Sie es zunächst für eine irgendwie beglückende Erfahrung – ein virtuelles Leben ohne Risiko und mit Ganzkörperbeteiligung. Aber für immer und ewig? Was wäre das für ein Leben, in dem man pausenlos Erfolg hätte? In dem zu jedem Zeitpunkt alles für einen bereitsteht, damit man auch ja glücklich ist? Ein schreckliches Leben!

Es gibt also ganz offensichtlich etwas Wichtigeres als Glück, denn ein garantiertes Glück würde uns entsetzlich langweilen. Im Leben erhält alles seinen Wert durch den Kontrast. Viel Glück kann man sich wünschen, immerwährendes Glück eher nicht. Der irische Dichter und Dramatiker George Bernard Shaw, der ein kluger Philosoph war, wusste dies längst: »Glück ein Leben lang! Niemand könnte es ertragen; es wäre die Hölle auf Erden.« Aber es ist nicht allein der Terror des einförmigen Glücks, der ein Leben in der Matrix so unheimlich macht. Schlimmer noch ist die Vorstellung, dass man nicht selbst über sein Leben entscheiden kann. Selbstbestimmung ist ein so wichtiges Gut, dass ein fremdbestimmtes Glück für die meisten Menschen keine verlockende Vorstellung ist. Sein Glück muss man sich also selbst schaffen und erarbeiten, geschenktes Glück dagegen verliert seinen Wert. Welche Bedeutung hätten Siege, wenn man nicht auch verlieren könnte? Und wie langweilig sind Bücher, bei denen man schon weiß, dass alles ohne jeden Zweifel genauso gut ausgeht, wie man es sich wünscht? Das Glück besteht also, wie der russische Schriftsteller Leo Tolstoi sagte, »nicht darin, dass du tun kannst, was du willst, sondern darin, dass du immer willst, was du tust«.

Ich weiß nicht, ob Sie das überzeugt, aber für mich ist Tolstois Antwort sehr nahe an dem, was man so gerne den »Sinn des Lebens« nennt. Allerdings lehnen es viele Philosophen heute ab, sich ernsthaft damit zu befassen. Für sie verknüpft sich dieses Thema mit populistischen Ratgebern oder flacher Esoterik. Die Sinnfrage, ehemals so etwas wie E-Musik, ist heute U-Musik geworden. Gleichwohl aber war sie einmal sehr wichtig. Als die Griechen vor mehr als 2400 Jahren das Fundament dessen legten, was heute die abendländische Philosophie heißt, versuchten sie genau diese Frage zu beantworten – obwohl es im Altgriechischen keine direkte Entsprechung zu dem gibt, was man auf Deutsch den »Sinn des Lebens« nennt. Doch die Frage war im Grunde identisch: Worauf kommt es an? Worauf mehr und worauf weniger?

Wir sind in diesem Buch vielen Philosophen begegnet, die gleichwohl, jeder auf seine Art und Weise, eine direkte oder indirekte Antwort auf diese Frage versucht haben. Und wie am Ende eines Theaterstücks alle Schauspieler sich verbeugen, sollen hier einige von ihnen noch einmal im Schnelldurchgang zu Wort kommen.

Philosophen vor der Neuzeit, zum Beispiel Descartes, beschäftigten sich mit dem Thema nicht. Für sie war der allgemeine Sinn der Welt keine Frage des Menschen, sondern eine bereits gegebene Antwort Gottes. Wer im Mittelalter, in der Renaissance und im Barock lebte, brauchte sich also um die Sinnfrage nicht zu sorgen. Die Kirche sagte ihm, was Gottes Ideen und Absichten mit dem Menschen waren, und damit war es gut. Erst jene Wende, die anstelle der von Gott vorgegebenen Weltordnung unser Bewusstsein in den Mittelpunkt der Welt rückte, führte unmittelbar zur Sinnfrage. Die eigentliche Beschäftigung mit dem Sinn des Lebens beginnt also erst am Ende des 18. Jahrhunderts und zu Beginn des 19. Jahrhunderts.

Für Immanuel Kant lag die Bestimmung des Lebens darin, seine moralische Pflicht zu erfüllen. Das ist, wie gesagt, ziemlich mager. Für Jean-Jacques Rousseau war sie, gemäß seiner eigenen Natur leben zu können und zu dürfen. Der Mensch sollte nie tun müssen, was er nicht tun will. Für Jeremy Bentham bestand sie in möglichst großer Lust für sich selbst und für andere. William Paley erkannte den Sinn des menschlichen Lebens in einer möglichst großen Zahl »nützlicher Werke«.

Einen richtigen Boom erlebte die Frage in der Mitte des 19. Jahrhunderts. Die philosophischen Nachfolger Kants, Fichtes und Hegels standen etwas ratlos vor den Monumentalwerken ihrer Vorgänger und zuckten die Achseln. So gewaltig die Philosophie zuvor aufgetrumpft hatte und sich zur Generaldisziplin erklärt hatte, alle Fragen des Lebens zu klären, so wenig ließ sich daraus ersehen, was denn nun ein gelingendes Leben sein sollte. Es waren riesige Gebäude an Gedanken, aber sie beruhten allesamt auf einem schmalen Fundament an lebenspraktischer Einsicht.

Arthur Schopenhauer, Søren Kierkegaard, Ludwig Feuerbach und auf indirekte Weise auch Karl Marx versuchten jeder auf seine Art, die Frage neu zu beantworten. Schopenhauer bestritt mit Nachdruck, dass der Mensch da sei, »um glücklich zu sein«. Da er der unbändige Sklave seines Willens ist und bleibt, besteht für einen freien und höheren Sinn wenig Spielraum. Einzig die Kunst, besonders die Musik, bereite dem Menschen ein höheres Vergnügen. Auch Friedrich Nietzsche und Sigmund Freud knüpften daran an. Für sie war bereits die Frage nach dem Sinn des Lebens ein Ausdruck körperlicher oder geistiger Schwäche. Ein gesunder Mensch braucht keinen höheren Lebenssinn. Was er braucht, um glücklich zu sein, sind Musik (Nietzsche) oder Liebe und Arbeit (Freud). Für Ernst Mach löste sich die Frage nach dem Sinn des Lebens mit dem Ich zugleich auf. Wenn der Schmetterling nicht mehr das gleiche Ich hat wie die Raupe, das Kind ein anderes als ein alter Mann, dann lohnt es sich nicht mehr, über alles Leben einen gemeinsamen Sinn zu stülpen. Das Gefühl für die wirklich wichtigen Fragen – Mach nannte dies »Denkökonomie« – wirft den »Sinn des Lebens« aus dem ernsthaften Nachdenken raus.

Die Meisterdenker des 20. Jahrhunderts fielen also vor allem dadurch auf, dass sie klare Antworten ablehnten und sich für nicht zuständig erklärten. Ein besonders prägnantes Beispiel dafür ist Ludwig Wittgenstein. Für ihn gehörte die Frage nach dem Sinn des Lebens ins Fach der »unsinnigen Fragen«. Der Natur der Frage nach gebe es darauf keine positive Antwort. »Denn selbst Menschen, denen der Sinn des Lebens nach langen Zweifeln klar wurde«, könnten »nicht sagen, worin dieser Sinn« besteht. Für Sartre dagegen besteht der Sinn des Lebens darin, sich durch sein Tun selbst zu verwirklichen. Da die Welt im Ganzen keinen Sinn hat, steht es mir frei, meinen eigenen Sinn zu stiften. Als Work in Progress kommt, verweilt und vergeht er mit dem einzelnen Menschen. Für Peter Singer allerdings ist eine solche Sinnstiftung asozial. Für ihn kommt es darauf an, den Stein des Guten ein Stück weiter zu rollen und die Welt »zu einem besseren Ort zu machen«.

Evolutionsbiologische Erklärungen des Lebenssinns gibt es auch, aber man sollte sie besser meiden. »Anpassung und Mutation« – für den US-amerikanischen Bio-Philosophen Daniel Dennett gelten diese beiden Prinzipen der Evolution auch für alle Fragen menschlicher Kultur: Natur-Sinn gleich Menschen-Sinn. Für einen Soziologen wie Niklas Luhmann ist das Unsinn, denn »Sinn« entsteht erst durch Kommunikation. Der Sinn ist eine raffinierte evolutionäre Errungenschaft speziell des Menschen, denn die symbolische Kommunikation durch Sprache lässt sich nicht auf das Streben der Gene nach »Fitness« und entsprechender Nachkommenschaft zurückführen. Der Mensch ist nicht einfach Natur. Ansonsten wäre er wohl auch kaum in der Lage, mithilfe der Technik die eigenen Lebensgrundlagen zu zerstören – ein klarer Widerspruch gegen die biologische These von der Anpassung als einem allgemeinen Lebensprinzip.

Dass auch die Hirnforschung die Frage nach dem Sinn des Lebens nicht beantworten kann, liegt auf der Hand. »Sinn« ist keine wissenschaftliche Maßeinheit, kein Gegenstand und auch kein elektrophysiologischer Prozess. Der Sinn ist sich selbst also unsichtbar. Oder anders gesagt: Jeder Waage bleibt ihr eigenes Gewicht verborgen.

Die Frage nach dem Sinn des Lebens kann heute nur noch subjektiv beantwortet werden: Welchen Sinn sehe ich in *meinem* Leben? Der Grund dafür ist einfach. Sinn ist keine Eigenschaft der Welt oder der Natur, sondern eine typisch menschliche Konstruktion. »Sinn« ist ein Bedürfnis und eine Idee unserer Wirbeltiergehirne. So gesehen kann es nicht darum gehen, einen Sinn in der Welt zu finden, sondern wir müssen ihn uns *geben.* Die Sinnfrage ist also eine menschliche Frage. Selbst wo nach objektivem Sinn in der Natur gefragt wird, geschieht dies immer nach menschlichen Vorstellungen. Und diese sind abhängig von unserem Bewusstsein, das heißt der menschlichen Logik und der menschlichen Sprache.

Der möglicherweise wichtigste Grund für unser Sinnbedürfnis ist das Wissen, dass wir einmal sterben werden. Kein schöner Gedanke für ein Gehirn, dass es Tag für Tag, Stunde um Stunde und Sekunde um Sekunde seinem Erlöschen entgegengeht. Manche Paläoanthropologen verwenden genau jenes Wissen als Grenze zwischen Tieren und Menschen.

Die Frage nach dem Sinn ist also eine Frage unter speziellen, allein menschlichen Vorzeichen. Und sie ist, wie jede menschliche Erkenntnis, abhängig von persönlichen Erfahrungen. Deshalb finden wir eben auch nur maximal unseren *eigenen* Lebenssinn. Aber warum reden wir dabei so gerne von *dem* Sinn des Lebens? Und warum sollte das Leben nur diesen *einen* Sinn haben? Auch das Bedürfnis nach dem einen und einzigen ist sehr menschlich. Offensichtlich denken wir viel gründlicher über den Sinn des Lebens nach als darüber, warum und nach welchen Kriterien wir ihn eigentlich suchen. Mit anderen Worten: Wir untersuchen alles, nur nicht unsere Suche. Manche klugen Dichter haben sich darüber fein amüsiert. »Wenn kein Sinn darin ist, so erspart uns das eine Menge Arbeit, denn dann brauchen wir auch keinen zu suchen«, schreibt Lewis Carroll in *Alice im Wunderland*. Und der weltkluge englische Aphoristiker Ashleigh Brilliant setzt noch einen drauf, wenn er meint: »Besser das Leben ist sinnlos, als dass es einen Sinn hat, dem ich nicht zustimmen kann.«

Die Vorstellung, dass das Leben einen bestimmten Sinn hat, ist möglicherweise also gar kein sehr schöner Gedanke. Bezeichnenderweise ändert sich die Suche nach dem Sinn des Lebens häufig im fortschreitenden Lebensalter. Während man als Jugendlicher noch einen objektiven Sinn, mithin ein Lebensziel sucht, fragt man sich im hohen Alter eher: Hatte *mein* Leben einen Sinn? Mit anderen Worten heißt dies: Habe ich es richtig gelebt? Die Frage nach dem Sinn verliert viel von ihrem enormen Erkenntnisanspruch. Aus einer philosophischen Überlegung wird eher eine psychologische Bilanz, im Zweifelsfall eine Selbstrechtfertigung. Dabei geht es eigentlich weniger um »Sinn« als um Erfüllung: Habe ich aus meinem Leben etwas gemacht, das mich erfreut hat und immer noch erfreut?

Viele Biologen würden dem sicher zustimmen: Das Ziel des Lebens ist es zu leben. So hat sich die Natur das offensichtlich gedacht, jedenfalls wenn sie denken könnte. Doch Proteine und Aminosäuren haben, wie erzählt, andere Eigenschaften als Sinn. Die vielleicht schönste naturwissenschaftliche Antwort bietet deshalb der Roman *Per Anhalter durch die Galaxis* des englischen Science-Fiction Autors Douglas Adams. In seinem Buch ersinnen Außerirdische den Computer *Deep Thought* eigens zu dem Zweck, die Frage aller Fragen zu beantworten: »nach dem Leben, dem Universum und dem ganzen Rest«. Der Computer rechnet und rechnet. Das Ergebnis wird euch nicht gefallen, meint *Deep Thought* nach einer Rechenzeit von 7,5 Millionen Jahren. Nur widerwillig spuckt er die Antwort aller Antworten aus: »Zweiundvierzig«! Die Außerirdischen sind in der Tat enttäuscht. Aber *Deep Thought* wehrt sich. Frei nach Wittgenstein erklärt er die Frage, mit der er gefüttert wurde, zu einer unsinnigen Frage. Wer so unpräzise fragt, kann nicht einmal die eigene Frage ermessen. Wie soll er dann mit der Antwort etwas anfangen können? Nur um des lieben Friedens willen schlägt *Deep Thought* vor, man möge einen noch größeren, von ihm selbst erdachten Computer bauen, damit dieser nun die richtig gestellte Frage zur Antwort findet. Der Computer wird gebaut, und er beginnt mit der Suche nach der Frage. Dieser Suchprozess ist, wie später klar wird, nichts anderes als – die Erde. Doch die Erde gelangt nie zur richtigen Frage. Kurz vor Ablauf des Programms wird sie gesprengt – für das Verkehrsprojekt einer Hyperraumumgehungsstraße.

Vielleicht kennen tatsächlich nur die Schriftsteller und die Aphoristiker die Wahrheit. »Ich glaube, der Mensch ist am Ende ein so freies Wesen, dass ihm das Recht zu sein, was er glaubt zu sein, nicht streitig gemacht werden kann«, meinte einst der Physiker und Literat Georg Christoph Lichtenberg. Und das gilt genauso für die Sinnfrage. In meinem liebsten Jugendbuch, den *Prydain Chronicles* von Lloyd Alexander erklärt der uralte Zauberer Dalben seinem Sinn suchenden Ziehsohn Taran: »Oft ist die Suche nach einer Antwort wichtiger als die Antwort selbst.« Als Kind und Jugendlicher habe ich mich, genau wie Taran, ein bisschen über diese Antwort geärgert. Sie kam mir feige vor. Irgendwie war das doch eine Ausrede, selbst von einem alten weisen Zauberer. Heute denke ich, dass Dalben recht hatte – zumindest bei einer so großen Frage wie jener nach dem Sinn. Denn die Einzigen, die je tatsächlich wussten, was der Sinn des Lebens ist, sind Monty Python in ihrem gleichnamigen Film: »Also, nun kommt der Sinn des Lebens. Nun, es ist wirklich nichts Besonderes. Versuch einfach nett zu den Leuten zu sein, vermeide fettes Essen, lese ab und zu ein gutes Buch, lass dich mal besuchen, und versuch mit allen Rassen und Nationen in Frieden und Harmonie zu leben.« Und wenn Sie mich fragen: Bleiben Sie neugierig, realisieren Sie Ihre guten Ideen, und füllen Sie Ihre Tage mit Leben und nicht Ihr Leben mit Tagen.

Anhang

Das Literaturverzeichnis enthält zugrunde gelegte, zitierte, vertiefende und weiterführende Literatur zu den behandelten Fragen. Allgemein verwiesen sei vorab auf einige einführende und zusammenfassende Übersichtswerke zur Geschichte der Philosophie. Ein Klassiker, aber in systematischen Fragen nicht immer ergiebig, ist Hans. J. Störig: *Kleine Weltgeschichte der Philosophie*, Fischer 5. Aufl. 1999. Neueren Datums sind Christoph Helferich: *Geschichte der Philosophie von den Anfängen bis zur Gegenwart und Östliches Denken*, dtv 1998; Johannes Hirschberger: *Geschichte der Philosophie*, 2 Bde., Komet 2000. Die berühmteste Einführung in die Werke der wichtigsten Philosophen ist Wilhelm Weischedel: *Die philosophische Hintertreppe. Vierunddreißig große Philosophen in Alltag und Denken*, dtv 2002. Ebenfalls gut sind Robert Zimmer: *Das Philosophenportal. Ein Schlüssel zu klassischen Werken*, dtv 3. Aufl. 2005; Otto A. Böhmer: *Sternstunden der Philosophie. Von Platon bis Heidegger*, C. H. Beck 2. Aufl. 2004. Zum Teil sehr gute Einführungen in Leben und Werk der bekanntesten Philosophen bietet auch Wikipedia.de.

Kluge Tiere im All

Über Wahrheit und Lüge im außermoralischen Sinn, in Friedrich Nietzsche: *Gesammelte Werke*, Gondrom 2005. Zu Nietzsches Leben und Werk siehe Volker Gerhard: *Friedrich Nietzsche*, C. H. Beck 4. Aufl. 2006; Rüdiger Safranski: *Nietzsche. Biografie seines Denkens*, Fischer 2002; Wiebrecht Ries: *Nietzsche zur Ein-*

führung, Junius 7. Aufl. 2004; Günter Figal: *Nietzsche. Eine philosophische Einführung*, Reclam 1999. Darwins Werk ist erhältlich als: Charles Darwin: *Die Abstammung des Menschen*, Voltmedia 2005.

Lucy in the Sky

Über Entstehung und Hintergrund von Lucy in the Sky siehe Wikipedia.de. Lucys Fund und prähistorische Einordnung sind das Thema in Donald Johanson: *Lucy. Die Anfänge der Menschheit*, Piper 1982. Zur menschlichen Stammesgeschichte siehe Richard Leakey: *Der Ursprung des Menschen*, Fischer 1998; ders.: *Die ersten Spuren. Über den Ursprung des Menschen*, Goldmann 1999; Josef H. Reichholf: *Das Rätsel der Menschwerdung*, dtv 6. Aufl. 2004. Über die menschliche Gehirnentwicklung siehe Gerhard Roth: *Das Gehirn und seine Wirklichkeit*, Suhrkamp 2000; ders.: *Fühlen, Denken, Handeln*, Suhrkamp 2003. Zur Wahrnehmung des Primatengehirns siehe Ernst Pöppel: *Grenzen des Bewusstseins*, Insel 2. Aufl. 2000; Im Vergleich zu anderen Affen Dorothy Cheney und Robert Seyfarth: *Wie Affen die Welt sehen. Das Denken einer anderen Art*, Hanser 1996. Über die Abhängigkeit des Denkens von der sinnlichen Wahrnehmung siehe auch Paul Watzlawick: *Wie wirklich ist die Wirklichkeit? Wahn, Täuschung, Verstehen*, Piper 5. Aufl. 2005; ders.: *Die erfundene Wirklichkeit*, Piper 18. Aufl. 2002.

Der Kosmos des Geistes

Santiago Ramón y Cajal: *Texture of the Nervous System of Man and the Vertebrates*, 3 Bde., Springer 1999. Eine ausführliche Autobiografie gibt es nur auf Spanisch: Santiago Ramón y Cajal: *Recuerdos de mi vida. Obra ilustrada con numerosos fotograbados*, Juan Pueyo 3. Aufl. 1923. Ein Abriss daraus findet sich auf Deutsch in: L. R. Grote (Hg.): *Die Medizin in der Gegenwart in Selbstdarstellungen*, Meiner 1925, S. 131–176. Zur Geschichte der Hirnforschung Michael Hagner: *Homo cerebralis. Der Wandel vom Seelenorgan zum Gehirn*, Berlin Verlag 2002; ders.: *Der*

Geist bei der Arbeit. Historische Untersuchungen zur Hirnforschung, Wallstein 2007. Unter den zahlreichen Gesamtdarstellungen zum Gehirn und zur Hirnforschung seien hier genannt: Gerhard Roth: *Das Gehirn und seine Wirklichkeit*, Suhrkamp 2000; ders.: *Fühlen, Denken, Handeln*, Suhrkamp 2003; Wolf Singer: *Der Beobachter im Gehirn. Essays zur Hirnforschung*, Suhrkamp 2002; Vilaynur Ramachandran: *Eine kurze Reise durch Geist und Gehirn*, Rowohlt 2. Aufl. 2005. Für den schnellen Überblick Manfred Spitzer: *Das Gehirn – eine Gebrauchsanleitung*, Rowohlt 2007; Norbert Herschkowitz: *Das Gehirn. Was stimmt? Die wichtigsten Antworten*, Herder 2007. Sehr empfehlenswert sind auch die monatlichen Ausgaben der Zeitschrift *Gehirn & Geist*, Spektrum Verlag. Das Bild vom Traum des Hausmeisters stammt aus William H. Calvin: *Wie das Gehirn denkt. Die Evolution der Intelligenz*, Spektrum 2004, S. 60–62.

Ein Winterabend im Dreißigjährigen Krieg

René Descartes: *Discours de la méthode. Bericht über die Methode. Französisch/Deutsch*, Reclam 2001. Über Descartes' Leben Dominik Perler: *René Descartes*, C. H. Beck 2. Aufl. 2006; Hans Poser: *René Descartes. Eine Einführung*, Reclam 2003. In Romanform ausgeschmückt Dimitri Davidenko: *Ich denke, also bin ich. Descartes' ausschweifendes Leben*, Fischer 1993. Über seine Wirkungsgeschichte Hans-Peter Schütt: *Die Adoption des »Vaters der modernen Philosophie«*, Klostermann 1998. Die Kritik an Descartes aus Sicht der modernen Hirnforschung folgt António R. Damásio: *Descartes' Irrtum. Fühlen, Denken und das menschliche Gehirn*, List 2004.

Die Mach-Erfahrung

Die Sommertagsepisode findet sich in Ernst Mach: *Die Analyse der Empfindungen und das Verhältnis des Physischen zum Psychischen*, Darmstadt 1991, S. 24. Zu Machs Philosophie siehe auch ders.: *Erkenntnis und Irrtum*, Darmstadt 1991. Über Machs Leben und Werk Rudolf Haller und Friedrich Stadler: *Ernst*

Mach. Werk und Wirkung, Hölder-Pichler-Tempsky 1988; Daniel Heller: *Ernst Mach*, Springer 1964. Das Hume-Zitat entstammt David Hume: *Ein Traktat über die menschliche Natur*, 1. Bd. 1.4.6, Hamburg 1989. William James' Hauptwerk ist: *Principles of Psychology*, Chicago 1998. Sacks' Beispiele stammen aus Oliver Sacks: *Der Mann, der seine Frau mit einem Hut verwechselte*, Rowohlt 1990. Zur Neurobiologie des Ich Gerhard Roth: *Fühlen, Denken, Handeln*, Suhrkamp 2003, S. 378–411. Zur Frage nach dem Ich in der Philosophie der Gegenwart Werner Siefer und Christiane Weber: *Ich – Wie wir uns selbst erfinden*, Campus 2006; Thomas Metzinger: *Being No One. The Self-Model Theory of Subjektivity*, Cambridge MIT Press 2003.

Mr. Spock liebt

Die *Enterprise*-Folge über »Falsche Paradiese« ist nachschlagbar unter www.memory-alpha.org. Die Darstellung der Emotionen und Gefühle aus neurobiologischer Sicht folgt Gerhard Roth: *Fühlen, Denken, Handeln*, Suhrkamp 2003, S. 285–373. Wundts Schemata finden sich in Wilhelm Wundt: *Grundriss der Psychologie*, Vdm 2004. Zu Ekmans Studien und Schematisierungen siehe Paul Ekman (u. a.): *Gesichtssprache. Wege zur Objektivierung menschlicher Emotionen*, Böhlau 1988 und ders.: *Gefühle lesen. Wie Sie Emotionen erkennen und richtig interpretieren*, Spektrum 2007.

Kein Herr im eigenen Haus

Sigmund Freud: *Gesammelte Werke*, 19 Bde., Fischer 1999. Unter den zahlreichen Freud-Biografien seien erwähnt: Peter Gay: *Freud. Eine Biografie für unsere Zeit*, Fischer 3. Aufl. 2006; Max Schur: *Sigmund Freud. Leben und Sterben*, Suhrkamp 3. Aufl. 2006; Micha Brumlik: *Sigmund Freud. Der Denker des 20. Jahrhunderts*, Beltz 2006. Siehe auch Eli Zaretsky: *Freuds Jahrhundert. Die Geschichte der Psychoanalyse*, Zsolnay 2006. Hartmanns Werk liegt vor als Eduard von Hartmann: *Philosophie des Unbewussten. Versuch einer Weltanschauung*, Olms 1989. Das

Gorilla-Experiment wird beschrieben in Daniel Simons: »Gorillas in Our Midst: Sustained Inattentional Blindness for Dynamic Events«, in: *Perception*, Bd. 28, S. 1059. Über das Unbewusste vgl. Gerhard Roth: *Fühlen, Denken, Handeln*, Suhrkamp 2003, S. 225–241; Timothy D. Wilson: *Gestatten, mein Name ist Ich. Das adaptive Unbewusste – eine psychologische Entdeckungsreise*, Pendo 2007; António R. Damásio: *Der Spinoza-Effekt. Wie Gefühle unser Leben bestimmen*, List 2005. Eine neue Synthese von Hirnforschung und Psychoanalyse entwirft Eric R. Kandel: *Psychiatrie, Psychoanalyse und die neue Biologie des Geistes*. Mit einem Vorwort von Gerhard Roth. Suhrkamp 2006. Ebenso François Ansermet und Pierre Magistretti: *Die Individualität des Gehirns*, Suhrkamp 2005.

Da war doch was

Eric R. Kandel: *Auf der Suche nach dem Gedächtnis. Die Entstehung einer neuen Wissenschaft des Geistes*, Siedler 2006. Siehe auch ders. und Larry R. Squire: *Gedächtnis. Die Natur des Erinnerns*, Spektrum 1999. Zur Gedächtnisforschung Douwe Draaisma: *Warum das Leben schneller vergeht, wenn man älter wird. Von den Rätseln unserer Erinnerung*, Piper 2006; Daniel L. Schacter: *Wir sind Erinnerung. Gedächtnis und Persönlichkeit*, Rowohlt 2001; Hans J. Markowitsch: *Dem Gedächtnis auf der Spur. Vom Erinnern und Vergessen*, Primus 2002; Jürgen Bredenkamp: *Lernen, Erinnern, Vergessen*, C. H. Beck 1998. Das Leben des Savants Kim Peek ist beschrieben in Kim Peek und Fran Peek: *The Real Rain Man*, Harkness 1997.

Die Fliege im Glas

Die Geschichte von Wittgensteins Studium des Pariser Verkehrsunfalls steht in: Ludwig Wittgenstein: *Tractatus logico-philosophicus. Tagebücher 1914–1916. Philosophische Untersuchungen*, Suhrkamp 1984. Von Wittgensteins Leben erzählen Joachim Schulte: *Ludwig Wittgenstein*, Suhrkamp 2005; William W. Bartley: *Wittgenstein, ein Leben*, Siedler 1999. Die von Wittgenstein demontierte Schrift Russells ist Bertrand Russell: *Principles of Mathematics*, Taylor & Francis 1992. Über Wittgenstein und den Wiener Kreis informiert: Friedrich Waismann: *Ludwig Wittgenstein und der Wiener Kreis.* Gespräche, aufgezeichnet von Friedrich Waismann, Suhrkamp 7. Aufl. 2001. Das Beispiel von Joseph stammt aus Oliver Sacks: *Stumme Stimmen. Reise in die Welt der Gehörlosen*, Rowohlt 2002, hier S. 68 f. Chomskys grundlegendes Werk über die angeborene Grammatik ist Noam Chomsky: *Sprache und Geist*, Suhrkamp 1999. Mit der analytischen Philosophie macht vertraut Albert Newen: *Analytische Philosophie zur Einführung,* Junius 2005. Austins Hauptwerk ist: John L. Austin: *Zur Theorie der Sprechakte*, Reclam 1986. Searles Hauptwerk ist: *Sprechakte. Ein sprachphilosophischer Essay*, Suhrkamp 2000.

Rousseaus Irrtum

Jean-Jacques Rousseau: *Abhandlung über den Ursprung und die Grundlagen der Ungleichheit unter den Menschen*, Reclam 1998. Zu Rousseaus Leben siehe Georg Holmsten: *Jean-Jacques Rousseau*, Rowohlt 1972; Jens-Peter Gaul: *Jean-Jacques Rousseau*, dtv 2001. Die Ergebnisse seiner Einsamkeitsforschung veröffentlichte Weiss in dem modernen Klassiker: Robert Weiss: *Loneliness. The Experience of Emotional and Social Isolation*, MIT Press 1975.

Das Schwert des Drachentöters

Die Geschichte von Fawn erzählt Frans de Waal: *Der gute Affe. Über Ursprung von Recht und Unrecht bei Menschen und anderen Tieren*, Hanser 1997, hier S. 62 f. Über das Sozialverhalten von Menschenaffen siehe auch ders.: *Wilde Diplomaten. Versöhnung und Entspannungspolitik bei Affen und Menschen*, Hanser 1991. Eine rein darwinistische Sicht der Evolution dagegen entwirft Robert Wright: *Diesseits von Gut und Böse. Die biologischen Grundlagen unserer Ethik*, Limes 1996. Das Huxley-Zitat stammt aus Thomas Henry Huxley: *Evolution and Ethics*, Princeton University Press 1989, S. 83.

Das Gesetz in mir

Wilhelm Weischedel (Hg.): *Immanuel Kant: Werkausgabe*, 12 Bde., Suhrkamp 1977. Zu Kants Leben siehe die guten und neueren Biografien von Arsenij Gulyga: *Immanuel Kant*, Suhrkamp 2004; Otfried Höffe: *Immanuel Kant*, C. H. Beck 7. Aufl. 2007; Manfred Kühn: *Kant. Eine Biographie*, dtv 2007; Manfred Geier: *Kants Welt. Eine Biographie*, Rowohlt 2005. Zu Pico della Mirandola: *Rede über die Würde des Menschen / Oratio de hominis dignitate*, Reclam 1997.

Das Libet-Experiment

Arthur Schopenhauer: *Die Welt als Wille und Vorstellung*, dtv 1998. Zu Schopenhauers Leben siehe Rüdiger Safranski: *Schopenhauer und die wilden Jahre der Philosophie*, Fischer 4. Aufl. 2001; Margot Fleischer: *Schopenhauer*, Panorama 2004; Angelika Hübscher: *Arthur Schopenhauer. Leben und Werk in Texten und Bildern*, Insel 1989. Libets Experimente werden geschildert und gedeutet in Benjamin Libet: *Mind Time. Wie das Gehirn Bewusstsein produziert*, Suhrkamp 2004. Zur neueren Debatte um die Willensfreiheit Christian Geyer (Hg.): *Hirnforschung und Willensfreiheit. Zur Deutung der neuesten Experimente*, Suhrkamp 5. Aufl. 2005; Helmut Fink (Hg.): *Freier Wille – frommer Wunsch?* Mentis 2006; Michael Pauen: *Illusion Freiheit? Mögliche und unmögliche Konsequenzen der Hirnforschung*, Fischer 2006. Die wichtigsten Kritiker der Willensfreiheit unter den deutschen Hirnforschern sind Gerhard Roth (mit Klaus-Jürgen Grün): *Das Gehirn und seine Freiheit*, Vandenhoeck & Ruprecht 2006 und Wolf Singer: *Ein neues Menschenbild? Gespräche über Hirnforschung*, Suhrkamp 2003, hier S. 24–34.

Der Fall Gage

Das Leben des Phineas Gage wurde zweimal ausführlich untersucht, und zwar von Malcolm MacMillan: *An Odd Kind of Fame: Stories of Phineas Gage*, MIT Press 2000, und von John

Fleischman: *Phineas Gage: A Gruesome but True Story About Brain Science*, Mifflin 2004. Meine Darstellung des Unfalls und seiner Konsequenzen folgt dem ausgeschmückten Bericht Damásios. Seine Schilderung, seine Forschungen und Schlussfolgerungen finden sich in António R. Damásio: *Descartes' Irrtum. Fühlen, Denken und das menschliche Gehirn*, List 2004. Ebenfalls mit Gage beschäftigt sich Frans de Waal in: *Der gute Affe*, Hanser 1997. Der Wunsch des Snork nach einer Rechenmaschine findet sich in Tove Jansson: *Eine drollige Gesellschaft*, Benziger 6. Aufl. 1970, S. 146.

Ich fühle was, was du auch fühlst

Das einzige Buch aus Rizzolattis Feder über die Spiegelneuronen ist nur auf Spanisch erhältlich. Giacomo Rizzolatti und Corrado Sinigaglia: *Las Neuronas Espejo / The Mirror Neurons: Los Mecanismos de la Empatia Emotional / The Mechanisms of Emotional Empathy*, Paidos Iberica Editiones 2006. Früher erschienen ist Maksim I. Stamenov und Vittorio Gallese: *Mirror Neurons and the Evolution of Brain and Language*, John Benjamins 2002. Auf Deutsch liegen vor Michael Kempmann: *Spiegelneuronen – Mirror Neurons*, GRIN 2005; Joachim Bauer: *Warum ich fühle, was du fühlst. Intuitive Kommunikation und das Geheimnis der Spiegelneurone*, Hoffmann und Campe 2005. Ein aufschlussreiches Interview mit Giacomo Rizzolatti gibt es auf www.infonautik.de.

Der Mann auf der Brücke

Marc D. Hauser: *Moral Minds*, B&B 2006, und John Mikhail: »Universal Moral Grammar«, in: Trends in Cognitive Sciences 11 (4), S. 43–152. Zum Trolley-Problem siehe zudem: Judith Jarvis Thompson: *Das Trolley-Problem*, Reclam 2020. Die evolutionäre Entwicklung moralischer Gefühle erklärt Frans de Waal: *Primates and Philosophers. How Morality Evolved*, University Press of CA 2006; ders.: *Der Affe in uns. Warum wir sind, wie wir sind*, Hanser 2006. Das Rorty-Zitat stammt aus Richard Rorty: *Kontingenz, Ironie und Solidarität*, Suhrkamp 1992.

Tante Bertha soll leben

Das Leben Benthams erzählt Charles Milner Atkinson: *Jeremy Bentham. His Life and Work*, University Press of the Pacific 2004. Eine neuere Sammlung von Benthams Schriften findet sich in Ross Harrison (Hg.) *Selected writings on Utilitarism*, Wordsworth 2001. Die komplette Ausgabe besorgte John Bowring: *The Works of Jeremy Bentham*, Thoemmes Continuum 1994. Auf Deutsch liegt vor Johannes Kaspar: *Der klassische Utilitarismus. Jeremy Bentham und John Stuart Mill*, GRIN 1999; Wilhelm Hofmann: *Politik des aufgeklärten Glücks. Jeremy Benthams philosophisch-politisches Denken*, Akademie Verlag 2002.

Die Geburt der Würde

Das Beispiel mit dem Geiger stammt in ähnlicher Version von Judith Jarvis Thomson: *A Defense of Abortion*, in: *Philosophy and Public Affairs* 1 (1971). Mein Beispiel folgt der Variante von Peter Singer in ders.: *Praktische Ethik*, Reclam 2. Aufl. 1994, S. 191 f. Kants Gedanken zur Freiheit ehelich gezeugter Kinder stehen in Paragraf 28 im 1. Teil der Rechtslehre der *Metaphysik der Sitten*. Die Gedanken zur Kindstötung stehen ebendort im 2. Teil am Ende von Abschnitt E: Vom Straf- und Begnadigungsrecht. Zum historischen Hintergrund Robert Jütte: *Geschichte der Abtreibung. Von der Antike bis zur Gegenwart*, C. H. Beck 1993. Über die Begründungswege des Utilitarismus siehe auch Norbert Hoerster: *Ethik und Interesse*, Reclam 2003.

End-Zeit

Die Geschichte von Alexander Nicht erzählt Beate Lakotta in *Der Spiegel*, Nr. 46, 13. November 2006. Zur Sterbehilfediskussion aus Sicht eines Befürworters Norbert Hoerster: *Sterbehilfe im säkularen Staat*, Suhrkamp 1998. Ebenso Peter Singer: *Praktische Ethik*, Reclam 2. Aufl. 1994, S. 225–278. Dagegen ist Günter Altner: *Leben in der Hand des Menschen. Die Brisanz des biotechnischen Fortschritts*, Primus 1998, hier S. 124–148. Über den Stand der Dinge in der Palliativmedizin informieren Stein Huseboe und Eberhard Klaschik: *Palliativmedizin. Grundlagen und Praxis. Schmerztherapie. Gesprächsführung. Ethik*, Springer 2006; Eberhard Aulbert, Friedemann Nauck und Lukas Radbruch: *Lehrbuch der Palliativmedizin*, Schattauer 2. Aufl. 2007. Die Umfragen der DGHS finden sich unter www.dghs.de/humanes-sterben/dghs-umfragen.html. Über die Lage im Gesundheitssystem: Oliver Tolmein: *Keiner stirbt für sich allein. Sterbehilfe, Pflegenotstand und das Recht auf Selbstbestimmung*, Bertelsmann 2006.

Jenseits von Wurst und Käse

Peter Singer: *Animal Liberation – Die Befreiung der Tiere*, Rowohlt 1996. Siehe auch ders. (Hg.): *Verteidigt die Tiere. Überlegungen für eine neue Menschlichkeit*, Ullstein 1988. Der zweite wichtige Vater der Tierrechtsphilosophie ist Tom Regan: *The Case for Animal Rights*, University of California Press 1983. Über das Fleischessen gibt es den hervorragenden Sammelband von Heike Baranzke, Franz-Theo Gottwald und Hans Werner Ingensiep: *Leben – Töten – Essen*, Hirzel 2000. Eine gute Übersicht über die Geschichte der Mensch-Tier-Beziehung bietet Manuela Linnemann: *Brüder – Bestien – Automaten*, Harald Fischer 2000. Vgl. auch Richard David Precht: *Noahs Erbe. Vom Recht der Tiere und den Grenzen des Menschen*, Rowohlt 2000. Das Bewusstsein als Grenze der Tierethik untersucht David De Grazia: *Taking Animals Seriously*, Cambridge University Press 1996. Der Aufsatz von Thomas Nagel: »Wie es ist, eine Fledermaus zu sein«, erschien erstmals in der *Philosophical Review* LXXXIII, 4 (Oktober 1974). Das englische Original ist nachlesbar unter https://members.aol.com/Neonoetics/Nagel-Bat.html. Das Zitat von Giacomo Rizzolatti über das Bellen ist https://www.infonautik.de/rizzolatti.htm entnommen.

Der Affe im Kulturwald

Peter Singer und Paola Cavalieri: *Menschenrechte für die Großen Menschenaffen*, Goldmann 2000. Kritisch dagegen: Claudia

Heinzelmann: *Der Gleichheitsdiskurs in der Tierrechtsdebatte. Eine kritische Analyse von Peter Singers Forderung nach Menschenrechten für Große Menschenaffen*, Ibidem 1999. Zur nahen Verwandtschaft von Menschenaffen und Menschen Jared Diamond: *Der dritte Schimpanse. Evolution und Zukunft des Menschen*, Fischer 2006; John und Mary Gribbin: *Wie wenig uns vom Affen trennt*, Insel 1995. Über tierische und äffische Intelligenz Donald R. Griffin: *Wie Tiere denken*, dtv 1990. Das Leakey-Zitat stammt aus Jane Goodall: *Ein Herz für Schimpansen. Meine 30 Jahre am Gombe-Strom*, Rowohlt 1991, S. 28. Über die Intelligenzleistungen von Kanzi und anderen Menschenaffen: Sue Savage-Rumbaugh und Roger Lewin: *Kanzi. Der sprechende Schimpanse. Was den tierischen vom menschlichen Verstand unterscheidet*, Droemer Knaur 1995. Francine Pattersons Experimente mit Koko sind nachlesbar auf Kokos Homepage: https// www.koko.org. Das Zitat von Toshisada Nishida stammt aus: *Topics in Primatology. Human Origins/Behaviour, Ecology and Conservation*, University of Tokio Press 1992.

Die Qual der Wale

Die Zahlen über die Zerstörung der globalen Lebensräume stammen von Edward O. Wilson: *Ende der biologischen Vielfalt? Der Verlust an Arten, Genen und Lebensräumen und die Chancen für eine Umkehr*, Spektrum 1992. Siehe auch ders.: *Der Wert der Vielfalt*, Piper 1997. Lovelocks Philosophie findet sich in James Lovelock: *Das Gaia-Prinzip. Die Erde ist ein Lebewesen*, Scherz 1992. Die Tschernobyl-Passage steht in ders.: *Warum die Erde sich wehrt*, List 2007. Zu Ökologie und Moral siehe: Klaus Michael Meyer-Abich: *Praktische Naturphilosophie. Erinnerungen an einen vergessenen Traum*, C. H. Beck 1997; Hans Jonas: *Das Prinzip Verantwortung. Versuch einer Ethik für die technologische Zivilisation*, Suhrkamp 1984; Konrad Ott: *Ökologie und Ethik. Ein Versuch praktischer Philosophie*, Attempto 2. Aufl. 1994; Julian Nida-Rümelin und Dietmar von der Pforten: *Ökologische Ethik und Rechtstheorie*, Nomos 2. Aufl. 2002.

Der kollektive Tod

Von den frühen Büchern zum Klimawandel zählt das von Tim Flannery zu den besten: *Wir Wettermacher*, Fischer 2006. Einen guten wissenschaftlichen Überblick gibt Mojib Latif: *Klimawandel und Klimadynamik*, UTB 2009. Ebenso Stefan Rahmstorf und Hans Joachim Schellnhuber: *Der Klimawandel*, C. H. Beck 2019. Ein mahnendes Szenario der Gegenwart wie der Zukunft entwirft David Wallace-Wells: *Die unbewohnbare Erde*, Ludwig 2019. Ebenso Klaus Wiegandt (Hg.): *3 Grad mehr*, Oekom 2022. Das Buch von Chris D. Thomas über die Biodiversität nach der Klimakatastrophe ist *Inheritors of the Earth. How Nature is Thriving in an Age of Extinction*, PublicAffairs 2017. Hans Joachim Schellnhuber erzählt von seinen drei Fragen an das Publikum in seinem Buch *Selbstverbrennung*, C. Bertelsmann 2015.

Ansichten eines Klons

Die Möglichkeiten der Gentechnik zeigen William J. Thiemann und Michael A. Palladino: *Biotechnologie*, Pearson 2007. Kritisch gegen die Gentechnik ist Alexander Kissler: *Der geklonte Mensch. Das Spiel mit Technik, Träumen und Geld*, Herder 2006. Aus theologischer Sicht bilanziert Roland Graf: *Klonen. Prüfstein für die ethischen Prinzipien zum Schutz der Menschenwürde*, Eos 2003. Zum Streit um embryonale Stammzellen Thomas Heinemann und Jens Kersten: *Stammzellforschung. Naturwissenschaftliche, ethische und rechtliche Aspekte*, Alber 2007; Gisela Badura-Lotter: *Forschung an embryonalen Stammzellen. Zwischen biomedizinischer Ambition und ethischer Reflexion*, Campus 2005; Karsten Klopfer: *Verfassungsrechtliche Probleme der Forschung an humanen pluripotenten embryonalen Stammzellen und ihre Würdigung im Stammzellgesetz*, Duncker & Homblot 2006.

Kinder von der Stange

Praktische Beratung in Fragen der Diagnostik erteilt: Michael Ludwig: *Kinderwunschsprechstunde*, Springer 2. Aufl. 2007. Das ethische Chaos der Reproduktionsmedizin bilanzieren Martin Spiewak: *Wie weit gehen wir für ein Kind? Im Labyrinth der Fortpflanzungsmedizin*, Eichborn 2005; Petra Gehring: *Was ist Biomacht? Vom zweifelhaften Mehrwert des Lebens*, Campus 2006. Vor der Reproduktionsmedizin warnen Lee M. Silver: *Das geklonte Paradies. Künstliche Zeugung und Lebensdesign im neuen Jahrtausend*, Droemer Knaur 2000; Theresia M. de Jong: *Babys aus dem Labor, Segen oder Fluch?* Beltz 2002.

Die Brücke ins Geisterreich

Den Stand der Dinge in der Neurobionik Ende der Neunzigerjahre zeigen Hans-Werner Bothe und Michael Engel: *Neurobionik. Zukunftsmedizin mit mikroelektronischen Implantaten*, Umschau 1998. Über den gegenwärtigen Stand informiert das *Journal of Neuroengineering* (www.iop.org.). Thomas Metzingers Aufsatz über die Gefahren der Hirnforschung und eine neue Bewusstseinskultur findet sich unter www.researchgate.net/profile/Thomas_Metzinger/publication/253 325 414_Der_Begriff_einer_Bewusstseinskultur/links/5458db6 40cf2cf516483be6d/Der-Begriff-einer-Bewusstseinskultur.pdf. Die Frage nach der möglichen Neudefinition unseres Verständnisses von Gehirn, Geist und Körper wirft Hans-Werner Ingensiep auf: https://cognition.iig.uni-freiburg.de/team/members/strasser/bewusstsein1.pdf. Die Fantasien der Posthumanisten finden sich in Ray Kurzweil: *Die Intelligenz der Evolution. Wenn Mensch und Computer verschmelzen*, Kiepenheuer & Witsch 2016. Von den verschiedenen Strömungen zur Optimierung und Überwindung des Menschen durch Technik im Computerzeitalter handelt: Janina Loh: *Trans- und Posthumanismus zur Einführung*, Junius 4. Aufl. 2023.

Disneyland ohne Kinder

Von der Gefahr einer machtlüsternen KI und der Notwendigkeit, Maschinen ethisch zu programmieren, spricht Nick Bostrom in *Superintelligenz. Szenarien einer kommenden Revolution*, Suhrkamp 2016, und in *Die Zukunft der Menschheit*, Suhrkamp 2018. Über entgrenzte und unkontrollierbare KI schreibt Stuart Russell in *Human Compatible. Künstliche Intelligenz und wie der Mensch die Kontrolle über superintelligente Maschinen behält*, mtip 2020. Die Warnungen vor der Zukunft finden sich in Günther Anders: *Die Antiquiertheit des Menschen*, Neuauflage C. H. Beck 2002. Das angeführte Buch von James Barrat ist *Our Final Invention: Artificial Intelligence and the End of the Human Era*, Thomas Dunne Books 2013. Thomas Metzingers Gedankenspiel zu einer wohlwollenden KI findet sich als *Benevolent Artificial Anti-Natalism (BAAN)* auf www.edge.org/conversation/thomas_metzinger-benevolent-artificial-anti-natalism-baan. Zum gesamten Komplex der philosophischen und ethischen Einordnung der KI siehe Richard David Precht: *Künstliche Intelligenz und der Sinn des Lebens*, Goldmann 2020.

Die größte aller Vorstellungen

Robert Theis (Hg.): *Anselm von Canterbury: Proslogion / Anrede*, Reclam 2005. Über Anselms Leben: *Saint Anselm. A Portrait in a Landscape*, Cambridge University Press 1992; Rolf Schönberger: *Anselm von Canterbury. Leben, Werk und Wirkung*, C. H. Beck 2004. Zu Thomas von Aquin Maximilian Forschner: *Thomas von Aquin*, C. H. Beck 2006. Über Gottesbeweise Dieter Henrich: *Der ontologische Gottesbeweis. Sein Problem und seine Geschichte in der Neuzeit*, Mohr (Siebeck) 1967; John Leslie Mackie: *Das Wunder des Theismus. Argumente für und gegen die Existenz Gottes*, Reclam 2002. Zur Neurotheologie Michael Persinger: *Neuropsychological Bases of God Beliefs*, Greenwood Press 1987; Rhawn Joseph, Andrew Newberg, Matthew Alper, Carol Albright Rausch: *Neurotheology: Brain, Science, Spirituality, Religious Experience*, University Press 2. Aufl. 2003. Andrew Newberg: *Der gedachte Gott*, Piper 2. Aufl. 2003. Martin Urban: *Warum der Mensch glaubt. Von der Suche nach dem Sinn*, Eichborn 2005.

Die Uhr des Erzdiakons

Die Angaben zu Darwins Studium in Cambridge stammen aus: Adrian Desmond und James Moore: *Darwin*, List 2. Aufl. 1995. William Paley: *Natural Theology*, Oxford University Press 2006. Eine zeitgenössische Biografie Paleys gibt es nicht. Die Informationen zur Lebensgeschichte stammen aus der umfangreichen Lebensbeschreibung in: Edmund Paley (Hg.): *The Works of William Paley*, 4 Bde. Longman and Co, 1838, hier Bd. 1. Derhams Uhrmacher-Analogie findet sich in deutscher Übersetzung in: Eberhard Welper: *Neu vermehrte Welperische Gnomonica* ... Weigel 1708. Die Metapher vom blinden Uhrmacher stammt aus Richard Dawkins: Der blinde Uhrmacher, dtv 2008. Die Darwin-Zitate stammen aus: *Über die Entstehung der Arten durch natürliche Zuchtwahl*, Wissenschaftliche Buchgesellschaft 1992, S. 227. Flourens' Kritik an Darwin findet sich in: *Examen du livre de M. Darwin sur l'origine des espèces*, Garnier 1864; Lord Kelvins Kritik: *On the Origin of Life* ist nachlesbar unter www.zapatopi.net. Die Sicht der Intelligent-Design-Anhänger erläutert Markus Rammerstorfer: *Nur eine Illusion? Biologie und Design*, Tectum 2006. In die Welt der theoretischen Biologie führen ein: Claus Emmeche: *Das lebende Spiel. Wie die Natur Formen erzeugt*, Rowohlt 1994, und sehr schwärmerisch: Andreas Weber: *Alles fühlt. Mensch, Natur und die Revolution der Lebenswissenschaften*, Berlin Verlag 2007. Das Einstein-Zitat stammt aus: Denis Brian: *Einstein: A Life*, Wiley 1996, S. 186.

Eine ganz normale Unwahrscheinlichkeit

Niklas Luhmann: *Liebe als Passion. Zur Codierung von Intimität*, Suhrkamp 7. Aufl. 2003. Zu Luhmanns Leben siehe Dirk Baecker (u. a.): *Theorie als Passion*, Suhrkamp 1987. Talcott Parsons' Hauptwerke sind *Structure of Social Action*, Free Press

1949 und *Das System moderner Gesellschaften*, Juventa 6. Aufl. 2003. Humberto Maturanas Philosophie ist zusammengefasst in: *Der Baum der Erkenntnis. Die biologischen Wurzeln menschlichen Erkennens*, Goldmann 1990; ders.: *Biologie der Realität*, Suhrkamp 1998. Roths Kritik an Luhmann steht in Gerhard Roth: *Fühlen, Denken, Handeln*, Suhrkamp 2003, S. 557. Zur Neurobiologie der Liebe S. 365–373. Systemtheoretische Überlegungen zur Liebe finden sich auch bei Karl Lenz: *Soziologie der Zweierbeziehung. Eine Einführung*, Westdeutscher Verlag 2. Aufl. 2003; Christian Schuldt: *Der Code des Herzens. Liebe und Sex in den Zeiten maximaler Möglichkeiten*, Eichborn 2005. Neuere Sammelbände zur Philosophie der Liebe sind: Peter Kemper und Ulrich Sonnenschein (Hg.): *Das Abenteuer Liebe. Bestandsaufnahme eines unordentlichen Gefühls*, Suhrkamp 2004; Kai Buchholz (Hg.): *Liebe. Ein philosophisches Lesebuch*, Goldmann 2007. Ein moderner Klassiker aus psychologischer Perspektive ist Peter Lauster: *Die Liebe. Psychologie eines Phänomens*, Rowohlt 35. Aufl. 2004. Die gegenwärtigen Liebeslagen der Nationen untersucht Anthony Giddens: *The Transformation of Intimacy: Sexuality, Love, and Eroticism in Modern Societies*, Stanford University Press 1993. Zur Liebe im Tierreich: Jeffrey M. Masson und Susan McCarthy: *Wie Tiere fühlen*, Rowohlt 1997, hier S. 108–143. Die Bedeutung des Oxytocins bei Präriewühlmäusen untersuchten Larry J. Young, Roger Nilsen, Katrina G. Waymire, Grant R. MacGregor und Thomas R. Insel: »Increased Affiliative Response to Vasopressin in Mice Expressing the V1a Receptor From a Monogamous Vole«, in: *Nature* 400 (19), S. 766–776, 1999.

Do be do be do

Jean-Paul Sartre: *Das Sein und das Nichts, Versuch einer phänomenologischen Ontologie*, Rowohlt 10. Aufl. 1993. Ders.: *Der Existenzialismus ist ein Humanismus*, Rowohlt 3. Aufl. 2000. Über Sartres Leben geben Auskunft: Bernhard-Henri Lévy: *Sartre. Der Philosoph des 20. Jahrhunderts*, dtv 2005; Hans-Martin

Schönherr-Mann: *Sartre. Philosophie als Lebensform*, C. H. Beck 2006. Die Mandarins sind erhältlich als: Simone de Beauvoir: *Die Mandarins von Paris*, Rowohlt 36. Aufl. 2000. Von Wirklichkeitssinn und Möglichkeitssinn spricht Robert Musil im vierten Kapitel seines Romans *Der Mann ohne Eigenschaften*, Rowohlt 1978. Roths Reflexionen über Willensfreiheit stehen in Gerhard Roth: *Fühlen, Denken, Handeln*, Suhrkamp 2003, S. 494–545. Über das Lernvermögen der Gefühle: Bruce Lipton: *Intelligente Zellen. Wie Erfahrungen unsere Gene steuern*, Koha 2006.

Das Paradies-Paradoxon

Wassily Leontief formuliert das »Paradies-Paradoxon« in seinem Aufsatz »The Distribution of Work and Income«, in: *Scientific American*, Bd. 247, Nr. 3 (September 1982), S. 188–205. Die Prophezeiung von Jakob Lorber findet sich in: *Das große Evangelium Johannes*, Lorber Verlag 1983, Bd. 5, Kapitel 108, Abs 1. John Maynard Keynes' Hoffnung für eine Zukunft mit deutlich weniger Arbeit ist abgedruckt als »Wirtschaftliche Möglichkeiten für unsere Enkelkinder«, in: Philip Kovce und Birger P Priddat: *Bedingungsloses Grundeinkommen*, Suhrkamp 2019. Oscar Wildes Vorstellungen über eine Welt mit weniger Arbeit finden sich in seinem Essay: »Der Sozialismus und die Seele des Menschen«, Diogenes 2004. William Godwin träumte von einer Befreiung des Menschen durch die Automatisierung in: *Enquiry Concerning Political Justice and its Influence of Modern Morals and Manners* (1793). Karl Marx' Maschinenfragment ist erhältlich als Christian Lotz: *Karl Marx. Das Maschinenfragment*, Laika 2014. Zur Herausforderung der Transformation einer klassischen Arbeitsgesellschaft in eine Sinngesellschaft siehe Richard David Precht: *Freiheit für alle. Das Ende der Arbeit wie wir sie kannten*, Goldmann 2022.

Robinsons Altöl

Blackstones Definition des Eigentums stammt aus William Blackstone: *Commentaries on the Laws of England*, University of Chicago Press 1979. Foes Robinson ist erhältlich als Daniel Defoe: *Robinson Crusoe. Ungekürzte Ausgabe,* Manesse 2006. Zu Foes Leben: *Daniel Defoe, His Life, and Recently Discovered Writings,* Olms 1968. Eine gute Übersicht über die Frage des Eigentums gibt der Sammelband von Andreas Eckl und Bernd Ludwig: *Was ist Eigentum? Philosophische Positionen von Platon bis Habermas*, C. H. Beck 2005. Simmels Einsichten über die Psychologie des Eigentums stehen in: Georg Simmel: *Philosophie des Geldes*, Suhrkamp 7. Aufl. 2001, insbes. im 4. Kapitel: »Die individuelle Freiheit«.

Das Rawls-Spiel

John Rawls: *Eine Theorie der Gerechtigkeit,* Suhrkamp 1975. Siehe auch: John Rawls: *Das Recht der Völker*, De Gruyter 2002. Eine gute Einführung in Rawls' Philosophie bietet Wolfgang Kersting: *John Rawls. Zur Einführung*, Junius 2001. Zur Vertragstheorie allgemein siehe Michael Grundherr: *Moral aus Interesse. Metaethik der Vertragstheorie*, De Gruyter 2007. Hans Christoph Timm: *Solidarität unter Egoisten? Die Legitimation sozialer Gerechtigkeit im liberalen Staat*, Kovac 2004. Das Smith-Zitat stammt aus Adam Smith: *Theorie der ethischen Gefühle*, Meiner 2004. Nozicks Gegenentwurf zu Rawls findet sich in Robert Nozick: *Anarchie, Staat, Utopia,* Olzog 2006. Singers Kritik an Rawls steht in Peter Singer: *Praktische Ethik. Neuausgabe*, Reclam 1994, S. 34–38 und S. 315–334. Das *Kommunistische Manifest* ist erhältlich als Karl Marx/Friedrich Engels: *Manifest der kommunistischen Partei*, Reclam 1989. Das Rawls-Zitat über das Glück in der *Theorie der Gerechtigkeit* steht auf S. 113.

Inseln der Seligkeit

Der Happy Planet Index findet sich unter https://happyplanetindex.org. Die Homepage der New Economics Foundation unter https://neweconomics.org. Die »Anekdote« von Heinrich Böll ist enthalten in: Heinrich Böll: *Erzählungen*, Kiepenheuer & Witsch 2006. Layards Ansichten stehen in: Richard Layard und Jürgen

Neubauer: *Die glückliche Gesellschaft. Kurswechsel für Politik und Wirtschaft*, Campus 2005. Zur Glücksökonomie siehe ferner: Bruno S. Frey: *Happiness & Economics: How the Economy and Institutions Affect Human Well-Being*, Princeton 2002. Harald Willenbrock: *Das Dagobert-Dilemma. Wie die Jagd nach Geld unser Leben bestimmt*, Heyne 2006. Die World Values Survey findet sich unter https://worldvaluessurvey.org. Das Marcuse-Zitat stammt aus Ludwig Marcuse: *Philosophie des Glücks*, Diogenes 13. Aufl. 1972. Zur Neurobiologie des Glücks siehe Gerhard Roth: *Fühlen, Denken, Handeln*, Suhrkamp 2003, S. 356–364. Das Édith-Piaf-Zitat steht in: Monique Lange: *Edith Piaf. Die Geschichte der Piaf. Ihr Leben in Text und Bildern*, Insel 9. Aufl. 2007. Seligmans Einsichten stehen in: Martin E. P. Seligman: *Der Glücksfaktor. Warum Optimisten länger leben*, Lübbe 2. Aufl. 2005.

Der ferne Garten

Epikurs Schriften sind gesammelt in Epikur: *Philosophie der Freude. Briefe. Hauptlehrsätze. Spruchsammlung. Fragmente*, Insel 9. Aufl. 2004. Zu Epikurs Leben siehe Malte Hossenfelder: *Epikur*, C. H. Beck 2006. Über den Stand der Dinge in der Positiven Psychologie informiert Ann E. Auhagen: *Positive Psychologie. Anleitung zum »besseren« Leben*, Beltz 2004. Siehe außerdem: Mihály Csíkszentmihályi: *Flow. Das Geheimnis des Glücks*, Klett-Cotta 13. Aufl. 1992. Ders.: *Lebe gut! Wie Sie das Beste aus Ihrem Leben machen*, dtv 2001; Michael Argyle: *The Psychology of Happiness*, Routledge 2. Aufl. 2001; Daniel Gilbert: *Stumbling on Happiness*, Vintage 2007; Daniel Kahnemann und Norbert Schwarz: *Well-Being: The Foundations of Hedonic Psychology*, Russell Sage 2004.

Die Matrix-Maschine

Informationen zum Film *Matrix* finden sich unter Wikipedia.de und besonders bild- und detailreich unter https://whatisthematrix.warnerbros.com. Die erwähnten Science-Fiction-Bücher sind: Stanisław Lem: *Sterntagebücher*, Suhrkamp 2003; ders.: *Also sprach Golem*, Insel 2002; Daniel Galouye: *Simulacron Drei*, Heyne 1987. Platons Höhlengleichnis steht in der *Politeia* 524a–517a. Platon: *Der Staat (Politeia)*, Reclam 1982. Die Matrix-Maschine als Beleg für die Fragwürdigkeit von Glück ist eine Idee von Robert Nozick: *Vom richtigen, guten und glücklichen Leben*, Hanser 1996. Das Wittgenstein-Zitat über den Sinn des Lebens steht im Tractatus 6.521: Ludwig Wittgenstein: *Tractatus Logico-Philosophicus. Tagebücher 1914–1916. Philosophische Untersuchungen*, Suhrkamp 1984. Singers Sätze über den Lebenssinn stammen aus Peter Singer: *Wie sollen wir leben? Ethik in einer egoistischen Zeit*, dtv 4. Aufl. 2004. Dennett entfaltet seine biologische Sinntheorie in: Daniel Dennett: *Darwins gefährliches Erbe. Die Evolution und der Sinn des Lebens*, Hoffmann und Campe 2002. Ashleigh Brilliants brillante Ideen und Sätze finden sich unter https://ashleighbrilliant.com. Deep Thought rechnet in Douglas Adams: *Per Anhalter durch die Galaxis. Gesamtausgabe*, Rogner & Bernhard 2006. Die zauberhaften Prydain Chronicles sind heute erhältlich in einer optisch verkitschten Version. Lloyd Alexander: *Die dunkle Seite der Macht* (Sammelband 1) und *Die Reise zum Drachenberg* (Sammelband 2), CBJ 2006. Die sehr schön illustrierten Bücher des Arena Verlags der späten Sechziger- und frühen Siebzigerjahre sind aber unbedingt vorzuziehen.

Personenregister

Adams, Douglas 385, 452, 474
Adorno, Theodor W. 14, 356
Ahlquist, Jon 243
Alexander der Große 433
Alexander, Lloyd 452, 474
Anders, Günther 315f., 468
Anselm von Canterbury 331, 468
Antinori, Severino 274f.
Aristoteles 336
Armstrong, Louis 56
Arrhenius, Svante 265f.
Asimov, Isaac 325f.
Augustinus 63
Austin, John Langshaw 130, 460

Baader, Andreas 372
Bachmann, Ingeborg 128
Baudrillard, Jean 444
Beauvoir, Simone de 372f., 376, 471
Bentham, Jeremy 195–200, 204, 207, 233, 345f., 417f., 448, 463
Berger, Hans 55
Berkeley, George 83
Bernays, Martha (verh. Freud) 95
Bernheim, Hippolyte 96
Bezos, Jeff 320, 324
Blackstone, William 398, 401, 471
Bloch, Ernst 14
Bolk, Louis 41
Böll, Heinrich 423f., 472
Bonhoeffer, Dietrich 369
Bostrom, Nick 314f., 317, 319ff., 468
Breuer, Josef 97, 99
Brilliant, Ashleigh 451, 474
Broca, Paul 52
Brown, Louise Joy 293
Buddha 324
Bultmann, Rudolf 342

Calvin, William 56, 457
Carlsson, Arvid 116
Carus, Carl Gustav 96
Castro, Fidel 372
Cavalieri, Paola 243, 464
Chabris, Christopher 102
Charcot, Jean-Martin 95
Chomsky, Noam 125f., 188, 460
Christine (schwed. Königin) 62
Clarke, Arthur C. 313
Cocteau, Jean 443

Cohen, Jacques 296
Comhaire, Frank 285f.

Damásio, António 173f., 189
Damásio, Hanna 173
Darwin, Charles 18, 27ff., 47, 52, 74, 80, 98, 143f., 146f., 252, 266, 343f., 350f., 353, 359, 456
Dennett, Daniel 449
Derham, William 348
Descartes, René 21, 60–64, 66–69, 72, 76, 83, 119, 152, 338, 359, 447
Devaux, Émile 41
Diamond, Jared 244
Dilthey, Wilhelm 321
Diogenes 340
Dostojewski, Fjodor 439

Einstein, Albert 71, 178, 208, 354
Ekman, Paul 89, 458
Engels, Friedrich 418
Epikur 411, 433–439, 473

Faulhaber, Johannes 60
Feuerbach, Ludwig 448
Fichte, Johann Gottlieb 83, 96
Fletcher, Joshua 295, 298
Flourens, Marie Jean Pierre 52, 351, 469
Foe, Daniel (Defoe) 398ff., 472
Fogassi, Leonardo 179
Fourier, Jean Baptiste Joseph 265
Frege, Gottlob 120
Freud, Sigmund 94–101, 104, 108, 115, 119, 124, 417, 441
Frisch, Max 113

Gage, Phineas 171–174, 183, 189, 260, 306, 461f.
Galilei, Galileo 61
Gall, Franz Joseph 156
Galouye, Daniel F. 444
Gardner, Beatrice 246
Gardner, Robert 246
Gates, Bill 317, 320
Gaunilo (Mönch) 333f.
Godwin, William 394, 471
Goethe, Johann Wolfgang von 96, 159f.
Gray, Tom 37f.
Greengard, Paul 116
Grifo, James 296
Grundfest, Harry 108
Guevara, Che 35

Habermas, Jürgen 356
Hals, Frans 58
Harrison, George 35
Hartmann, Eduard von 96, 458
Hauser, Marc 186–190, 204, 210, 226, 417, 462
Hawking, Stephen 301, 317
Hegel, Georg Wilhelm Friedrich 16, 18, 96, 160f., 448
Heidegger, Martin 374ff.
Heine, Heinrich 151
Heinrich I. 335
Helminger, Guy 22
Herder, Johann Gottfried von 159

Hitler, Adolf 107, 198, 376
Hobbes, Thomas 411, 415
Hoerster, Norbert 221f., 463
Hoffman, Dustin 112
Houellebecq, Michel 274
Hume, David 17, 72–75, 163, 270, 322f., 458
Husserl, Edmund 374f.
Huxley, Julian 252
Huxley, Thomas Henry 144–147, 252, 460

Insel, Thomas 367

James, William 74
Jansson, Tove 174
Johannes Paul II. 301
Johanson, Donald Carl 35–38, 45, 456

Kandel, Eric 21, 105–110, 115f., 459
Kant, Immanuel 19, 21, 54, 76, 83, 149, 163, 199, 337, 359, 430, 447
Katz, Steve 295
Keeling, Charles David 266
Kelvin, Lord 351, 469
Kepler, Johannes 60
Keshen, Richard 231
Keynes, John Maynard 387, 393ff., 471
Kierkegaard, Søren 448
Knutzen, Martin 150
Kopernikus, Nikolaus 80, 98, 155
Kris, Anna 108
Kubrick, Stanley 52, 313
Kurzweil, Ray 310, 318, 467

Lamezan, Adrian von 205
Lanfranc (Abt) 332, 334
Langleben, Daniel 305f.
Layard, Richard 425, 472
Leakey, Louis 245
Leakey, Richard 39, 456
Leibniz, Gottfried Wilhelm 83
Lennon, John 35, 438
Lennon, Julian 35
Leontief, Wassily W. 385–388, 393, 395, 471
Libet, Benjamin 21, 164–169, 175
Lichtenberg, Georg Christoph 452
Linné, Carl von 243
Locke, John 195, 411
Loewi, Otto 50
Lorber, Jakob 386f.
Lovelock, James 256f., 270, 465
Luhmann, Niklas 81, 357–364, 369f., 374, 430, 449

Mach, Ernst 20, 70, 75, 81, 119, 279, 448, 457
MacLean, Paul 50f.
Mahler, Gustav 119
Marcuse, Ludwig 426, 429, 473
Marx, Karl 394, 418, 448, 471
Maturana, Humberto R. 360f., 364, 470
Maximilian von Bayern 60
McCartney, Paul 35
Metzinger, Thomas 309, 325f., 458, 467
Meynert, Theodor 95, 97

Mikhail, John 186ff., 190f., 204, 210, 226, 417, 462
Miles, Lyn White 246
Mill, John Stuart 417f.
Mirandola, Pico della 153, 461
Moritz von Oranien 60
Musil, Robert 15, 119, 380
Musk, Elon 310, 318, 320, 324

Nagel, Thomas 235, 464
Newberg, Andrew 339f.
Newton, Isaac 150
Nicht, Alexander 217, 222, 463
Nicht, Marie-Luise 216f.
Nietzsche, Friedrich 17f., 20f., 26–33, 44f., 47, 62, 70, 96, 98, 448, 455
Nieuwentijdt, Bernard 348
Nishida, Toshisada 251
Nozick, Robert 413f., 472

O'Donnell, Lucy 38

Paley, William 343–351, 448, 469
Pappenheim, Bertha 97
Parsons, Talcott 357, 359, 469
Patterson, Francine 247, 251, 465
Paul VI. 163
Peek, Kim 112, 459
Pellegrino, Giuseppe di 179
Persinger, Michael 338ff., 468
Piaf, Édith 431
Pitt, William 345
Pius IX. 212
Platon 13, 19, 444f.
Pollack, Seth 368
Pomponazzi, Pietro 163
Purcell, Henri 195

Ramón y Cajal, Santiago 20, 46–50, 52, 55, 96, 124, 456
Rawls, John 21, 409–419, 472
Ray, John 347
Reeve, Christopher 301
Renesse, Margot von 294
Rizzolatti, Giacomo 178ff., 237, 462
Rorty, Richard 192
Roth, Gerhard 42, 364, 380f., 456
Rousseau, Jean-Jacques 135–141, 144f., 147, 153, 411f., 448, 460
Russell, Bertrand 120f., 123f., 341, 358, 460
Russell, Stuart J. 318, 320

Sacks, Oliver 77f., 124, 458, 460
Sartre, Jean-Paul 14, 372–380, 383, 449, 470
Savage-Rumbaugh, Sue 246
Schellnhuber, Hans Joachim 272f., 466
Schelsky, Helmut 358
Schiller, Friedrich 159
Schopenhauer, Arthur 32, 96, 158–163, 165f., 168, 448, 461
Searle, John Rogers 130
Seel, Martin 322
Seligman, Martin 431
Selkirk, Alexander 399f.

Sherrington, Charles Scott 49, 124
Sibley, Charles 243
Simmel, Georg 402ff., 472
Simons, Daniel 102
Sinatra, Frank 372
Singer, Peter 21, 230–235, 238f., 242f., 250
Smith, Adam 412f.
Sokrates 13f., 207, 324, 372
Spencer, Herbert 359
Spinoza, Baruch 83
Sraffa, Piero 128
Starr, Ringo 35

Thomas, Chris D. 270, 466
Thomas von Aquin 335, 337, 468
Thomson, Judith Jarvis 203f., 463
Tolstoi, Leo 446
Tyndall, John 265

Varela, Francisco 360
Vinge, Vernor 317
Virchow, Rudolf 75
Vorilhon, Claude 274f.

Waal, Frans de 142f., 146ff., 177, 460
Wachowski, Andy 443
Wachowski, Larry 443
Wagner, Cosima 27
Wagner, Richard 27
Wallace, Alfred Russell 266
Wallace, Douglas 296
Weiss, Robert 139f., 460
Welzel, Hans 185
Wernicke, Carl 52
Whitehead, Alfred North 120f.
White, Robert 21, 300ff., 309
Wilde, Oscar 387
Wilhelm II. 334
Wiltshire, Stephen 112
Wise, Steven 242
Wittgenstein, Ludwig 119–131, 358, 411, 437, 449, 452, 459
Wren, Christopher 195
Wundt, Wilhelm 89

Zavos, Panayiotis 275
Zuckerberg, Mark 320